本书获浙江省哲学社会科学重点研究基地浙江学术文化研究中心资助

明代东南一胜境

"永嘉场"地域文化研究

方坚铭 著

ZHEJIANG UNIVERSITY PRESS
浙江大学出版社
·杭州·

图书在版编目(CIP)数据

明代东南一胜境:"永嘉场"地域文化研究 / 方坚
铭著. —杭州:浙江大学出版社,2023.6
　ISBN 978-7-308-22181-8

　Ⅰ. ①明… Ⅱ. ①方… Ⅲ. ①文化史－研究－温州－
明代 Ⅳ. ①K295.53

中国版本图书馆 CIP 数据核字(2021)第 270035 号

明代东南一胜境
——"永嘉场"地域文化研究

方坚铭　著

责任编辑	吕倩岚	
责任校对	吴　超	
封面设计	周　灵	
出版发行	浙江大学出版社	
	(杭州市天目山路 148 号　邮政编码 310007)	
	(网址:http://www.zjupress.com)	
排　　版	浙江时代出版服务有限公司	
印　　刷	广东虎彩云印刷有限公司绍兴分公司	
开　　本	710mm×1000mm　1/16	
印　　张	18.75	
字　　数	330 千	
版 印 次	2023 年 6 月第 1 版　2023 年 6 月第 1 次印刷	
书　　号	ISBN 978-7-308-22181-8	
定　　价	88.00 元	

目　录

下篇 明代永嘉场地域文化崛起原因探析

绪　论

　　"永嘉场"(今温州龙湾区永强)位于温州的东南角,西面是大罗山,东面是东海(太平洋之西),山环海拥,中间一片二三十里方圆的平原上,摆开"一百零八圩"地方,就是永嘉场。自唐设永嘉盐场以来,永嘉场为一方倚重,发展至明代,云蒸霞蔚,气象万千,遂成为温州地区的文化重镇,其间名宦巍科,不知几许,人才辈出,擅场当代,如:王瓒、张璁(张阁老)、张天麟、王澈、王激、王叔杲、王叔果、王诤、项乔等。在这片神秘的土地上,演出了几许活色生香的活剧。明代该地区最为著名的四大家族,即李浦王氏家族、普门张氏家族、英桥王氏家族、七甲项氏家族。这些家族世代书香,俊彦代出,见于志传的人物也代不乏人。普门张璁官至嘉靖朝内阁首辅,世称"张阁老",对嘉靖朝朝局和温州地区文化均产生了深远的影响,仅此一人,已引起了国内乃至国际学界的普遍注意,渐成专门之学。像这样一个存在着文化规模效应的地区,像这样一个非物质文化遗产沉淀深厚的地区,显然具有极高的研究价值。温州历史上有三大文化高峰,第一大高峰是两宋时期,永嘉事功之学与陆学、朱学争鸣于天下,不遑多让。第二大高峰是明代嘉、万时期,以永嘉场文化为代表,大罗山下人物闻名遐迩。清代继之而不及明代之盛,以迁界研丧地方元气之故。第三大高峰是清末民国时期,掀起了实学新风,人才辈出。故知明代温州文化研究,当首重永嘉场。

　　本书即拟对永嘉场地域文化特色和明代永嘉场地域文化崛起原因进行探讨,并围绕四大家族的代表人物,考察其生平履历、宦绩学业、文学成就,以及对明代政治、文化的影响。

一、"永嘉场"和"永嘉场境"

　　"永嘉场"是"永嘉盐场"的简称,也是现温州市龙湾区永强的古称。唐代始设永嘉盐场,有一千多年的制盐历史。《唐书·食货志》:"肃宗乾元元年变盐法……刘晏上盐法……置永嘉等十监。"永嘉场系十监之一。据载,唐时永嘉场的首任盐官为皇室宗亲李谞。

"永嘉盐场"这个地名在长期的使用过程中也简称"永嘉场",一直沿用至今。后来又进一步简化为"永场",因"场"与"强"在温州方言里是谐音的,故"永场"演变成今天的"永强"。王兆康《永强地名的来历与旧时交通》①:"至嘉靖后期,倭寇之患基本平息后,永嘉场人民自豪地套用永场之音,将永场改为永强,以其永远强大,这就是永强地名的来历。"此可备一说。

永嘉场是唐代设永嘉盐场后形成的一个地域概念,作为古代的一个地理名词,指的是一都至五都的地方。光绪《永嘉县志·永嘉场图说》:"永嘉场在郡东南三十里,为都四,并属华盖乡,又得膺符乡五都之半。北至茅竹山以岭为界,南至一都梅冈与瑞安为界,西北至东南弦径约四十余里,东北至西南,延袤三十余里。"由此可知,永嘉场为现在温州龙湾区永中、永昌、永兴、青山、七甲、瑶溪一带。不仅如此,其文化后来还演变成一乡土区域文化,并形成一种在居民头脑中存在的区域文化意识。在现代社会,永嘉场作为乡土文化区域的观念并没有从当地居民的脑海中消失,仍沉淀于其心中,故每言永嘉场者,无不发其会心之微笑。

永嘉盐场不仅是温州最早的盐场,也是全国古代的重要盐场之一,对温州的经济、文化发展都产生过一定的影响。永嘉场名称之由来,即因其是古盐场。清末民国时,因盐场的结束,"永嘉场"已非政区地理名词,现在连由此演变过来的"永强"、"永场"都已弃之不用。但是作为文化地理名词的"永嘉场"、"永场"、"永强"永远活在当地人心里和口中,在温州地区随便打听这个地方,知道"永嘉场"、"永强"的人还是很多。

笔者在"永嘉场"基础上,进一步提出"永嘉场境"一说,将之视作"明代东南一胜境"。

永嘉场的范围,自宋元以来,即固定不变,形成一种特殊的"场境",从而形成某种地域文化的独特性。这个仅211平方千米的地方,在明代爆发出巨大的文化能量,成为明代温州地区的文化重镇。这里不仅出现了多个颇有分量的文化家族,科甲蝉联,仕宦辈出,与明代文化名流交游甚密,还出现了研究明史即绕不过去的内阁首辅张璁,使这个僻处一隅的小地方,成为一个值得进行集中研究的文化地理空间。

因此,笔者想抉发"永嘉场境"的另一层含义,即文化意义上的永嘉场,

---

① 《龙湾文史资料第二辑》,内部资料,2004年。

富于地理空间想象的永嘉场，作为镜像的永嘉场，跟行政区划、地理空间上的永嘉场区分开来，体现更丰富的内涵。

　　所谓永嘉场境，可从乡土文化、意境地图的角度解读。永嘉场恰是一大乡土文化区，是作为意境地图而存在的。"乡土文化区是当地居民思想意识上存在着的地区，它可以作为民间文化或流行文化的一部分。它是居民的头脑感知的产物，形成一种意境地图。"[1]"这是一种在居民头脑中存在的区域意识，而且这一区域名称也被其他人广泛接受和使用。"[2]

二、明代永嘉场文化代表温州地区文化之高峰

　　温州地区历史文化有三大高峰。第一个高峰是南宋时期。时温州中进士者极众，名宦名臣辈出，如薛季宣、陈傅良、叶适等均突入南宋庙堂政治之中，以至于时人有"朝中半是温州人"之叹。叶适的永嘉事功之学与朱熹理学分庭抗礼、不遑多让，温州乃有"东南邹鲁"之誉。当时温州五县皆有名宦出现，以永嘉最为挺出，而永嘉场人物虽有吴表臣等，然此时仅以"永嘉人"籍贯而闻名，并未形成规模效应和地域文化认同。第二个高峰是明代。黄淮入内阁，成重要辅臣，此温州籍明代名臣之始，章纶、卓敬等直臣随之于后，而后永嘉场人物纷纷登场，王瓒以"榜眼王"成科第之翘楚，张璁以内阁首辅而权倾一时，英桥王氏簪缨相继、科甲蝉联，项乔以理学鸣。第三大高峰是清末民国时期。时代风云变幻，务实进取的温州人爆发出惊人的能量，名人辈出：孙诒让、陈虬、宋恕、黄体芳、陈黻宸、林损、刘节、刘绍宽、郑振铎、周予同、姜立夫、马公愚、夏承焘、夏鼐……数不胜数，散布在温州各个地区。故言明代温州地区的历史文化，必不能避开永嘉场人物而不论。

　　元代抑儒生，士人社会地位极其低下。至洪武元年朱元璋建立明帝国之后，汉族传统文化才重新焕发活力。明代士人带着振兴汉文化的历史使命感，造就了蔚为壮观的明代文化。明代也是温州文化的辉煌时期，而当时温州地区的文化，首推永嘉场。自正德、嘉靖始，永嘉场英才辈出，簪缨相继，其人文之盛是温州邻近县市难望其项背的。

　　明代著名的四大家族人物和文化成就，奠定了永嘉场文化的底蕴和气魄。这四大家族是：以礼部左侍郎王瓒为代表的李浦王氏，以嘉靖内阁首辅张璁为代表的普门张氏，以王叔果、王叔杲为代表的英桥王氏，以项乔为代

---

　　①　王恩涌：《文化地理学导论》，高等教育出版社1989年版，第256页。
　　②　王恩涌：《文化地理学导论》，高等教育出版社1989年版，第15页。

表的七甲项氏,时人称"永嘉场望族"。这四大家族,皆以诗礼耕读传家,以义行善举称誉,科甲蝉联、簪缨相继,名流英士层出不穷,孝子贤孙代代相继,实为明代温州文化之重要代表。

这四大"诗礼传家,世代簪缨"家族的名宦殊堪瞩目。

"榜眼王"王瓒开永嘉场科举之先声,以弘治九年丙辰登一甲二名榜眼,成永嘉场科举之翘楚。

张璁嘉靖八年为内阁首辅,臻永嘉场仕途之巅峰,成温州地区显宦,世称"张阁老",声名至今为闾巷草野之人传颂。

二都英桥(今永昌堡)王氏人才济济,有一家两代三进士(王澈、王叔果、王叔杲)、四大夫一英雄(王澈、王激、王叔果、王叔杲、王沛)的美谈,是当时东瓯最显赫的家族。"二都王"兄弟进士叔果、叔杲集永嘉场经营、政绩、著述三者之大成。

还有一家是七甲(今沙城)项氏,亦著名望族。项乔是一代理学大家,与当时王阳明弟子和后学罗洪先、欧阳德、王龙溪等皆为至交好友,是温州地区不可忽视的理学代表人物,其家族文化建设亦颇具特色。

合此四大家族之人物而研讨之,于明代永嘉场文化庶几可尽也。

经过初步的研究和梳理,可以确定明代永嘉场乃是温州地区著名的名宦之乡、经制理学之乡、诗人和词客之乡、园林城堡建筑之乡。这四大家族出了不少仕宦,多承继温州地区的经制之学,且与理学、心学互动。至于诗文则更为其所擅长,多结撰成文集,后虽有佚失,至今仍保留了大量著述。四大家族之宗祠建筑,至今保存完好,至如永昌堡、玉介园,更为温州地区城堡、园林建设之模范。

三、永嘉场地域文化:异量之美,瞩目久之

(一)永嘉场地域文化自成体系

什么是地域文化呢? 张荷《吴越文化·编者札记》:

> 地域文化(rigional culture)或称"区域文化",是一门研究人类文化空间组合的地理人文学科……地域文化是以"历史地理学"为中心展开的文化探讨,其"地域"(region)概念通常是古代沿袭或俗成的历史区域,它在产生之初当然是精确的,但由于漫长的历史逐渐泯灭了它们的地理学意义,变得疆域模糊,景物易貌,人丁迁移,只剩下大致的所在地区了。

地域文化是一门研究人类文化空间组合的地理人文学科,与文化地理学有同有异。一个地方形成了其独特的地域文化之后,即具备了异量之美。多个独特的地域文化交织、并存,就形成了地方多元文化格局。"缘于不同地域背景、渊源而形成的区域文化特征,是构成多元文化格局最关键的、最基本的要素。"①

永嘉场文化自成体系,具备"异量之美",故而值得深入研究。"不同的行为过程本身所诠释的文化内涵所包含的异量之美,正是地域文化致力凸现的文化品质,这必将成为地域文化研究中永久的话题。"②

一个地方的文化之异量之美,在物质和精神两个方面都有所体现。《汉书·地理志》中已明确地提出了"域分"(即按不同的历史区域划分民俗民风)的概念:"凡民函五常之性,而其刚柔缓急,音声不同,系水土之风气……好恶取舍,动静之常,随君上之情欲。"把人的行为和观念归因于两个因素,即水土的构成和王侯的引导。这个观点是很有价值的,就现实而言,地域文化的形成也不外乎两种主要因素,一个是自然环境,一个是社会结构。"不同的文化特征在地理上的分布,构成了形式文化区之间的异量之美。文化之异量之别,一般表现在地理环境、语言风俗、宗教信仰、精神特征、制度文化、经济文化等诸多领域。"

因此,我们在研究某个地域文化的时候,也应从自然环境和社会结构,物质和精神两个方面深入研究其特色。而生存环境对文化的影响尤为深远。"人类学家普遍认为,生存环境对文化的影响是稳固而持久的……生存环境对人的体质、心理、道德诸方面都产生着积极的作用。人类生存环境和生存状态的差异性是地域文化格局得以长期共存的基础。"③永嘉场虽处于温州地域文化范围中,但由于大罗山的阻隔,南至老鼠山(梅头与瑞安交界处),北至茅竹岭,在山环海抱中自成一区域,如方言中有"嫩嫩儿"、"啄啄儿",指称猪和鸡,为他地所无。至明代出现人才井喷的现象,也说明其地域文化别具特色,有利于人才的出现。"永嘉场"本身是一个盐场,一个行政规划地区,但是这种行政规划早已转化为地域文化界分的标志,深深地积淀在人们的头脑之中,并且产生深远而广泛的影响。

---

① 高利华:《异量之美:地域文化研究的永久话题》,《社会科学战线》2007 年第 3 期,第 173—175 页。

② 高利华:《异量之美:地域文化研究的永久话题》,《社会科学战线》2007 年第 3 期,第 173—175 页。

③ 高利华:《异量之美:地域文化研究的永久话题》,《社会科学战线》2007 年第 3 期,第 173—175 页。

(二)永嘉场地域文化的异量之美

对于僻居温州东南隅的永嘉场,不少人感到陌生。

考古表明,魏晋时期永嘉场尚处于海中,后逐渐成陆。到了唐代,永嘉场成为国内的盐场之一。中央政府过来的官员带来了文化信息,也促进了永嘉场的文化演进。那个时候,永嘉场开始进入世人的视野之内。而明代,则是其蓬勃发展的时期。

这是一片神奇的土地,这是一个得天独厚的地方。永嘉场形成了独特的地域文化,其文化的异量之美表现在各个方面。

首先,就地理环境来说,它是面海靠山的冲积平原,风水独胜,为精通堪舆术者所激赏。

其次,于政治、经济、文化方面均有特色。经济上,盐业、农业、渔业、手工业等多种产业经营,保障了地方经济的可持续发展。政治上,实行盐场管理和县吏管理相结合的模式(永嘉县令往往身兼盐场大使)。文化上,形成了耕读文化和自力更生、自强不息的文化,从而造就了仕宦辈出的局面。风俗上,民间文化保存良好,既保存了大量的民居、宗祠、庙观,也保存了大量的非物质文化遗产,其风俗民情别具风味。

最后,明代文化人物的大批出现,构成了其异量之美的核心。永嘉场士人尤注重典章制度建设、道德修养和开物成务。

修明经制、以明伦为要务的,有王瓒、张璁等。王瓒首赞张璁之议,而为杨廷和所排斥。张璁以"永嘉经制之学"之熏习决然崛起而有大礼议之争胜。永嘉场人有重史之传统。王瓒任国史官时佐修《通鉴纂要》、《大明会典》。而修地志尤为永嘉场人所用心,王瓒修弘治《温州府志》,王叔果修嘉靖《永嘉县志》,张璁修嘉靖《温州府志》,王光蕴修万历《温州府志》,明代温州地方府县志,多赖永嘉场人修之。

注重道德修养。明时永嘉场乡风纯朴,乡绅众多,恪守儒家教条,以道德、学业自期。东瓯望族,遐迩闻名,家族文化建设规模井然,受家风熏陶,子弟多成道德君子,或清廉官吏。故永嘉场出身的名宦、地方官吏,多清廉自守,亲民勤政,每多善绩,去后乡民思之,如念父母,且多建遗爱碑、生祠等纪念之。因为他们一贯注重道德实践,以圣贤自期,故内能自守,外能勤政,此实儒家文化、宗族文化熏陶养成君子人格、积极进行道德实践之具体表现也。

不务虚谈,注重实践,开物成务,化民成俗。王瓒任国子祭酒时于南北国子监撰《国学六馆箴》,以导天下学子归于正。张璁执政期间,进行政治革新,成就斐然。王叔杲守三吴时,尤多关注水利问题,撰有《三吴水利考》。永嘉场士人尤注重地方文化建设,为宦一方,对地方经济文化发展多所饶益。

总之,明代永嘉场文化,对中国文化做出了一定的贡献。永嘉场名宦和文化人物,不仅是中国古代文化的重要组成部分,也是构建现代温州文化的重要文化资源。

(三)"永嘉场学"观念的提出

研究永嘉场文化,首先是有利于推进温州乡土文化研究。梁启超曾说:"盖以中国之大,一地方有一地方之特点,其受之于遗传及环境者盖深且远,而爱乡土之观念,实亦人群团结进展之要素,利用其恭敬桑梓之心理,示之以乡邦先辈之人格及其学艺,鼓舞浚发,往往视邈远者为更有力。"[1]

改革开放以来,温州模式在国内产生了极大的影响,温州经济、地域文化和历史文化也进入了人们的视野,至 2002 年左右形成了"温州学"。"温州学应该是一门主要研究温州文化,研究温州人和温州人精神,研究温州文化与经济互动发展,揭示温州经济和社会发展内在规律的综合性地方学科。""温州学是研究温州文化的学科。温州富有区域特色的发展,既是中国改革开放的产物,也是温州历史发展的结晶,它连接着温州千百年的文化渊源。研究温州学,首先要研究温州文化。要研究温州文化的生成、兴衰,研究温州文化的个性、特征,研究温州历史文化的地位、作用,研究温州现代文化的创新、发展。永嘉学派以及它所形成的传统重商文化,应当成为温州学研究的一个大课题。"[2]

永嘉场文化研究,属于温州学的重要组成部分,而且是最具特色的部分之一,侧重于对温州历史文化的追本溯源和演化规律的探讨。研究明代永嘉场文化,即研究明代温州文化的典型代表。

跟徽学一样,随着研究的广泛深入,"永嘉场学"也有望形成[3]并成为温州学的重要分支。永嘉场学,既具有温州学的共通性,又具有其独异性。即以作为盐场文化区域而形成的、具有异量之美的、独具特色的永嘉场地域文化为主要研究对象。

---

① 梁启超:《清代学者整理旧学之总成绩·方志学》,商务印书馆 1999 年版。
② 李强:《关于创立温州学的思考》,载《光明日报》2002 年 11 月 01 日。
③ "永嘉场学"观念的提出,受启发于胡阿祥先生,参见胡阿祥:《中国历史研究的地域视野》,《学海》2009 年第 1 期。

"永嘉场"是"永嘉场学"赖以存在的地域基础。明代永嘉场四大名宦家族，均重视宗族谱牒的修撰、宗祠文化建设，仕宦、士绅均以著书立说为其志尚。虽说现存的文献资料比不上徽州地区，但是各个家族收藏的家谱，温州市图书馆、博物馆收藏的文物、文献资料仍是一大宝库，众多仕宦的撰述还斑斑可考，大量保存，是一个尚待挖掘的文化宝库。

永嘉场学得以确立的学术基础有四。

一是大量的历史文献（文字资料）。据笔者所收集的资料，永嘉场文化研究已经具备一定的文献基础。首先，"温州文献丛书"、"温州文献丛刊"中不少是永嘉场人的作品，如《张璁集》、《王叔杲集》、《王叔果集》等；《温州经籍志》董理了温州地区文献的存佚、版本情况，其中不少永嘉场人的著作可以按图寻骥。其次，是"龙湾文化丛书"和"龙湾文献丛书"。"龙湾文化丛书"已由人民日报出版社出版，其中包括《龙湾历代名人录》、《龙湾历代诗文选》、《王瓒集》、《龙湾故事集成》等，均提供了第一手资料。"龙湾文献丛书"正在谋划出版。据曹凌云《搭建文化回归的桥》①：《丛书》第一辑有《嘉靖永嘉县志》、《英桥王氏诗录》、《普门张氏史料综录》、《王毓英集》、《七家诗选》共五部……第二辑也在选题中。"如此丰赡的材料为研究者提供了极大的便利。更何况永嘉场村村有宗祠，每姓有家谱，深藏宗祠中的家谱也是第一手资料（尽管不少家族不愿让外姓人睹其宗谱，然随着观念的开放，已有不少家族愿意提供资料）。至于普门张氏、英桥王氏、七甲项氏、高原张氏、三甲王氏等大家族，撰述尤多，不少仍有待收集整理。

二是保存有大量的文化遗存（物态文化资料），各个宗祠、地方文物是活生生的文化遗存，地方博物馆中亦已收藏了不少文物，不少明清建筑至今尚保存完好。

三是形式多样、内容丰富、传承至今的非物质文化遗产，如张阁老传说、划字龙灯、汤和节、民间游艺、传统工艺以及民俗、方言等，完全可以形成永嘉场文化系列研究。

四是地方政府对永嘉场文化研究的高度重视，给予研究后续的保障，研究的深入已逐步引起国内、国际学界的重视。

2009 年 7 月 10 日，龙湾区历史学会正式成立，首批会员 91 人。会员主要由《龙湾区志》编纂执笔人员、中学历史教师、文博单位历史研究人员及其他文史研究爱好者组成。"学会成立后，将组织会员开展中外历史、龙湾地方史的教学和研究及对地方史料的调查和挖掘工作；组织开展各种形式

---

① 载《温州日报》2009 年 7 月 18 日瓯越·阅览版。

的学术研讨会和专题会;协助办好《龙湾史志》,修好《龙湾区志》;发展和培养优秀文史人才,普及和宣传乡土文化等。初步拟定的研究课题有民俗研究、张阁老研究、永昌堡研究、明永嘉场文化现象研究、民营研究、宗谱与新农村文化建设、民间传说故事与旅游人文开发、历史事件研究、解放前后龙湾研究、龙湾乡贤修志研究等10课题。"①

由温州市龙湾区政协和区文联联合举办的龙湾历史文化名人评选活动,于2007年10月,经过民众的热烈参与、专家的认真考量,评选出20位先贤,按时代先后排序,他们是:赵建大、姜立纲、王瓒、张璁、王激、项乔、王叔杲、王德、张天麟、张振夔、王鸿年、夏承焘、张肇骞、王国松、王季思等,大多为永嘉场"土产"。最后结集出版,书名《巍巍大家》,使人对永嘉场人物有了直观的认识。

2010年11月21日至23日,首届温州·龙湾明代文化研讨会在龙湾举行。该研讨会由市委宣传部和龙湾区委、区政府主办,龙湾区委宣传部、区文联、区文化广电新闻出版局等单位承办。50余位国内外知名明代历史文化研究专家、学者相聚龙湾,围绕明代龙湾的政治、经济、军事、社会生活、思想信仰、人物、文献的搜集与整理、明代物质文化与非物质文化的历史价值与保护,以及永昌堡历史文化研究等展开广泛讨论和交流。

四、本书结构及研究方法

本书首述永嘉场地域文化的特色,次述永嘉场文化崛起的原因。

本书既运用传统研究方法,也运用新型研究方法,并将二者结合起来。传统的研究方法,主要是考论结合、文史互证,灵活运用传统的文献学、历史学、文化学、民俗学、文学等研究方法。笔者大量阅读地志、著述、文集、族谱,依据丰富的材料论述,不主题先行,不架空论述,还融入新型研究方法,如历史社会学、文化地理学、区域文化学、旅游学等,积极吸纳地域文化研究和文化地理学的新观念和方法。

就具体操作方法来说,还运用了调查法和上溯法。调查法就是进行实地调查,与地方乡贤、地方民众直接接触,对宗族文化、民间信仰获得第一手资料和直接认识。上溯法就是以今知古、以今证古,永嘉场地域文化有一定的延续性,可由今日的风俗、信仰上溯明清。

总之,本书的研究方法,可以说是历史文化综合研究法:既注意到地方

---

① 丁欣华:《龙湾历史学会成立》,龙湾新闻网2009年7月16日。

文化的地域特色,也关注当时国内的整体文化特色。因永嘉场士人积极参政,尤以张璁为代表,故于庙堂政治亦不得不谈及;虽言庙堂政治,然时时顾及张璁永嘉场人的身份。又如项乔,理学交往范围极广,与当世名士亲密互动,故亦当拓宽所论,以探求项乔于明代理学之地位。永嘉场人为地方郡守、县令者甚众,其宦绩成就于异地,故亦以异地宦绩为主,然多归根乡土,成家居之士绅,故结穴之处,亦以家族文化、地方文化之影响为主。如此综合论之,乃能复原明代永嘉场仕宦、士绅之行迹和影响。

上　篇

永嘉场地域文化特色

　　永嘉场，现称永强，由"永嘉盐场"沿革引申而来。这是一片神奇的土地，这是一个得天独厚的地方。她有山有水，土地肥沃。当海之弓，得渔业之利。她虽然僻处海隅，却得天独厚，不但老百姓衣食自足，而且人口密集，文化发达，在明代更是崛起为一座文化的高峰。

　　本篇将从地理环境，山水文化和建筑文化，抗倭御辱、勤劳耐苦、自力更生的精神传统，风俗民情和信仰世界，仕宦风采及其政治、文化成就，宗族文化传统，丰富的物质文化遗产和非物质文化遗产诸方面展示永嘉场地域文化特色。

第一章　地理环境

　　历史地理生态环境,包括两个方面:自然地理环境和人文地理环境(又分为经济地理环境和社会文化地理环境)。一般来说,自然地理环境,如气候、地形、地貌、水文、植被、海陆分布等,发展变化的速度比较缓慢,需要相当长的时间才能被觉察。但在某些阶段和某些局部地区,自然地理环境的变化也可能发生得非常迅速、非常剧烈,造成巨大的影响。人文地理环境,如疆域、政区、民族、人口、文化、城市、交通、农业、牧业等方面,发展变化的速度比自然地理因素发展变化的速度要快得多。当然,这两方面也是相互作用、不能截然分开的。①

　　就人文地理环境来看,人类是引起以上各类地理分布及变化的主要因素,民族又是人类中具有特色的群体,于是人口的增长、分布和迁徙,民族分布和融合,成为历史人文地理中十分重要的部分。永嘉场在南宋乾道年间因海溢,福建等地的移民大量进入,带来了新鲜的血液,亦成为明代崛起的家族之中坚力量。对此移民的情况,应予充分的关注。

　　笔者将从气候、地形、地貌等和疆域、政区、民族、人口等入手,先探讨永嘉场的自然地理和人文地理环境。

第一节　自然地理环境

一、地形地貌和冲积平原的形成

（一）地形、地貌

永嘉场东临浩瀚无际的东海,北靠瓯江入海口。根据地貌分析与历史

---

① 　参见张岱年:《中国文化要览》,北京师范大学出版社 2004 年版,第 13 页。

记载,这里原是大海的一部分,经历 1000 多年,瓯江上游和大罗山夹带的泥沙往东及北逐步冲积,加之历代勤劳、勇敢的先民们围涂造地,形成了一片广阔的永强冲积平原。

永嘉场三面是山,一面朝海,永强平原嵌在大罗山东麓、瓯江口南岸的东海之滨。平原上河流纵横,中间那条最粗的,即由南到北贯穿全境的、长达 20 千米的塘河,其余的就是大大小小的河、浃、沥。密密麻麻的河网将永强平原分割成大片小块,211 平方千米的疆域上分布着总长约 182 千米的水系,平均每平方千米土地就有近 1 千米河流。因此构成了阡陌河岔、小桥人家的江南水乡格局。

(二)冲积平原的形成

龙湾早先原是一片汪洋大海。《山海经·海内南经》载:"瓯居海中。"郭璞注:"今临永宁县,即东瓯,在岐海中。"自西汉初年建东瓯国,直到东晋太宁元年置永嘉郡,上古时代温州龙湾一直处于海中。[①] 其地北临瓯江,南临飞云江,两江急流滚滚,泥沙冲积而成平原。

学者吴松弟曾撰文论述了温州沿海平原的成陆过程。[②] 他根据沿海地层探测与钻孔资料判断,5000 年前温州地区的海浸范围较大,沿瓯江可以到达青田,因此龙湾一带还是大海,大罗山为海中孤岛。经过海潮作用,到了唐代,以大罗山为界的濒海地带逐渐被冲积成部分海滨小平原。

南朝宋时帆海成陆。南朝宋时瓯江南岸在今吹台山以东的平原上,仍然残留着一片海潮进退的海域。南朝宋初的永嘉郡太守谢灵运,在其《游赤石进帆海》诗中,有"扬帆采石华,挂席海月"之句,"石华"和"海月"分别指长在中低潮间带的石花菜和窗贝,可见帆海当时是浅海。然而,南朝宋人郑缉之所撰的温州方志《永嘉郡记》却载:"帆游山,地尝为海,过舟,故山以帆名。"显然当时此地已经成山。至南朝宋中后期帆海成陆。

瓯江南岸的海岸线逐步退却,至唐朝中后期时已退到今龙湾的永中—刘宅以东,两地之间形成一道长 6 千米的老沙堤。此线西近的郑宅已兴建天柱寺,大罗山东北面的平原已经形成。

滩涂淤积,使瓯江南岸的岸线不断地外推,而永强平原的土地面积亦随

---

① 天柱寺山脚下的"第一山",也是永嘉场曾为汪洋大海之佐证。据《先民的无声讲述——重访大罗山麓人文遗迹》(龙湾新闻网 2008 年 9 月 17 日)一文:"天柱寺山脚下的郑宅村口东面山坡上有一块约 4 平方米的岩石平面上刻着'第一山',传说古时永嘉场还是一片汪洋,来往温州、福州之间的船只要避风浪,第一眼看到的就是这座山,所以叫'第一山'。"

② 吴松弟:《温州沿海平原的成陆过程和主要海塘、塘河的形成》,载《中国历史地理论丛》2007 年第 2 期。

之扩大,至今仍在扩展中。南宋乾道年间,瓯江南岸岸线已到达今龙湾区的永中镇、普门以东,此两地均已建村(乾隆《永嘉县志》卷一四、嘉靖《温州府志》卷五)。到了明代嘉靖年间,在南起一都长沙、北至沙村之间兴建长达4619 丈的海塘沙城,并在海塘内侧建宁村所、沙村、长沙、七甲、九甲等寨堠,以防备倭寇的登陆(乾隆《温州府志》卷八),此条岸线比南宋干道岸线整整外推了两三千米。清朝雍正以后,滩涂的淤积进一步加速。

今天的瓯江口,有多个因沙滩堆积而成的岛屿,最大的是面积 25 平方千米的灵昆岛。灵昆岛的形成基本是在明代至民国间。此岛本是江中两座名叫单昆、双昆的孤山,单昆在东北,双昆在西南。明代隆庆年间,二山面向海洋的东侧已淤积成二片滩涂,百姓在此垦田数千亩(乾隆《永嘉县志》卷二)。到了清光绪年间,两个沙洲已经连成一片,此后沙洲向东扩张,到1949 年以前其面积又增加一倍,而且岛南侧还不断有沙洲涌出,以至影响了轮船的航行。

永强有不少带"吞"的地名,如东吞、郑吞、南凰吞、钟桥吞(吞底)、白水吞、戴家吞、双吞、范家吞、北凰吞、山西吞、西台吞、干吞、田吞、大吞,以及黄石山的金吞、上吞、吴吞、沙吞儿等。这也是这里过去曾为汪洋大海的证据。

什么是吞呢?"吞,为山中深奥处,河湾可泊船处。浙江、福建沿海一带称山间平地为'吞'。龙湾的吞大抵为海湾可泊船处。"[1]

永强以"吞"命名之地,往往是先民归海时避风之地。如钟桥吞即是典型。"当地老人们都说,大罗山四周有不少吞,永嘉场先民出海捕鱼,归海时入吞避风。不过,由于地理位置的关系,其他吞内经常翻船,唯独钟桥吞平安无事,风平浪静,故有'平安吞'之称。因此,此处凿有众多的石孔也就在情理之中。在石孔中打进木桩,将渔船拴在钟桥平安吞内。依《大罗山志》中大罗山名胜风景示意图来看,从钟桥吞登百步梯后可达仙岩、茶山、瑶溪,钟桥吞实为大罗山登山的重要入口之一。因此,石孔的船桩之说事出有因。"[2]

在横山吞底发现古代沉没的船只构件,亦证明这曾是航海人的避风港,而后成陆。《吞字地名考证》:"据当地村民说,在吞底外今金山寺附近,曾发现古代沉没的船只构件。可知,此吞在远古时期是大海,而吞底的特殊位置,成了航海人的避风港吞。至晋代,人们到山上的天柱瀑泉寺朝拜,可能经由此吞上下。在吞底西北角,今百步梯对面的山壁上,至今留有很多人工

① 《吞字地名考证》,龙湾新闻网 2008 年 10 月 16 日。
② 《先民的无声讲述——重访大罗山麓人文遗迹》,龙湾新闻网 2008 年 9 月 17 日。

开凿石孔。当地老人认为,可能是古时栓船用的船桩孔。笔者曾与几位学兄实地考察,初步定为古栈道的遗迹。但有关年份和形制,有待专家考证。到了唐代,此呇也成陆。"①

二、气候

据《大罗山志·概述》②,因地处太平洋沿岸,受太平洋暖流的影响,永嘉场属亚热带海洋性季风气候,温暖湿润,雨量充沛,日照充足,四季分明。年平均气温 17.9℃,温差不大,年温差在 20℃ 左右。年降雨量 1700.2mm,降雨量集中期为 5-6 月的梅雨期和 7-9 月的台风期,蒸发强烈期为 7-9 月高温期,水热变化同步,枯水期为 11 月至次年 1 月。年平均风速 2.1m/s。

第二节　人文地理环境

光绪《永嘉县志·舆地志一》:"温在浙东号为名郡,而永嘉倚郭为县,广输二三百里,东南际大海,西北阻群山,襟江带湖,绮壤绣错,水陆之美,无不饶衍,盖东南一都会矣。"永嘉场处于永嘉的东南部,其人文地理环境尤为优胜。

永嘉场原先作为盐场,仅是一个行政区域,后转变为文化区域,相沿千年。地域划分过程中,自然地理环境是诸因素中之最要者,"后世之行政区域或文化区域,其划分仍不得不借重于自然山水。……这是因为山水的险阻给交通带来的不便,使其成为区域的天然屏障,而山水又是区域诸因素中最为恒定的一个,也使它不仅贯穿整个区域划分的历史,也贯穿整个行政区域或文化区域的划分历史"③。永嘉场东面濒临大海,西面以茅竹岭为界,自一都至五都自成一区域,唐设盐场以规划之,最初也仅一行政规划地区而已,名曰"永嘉盐场"。宋代虽有吴表臣等,然其地域文化对温州无多影响,更未形成规模效应,只怕吴表臣自身亦未形成永嘉场文化认同感。至明代正德、嘉靖年间王瓒、张璁等崛起,形成规模效应,于是永嘉场遂由一行政区域,转化为独具特色的文化区域,产生永嘉场文化的强烈认同感。至王叔杲,虽搬到郡城居住,建立玉介园,论风水则扬家乡而抑郡城,论人物则重永

---

① 《呇字地名考证》,龙湾新闻网 2008 年 10 月 16 日。
② 《大罗山志》编委会编:《大罗山志》,香港出版社 2003 年版。
③ 王祥:《试论地域、地域文化与文学》,载《社会科学辑刊》2004 年第 4 期。

场而轻他地,这恰是永嘉场文化认同感形成的标志。

一、建置和疆域

先明永嘉县之建置、疆域。

建置。弘治《温州府志》卷一:"本东汉章安县东瓯乡地,属会稽郡。永和中,析置永宁县。吴、晋属临海郡。隋平陈,废永嘉郡,置处州,改永宁县为永嘉县,则永嘉始为县名,属处州。唐武德五年,置东嘉州,析永嘉、永宁为二县。贞观元年,废东嘉州,省永宁,以永嘉县属括州。上元元年,置温州,而永嘉县名不改。宋永嘉县通管城内外。元以州为路,别置录事司治城内,而县辖城外厢、乡、都。国初复改路为府,革录事司,而县仍统四隅、四厢、五十二都、编户二百八十四里。"

疆域。弘治《温州府志》卷一:"东西广一百六十九里,南北袤三百二十里。东至海七十里,西至安溪九十里,为处州界。南至丽塘一十里,为瑞安县界。北至南溪箬岭三百里,为台州仙居县界。"

光绪《永嘉县志·永嘉场图说》附言:"永嘉场在郡东南三十里,为都四并属华盖乡,又得膺符乡五都之半。北至茅竹山以岭为界,南至一都梅冈与瑞安为界,西北至东南弦径约四十余里。西北至东南弦径约四十余里,东北至西南延袤三十余里。"

二、区划

永嘉县共十三乡五十二都,其中一都至五都为永嘉场。永嘉场包括华盖乡之四都和膺符乡之五都。兹列明清方志所载的永嘉场乡、都(表 1-1),以知其沿革。

表 1-1　明清方志所载的永嘉场乡、都

出　处	华盖乡、都	膺符乡、都	其　他
弘治《温州府志》卷六《邑里·乡都》	华盖乡:在县东南八十里,以大罗山形如华盖,故名。旧里名五:携仁、吴庄、蓝田、金岙、新河。 一都:黄樵、郑岙、白水、大山头 二都:沙村、乘岙、李浦 三都:新河、青山、金岙、乐湾 四都:(刻本缺)	膺符乡:在县东南三十里,丁氏、二赵氏世居,故名。旧里名四:前江、梯云、蒲江、卢浦 五都:黄岙、黄浦、湖边	永嘉场市:鱼团

续表

出　处	华盖乡、都	膺符乡、都	其　他
万历《温州府志》卷一《舆地志上·隔厢乡都》	华盖乡:在县东南八十里,以大罗山形如华盖,故名,为都四。 一都:携仁、郑岙、白水、大山头、五甲 二都:双岙、英桥、李浦、南桥、荡下、七甲 三都:沧河、上黄、沙村、咸田 四都:新河、青山、金岙、龙湾、山北、上金	膺符乡:在县东南三十里,为都五。 五都:黄岙、黄浦、湖边、前岩、丁家岙	永嘉场市:二都英桥 寺前街:在三都 阁老街:白二都抵五都,张文忠公造
嘉靖《永嘉县志》卷一《舆地志·隔厢乡都》	华盖乡:在县东南八十里以大罗山形如华盖,故名。 一都(三图):携仁、郑岙、白水、大山头、五甲 二都(五图):桑岙、英桥、李浦、南桥、荡下、七甲 三都(六图):沧湖、上黄、沙村、咸田 四都(六图):新河、青山、金岙、龙湾、山北上金	膺符乡:在县东南三十里。 五都(三图):黄岙、黄浦、湖边、前岩、丁家岙	
乾隆《永嘉县志》卷三《都里》	华盖乡:在县东南八十里,以大罗山形如华盖,故名,都四。 一都:携仁、郑岙、白水、大山头、五甲、黄樵、潭头 二都:双岙、沙村、度山、桑岙、英桥、下方、七甲、李浦、庙上、南桥、荡下、上川、上仓、新仓、殿前、排头、水潭、前街、湖池 三都:沧河、上黄、寺前街、沙村、咸田 四都:新河、青山、金岙、上岙、龙湾、山北、上金、水心、邵林、东郑、岭脚、双石褐、北山、前路、后洋、陡门、上湾、渔渡桥、前池、西里、东坦、吴岩、何家桥、浃头、横浃、东郭	膺符乡:在县东南三十里,都五。 五都:黄岙、马鞍、黄浦、湖边、前岩、岭下、丁家岙	

续表

出　处	华盖乡、都	膺符乡、都	其　他
光绪《永嘉县志》卷三《建置志一·乡都》	一都：新田、度山、前黄、白水、渡郎桥、五甲、四甲、前河、三甲、钟桥、后凤、洋新屋、二甲、庄泉、郑奥、南凰奥、岭北洋、司南、携仁、笑客岩、下垟厂、梅头，共二十二处 二都：衙前、英桥、西岸、新城、万工桥、塘下、尊方、高原、蟠庄、虹桥、水潭、老城、前街、殿前、南桥、沙园、坛头、孙洋、河渠、双奥、七甲、八甲，共二十二处 三都：西河、上吴、寺后、沙门头、方叉陡门、寺前街、拜圣桥、普门堂、车驾巷、姚家汇、上黄、沧河、沙村、教场头、上朱洋、沙角滩头、计衙、蓝田、宁村、新村、天妃宫堠、筑沙堠、鱼池荡、小陡门，共二十四处 四都：上湾、龙湾陡、金奥、洽桥、快怀岭、杨府庙、新河、水心、待驾桥、五里岩、后垟、东郭、西州、后郑、横淒、北山下、沙奥、山北、营田、上奥、双桥、东林、渔渡桥、上金、后金、后陈、东垣、黄石陡门、青山、上阵、姚家润、何家桥、双石碣，共二十四处	五都：丁家奥、戏台奥、后垟、御史桥、前岩、茅竹桥、马鞍岭、方山头、苏家淒、下河滨、上河滨、姚界、淒底、河口、北凰奥、都堂岭、南山下、御桥、漳淒桥、瑶溪，共二十二处	

各种地志中以光绪《永嘉县志》所载最详。光绪《永嘉县志》卷三《建置志一·乡都》按语云："案今昔图里大同小异，惟嘉靖、万历二志于康熙志图数互有详略。旧志备列于后以资参考，其实年湮代远，分合多少之数，因时制宜，无甚关系，阅之亦殊眯目，今削之仍以康熙志为主，而系今之图里于各都之下为信而有征也。"按：自弘治《温州府志》记载以来，永嘉场五都之范围基本稳定。"永邑境内分十三乡。自华盖至仙居析为都五十有二。旧志谓嘉靖、万历二志乡都地名自昔不易。"（光绪《永嘉县志》卷三）兹后人口日蕃，居境益拓，而后地名益详。

三、行政和军事建置

(一)基础行政、军事建筑

永嘉县城池。光绪《永嘉县志》卷三《建置志一》载:"永宁始立于汉,而郡名永嘉。盖自晋始也。惟晋之永宁治江北而城无考。唐复析置永宁分治江北,有新城之名,不久旋废而永嘉之城遂以郡得名,历今千有余年不改。""温州府城周一十八里。北据瓯江,东西依山,南临会昌湖。晋明帝太宁元年置郡始城悉用石甃。"按:永嘉县城虽不在永嘉场,然永嘉场在其管理范围之内,故述之。

宁村寨城。光绪《永嘉县志》卷三《建置志一》:"在县城东五十里(即宁村所治隶盘石卫),属三都,明洪武二十年信国公汤和建。周三里有奇,凡六百余丈。城北渡江至盘石卫十里,东去沙沟海口一里,南至永嘉场十里,西北至乐清县五十里,南至瑞安县七十里,为守御要地。"

永昌堡。光绪《永嘉县志》卷三《建置志一》:"在城东五十里二都英桥里。嘉靖三十七年邑人王叔果、叔杲议筑以防倭患,奏迁中界巡检司于堡内守御。堡周五里,凡八百六十余丈,高二丈五尺,厚半之。陆门四,水门四,中引二渠,铺舍二十,负山向海,四面控带河水,为一方巨镇。又有敌台十二。顺治十八年奉遣悉毁之,今复其地,士民修筑如故。"

永兴堡。光绪《永嘉县志》卷三《建置志一》:"在城南五十五里二都海口,本煮盐坛地。明嘉靖三十七年巡盐御史凌儒以盐场所在洊被倭寇焚掠,众议筑城,周四里,凡七百二十丈,高二丈四尺,厚一丈三尺,陆门六,水洞二,今有大使。其永兴堡已圮。"

(二)行政办公场所

永嘉县治。[①] 永嘉县治屡迁,"宋三徙,元再徙而始定"。弘治《温州府志》卷二《公署·永嘉县治》:"在东南隅遗爱坊,旧在瓯江北,土名新城。晋立永嘉郡,迁治于江南。隋废郡,改县为永嘉,以郡治为县治。唐析永嘉、永宁二县,分治江南北,贞观初复合为一,仍郡治。上元二年置温州,始立永嘉县治,在州治东一百余步、华盖山西。宋泰定间,赵令汝抢徙治。嘉定间,陈令淏徙于郡之行衙,即旧皇华馆,续又修旧郡治居焉。元至元间,以县治为织染局。二十七年,复以旧皇华馆创县治。二十九年,改为廉访分司,县徙于旧酒务。元贞元年,分司毁,大德元年,孙尹汶复为县治。国朝洪武元年

---

① 如无说明,以下材料根据光绪《永嘉县志》卷四《建置志二》。

始立县,仍旧为今治。成化十八年,刘令逊修正厅并仪门。"

永嘉县治所辖永嘉场治所,有中界巡检司和永嘉场盐场大使署。

中界巡检司。原在一都,嘉靖年间徙至二都永昌堡内。

永嘉场盐场大使署,在二都老城。①

四、民族和人口

永嘉场居民以汉族为主。

宋乾道元年之前永嘉场居住的是原住民。海溢之后,几无孑遗。政府迁入不少外来人口,闽人尤多,乃成永嘉场之主人口。②

宁村的情况有所不同,其人口明初由外迁入,是汤和率领的抗倭将士的后裔。明洪武年间,东南沿海倭寇猖獗,朱元璋派汤和来浙江沿海抗倭。汤和修建了 59 所城堡,并在江浙征兵 5 万多人驻守在各城堡内,宁村当时也是 59 个城堡之一。这些官兵,有事则战,无事则耕,并和当地居民结婚生子,日益繁衍,遂成宁村。而来自各地的将士也为宁村留下了丰富的姓氏资源,现在宁村仅三千余人的一个村落,竟然齐集了近百个姓氏,有"中华姓氏第一村"之誉。

孔子后裔亦曾迁居永嘉场。蓝蔚、丁欣华《龙湾有个孔子后裔村,子孙定期诵〈论语〉》:"据市儒学研究会理事工顺德介绍,孔子的第四十二代孙孔桧从山东经江苏,来到浙江平阳,于公元 924 年在平阳的白理石(今昆阳镇)定居。16 年后,迁居到瑞安大日理(今顺泰乡泛浦村);公元 1437 年孔子的第五十九代孙孔彦爽又从瑞安迁往龙湾区沙城镇四甲,至今子孙繁衍到第七十九代'垂'字辈,共有 500 户,3000 余人。沙城镇四甲包括现在的烟台村、永恩村、永阜村,四甲已成为孔子后裔村。"③

自宋至明万历年间永嘉县户口数(据万历《温州府志》卷五《食货志·户口》)如表 1-2 所示。

---

① 嘉靖《永嘉县志》卷二《建置志》:"永嘉场盐客司,在二都永兴堡内。"名称有不同,明时叫"盐客司",清时叫"盐场大使署"。

② 可参见下编第四章第一节四大家族之资料。

③ 载邱小侠编:《改革开放之龙湾记忆》,新星出版社 2008 年版。

表 1-2　宋至明万历间永嘉县户口统计表

时代	编户/户	人口/人
宋	无考	无考
元	65077	无考
明洪武二十四年	51949	169460
永乐十年	51681	142717
弘治十七年	39501	103937
嘉靖四十一年	同前	同前
万历十年	39501	97359
万历二十年	同前	同前
万历三十年	同前	同前

永嘉场人因盐场故,多隶属灶户。万历《温州府志》卷五《食货志·盐课》:"永嘉县一至五都以濒海故占籍为灶隶。永嘉场户一千四百正,丁一千九百九十。"因无具体数据,永嘉场编户和人丁待考。

五、人文活动的历史发展脉络

永嘉场今瑶溪一带的龙冈山为"龙湾文明"的起点。

5000 年前大罗山是海中的孤岛。约 4500 年前新石器时期,已有先民在瑶溪龙冈山劳作生息。"龙冈山遗址位于龙冈岭一山坪处,面积约 10000 平方米,为温州市第三批文物保护单位。文物部门曾在遗址表土采集到通体精磨的新石器时代晚期的柳叶形石镞、穿孔石矛、石磷等石器残件,还采集到拍印篮纹、直条纹、编纹织、云雷纹及刻划的曲线纹等纹饰的夹砂红陶、泥质红陶、黑皮陶釜、瓿、钵、壶、罐等器形残件和陶纺轮。"[1]

从出土器物来看,早在周朝后期,就有人类在龙冈山一带居住活动了。此处是近水向阳多土地带,上山可打猎、下海可捕鱼。专家认为,龙冈山为"龙湾文明"的起点。据出土器物特征,推算上限为新石器晚期,下限至战国时期。

大罗山东的开发首先在山周边沿海一带平地的山岙:凰岙(又称北黄岙)、金岙、上岙、沙岙儿、范家岙、双岙、戴家岙(大肚山脚)、郑岙、南黄岙(天

---

[1]　方舟:《龙冈山——龙湾"远古文明"的源头》,龙湾新闻网 2009 年 2 月 4 日。

河镇垟新居上)等处。20世纪,凰岙的水田深处曾挖得由古时候海湾沉积物、树枝、树叶等形成的大量泥炭,便是有力佐证。

围涂造地从西向东拓展,历代勤劳勇敢的永强人民先在上河一带,接下来在上横河以西地区,再到中横河,又至沙城垟,然后则是横河垟—总垟—坦垟,最后到达老堤塘,即今永强大堤的位置,谱写了一部战天斗地、沧海变桑田的壮烈篇章。①

随着瓯江南岸的海岸线逐步退却,永强平原逐步扩展,先民的人文活动也日益增多。据《岙字地名考证》:

> 至晋代,在天柱峰东面山坪上兴建天柱瀑泉寺。到了唐代,经由海潮作用,大罗山濒海环山地带,逐渐被冲积成部分陆地。据有关府志及文献载,唐贞观间(627—649),在今永中街道建有乾元寺,寺前街即因位于寺前而名;唐乾符四年(877),在北凰岙莲花山麓,兴建国安院;石晋开运三年(946),在双岙建安仁院。由此可见,其时大罗山和黄石山之间也已成陆地。

> 随着海平面的下降,沿海泥沙的堆积,使陆地逐渐扩张,先民们从山上迁下居住,生齿随之增多。据《新唐书·食货四》记载,大历初(约公元766年),全国"有嘉兴、海陵、盐城、新亭、临平、兰亭、永嘉、大昌、侯官、富都卜监"。唐宗室李谞出任永嘉盐官。这时海岸线已退到今永中寺前——刘宅以东,两地之间形成一道长6千米老沙堤;三面环山的郑岙、白水岙也已成陆。先民已从事晒盐业。到宋太平兴国三年(978),官府设密鹦(今属玉环县)、永嘉两场。因永嘉场地理位置优越,"限奥多处则盐多",得盐率高于他场,盐业蓬勃发展。

> ……宋乾道二年(1166)海溢,永嘉场沦为泽国,原住民沦没殆尽。其后,官府移文福建,召人补籍。大批闽人的徙入,开启了永嘉场移民时代,人口从各个岙向海涂蔓延,使永嘉场盐业经济与文教事业迅速发展,至明代成为温州经济与文化的重镇。

六、永嘉场地域文化特色的形成

明代永嘉场商业有了长足发展,科举也取得巨大成功,成为温州地区著名的文化重镇,人才辈出。

永嘉场士人对永嘉场文化有强烈的归属感和认同感,因此自觉地构建其地域文化特征。至今保留下来的各族宗祠,以及永昌堡、缭碧园、玉介园

---

① 参见项有仁:《话说永嘉场》,《瓯海文史资料第八辑》,内部资料,2000年版,第246—247页。

等文化建筑和高耸的仕宦坊表,成为永嘉场文化的象征,辐射整个温州地区。清代永嘉场最后一位五品衔场官程云骥题罗山书院之楹联"高士恒栖沧海曲,好山多在永嘉场",是对永嘉场山水和人物的高度褒美。明代永嘉场文化之崛起,给程云骥的心理震撼是巨大的。那山,那海,那人,使他写下了这联句。直至今日,生养于斯的永强人仍以"永嘉场人"为荣。明代永嘉场地域文化自成一体,值得深入研究。

思想文化与地域的关系是晚近思想史和历史学颇为关注的领域,其中的问题相当复杂。各地的文化传统和氛围形成其文化特色,而文化特色往往对地方人物的人格塑造和精神旨趣产生重大影响。考察历史,应该说,温州地区(尤其是永嘉场)文化传统对王瓒、张璁等人的影响是很大的,而王瓒、张璁等人的崛起,又使永嘉场文化传统得到整合和提升,并最终形成其历史文化品格。那么,我们可以探讨这些问题:温州地区(尤其是永嘉场)文化传统是怎么影响他们的?为什么明朝永嘉场文化大爆发?有没有一种叫永嘉场地域文化特色的东西呢?如果有,又该如何评述呢?

永嘉场是永嘉县的组成部分,具有温州、永嘉地域文化的通性,然因僻处东南一隅,为茅竹岭所隔,自成一体,又以盐业经济为地方独重,故而形成独具特色的地域文化。

古代永嘉场依山临海,横亘在背后的大罗山,阻碍了与温州城区的交往,东海更是茫无边际,非古代船只所能渡越,致使永嘉场成为一个独立的生存聚落空间单元。其语言和民俗风情,既有温州共通性,又保持了其独特性。

永嘉场人在长年累月的历史发展中,逐渐形成了地域文化特色,培育了一批历史文化名人。而历史文化名人的产生,提供了丰富的思想文化资源,则使其地域文化特色得到凸显,定格在历史的天空之中,其影响力延续至今,通过永嘉场人的吸收和转化,参与当今的经济文化建设。

经济是基础,永嘉场经济自成一体,至明代取得了很大的发展,以盐业、农业为主,渔业、手工业为副的多种经济经营模式使永嘉场人安居乐业。这既是永嘉场地域文化的重要特色,也是明代永嘉场文化崛起的最终谜因。

永嘉场地域文化特色的表现之一是独具特色的山水文化和建筑文化。永嘉场有山有海,具有独特的山海气象,历来认为是风水宝地,其山水文化和建筑文化均别具一格。有此山水而后士民精神有所依托,有此屋宇、宗祠、庙观建筑而后士民生活得以安顿。表现之二是抗倭御辱的精神传统。地处海口,故有台风、海溢之患,永嘉场人不得不抗台自保。明代倭害猖獗,永嘉场人建永昌堡等自保,而后地方安宁。此忧患意识、自强意识洵为永嘉场地域文化的内核。表现之三是风俗民情和信仰世界。一个地方的风俗民情和信仰世界是其价值核心,只有把握住了这个方面,才能深入理解当地的精神世界和文化特色。表现之四是明代仕宦辈出,风采动人,取得了一系列政治、文化成就,这是永嘉场文化的灵魂之所在。表现之五是明代四大宗族文化传统深厚,宗族家风塑造了仕宦之品格和精神。表现之六是丰富的物质文化遗产和非物质文化遗产。

第二章　独具特色的山水文化和建筑文化

　　进入永嘉场，首见层峦叠嶂的大罗山，给人雄伟、秀丽之感，抵达海滨之后，看到的是浩瀚无边的东海，广袤、神秘、博大。这山、这海一呼应，就形成了山海气象。

　　在这片独特的自然地理环境中形成了独特的人文环境。历代文人对大罗山水的观赏和吟咏使其人文环境特色逐步形成。当我们在那些风景名胜之处徘徊流连的时候，当我们在那些建筑之中俯仰自得的时候，当我们默思历代地方人物奋斗史的时候，都感受到永嘉场山海气象的分量。正是这山、这海打造出一批风格独具的永嘉场人。

　　山海气象表现在：风景名胜多，旅游资源丰富，建筑别具特色。山海气象也是对永嘉场人文精神的反映。在诗文里面，文人表达对家山的挚爱，悠然的山水之情和奋发有为的精神。

　　因此，我们把永嘉场山海气象和人文环境集中在山水文化和建筑文化中研究。

　　永嘉场的山水景观，经过历代先民的开发和士人的经营、题咏，已经形成一系列人文胜迹和传说。来到大罗山的朋友四处转悠一下，无处不见人文古迹之遗留。姚溪（即瑶溪）、天柱寺等尤为今日龙湾旅游首选之地。

　　在这样的山水环境之中，居民构建各类屋宇，作为栖息、徜徉、精神寄托之地。祭祀祖宗乃有宗祠之设，遮蔽风雨乃有家庐之设，休憩悠游乃有园林之设，礼拜祈祷乃有寺观之设。永嘉场之建筑亦别具地方特色，值得一述。至嘉靖万历之际，名宦王叔果、王叔杲二兄弟构建半山缭碧园、郡城玉介园、阳湖别墅，于是园林建筑艺术水平达历史高度，而士大夫悠游山水、诗酒流连之风致亦达历史高度，乃成为温州地区的名士典范。

第一节　形胜之地

自永嘉场形胜观之,依山面海,北至瓯江口,南至海城天马山,左青龙瓯水奔流,右白虎天马山静卧蓝空,中间是一马平川的平原,是一处山、海、平原、岛屿诸地理元素综合的天然形胜之地。

传闻郭璞建温州城的时候,即高度肯定这个"瓯乡海国"的光明未来。林景熙《霁山集》卷三《鹿城晚眺》诗章注云:"瓯乡海国,乃千年海气适聚之地。又,郭璞卜城,谶云:'此去一千年,气数始旺。'"①按:永嘉场即典型的瓯乡海国,故郭璞之谶,不仅是对温州郡城发达的预言,也是对永嘉场崛起的预告。

永嘉之形胜屡为人称道。邱迟《永嘉郡教》云:"控山带海,利兼水陆,东南之沃壤,一都之巨会。"王瓒《府志序》:"温在浙东极处,枕江界溟,天设奇险。"永嘉场形胜受到王叔杲的高度评价,认为"温之显仕巨室多产兹土"(《王叔杲集》卷一八《杂著·永昌堡地图说》)。也是因为形胜格局,"故城中无甚大家巨族而科第绝鲜"。

光绪《永嘉县志·卷首》载有《永嘉场图说》附言,对永嘉场形胜做了通盘说明:

> 二都永昌堡居其中,堡有城曰新城,其老城为永兴堡。其路南由梅头至宁村,为下垟路,南由白水西北至岭下,为中路,东由沧头西至姚溪,俗名阁老路。曲径叉分,莫可胜纪,以三都寺前街为冲衢,里民交易为市。东面滨海,以梅头、宁村寨、蓝田为海口,险隘各有营汛。其东北有龙湾与乐清盘石对峙,乃瓯江内港门户,此永嘉场之方舆也。

> 西面众山环峙,形家谓皆大罗山支阜,山龙从帆游渡河而来,惟东北龙湾、快怀岭、龙峰尖、黄石四山支龙别起,从乐成渡江而来,此永场之形势也。

> 河道自一都郑岙导源,与前河钟桥支分三派,至渡郎桥合而为一,复与白水分支合二都双岙之水,自坛头庙上直出交汇于虹桥,其径泻者由衙前达三都沧湖,其分流绕新城内外者,过三都拜圣桥仍赴沧湖,五都瑶溪之水有分自四都青山出者,逆至沧湖汇流,其径入海者分出方义、蓝田两陡门。蓝田有天妃宫埭,其达上金过待驾桥者,一出黄石陡

---

① 转引自《瓯海逸闻》卷四九《风土》。参见陈增杰校注:《林景熙集校注》卷三,浙江古籍出版社 1995 年版,第 199 页。

门,沙吞有筑沙埭,一过五里岩杨府庙前,至金吞合流直达岭下,出龙湾陡门茅竹有东平埭,一都支水绕二甲三甲者,下金有水闸,余支派细流出陡闸者,均纤小不足书,此永嘉场之水利也。

此篇将永嘉场的范围说得清楚,堡、路、街等一一交待。"其于水利、涂荡、盐法诸大端尤能亲切言之。"有助于我们对该地方的全面把握和深入了解。"显仕巨室"多产自永嘉场,这是当时温州地区人们的共识。

第二节 山水文化之一:那山那水

永嘉山水从晋宋以来名闻天下。"郭景纯相度斗城而华盖、松台之名始著,谢康乐宦游兹土而《孤屿》、《绿嶂》之作以传。嗣是游屐所经,寻幽探胜,永嘉遂为山水窟。"(光绪《永嘉县志》卷二《舆地·叙山》)

《瓯海逸闻》卷五十八"杨无补永嘉山水"条载杨补(字无补)"吴门人,尝画小幅,大不盈掌,自题云:'永嘉郭外山水,点点皆倪黄粉本也'"(转引自周亮工《读画录》三)。崇祯末,杨文骢知永嘉,丰湖王氏谱存其《籕草堂诗序》云:"顷复治牒永嘉,此间山水秀丽,甲于东南,王谢风流,宛然如昨。"此皆客居永嘉者眼中所见,故尤见永嘉山水之美。

弘治《温州府志》卷三《山》前述云:"瓯郡控接闽越,枕连沧海,层峦危巘,屹布四维,重冈峻阜,联亘平壤。而凡郡邑之所建,仙佛之宅,村落民居之所凭依,皆磅礴蜿蜒,千态万状,所以钟神秀而擅名胜者,自昔盛矣。观灵运游山之记,赵嘏江山称永嘉之咏,其诚可征哉。若夫草木、禽兽、蔬果之蕃殖以资瞻民用,亦非他郡比也。"按:王瓒寥寥数语,不仅描述了温州山峦的特色,还指出永嘉山水名胜自古以来闻名天下。

对王叔杲来说,哪都没有家乡的山水好,故而晚年毅然归隐,以徜徉山水为乐,"寻从服起参南越大省,而竟服除,翁不肯出"。王世贞在《寿大参昐谷王翁七十序》中全面描述了永嘉的名山大泽、风景佳胜:

> 郡之东不有称华盖者乎?是帝之所官第十八者也。其洞曰容成,真人之所由真也。辅之者不有称积谷、巽吉者乎?其洞曰飞霞,亭曰驻鹤,真人之所乘蹻也。南不有称吹台者乎?翁家子晋之所游憩者也。其更南不有称大罗者乎?则上拟帝都矣。其又南不有称仙岩者乎?则列福地矣。转而西不有称金丹者乎?是仙饵矣。北不有称龙门、石室者乎?是仙栖矣。永宁之江,透迤澄泞,白龙所化迁也。西湖之腋,环洲玲珑,谢监所纪咏也。浣纱之潭,虽旱不涸,纱行所注汇也。诸所以称名山大泽者,开辟以来未之有改也。

按：王世贞此文论及温州地区著名胜景华盖山、吹台山、大罗山、仙岩、龙门、石室、永宁江、会昌湖之西湖、浣纱潭等，誉之为仙都，最后说："为我报王翁，洞庭苕不逮永嘉远"。可见永嘉山水颇受名流推重。

永嘉场之山水又自有其佳妙处。言山，则有绵延秀丽的大罗山作为屏障；言水，则东临浩瀚的东海，其气象何其雄伟，又有贯通东西的滔滔瓯江和纵横交错的诸多河流，是典型的泽国水乡。如此山、海、江、河兼备的地方实为殊胜。

永嘉场人物出世入世两相宜，当未仕之初，则盘桓家山、多游胜迹，乃有王叔果、王叔杲兄弟之半山藏修，项乔之东山攻读，张璁之瑶溪设帐，无不收修身养性之效，茹甘食淡之美。故张璁虽七次不第，一旦徜徉山水，则心胸豁落而志气长满；及至于入仕，则清廉自守，敢于任事，务在济民，宦绩可圈可点。

张璁是永嘉场山水的产物，而且是一个特例。其《罗峰书院成》云："苍生有望山中相，白首愿观天下平。青衿登进乐相与，日听沧浪歌水清。"以山中相自诩，虽高才若王瓒亦未尝如此，而张璁一贯如此自我期许。历史最后也证明他是名副其实的相才，就是在山水具备、众美备收的永嘉场，张璁激荡出一种别样的豪情壮志，乃至有建立相业的宏伟志向。当然，这最终取决于张璁的个性和抱负，并非随便一个士人都会形成如许人志向。

一、那山

光绪《永嘉县志》卷之一《舆地志·叙山》："四境诸山东南以大罗山为最大，正南以吹台山为大，西以岷冈山为大，西北以赤水山天台山为最大，正北以永宁山为最大，盖郡邑之镇山也。"

大罗山是所有永嘉场人的家山。大罗山不仅风景秀丽，还有众多的人文遗迹，已经形成了独特的山水文化。永嘉场在大罗山的东面，因此，我们也主要关注大罗山东片的地理和景物。

《大罗山志》对大罗山做了全面的介绍，是研究大罗山的首选之书。

大罗山，古名泉山。刘宋郑缉之《永嘉郡记》载："山北有泉，天旱，此泉不干，故以名山。"五代末僧赞宁在所著的《竹谱》中首提"永嘉大罗山"。明天顺年间李坚等撰《明一统志》，始称泉山为大罗山："大罗山：在府城南四十里，一名泉山。"一般认为："此山峃然特立，自成范围，不和他山结壤，高大宽广如同大箩，故俗称大罗山。"[①]

――――――――――

① 参见《大罗山志·概述》。

明弘治《温州府志》卷三《山》载:"大罗山:去郡城东南四十里,跨德政、膺符、华盖三乡及瑞安县崇泰乡,广袤数十里,诸山逶迤,皆其支别也。"永嘉场的政区范围是华盖乡一至四都和膺符乡的五都,属大罗山东片,即罗东片。因此讨论永嘉场的大罗山,也主要集中在大罗山东片。

下列各类地志所载大罗山资料,以供了解大罗山。

明王瓒弘治《温州府志》卷之三叙永嘉县之山,大罗山下列其支别有:

> 泉村山,有卧龙潭、玉函潭、版障岩、龙须井、飞来岩、百步岩、动石;茶山;君子山(郡人刘冲隐居得名,至今称秀才洋);霹雳尖;黄屿山;水陆山;青山;茅竹山;石室;黄岙山。

按:其中霹雳尖、青山、茅竹山、黄岙山等均属永嘉场罗东片。

王叔果嘉靖《永嘉县志》卷一《舆地志·叙山·城东诸山》:

> 瞿屿山(吴义士瞿素所居)、黄石山、龙湾山(三山俱在江边),大罗山(跨德政、膺符、华盖三乡及瑞安县崇泰乡)广袤四十余里,以下诸山皆其支别。上有卧龙潭、玉函潭、龙须潭。北麓有信岙岭、丁岙岭、马鞍岭。西麓则仙岩,山多奇胜,为天下二十六福地。泉村山、茶山、君子山(即秀才洋,唐刘冲隐此故名)、霹雳尖(即李王尖)、杜岙山、水陆山(即石坛)、黄岙山、半山有罗阳洞(邑人王叔杲,叔杲读书于此,天台林贵兆题赠诗云:"遥观大罗山,杳霭云雾里,古洞深且闭,中有素心士,碧树罗前除,修草夹清泚,鸣鸟争枝喧,飞花荡风起,岂无簪绂荣,所乐良在此。我行雁湖阴,天寒无与侣,念子心不怡,相求涉江汜。入谷疑无人,缘流见桑梓,隐隐渔台深,欢言观之子,列坐依岩阿,语别怅流水,飞觞传玉流。芳俎脍银鲤,振衣陟崇冈,濯缨俯清泚,行吟山石趣,坐谈王伯理。寂静还性真,陵厉企遐轨。达观入无穷,行迹岂为累。悠悠出岫云,清清在池水,水清空应天,云行恡为雨。去住弗复猜,无心本相似。")、茅竹山(一名丁公,八行丁廉夫所居)、弹子山、大度山(二山俱大罗山之干,在二三都,望之尤耸特)、黄焦山、白水山、梅头山。以上山属德政、膺符、华盖三乡。

按:王叔杲所载详于王瓒,且搜罗永嘉场之山几遍,非熟于永嘉场山水的本地人不能。江边三山,即瞿屿山,黄石山、龙湾山,皆在永嘉场,然他志皆未载。自注亦交代要紧语,指出别称或人文事迹,尤对半山罗阳洞记载特详,保留了林贵兆的珍贵诗作。

万历《温州府志》卷一《舆地·山川》所载大罗山:

> 去郡东南四十里,跨德政、膺符、华盖三乡及瑞安崇泰乡。广袤四十里,上有菊花潭、卧龙潭、玉函潭、龙须潭、五美园、版障岩、飞来岩、动

石。又有霹雳尖即李王尖,其支则茶山。君子山即秀才垟,唐刘冲隐居处也。又有黄屿山,大度山、青山、郑岙山、梅头山、黄焦山、白水山、鹿迹山,皆其支别。张少师孚敬《罗峰书院成》诗:"卧龙潭下书院成,白鹿洞主惭齐名,松菊已变荒芜径,溪壑更添吾伊声。苍生有望山中相,白首愿观天下平。青衿登进乐相与,日听沧浪歌水清。"又《五美园》诗:"我有山东一亩宅,还忆山西五美园,落日放舟循橘浦,轻霞入路是桃源。不嫌老大无诗律,但见亲朋有酒尊。信是欲行天下独,只应日日卧云根。"

按:虽述及大罗山主要景色,却未分类。末引张璁写瑶溪和茶山五美园二诗。

光绪《永嘉县志》卷之一《舆地志·叙山》:

大罗山在城东南四十里,东北枕海,广袤四十里,跨德政、膺符、华盖三乡及瑞安崇泰乡,顶有大湖,湖有岩。山之峰曰华鬘摩宵、积翠玉女、天柱四皓,插笏二老,岩曰削铁苔篆、答响醉翁、白石飞来、旗障(亦曰版障),潭曰菊花卧龙、玉函龙须,洞曰归云、宝岩。其最上曰霹雳尖(即李王尖,唐宗室李王隐此),秀削千寻,气雄负厚,俯视众山,上睨霄汉。(何白诗:"大罗山高高百盘,芙蓉倚天空翠寒。")

一名泉山。祝穆曰:此即朱买臣所云越王居保之泉山(案此《方舆纪要》误引)。有泉大旱不涸,故名泉山(宋李少和世居于此)。其东谷之水引为姚溪,入永宁江,西谷之水引为杜岙溪,入慈湖。北麓有信岙岭、丁岙岭、马鞍岭,俱通永场。西麓则瑞安之仙岩山,多奇胜,古称天下第二十六福地也。

其支之盘错华盖乡者,曰双岙山,双溪出焉。曰黄焦山,一名携仁。曰北山,曰郑岙山,姚溪径其下。曰白水山(乾隆志:五山在华盖乡一都),曰弹子山,曰大度山(嘉靖志:二山俱大罗之干,在二三都,望之势尤耸特)。曰金岙山,曰青山(乾隆志:二山在四都)。踞膺符乡者,曰黄岙山,山西有岭,俗呼都堂岭(康熙志:里人王诤修在膺符乡五都)。曰水陆山,即石坛。曰半山(嘉靖志:有罗阳洞,邑人王叔果王叔杲读书于此)。跨德政乡者曰杜岙山(乾隆志:在十都),曰黄屿山,曰泉村山(乾隆志:在十二都)。茅竹岭(乾隆志:一名丁公岭,以八行丁廉夫所居,有禅寺,康熙初年,筑城驻防)。

按:对大罗山的记载以该志最全,顺序井然,而且陈列大罗山景点用四字概括,显然大罗山景点已经过文人的精心品题。补充材料或予以考证,可谓后出转精。对大罗山分支一一指出其所在之"都",便于读者按图索骥。

二、那水

王瓒在弘治《温州府志》卷四《水》前叙云："温为东南山水之窟,素号奇胜。郡之水唯海最大,其次则三江,次则诸溪涧焉。溪涧者,山流之注;而海则三江万流之所毕会者也。其潴而为潭,流而为渠道,止而为浃,环而为荡,汇而为湖,俗语总谓之河。经络于原野之间,纵横旁午,支分派合,虽小大浅深之不同,其所以沃土壤,饶百谷,运舟楫,济不通,育鱼鳖而殖货具,钟清明而疏污秽,为利一也。地势西高而东下,诸水多自西自东。吏兹土者,相度地宜,各有塘堠以捍其羡溢,斗门以时其蓄泄,故浃旬淫雨而无吞啮之患,弥月继晴而无枯涸之忧,民有攸藉,岁以恒稔,水之时用大矣哉!作《水志》。"王瓒方志论略,总是极其精彩,得力于其深厚的史学修养,指出温州水的类别、分布情况,又对水之利益、治理均提出了指导性意见。

项有仁《永强塘河》①:"水乡的灵魂是水,水的载体是河。永强平原的片片土地绕着河,块块土地浸着水。都说大地是母亲,究其实永强平原的母亲是河水。"

下面抄录志书中与永嘉场有关的水。

王瓒弘治《温州府志》卷四《水》载有:

瓯海:一名蜃海,去郡城东六十里。城北瓯江即海之支江也。江流东至盘石、宁村,会于海洋,茫无际涯,是谓瓯海。自宁村而南,积沙成城以捍潮势。沿海皆沙涂,亭民取咸潮溉沙晒卤煮盐,鱼虾百利亦在焉。其取鱼也,有籚有簿,有网有缗,潮之涨落俱有定候,而山海之际尝有蜃气凝结,忽为楼台城橹,忽为旗帜甲马锦幔者。大抵永嘉、瑞安、乐清、平阳皆东跨巨海,随地异名。其南至于闽、广,东至倭夷,北至淮扬、直沽、高丽,盖无适不达焉。商舶往来,物货丰聚,亦东南要会也。瓯海之涨潮,西至白沙、安溪,北至潮际,接楠溪;退潮东去,北至馆头,南次乐湾,次崎头。舟行至此,始出江口入海,分南北行,谓之"转崎",北至青岙门,而永嘉之海境尽矣(由江南岸,则自双门外,历宁村、沙城、梅头抵瑞安界,由江北岸,则自罗浮、华严、楠溪港、强岙、挂彩、象浦口、馆头、青岙、鹿西、东抵乐清界)。

永宁江:在郡城北门外,旧名慎江,一名蜃江(《集异记》云:唐元和中,韦守宥于江浒中获筝弦,引之。蜿蜒舒展,投江中,化白龙腾空而去,故名蜃江),一名永嘉江,又名温江、瓯江。江中有孤屿,江之南则城

---

① 载《温州日报》2004 年 8 月 15 日瓯越·副刊版。

内及华盖乡、膺符乡、德政、吹台、建牙、孝义、太清七乡之水入焉。……此江东接沧溟，云涛烟岛，汀洲沙浦，风帆浪楫，四时万象，为城北伟观。

卧龙潭：在德政乡泉村大罗山。

菊花潭：在大罗山。

王瓒详于永宁江、瓯海，而略于永嘉场其他水流，下引光绪《永嘉县志》资料补充之。若旸湖、慈湖等虽不在永嘉场，然因与永嘉场士人多有关涉，亦附于此。

光绪《永嘉县志》卷之二《舆地志·叙水》云："永场之水皆由三四都陡门入海西。"

瓯江："温州府瓯江亦曰永嘉江，自处州大溪发源，入永嘉县之西北境，始曰安溪……过孤屿而东有永宁河，自城西南汇瞿溪诸水为湖，经城内外东北至海坛斗门来往之。又东三十里经乐清县西南界曰馆头江，又东至盘石卫南对岸为永嘉境之宁村所，北入于海，曰瓯江口。""南接崎头之宁村所沙城梅头诸地，抵瑞安界。"永嘉场是瓯江的终点，正处于瓯江口上。

姚溪：在城南南膺符乡五都，源出大罗山东谷之水，引为姚溪。自洪岩郑氼流三十里，经县五里，入永宁江。明邑人张孚敬读书于此，后敕建贞义书院。

沧湖：在城东七十里。下河入海，其地亦曰湖头。

双溪：在城东南华盖乡二都。源出双氼山。

白水溪：在华盖乡一都。源出枫台山。三水盘旋，一二三四都其支流大者为湖边，为金氼河，为水心，为新河，为寺前，为下洋河，为莊溇河，为庙上河，俱由三、四都诸陡门入海。

旸湖：在城南十里十五都。汇旸奥诸山之水，有浮洲。明王叔杲治别墅于此。

慈湖：在城南二五里吹台山下。合南境诸水入瑞安河，宋吴漾建塾于此。以知州杨简号慈湖礼之故名。

杜氼溪：在德政乡十一都，源出大罗山西谷之水，引为杜氼溪，经县南二十里入慈湖。

在文献中缺乏记载的永强塘河和河泥荡，也是永嘉场著名的河流。

永强塘河：永强平原嵌在大罗山东麓、瓯江口南岸的东海之滨。平原上河流纵横，中间横卧的即由南到北贯穿全境的长达 20 千米的塘河，两边是大大小小的河、浃、沥。密密麻麻的河流将永强平原分割成大片小块，构成了阡陌河岔、小桥人家的江南水乡格局。

"永强塘河具有排灌、饮用、航运三大功能。塘河之下淀积的泥污还可成为肥田之料,尤见永嘉场农耕之特色。三伏天,20千米长的永强塘河上游弋着一支支河泥船,一人掌桨四人分站在两旁扁平的船沿上,各持长长的竹竿'河泥兜',朝河底挖污泥。于是淀积一年的泥污变为一船船上好的有机肥;旱地的浃与沥里则一人入水掏泥污,一人在岸上接应,将一桶桶泥肥施在农作物的根部。高温下的作物喘着气,领受着又凉又湿的污泥的惠赐。既给母亲河清了淤,又给庄稼施了肥。田野河流,一片青翠!"(项有仁《永强塘河》)

河泥荡:下洋河形成一河湾,叫作河泥荡。位于永中镇石浦村南部,永强塘河东侧,面积129亩。入口处宽仅数米,解放后筑有闸门一座,可容小船从塘河入荡。河内碧波荡漾,明净如镜。东北端有一段河浃,形似牛轭,俗称牛轭河。每逢中秋之夜,皎月当空,水波跃金,西北面黄石山倒影入荡,山光水色,风景如画,到此游河赏月,令人心旷神怡。相传古时逢中秋赏月,似闻管弦鼓乐之声,来自水底。至今,中秋游河赏月者,尚络绎不绝。清代胡志作《河泥荡中秋夜泊》一诗咏之:"黄石山头暮霭蒙,轻舟三五入荷丛。横塘月印莲花白,荆竹风摇萤火虫。荡风喧嚣人语沸,杯中飒爽豁声雄。惊飞宿鸟冲天急,奋翅高翔避桂宫。"

河泥荡污泥是上等肥田之料。"河泥荡位于永中街道沧头下东边的横塘河北湾之处,是一片颇为开阔的河泽水网。这里是大罗山东麓水系中心的总汇,从大罗山的山岩石壁渗出的水流,分别沿着天河、白水、度山、双峤、瑶溪、青山等小溪流水聚合到这里,融合交汇后注入江海。由于这里地势平坦,每逢大雨过后,从上游携带的大量泥沙在此淤积沉积,形成一片天然的湿地。过去,附近的农民喜欢到这里挖取河泥,作为农作物的上等肥田。……从此,这片河湾就成了农家取之不尽用之不竭的天生肥料库,人们自然而然地把这片河湾叫作'河泥荡'。"[①]

从文献来看,永嘉人善于建塘以蓄水、建埭(坝)以防水,尽管永嘉县水利系统是比较完备的,但是由于科技落后,有严重的旱涝问题。王光蕴指出这个问题的严重性,万历《温州府志》卷二《舆地志下·水利》:"温地环山而平衍,骤雨虞溢濒海而易泄,稍旱虞固,故有陡门水漱以疏之,又有塘埭以蓄之旱涝,亦云备矣。近者陡门塘埭多圮,存废不一而水漱淤塞,居民渐侵没之志,其故址俟浚复也。"永嘉场丰富的水利资源到了科学昌明的时代才发挥最大效用。

---

① 陈国良:《河泥荡的逸闻趣事》,《今日龙湾》2008年4月16日第4版。

第三节　山水文化之二：大罗山东风景名胜 和士人的吟咏

一、明代永嘉场山水成为士人品拂和题咏对象

大罗山风景秀丽，气候宜人，自古以来隐居之士，不知凡几。道隐、名隐、性隐者不少。① 万历《温州府志》卷一三《人物志·隐逸·唐》："刘冲，永嘉人。隐居大罗山，人称其里曰廉让里，秀才洋君子山。"万历《温州府志》卷一三《人物志·隐逸·明》："王湖，字崇泗。永嘉人。少聪敏博贯经史，工诗文，性恬澹，端恪不慕荣进。一室萧然，晏如也。张少师素重其人，及入相，屡欲征辟之，以母老力辞。居乡聚徒讲业，一时名士多出其门。郡守李公廷观延为乡饮宾，再请辞不赴。敦行嗜学，耄耋不衰，所著有《樗散稿笔记》。"刘冲、王湖之隐，可谓道隐。

永嘉场士人入仕前大多有读书山中的经历，双岙、瑶溪等均是隐居读书的好地方。至于佛、道修真之士更是所在遍是，至今仍遗留不少寺、观和故事传说。

谢灵运是大罗山水的最早发现者之一，作《石室山》、《游赤石进帆海》等，然尚未对大罗山的名胜要地如瑶溪、双溪等形诸歌咏。张又新《大罗山》："越王曾保此山巅，杨仆楼船几控弦。犹有旧时悬水在，鲛绡千尺玉潺湲。"这首算是吟咏大罗山最早的诗作之一。② 宋永嘉四灵之一徐照作《赠大罗山秀才》，然未知有无畅游大罗山之经历。根据考察，明代以前吟咏大罗山水的诗作毕竟不多。在永嘉场士人未整体崛起之前，大罗山水秀色还是待字闺中，偶有一二偷窥，惊为绝美，然未尝有意识地予以品拂、题咏。

至明代随着永嘉场文化的崛起，永嘉场山水开始进入文士的视野，成为

---

① 皮日休《移元征君》提出了道隐、名隐、性隐三类标准。"日休闻古之圣贤，无不欲有意于民也。苟或退者，是时弊不可正，主惛不可晓，进则祸，退则安，斯或隐矣。有是者，世不可知其名，俗不能得其教，尚惧来世圣人责乎无意于民故也。此谓之道隐。其次者，行不端乎己，名不闻于人。欲乎仕则惧祸，欲乎退则思进，必为怪行以动俗，诡言以矫物。上则邀天子再三之命，下则取诸侯殷勤之礼。甚有百世之风，次有当时之誉。此之谓名隐。其次者，行有过僻，志有深傲。饰身不由乎礼乐，行己不在乎是非。入其室者惟清风，升其牖者惟明月。木石然，麋鹿然。期夫道家之用，以全彼生。此之谓性隐。然而道隐者贤人也，名隐者小人也，性隐者野人也。"

② 张靖龙认为是张又新在温州所作组诗中的一首（《唐五代佚诗辑考》，《温州师专学报》1985年第2期）；陈尚群则持审慎态度，认为对于《大罗山》等几首"暂不取"为妥（其文见《文史知识》2018年第1期）。

旅游观览的对象,不少文士有意识地品味大罗山水,形诸题咏,书于辞赋,形成品牌效应。瑶溪原名"姚川",张璁在此讲学期间,曾率学生沿溪寻源,文中有"溪石皆玉色",后人因以"瑶溪"名之。瑶,即玉的意思。

张侃在《明代龙湾地域开发、士人游风与地方景观》①一文中讨论了明代龙湾士人游玩习气与地方景观的形成。"文人群体兴起伴生文人习气,山林休闲生活,本是中国士人阶层生活的主要内容之一。此时永嘉场士人也喜欢登山泛水,寻览胜迹,探云物之华,穷山水之源,他们除了任官在外或者科举在途,顺便浏览客地风光之外,更多的是在家乡因时因地,随兴而游,游山、游水、游寺、游泉、游园,或独取其一,或几处兼游。流连山水,探寻幽深,在山水风光中搜揽字句,逐渐营造了永嘉场风景名胜之区。比如姚溪成为永嘉场胜境,与张璁等人的山居与游玩行为有密切关系。""明代中期之后,山林结社风气甚盛,以文会友,结集志趣相投之人,一起从事旅游活动,或十日一会,或月一寻盟,作诗酒唱酬,既有朋友相契的喜悦,又有砥砺诗文的效用。永嘉场的文人游玩活动也有同样功用,它不仅维系着士人群体的密切联系,而且通过诗文对家乡景观进行吟唱,强化了人们对地域文化的认同。"

嘉靖万历之际的王叔杲已经对半山景物予以有意识地歌咏,这是士大夫游玩山水意识和山水审美意识加强之后的举动。王叔杲最为熟悉半山风物和缭碧园之景,写成系列景诗。这些景诗的出现,标志着王叔杲对地域文化、地方景色的认同和理解达到了一个高度。其诗体有五律、七绝、五绝。写有五言律诗《半山四咏》(《王叔杲集》卷二),分咏濯缨岩、振衣台、修竹厨、筋咏亭。作《有怀溪上诸景,寄山中同志八首》(《王叔杲集》卷二),所怀者有:钓台、潭上、松台、曲水、洞口、竹亭、芙蓉、菊花。嘉靖二十四年乙巳(1545),王叔杲29岁,给半山的溪亭一一咏诗,作《溪亭八咏》(《王叔杲集》卷二),有翠夹松溪、碧凝芳渚、石涧流筋、松堤对弈、积水堆云、悬崖飞玉、长海晴空、层峦夕照。这些作品标志着王叔杲对半山景物的深入观赏和人文提升。

明末清初形成的咏景诗系列,标志着罗东风景名胜获得普遍性的认可。王至彪的《罗东八咏》,张振夔的《罗东十六景》、《再和家墨臣先生忆罗东十七景词》②皆其典型。王至彪是崇祯元年选贡,著有《玄对草》。《罗东八咏》咏的是双溪红叶、白水悬瀑、黄石夕照、大度晴岚、双溪夜月、阛门飞涛、横塘

---

① 王敏、曹凌云:《文化沉思——龙湾明代文化与旅游开发》,国际文化出版公司2008年版。

② 以上诸诗出自潘源源等编:《龙湾历代诗文选》,人民日报出版社2004年版,第70、74、75页。

秋月、半罗松风。张振夔《罗东十六景》咏的是瑶溪曲涧、大度留云、半山云庵、阮桥春涨、峰台积雪等。"明末永嘉场'八景'的出现,一方面显示永嘉场在经济承平、百姓丰衣足食之余,自然生出重兴风景名胜之想,另一方面也表明了文人对地方景观有了一种新表述形式,通过高雅的文学体裁对地方整体景观进行描述,体现他们对故居地的心理认同。由此,后来的地方士人不断地在永嘉场景观诗上有所作为,不遗余力地将家乡景观艺术化、模式化,强化地方社会的空间认同,成为'家乡记忆'的重要组成。"①

承平的政治环境可以使士人从容地品拂、题咏大罗山水,政治剧变,也使士人有意识地通过对大罗山水的系列题咏,激发民族意识和对地域文化的认同感。值得注意的是罗东咏景诗系列是在明末清初这段政治大变局的情况下形成的,有其深层的原因。清初迁界、展界事件对永嘉场文化产生极大的影响,是永嘉场文化由盛转衰之始。

清朝统治者为了切断反清的粮饷来源,坐困郑氏集团,顺治十三年(1656)七月颁布"禁海令",顺治十八年又发布迁界令,永嘉被令迁界三十里,受影响的主要是永嘉场。王至彪《言愁集》:"有海禁之旨,恐迁民仍通海舶,当道临海勘定界址。先画一界,以绳直至,此间多有一宅而半弃者。"永嘉场三城一所、国安寺、张璁祠堂等均遭平毁,复界后仿明重建。康熙三年(1664)五月又强令沿海人民内迁,迁界后人迹火绝,房屋尽毁。康熙九年,清廷下令"展界复井"。迁界、展界事件使永嘉场文化元气大伤,后继乏力,有清一代,人才之盛远不如明代,即此之故。

正是在这历史的大变局下,永嘉场人分外地怀念那个曾经的治平时代,怀念那个人才辈出、气象万千的永嘉场,面对残山剩水、人事已非的时局,心中触动极大,于是有意识地追忆罗东景物,形诸于诗,这是罗东系列咏景诗产生的深层动因。

王左渠《罗东十六景》作于永场遭受禁海之祸后:"先生自伤播越,不胜故土之思,故汇其平时游赏之地,区为十六景,每景一叙一诗,其哀愤之情溢于言表。"嘉庆年间张振夔依次和韵,也是出于"迄今二百年,读之犹有恨于谋之不臧者。因依次和以五绝,为先生吊,实为永场吊也"。"想见一时风景之胜、人物之盛,实为一邑冠冕。闻内徙日,有逾限未及徙者,概付之一炬,可惨也! 今展复约二百年矣,不独胜景荒芜,人物凋敝,即求田问舍辈亦无

---

① 王敏、曹凌云编:《文化沉思——龙湾明代文化与旅游开发》,国际文化出版公司 2008 年版。

当时富厚也。"①迁界、禁海对永场的人文环境的破坏是极大的。因此,永场人屡次伤之。② 山河依旧,人事已非,永嘉场明代文化的繁荣,随着清王朝统治对汉族传统文化的破坏,顺治迁界对永嘉场全方位的破坏,虽经展界而元气大伤,人才亦随之凋零,无复明代之气象。故王左渠、张振夔等所作《罗东十六景》虽激赏永嘉场旧有之美景,而不能不寄寓身世之悲、家国之变。张铭《瑶溪怀古》:"名区自是静尘嚣,地接沙堤纵目遥。众物摩挲留一线,九重锡命历三朝。孤忠大节垂金册,精舍长亭锁石桥。怎奈屡遭兵燹后,家山风景不堪描。"③对张璁业绩倍加赞赏,感慨兵燹、迁界造成的荒芜。

二、著名风景名胜及其题咏

著名的风景名胜由于士人的游览、题咏沉积了丰厚的文化意蕴。

瑶溪、天柱寺、半山、双岙这四大风景名胜之地,是笔者要重点考察的。在古代即受到温州地区文士的关注,是永嘉场文士的幽栖之地、游览胜地;在现代仍旧是著名风景区,是游玩龙湾必去的地方。

永嘉场山水之吟咏主要参潘源源等编《龙湾历代诗文选》(人民日报出版社 2004 年版)、王璞编《罗东诗篇》(瓯海永昌镇人民政府 1996 年印行)、温州市龙湾区诗词学会编《龙湾历代诗词选》(中国文史出版社 2005 年版)。

(一)瑶溪景区

位于龙湾区瑶溪镇境内,以贯穿区中的瑶溪命名。据考证,该溪流明朝以前叫瑶川,后以"溪石皆玉色"而改名瑶溪。景区内碧溪幽岩,苍崖夹峡,孤峰峭壁,石柱叠岩。由金钟瀑、瑶溪泷、钟秀园、龙冈山和千佛塔五大景区组成。共有 100 多个景点,大体呈"之"字形分布。1991 年 5 月 3 日被省人民政府公布为第二批省级风景名胜区,不仅自然风光迷人,更是温州历史文化名胜荟萃之地,有龙冈山遗址、唐立国安寺、宋造千佛塔等。张璁建有贞义书院、栏干桥、李主事祠④,半山建有缭碧园和华阳洞摩崖题刻等遗迹。

瑶溪是温州历史文化名胜荟萃之地,明清以来名士云集,尤其是张璁曾在此居住长达 36 年,留下许多的文物古迹和动人的传说。在张璁之前,瑶

---

① 《龙湾历代诗文选》,人民日报出版社 2004 年版,第 75 页。

② 参见丁士杰:《永场的敕宪碑》,载《龙湾文史资料》第二辑。永场的敕宪碑是嘉庆六年所立,当时永场是清廷重点扶植拯救的特困区,与张振夔的诗里所反映的情况相符合。丁姓在嘉庆前后百年间,户数没增加一个。清代永场的贫困,其实是人为破坏的结果,那就是顺治年间的迁界。

③ 《龙湾历代诗文选》,人民日报出版社 2004 年版,第 86 页。

④ 即今"玄真观"。玄真观的前身为唐宗室李阶的祠堂,是张璁为纪念李阶而兴建的,门前有石羊、石马,神态自如,栩栩如生。

溪的历史名人不多，故而诗人所咏，多注重于风景本身、挖掘风景之美；至张璁之后，诗人所咏，每关涉张阁老。王士元《瑶溪来鸥亭》、张铭《访瑶溪精舍故址》、《瑶溪怀古》诸诗均言及张璁相业，缅怀其人，可知瑶溪与张璁已然是密不可分，张阁老增加了瑶溪的历史文化内涵。

张子容《瑶溪曲涧》序云："瑶溪旧名瑶川。相国文忠公改为瑶溪，以溪石皆玉色也。其地三湘汇合，若在洲渚间，修篁澄波，苍山夹岸，延为九曲，河浒翼以栏，涧中砌以石，且清湛视底，绿欲生漪。暇日放舟，容与溯流，渐入佳境，眼垢心尘不涤而尽。临溪为敕建贞义书院。溪之左右，或层楼飞阁，或大榭高亭，或重堂绣户，翼翅星列棋布，虽昔年兵火梦燎，而林塘映带，山水之胜，未有改也。武夷佳致，备见紫阳九诗。吾于兹溪想象得之矣。"以为瑶溪之美堪比武夷山水。

明早期王毓作了不少吟咏大罗山的诗作，尤其是瑶溪。《卧龙潭》云："踏破罗山第一峰，灵渊深处有神龙。波光莹澈通沧海，云气空蒙贯白虹。盘谷却疑无路人，丹梯争道与天衡。时来蛰起为霖雨，总使尧民乐岁丰。"按：诗咏卧龙潭为灵渊，中有神龙，有贯彻天地之能，末句表达作者对丰岁之祈祷。

张璁 1518 年科场失意之后，至瑶溪创办书院。其《罗峰书院成》云："苍生有望山中相，白首愿观天下平。"他一贯以山中相自许，白首犹怀济世之心，然因不第，故创书院，欲授徒以培养人才，拓宽心志，聊以终老。《富春园即景》："玉蕊芙蓉带甘菊，也应无日不花开。"读张璁的诗，总能感受到激荡于诗中那股激情、豪拓和一份沉潜。

张璁写有不少描写瑶溪景物的诗篇：《川上吟》、《洗足潭》、《镬丝潭》、《板障岩》、《一笑岩》、《三叠岩》、《旗障岩》、《兄弟岩》等。如《旗障岩》："小庙自焚香，山灵兹供养。绝壁凌飘风，观望似旗障。我欲清山灵，勒移于其上。游子慨我欺，谁是山中相？"对山水观察细致，喻之为旗障，后人袭用之。大概常以"山中相"自期，故游子亦谑笑之。

《三叠岩》一诗角度选得巧，对事物的观察比较深入。末云"请看半山人，正在隆中卧"，须知这个时候的张璁年纪半百，但是其用世之心仍是如此急切。要是他没有在正德十五年 46 岁时登科，只怕他的诗文也就此湮没于历史的时空中，我们也无从观赏到这么一个胸怀大志的"山中相"的诗文了。《洗足潭》由洗足而言自己浊水长满腹，用典未必妥当，然牢骚可见。有时沉潜于自然，忘了一切，"无烦我迎送，日日得相亲"（《宾竹轩诗》）。

张璁还写有《姚溪穷源记》一文：

环峇皆溪也，中分为二而复合，予书院立焉。即旋讫功，释业开讲，时同志从游者几三十人。一日，水发溪涨，予曰："有本者如是。"列者曰："可得其真源乎?"予曰："试相与穷之。"

逾日明发，从予者凡八人，徐生道、娄生恪、项生相、夏生鲸，其曰钿、其曰铁、曰绢、曰纷者，皆佌也。熏炉以导，铁载糗裹以备饥渴。既而花气熏人，遂灭炉烬，溯溪浒而行。水清沙碧，可见伏鱼。有双岩倚附，名为石门。过此则皆乱石，水激泠泠有声。道与绢、纷皆疾足，遂此渡溪，陟山献颠。予自下望之，并出青云，相像如人在而非真也。乃自先行，候一石室，坐候之。少焉，见落花自上游来，疑为此真桃源而非人世矣。盖其三人取繁花乱插之而弃其余，遂作落花流水之胜，亦其风致也。

既而至一潭，名洗足潭，水色如蓝，相传以为尝有异人洗足于此。又一潭名簚丝潭，相传以为其底通海，非簚丝所能测也。及午，饭僧舍，山雨忽来，乃就禅榻以卧。既寤，云散天朗，山气益清。遂至一潭，名板障潭，壁峻削如板障然，下深无底，常有潜龙，故又名卧龙潭。其平岩有窍，小如盘，大如盂，相传以为神物卷刮而成。旁又有一大岩，水激如砉，可坐三十人，与诸生憩焉，取杜子美诗诵之。道生起，请名其所，予名之曰：川上吟坛。既又行数百步，见一岩，圆如人颅，口辅俱足，道生又请名之，予名之曰：一笑岩。其中地复宽平，溪皆沙土，无乱石，其上名为鸿岩，为枫台，为郑吞。路歧多所出入，过此，则遥望两山，突兀峻极，不可登矣。然则兹溪也，其源可得而穷乎? 夫观水而不穷源，非知本也;源而可穷，非真源也。于此且复忘返之惧，遂相与咏歌而归。再经吟坛之上，予与诸生皆力疲，复就石偃息，睥睨宇宙之宽，而不知吾身之何在也。

昏黑归院，忽有悍吏诛求穷民，其一妇抱子疾声求援。予进诸生而语之曰："今日之行乐矣，乃复此，能无忧乎? 范希文谓士当先天下之忧而忧，后天下之乐而乐，盍与汝辈思之!"诸生曰："命之矣，可识之以示弗忘。"遂篝灯书之。

穷瑶溪之源，名瑶溪胜景，师生盘游之乐何如。末以悯民之语结之，见其忧世之心。

张璁入仕后不断怀念瑶溪，作有《中秋有怀罗峰书院》。后来，世宗为之敕建贞义书院，张璁于侧建敬一亭，纪念世宗知遇之恩。世宗作《答张元辅报敬一亭成诗》，以理学敬一之理，劝勉臣下。

龙潭寺一带景物也是大家乐赏的。王叔杲《游龙潭寺登大罗山》："予本山中人，湛冥嗜幽玄。闲持一觞酒，言陟罗山巅。羊肠蔽苍莽，绝壁摩青天。

未登四五山,已历千万盘。"由龙潭寺登罗山巅大为不易。王珠《过老鼠梯寻龙潭》[①]:"罗山独上漫游瞻,最爱鼠梯似卧蚕。石级坐听雷瀑韵,复穿曲径见龙潭。"写出寻幽探胜之愉悦。在老鼠梯石级之上,先闻雷瀑之韵,循声而穿曲径,始见龙潭。

绎陶[②]写有《瑶溪四时风景诗》,分春景、夏景、秋景、冬景咏之,诗中瑶溪四时美景美不胜收。

(二)天柱寺景区

天柱寺古称瀑泉寺,位于温州市龙湾区永中街道办事处郑宅村。始建于晋,重建于唐贞元年间。曾是大罗山西麓"天下第二十六福地"仙岩寺的五大支院之一,迄今已有1200多年的历史。天柱寺景区面积9.55平方千米。境内奇峰异石俊美,飞瀑如云垂烟接,峡谷水声潺潺,清澈碧绿,风光旖旎,且奇峰碧水间还留有许多历史遗迹和文物。寺右有飞瀑,泻入西潭;寺左有冷水泉,随小溪弯曲;飞瀑、冷泉合流出天南谷,瀑泉寺因故得名。明中叶始改称天柱寺。

天柱寺占地面积3000平方米,分山门、天王殿、大雄宝殿与观音阁四进。寺宇至今基本保存。此处山环水抱,茂林修竹,小溪潺潺,清泉汩汩。观音降、弥勒蜂、天柱峰、仙人影、老鹰岩、扳嶂岩、兜率庵以及寺右的西潭、五折瀑、牛龟岩、关爷刀等统称十七佳景,游人至此,流连忘返。

天柱寺东有摩崖石刻、第一山、开口岩、和尚岩、师姑岩、美人瀑,经西潭循长坑西行有百家尖、盗洞和天河水库,西南有大小秤锤岩、南老鹰岩、大鹏岩、西老虎洞、象状抬岩、和尚火化室岩、玉泉寺和陶成洞等等,灵山览胜,美不胜收。

谢灵运是最早游览天柱寺一带风光的著名文士。某日清晨放舟东下而至石室山游玩,作《石室山》:"清旦索幽居,放舟越坰郊。……莓莓兰渚急,藐藐苔岭高。石室冠林陬,飞泉发山椒。"石室山,在天柱寺正东方向的美人瀑附近。

永嘉场士人特爱到天柱寺游玩。王毓有《天柱峰》一诗可为代表作:"千仞崔嵬石薜斑,孤标不断不周山。雨凌风撼知多少,兔走鸟飞任去还。无假栋梁擎玉宇,独超轮奂出瀛寰。云霄总借扶持力,万象熙熙覆载间。"张璁作有《西潭》。王澈与王诤一起游过陶成洞,作《同竹岩过陶成洞》。

明时天柱寺生态保持完好,由张璁《猛虎行》可知天柱寺一带有虎患。

---

① 该诗抄录自龙湾史志办整理资料。
② 绎陶,字涵,康熙年间人,生平不详,永嘉人。

诗云:"乘闲得向天柱游,正逢猛虎来食牛。山僧爱客为列戟,落日更坐潭西头。山中本是虎穴地,暮夜咆哮何足异。乡村白日尚纵横,犬豚无宁尽逃避。"①

(三)半山景区

半山"缭碧园"故址在蜈蚣山北坡与龙冈寺一带盆地,这是王叔果的祖茔及小筑所在,先后经营近百年,也是永嘉名流聚会觞咏的"世外仙源"。附近尚有半山摩崖题刻。半山摩崖题刻位于今温州市龙湾区瑶溪镇上河滨龙冈山南坡,为温州市级文物保护单位。

王毓在其父逝世后,结庐于半山父亲墓旁,三年守孝期满后便把草庐改为半山草堂,辟为书院,聘请名师,招子弟上山读书。这是半山文化开发的重要发展时期。半山几乎成为英桥王氏的家山。

王叔果辞官后在此隐居20余年,营建半山,留迹山崖。"华阳洞"三字,在华阳洞上部巨岩上,楷体横书。洞内一方花岗岩底座的青石碑,碑上刻有《山居纪旧》、《辟华阳洞成》二首古诗,均行草、直书,末署"明万历丙戌重阳日,西华山人书"。石碑全文收入王叔果《半山藏稿》卷七。"罗阳洞天"四大字,在华阳洞前巨岩上,楷体横书,末署"明嘉靖□子春勒";又有"修竹厨"、"山高月小"、"云静渊澄"、"濯缨"等题刻,均在华阳洞附近岩壁上。《半山草堂诗》大幅摩崖题刻,在华阳洞边一小平坛前峭壁上,题刻高1.20米,宽1.95米,行楷直书,末署"嘉靖辛丑……",已残缺,诗见王叔杲《玉介园存稿·半山四韵》。"龙冈"二大字,在华阳洞西隔洞龙冈山背上(今龙冈寺旁),字径0.9米×1.24米,行草横书,传为王叔果书写。

王叔果和半山的渊源最深。明林贵兆《半山樵云庵记》记载了二王子来书:"吾永嘉自大罗山峻拔雄特、支别蟠礴百余里,其东北一干龙融结为半山,盘旋而耸秀宅中如奥焉。先太祖樵云翁葬父乐善翁,选胜卜兆已,乃结庵墓左,自号樵云居士,因以名庵。日家大人参议公营先大父母乃先母丘垄,以旧庵隘且逼祖茔,乃改辟墓右地,甃垣树芳坊,前移旧宇,后创飨堂,制颇靓敞,乃扁'樵云庵'。因语果兄弟曰:'庵兹,吾高祖樵云翁庐墓作也。汝祖、汝母宅于斯,尔兄弟盍践修故事,结侣肄业其中,旦夕便瞻扫且屏谢纷杂。'果辈遵奉教令,乃偕族弟侄负箧入山,相与切磋讲习。家大人每来展墓,间留宿考业焉。居数岁,学稍有得。又念无游息处,因引泉为觞咏亭,筑钓台,辟缭碧园诸景。读书缀文之暇,偕诸同志憩叙于中,倏然埃堨外。自

---

① 明代浙江境内森林覆盖面积很高,到处有老虎踪迹。参见陈剩勇:《浙江通史·明代卷》,浙江人民出版社2003年版,第55—58页。

弱冠至今凡十余载,藏修游息皆托于兹山也。子向诸我记,愿缴终惠。"最初,王澈创飨堂扁曰樵云庵,要求王叔果、叔杲入山居此修业,后兄弟二人辟缭碧园诸景以为藏修之所。

《重修半山墓庐修治亭台经路工竣志感》一诗回忆了早期与王叔杲等读于半山,藏修游息的美好岁月。"下帷竟夕恣穷讨,展墓时常躬扫除。莳菊种种充羡课,吟风弄月见真如。"半山的建筑物,各种亭台,是他们游赏栖息的场所。"振衣台畔闲垂钓,缭碧园中更引渠。觞咏亭前依碧沚,谪仙尝赋勒琼琚。临漪群踞濯缨石,倚洞仍穿修竹厨。"他们在此学习、休息,张弛有致,讲究方法。"伊昔缔文会,课程爰有章。藏修与游息,张弛两无妨。"

王叔果早年与王叔杲读书于半山,写有系列的半山诗作。《癸卯春日山居》(《王叔果集》卷二)、《溪亭诗小集》(《王叔果集》卷二)、《山斋听雨》(《王叔果集》卷二)皆写其散淡心情。二王子于半山有题勒岩壁,王叔果作有《题勒半山岩壁》,并辟华阳洞,题名石壁,以志二王子"考槃"之志。王叔果作有《辟华阳洞》:"烟萝埋古洞,劚辟辣奇观。窈窕连觞咏,优游足考盘。经穿清洞合,松偃翠云团。眷此标题处,灵岩共不刊。"王叔杲写有《半山四咏》,为濯缨岩、振衣台、修竹厨、觞咏亭写诗,这些来自古代典故的名称,袒露了士子效法古人之雅致的情怀。

乞休之后,王叔果用心经营缭碧园。其了工光蕴帮助其修复旧有亭台①。王叔果在《静宜阁记》一文中交代了修葺缭碧园的经过。"半山故有墓庐,先公移构今址。山人家食,偕仲氏旸德甫读书山中,累寒暑十五年。培滋松竹,治溪上亭台诸景,稍稍成名区。入仕以来,林境荒寂,墓庐间戒修葺,而诸景湮废则置之矣。万历甲申秋,予儿蕴有事兹山,适山庐为风雨所坏。山人感念前绪,命因旧新之,修复涧溪诸迹。而谷口汇水为池,环山石塘,浮舟于上,视昔则创观也。越岁,林木交荫,庭户丛芳。儿蕴率孙言藏修于中。山人数过视儿,以燕息无所,乃于旧庐之侧辟地为轩。需予坐卧问名于山人,山人名曰静宜阁。"缭碧园之美景由王叔杲《缭碧园莲池即赋》可观知:"云泻朱槛净,波苍锦石联。凝流浮碧玉,浴影倒出莲。"

王叔果是半山诗人群体的领袖。早岁即常举行宴集,作《缭碧园成诸友小集十二韵》(《王叔果集》卷二)等。晚岁更是家族宴集的核心人物。《秋日觞咏亭燕集》:"雅咏谐康乐,飞觞践永和。"交游唱和留下的作品,有《夏日再过半山适高宗任载酒来会》《陈友山林后山有约登高走笔招之》等。

王叔果《半山赋》是在修葺缭碧园之后,抒发对半山的热爱之情。其序

---

① 王叔果作有《蕴儿于半山修复觞咏亭钓台诸旧迹重过有作》,《龙湾历代诗文选》,第 27 页。

云:"王伯子叔果,蚤岁依母宜人丘陇修业山中,耽寂忘年,寐游抉胜。泉壑幽邃,亭之,台之;林麓榛莽,径之,圃之。丛荫芘于灵区,芳声振于空谷。入仕以来,日就荒落,幸以投闲之遂,稍身葺理之劳。顷缘风雨,怅睹飘摇,爰属计于儿曹,乃增饰夫故绪。为门为径为洞为湖,中罗之境易观,考盘之乐可托。漫述短赋,以告山灵。"文中描写了半山之奇秀,缭碧园之优美。"兼游息于藏修兮,珍泉石之婴情。缭碧为园兮曲涧浮英,振衣为台兮峭壁纡青。厨修竹而羞醑兮,俯平厓以濯缨。启沓石而穿洞兮,肇锡以华阳之嘉名。眷流泉之飞洒兮,喷四壑而雷鸣。泻沙溪以潴汇兮,瞰潭水之渊澄。爰觞咏而结榭兮,称最景于斯亭。繫吾生之寡谐兮,寄夙好于幽贞。"最后表达了"顷屏绝以适兹兮,从吾好而卒岁也"的愿望。

(四)双岙山和双溪

双溪是著名的风景名胜,温州文士乐游玩之。双岙山南北朝向的双峰并峙,形成峡谷,中有双溪,分流而下。何白《双溪晓发》:"双溪百里翠逼眼,天辟双峰开胜观。"可见双溪有百里之长,有双峰并峙之胜观。双岙山上有石胜观摩崖造像,石结构,依山而筑,前为五皇殿(晚清建筑),西临沙岙龙潭,系宋代造像。其山水之优美、造像之古老,有独特的魅力,吸引着人们去游玩。

王叔果好游双溪。《九日游双溪》云:"不到双溪逾十年,偶携童冠叩西禅。入门古刹荒苔色,散迹平芜落日天。菊社风烟悲旧侣,沙洲芦苇涨新阡。蓬莱清浅经秋变,漫对芳辰感递迁。"双溪古刹即安仁寺。还作有《庚辰日同子侄游双溪安仁寺》。

何白极爱双溪景物,多次前去游玩。作《春日泛舟游双溪寺》:"大罗一柱障东南,鸟道盘纡不可探。翠壁别开千佛岭,沧浪遥注百花潭。古泓通海盘深黑,绝顶摩天近蔚蓝。它日试临登善贴,六时弥勒愿同龛。"还作有《双溪晓发》、《双溪晚宿》(《何白集·汲古堂集》卷五)、《雨中宿双溪客舍》(《何白集·汲古堂续集》卷四)。其后王士元作有《过双溪寺和何无咎韵》。

王钦豫年轻时曾泛舟双溪。万历四十一年,王钦豫18岁,"秋水暴涨,偕友人泛舟双溪,时溪上初治流觞处,相与列坐为乐。溪流弥漫平席,晴云漾光,徐风组碧,爽然身正在清虚之府。酒酣歌呼,振响林谷。壶倾肴尽,月出松际,自谓此乐王逸少、苏子瞻未能兼也。"①极写泛舟双溪之乐。

---

① 王钦豫:《一笑录》,载陈光熙编:《明清之际温州史料集》,上海社会科学院出版社 2005 年版,第 217 页。

　　王至彪与双溪渊源极深，不但作有《双溪夜月》、《双溪红叶》[①]诸诗以写双溪风貌，还在清初为重建双溪安仁寺做出切实的努力。顺治年间的迁界，对双溪安仁寺等罗东名胜破坏极大，直至康熙朝展界始恢复。王至彪催促源坦诸僧恢复双溪安仁寺，并亲撰募缘疏文《重建双溪安仁寺募缘疏》（康熙十一年壬子八月撰）筹集善款。

　　双峇山石胜观也有不少题咏之作。杨涵《题石胜观岩雕释道圣像》："沉沦古观今苏醒，石壁浮雕见古风。文物浙南堪独秀，庄严释道乐相融。"今人王璞《题石胜观摩岩造像》："摩岩古佛十三尊，千载尚存斧凿痕。百卷温州府县志，如今文管下定论。"宋代的古观和岩雕一直保留着古风，佛道文化在这里融合无间。

（五）其他

　　下述景物情况不多做阐述，陈列有关诗作。

　　茅竹岭。明王瓒作《茅竹岭西庄》："乘闲聊赴野云期，水荇牵风荡桨起。求友黄鹂声缓转，伺鱼白鹭步轻移。江清似此谁同渡，山好吾今更有诗。茅竹岭西千树竹，繁阴如盖坐多时。"无论是求友黄鹂婉转的叫声，还是伺鱼白鹭轻移的步伐，都是那样的悠闲和从容，茅竹岭西有千树之竹，繁阴如盖，静坐多时，或观览四周景色，或默思，或无思，更是一副悠闲从容的样子。王叔果作《寓茅竹山庵作需于亭于岭麓二绝》、金璋作《茅竹岭》。

　　马鞍岭。明王毓《马鞍岭》："如鞍山势本天然，芳草葱葱簇锦鞯。问路欲迷层嶂口，盘云半绕大江前。松声夜月轻摇辔，竹影斜阳远着鞭。却笑塞翁多得失，青林白石自年年。"

　　皇峇。明张元彪《宿国安寺》："罗山四面削芙蓉，路人招提翠几重。龙雨云藏丞相墓，梅花香放美人峰。暂归华表千年鹤，饱听秋涛万壑松。支枕独吟思力健，一声清叩五更种。"这里有人文遗迹，有秀丽风光，"支枕独吟思力健"，得地力之助也。

　　杜峇（龙湾区大峇）。王叔果《游杜峇》："相国衣冠何处藏？空坟寂寂隐松篁。"据载张璁之正妻蔡夫人先璁十年过世，奉钦命差官造坟于杜峇，及璁亡，其子中书舍人张逊业以该墓有水浸盈为由，奏请迁坟改葬于响动岩，与潘宅地方仅一溪相隔。

　　青山东谷庵。王叔果《同希善弟、景超侄游东谷庵》："不到兹山久，重来竹树森。开荒怜作苦，避俗惬幽寻。莲宇增新构，茶畦拓远岑。丛林多善

---

① 这二首诗抄录自龙湾史志办整理资料。查王至彪《玄对草》未见这二首诗。

果,空谷有遗音。旷劫随生灭,浮云变古今。陡然明佛性,自可定禅心。惠远成三笑,渊明爱独吟。谁能同入社,吾已早抽簪。"思慕净土宗之旨,希望乞休家居后能入莲社以安其心。王光经也作有《东谷庵》、王至彪《东谷庵书舍即事》。

金吞福胜寺。明王叔果《过金吞福圣寺有感》诗序:"宋高宗南渡时曾驻跸于此,旧有静蛙轩、留云轩,今废。壁留宋臣刘仲达所题诗,读之怅读,赋此志感。"诗云:"古寺岿然傍水湄,宋皇曾此驻龙旗。荒池解道蛙声寂,僻壤何当骏足驰。海甸尘氛经累劫,珠林日月际重熙。眼中诧见兴亡事,壁上谁题孤愤诗。"

黄石浦。王毓《黄石浦》其一:"一浦盘旋越海东,芳名仍借汉神工。孤峰不与青山接,浊浪还从碧岛通。"其二:"蜃气阴凝春雾黯,鸥波晴映夕阳红。渔帆片片轻如羽,罢钓相呼逐晚风。"

第四节 瓯江诗路的要地——大罗山下的永嘉场

2018年6月,浙江省委省政府印发《浙江省大花园建设行动计划》,提出以水系(古道)为纽带,建设江南运河诗路,钱塘江诗路、浙东唐诗之路、瓯江山水诗路等四条诗路,于是乎温州学人多倡言瓯江山水诗路,以光大"山水诗发源地"。

瓯江,旧称永宁江、永嘉江、温江,源出浙江龙泉、庆元两县交界,流经龙泉、云和、丽水、青田、永嘉、瓯海、乐清等县(市、区),出温州湾入东海。干流长377千米,流域面积18165平方千米。瓯江下游流经永嘉场,有永强塘河等注入,故永嘉场在瓯江入海口。

处于瓯江诗路尾端的永嘉场,有着独特的风景名胜和旅游资源。大罗山东风景名胜有瑶溪、天柱寺、皇岙、半山、双岙、茅竹岭等,由于士人的游览、题咏,沉积了丰厚的文化底蕴。[①]

在明朝,永嘉场人是瓯江诗路尾端的主要书写者,是大罗山风景名胜和文化的主要开发者。王毓《半山樵云庵勒欧阳公庐山高于屏壁上,敬次其韵》诗云:

> 罗山高哉!何延袤兮,磅礴阻海襟瓯江。瓯江之南数十里,雨金名

---

① 永嘉场山水之吟咏主要参考潘源源等编《龙湾历代诗文选》(人民日报出版社2004年版)、王璞编《罗东诗篇》(瓯海永昌镇人民政府1996年版)、温州市龙湾区诗词学会编《龙湾历代诗词选》(中国文史出版社2005年版)。

山左旋兮，梵宫掩映钟鼓声相撞。青山黄石列其下，瑶溪厚碧尤洪厖。穹崖瀑布泻银汉，奔雷落涧发灵谻。渊源到底更澄澈，昼夜不息声淙淙。岚气袭人翳林麓，浮云带雨来岩矼。乔松修竹夹径有真趣，虎狼遁迹声无哤。庐陵词翰真迹留古壁，晴烟翠霭拥护犹仙幢。千载之下获瞻兮，摩挲老眼再三过，却怜彼美才无双。令人对此快栖隐，陇上躬耕如老庞。羽人诗友远来叙情话，呼茶瀹鼎酒酾缸。车尘马足绝驰骤，幽怀寄傲乎山窗。歌春风兮问明月，漱清流兮枕石矼。陶生幸际唐虞世，守拙终居父母邦。追思移文会向山灵假，若非稚圭拔俗之雄才，周颢之志焉能降？今又截辕谢逋客，嗟我欲说，安得巨笔如长杠。

这首诗描摹大罗山的总体气势，写出其襟江枕海之形胜，奇石悬瀑、名花高树、晴烟翠霭之美。清程云骥题罗山书院之楹联"高土恒栖沧海曲，好山多在永嘉场"，赞的就是大罗山东风景和永嘉场。

第五节　建筑文化

作为一个南方文化聚落，永嘉场建筑与南方其他地方大同小异，然其环山抱海的地理布局、独特的温州文化传统，也使之颇具特色。明代永嘉场名宦都各自有园林建筑，如王叔杲之玉介园、阳湖别业，王叔果之缭碧园，张璁之府第，项乔之阳湖别墅，王瓒晚年生活之大堡底山庄，尽管多数不是建在永嘉场，却反映了永嘉场人领先时代的园林建筑意识和优游卒岁的文人情怀。

一、村落概况

朱文松主编的《龙湾老建筑》是首部研究龙湾老建筑的专著。其论村落概况云：

> 龙湾倚山濒海，江流与潮汐泥污淤积，千年沧桑，遂成疆域。故村落分布均循山环水，成带状拓展。充分显示了先人的应顺自然的"天人合一"理念。
>
> 阳光和水是人类生存的两大必具条件，龙湾村落都座北朝南、临水而建。向阳、利风（纳东南风而拒西北风），冬暖夏凉；临水、环水，和自然和谐相处。
>
> 农业社会文明的千年古风，在村落构成中也传承良好：村村有宗祠，显示聚族而居的历史渊源；较大的宗祠都是学校，又彰显耕读传家的风尚；村村均有庙或寺、观、教堂，反映了村落多元的文化结构。而小桥流水，青瓦粉墙，牌坊古塔，店铺老榕，则是江南水乡农业社会文明的

外观写照。

龙湾的村落构建有四个特色:带状分布,坐北朝南,临水而建,聚族而居。

二、民居·祠堂·城堡

民居给人们提供了遮蔽风雨、日常栖息之所;永嘉场一村一姓,村村皆有宗祠,提供精神生活的寄托;而城堡则是保家卫国的堡垒。

(一)民居

龙湾民居建筑讲究布局,表现在两个方面,一是按照地理环境特色去安顿家居,尽量求舒适、安全。坐北朝南,向阳避寒,冬暖夏凉。沿海风大,因此高度小于宽度(过去房屋往往高不过两层),低矮厚实,以避风灾。二是尽量按照堪舆术的要求去安排家居。

民居的构成,也有永嘉场的特色。"每座民居一般都有门台、墙围,形成院子,独立为'家'。反映了人的对个体'家'的私有与隐秘的心理需求。开间设计都为奇数,即三间、五间、七间、九间。居中一间称'上间',设计比边间高大宽敞,供敬神祀祖和公共活动场所,为一宅之'主'核心,两翼房间对称展开。突出'上间'、两旁雁列的布局,既显示农业文明社会的一统、稳定、和平、安宁;又体现宗法社会伦理纲常的尊卑有序,不得逾越。反映了人们对社会生活的统一和谐的理想追求,凸显了礼节有序的人生理念!"①

住宅类型有"一"字型房屋、有院子的房屋(包括三合院)、双进屋(四合院)、豪门富户才拥有的深宅大院(三进以上)。

建筑材料因地取材,多用砖、瓦、石头等材料。以石条、石块作为屋基,在石条、石块的地基上,再用砖砌墙。以条石、块石、卵石作为天井的石坦,或者以石头作地墁、墙裙、墙身。也有人家以条石铺砌路面。

对其颇具特色的位置和构件,我们罗列下面几个方面,以求窥一斑见全豹。从这些方面可以看出龙湾民居颇具文化底蕴。

门台。门台为一宅的门面(上贴对联与横批),为主人社会地位、经济实力、文化涵养的象征。豪门大宅的门台恢弘精致,一般为水墨青砖清砌雕、石雕、灰塑装饰,各有各种图案装饰,精雕细刻,极尽瑰丽。明代的门台结构简明古朴,单檐,斗拱简单,装饰朴素。清代结构精致恢弘,重檐、分宕,斗拱讲究,装饰华丽。

道坦。一宅的户外公共活动场地和晒场,宽一般齐屋,深不等。明代平

---

① 朱文松主编:《龙湾老建筑》,人民日报出版社 2006 年版,第 7 页。

民家舍道坦多为泥地，清代蛎灰风行，富家大多改用蛎灰坦，平民家舍少数也已用蛎灰坦。

门头。檐头下的房外走廊，与道坦交界处铺条石，称"石阶坎"。门头宽2.22米—2.95米。永嘉场人喜欢用"门头上下"四字表示亲戚朋友、社会人情来往。

上间（即中堂）与后堂。上间为一宅之中枢，早年都单层到屋顶，比其他房间均高大宽敞。"后大步"处隔有"照镜"，前称"上间"，后为"后堂间"。上间"照镜"门前设有神案桌，一般中置土地尊神的香炉与蜡烛台。神案桌下插"中堂符"，桃木，长方形。"照镜"门之上挂堂匾，上写本族堂名，如王姓之三槐堂，杨姓之四知堂，或弘扬社会道德的积善堂、树仁堂等。因此，上间颇多文化意蕴，值得细致观察。①

天井。民居中那宽阔的天井也值得关注。天井指院落四围中间的空地，是南方房屋结构中的组成部分。因面积较小，光线为高屋围堵，显得较暗，状如深井，故名。天井使建筑物整体显得自然而灵动，使居者与天地自然保持密切沟通。

灰塑。沿海地区的特种艺术品。其原材料是海中的蛎壳，烧制成"蛎灰"后细腻、坚韧，凝固力强，故可精雕细刻，作出特别精致的图案、花纹。

龙湾历代天灾人祸不断，导致古代民居建筑几毁坏殆尽。遗存明代老屋以都堂第最为完好。《龙湾老建筑》述云：

"都堂第"为明嘉靖隆庆年间御史王铮故居。建于明代隆庆年间（1567年）。坐北朝南，七间两进。中院、后院各有东西轩房三间，前后门台墙围，组成前院、中院、后院的两进三院格局。

屋脊上高翘着"鸡儿头"，象征主人高贵的政治身份。

宅左临河，引一泓清波绕于门前。古人信风水，左青龙，龙得水，利人居。

门台为水磨青砖清砌，墙围为"斗角石"叠成。门台虽高大，墙围也讲究，但装饰简朴大方。

门台内是头进七开间的院子，开敞明朗，但从两边五间前起各由水磨青砖筑墙隔开，大院变成一大两小三个院子。

二进布局也同，只是东西小院内各添三间轩房。后院也隔成三院、东西三间轩房。

三进的院子全部由每条3米长的花岗石板横铺而成，平正开敞。

---

① 以上参见朱文松主编：《龙湾老建筑》，人民日报出版社2006年版，第18—19页。

中间各有一条高 20 公分,宽 3.8 米(3 米石板两旁各铺有 1 条 40 公分宽的石板,故成 3.8 米)的甬道,叫"垄道"。每条横铺的石板中间微弓,垄道即成两肩低、中间高的弧形。既美观,又实用——泄水。

墙上开有扇形灯窝,夜晚持灯关门时,放置灯台。墙脚留有一洞,好让猫狗出入。

都堂第的建筑风格是整体外形恢弘、端庄,内观则严谨、巧雅。二进七间正房主屋的庄重大气(上间宽 5.7 米,深 5.8 米),三个院子院中套院的井然有序,显示传统礼教的尊严、正统;而小院深邃、小轩深幽,大宅院分成的小天地,则又体现出儒家文化和而不同的包容与温馨。

"都堂第"所有木构件、砖构件的制作虽精致讲究,但朴实无华,正是故宅主人不慕奢侈浮华的淡泊心境的写照。①

2002 年 5 月,由意大利普拉托省牵头,联合法国巴黎市和西班牙阿利坎特市,选择温州为合作城市,向欧盟申报"亚洲城市项目",并于当年 12 月签订合作协议,投资 50 万欧元,修复龙湾永昌堡内的都堂第——王净故居。2004 年 11 月,该工程通过了亚洲城市项目终期评估。该工程按照"修旧如旧"的原则进行修复,至 2006 年 10 月其修复工程已完工。②

(二)宗祠

永嘉场文化属于迁徙文化,宋乾道二年海溢之后,不少外地人口迁入,尤以闽人居多。一姓一宗祠。在古代,宗族具有一定的自治功能,成为乡村的基层组织。宗族本是比较松散的联合体,但是古代社会为了增强宗族间的团结协同关系,维护政治、经济、社会的共同势力,多数宗族都是采取结集形态聚族而居。这些聚居的族人称"族人"或"乡党"。从宋代开始,家族聚居的风气更加盛行。聚居的同姓宗族既设有宗规族约等行为规范,又设有义庄、祭田等共同经济事业。元明清因袭宋习,义庄、义田、祭田、宗祠、族谱等象征宗族聚居的标志随处可见。③

古时宗祠具有维系整个宗族人伦秩序、保留和传播传统文化、崇祖祭祖、裁判、治安与自卫、教育、生产、生活互助、经营宗族财产等功能。崇祖祭祖是其最主要的功能,每年至少举行一次祭祀始祖仪式,有的宗族不仅年终岁首祭祖,祖先的忌辰、四季节日都要祭祖。祭祖时主祭人、陪祭人的序列

---

① 参见朱文松主编:《龙湾老建筑》,人民日报出版社 2006 年版,第 40—60 页。
② 参见《永昌堡都堂第复原——意大利贵宾昨重访"亚洲城市项目"》,载《温州日报》2006 年 10 月 1 日。
③ 史凤仪:《中国古代婚姻与家庭》,湖北人民出版社 1987 年版,第 214—215 页。

以及具体仪礼程序十分复杂。许多宗族都置有祭田、祠田、墓产,将其收入的孳息作祭祀祖先、修整祖墓之用。修族谱更是宗族内的大事,通过修谱达到梳理支脉、保存家史、联络宗亲、辨明尊卑的目的。宗祠建筑是传统社会宗族组织的重要场所,是宗族里地位最高的公共建筑。

永嘉场的宗祠建筑保存下来的不少,宗谱也代代相传,是南方宗族文化保存相对良好的。《龙湾老建筑》述云:

> 龙湾境内许多历史上保存下来的宗祠与家庙,不少被人民政府列为重点文物保护单位。其结构基本多为传统的合院式建筑:前为大门,中为享堂,后为附属用房,加上左右的廊庑、照壁、牌坊、仪门、天井等组成。各个宗祠规模的大小视宗族的人口财力、历史地位等不同而异。大部分宗祠与家庙在历史上都办过学堂。同时,一些宗族还有数处小宗祠。有的宗祠与家庙前,两侧分列有一对或多对不等的旗杆夹(石碣、旗杆石)。旗杆夹是宗族中子弟有过功名的象征,是光宗耀祖的实物体现,又对后代子孙具有激励作用。
>
> 宗祠与家庙修饰的内容,也十分广泛,大多为吉祥图案,如仙鹤、鹿、蝙蝠、祥云、莲荷、寿纹等和传统神话故事,上至梁枋、小柱、门窗、围墙壁,下到栏杆、台基、柱、石基等,或用木雕、石雕、砖雕及灰塑等手法表现出来。[①]

典型者有英桥王氏宗祠、张璁祖祠、王瓒家庙、张天麟家庙、七甲项氏宗祠等。

以英桥王氏宗祠为例。位于永中街道永昌堡内上河西北角,坐西朝东,于明嘉靖二十一年(1542)由布政司王澈创建。占地面积十三亩,建筑面积6670平方米,木石料结构。二进加厢,左右加轩,计四十余间。二门上有"奕世簪缨"的匾额,原系明代名人墨迹,废于"文革",后由温州书法家曾耕西书写。二梁柱顶端衬托两对荷叶,狮爪柱墩,精凿花岗石游廊,台阶长条石,飞檐吊斗。宗祠内的一梁一柱、一砖一石,无不显示出艺术含量。2001年6月25日被列为国家重点文物保护单位。

英桥王氏宗祠的建设首归功于王澈。王澈在家居时期着手宗祠建设。《王氏家录外编》卷三王铃《参议公传》:"乃酌先儒义起之制,于是祖万十一府君墓右特建宗祠,其制:中堂腋厅旁膴外门及外为石坊,可其堂之上下宽广可容千人。其费逾千金,皆公之所自出,亦难矣。祠成时英桥子姓以千计,公每岁立春率以祭,三时率以荐,朔望率以谒,祭毕率以馂仪……公乃谂

---

① 朱文松主编:《龙湾老建筑》,人民日报出版社 2006 年版,第 134—142 页。

于众,作族约、立约正、讼司纠,择其族之贤且才者为之,有事则司讼司纠告于约正,朔望礼毕,约正会族众遵族约以听之,行之数年,英桥之族遂以太和。时郡守洪公垣留意教化,闻王氏之族与不烦官儿理也,取公族约颁之,阖郡四乡大族多因兴起者,及公没,公诸子奉约惟谨,至于今不废。"王澈出于尊祖睦族之旨建立宗祠,自己出资。祠成之后,又很好地发挥了宗祠的功用,祭祀以时,治理有则,且立族约、修家谱。英桥王氏给我们留下丰厚的遗产。现藏温州博物馆的万历《东嘉英桥王氏族谱》,由其族八世孙王澈,九世孙王叔果、王叔杲,十世孙王光蕴陆续修辑而成,系温州地区现存最古老的家谱之一。关于英桥王氏宗族建设的情况在第十章将继续论述。

(三)城堡

永强有四座城堡:沙城、永昌堡、永兴堡、宁村所寨。具体情况请参第三章第一节相关内容,兹略。

三、寺观

寺观多坐落在青山绿水之间。如天柱禅寺,双岙石胜观的宋代摩崖石刻佛像,建于唐乾符年间的国安寺,建于宋代的金岙福圣寺,姚溪半山的龙冈寺,天马山麓的大禅寺、龙灵寺,坐落于郑岙山麓的金山寺等。具体情况请参第四章第二节相关内容,兹略。

四、桥梁建筑

张卫中《永嘉场桥梁》[①]:"在这片环境优越的土地上,西南有大罗山天然构成的皇岙溪、瑶溪、青山溪、双岙溪、白水溪、钟桥溪、郑岙溪等数条山溪河流;有人工开发的永强塘河、青山河……这些河流,纵横交错,蛛网分布,形成水系,流经田野村庄,注入瓯江和东海。无论它们位置在山谷之中,或者在平原之上,都有供大家通行的建筑物——桥梁。"桥梁之多,正见永嘉场河渠纵横的水乡风貌。

光绪《永嘉县志》卷三《建置一·桥梁》云:"溪河各乡民无病涉,皆好义者为之,或独建或众修复,并刱始之功不可没也,其姓氏有可考者必著于录以彰厥美。"旧时民间相信因果报应、天道循环,积德行善尤以造桥铺路为首选。每一座古老的桥都有一段故事,都闪现这些善人们朴实而敦厚的身影,流露着他们的殷殷心意。

---

① 载《龙湾文史资料第一辑》。

万历《温州府志》卷二《舆地下·桥梁》载有：

诸募桥、大郎桥、上岸桥、和尚桥、钟桥、钓桥（俱一都）、东引桥（在永昌堡东南）、英桥、北新桥、横塘桥、李浦桥、凿难桥、章家桥（俱二都）、百姓桥（在三都）、干元寺前桥、普门桥、宅前桥、金呑桥、杜滨桥（俱四都）、大岩桥、阮桥、济川桥（在姚溪）、拗罾桥、资善桥、广济桥、何庄桥（俱五都）。

至光绪《永嘉县志》卷三《建置一·桥梁》载有：

华盖桥，在府治东（俗名打锣桥，又名陡门桥），邑人王叔杲王光荐重建。

南新桥、赖君桥、诸募桥、上岸桥、和尚桥、钟桥，俱在一都。（康熙志）

钓桥，在一都。（乾隆志）

东引桥。在二都永昌堡东南。（乾隆志）

英桥、北新桥、李浦桥、凿难桥，俱在二都。（乾隆志）

横塘桥、章家桥，俱在二都。（康熙志）

遐福桥。在三都上河。

拜圣桥。在三都上河。每旱筑台其上祷雨立应，故名。（康熙志，旧郡邑志作百姓桥，误。）

新泽桥、五芳桥、涟观桥、集贤桥，俱在三都中河。

游熙桥、安平桥、槎漆桥、鸣锵桥，俱在三都。

横塘桥。在三都沧河。明弘治间周感张存德同建。

宝庆桥。在三都横塘桥下。明义官张存德侧室黄氏建。

咏斯桥。浥寺桥、护寺桥、后桥，俱在三都。

承芳桥。在三都寺前街。（一名北头桥）

干元寺前桥、普门桥、宅前桥、金呑桥、庄渎桥，俱在四都。（康熙志）

先得桥、观澜桥、御桥、瑞云桥，俱在五都。明张存德建。

怀忠桥、彰贤桥、栏杆桥、承恩桥、鸣珂桥，俱在五都。明大学士张孚敬建。

骢马桥、大岩桥、济川桥，俱在五都瑶溪。（府志）

清音桥、鸣盛桥、澄辉桥、漳浃桥、茅竹桥、御史桥，俱在五都。

阮桥、拗罾桥、资善桥、广渡桥、何庄桥，俱在五都。

两相对照，可知不少桥历史悠久，明清以来旧名相沿，一直发挥着利济世人之用，见证着历史的沧桑。

第三章　抗倭御辱、勤劳耐苦、
自力更生的精神传统

永嘉场的山海气象,熔铸着乡人的文化品格和精神气质,具有山的坚毅、海的包容,具体表现在抗倭、抗台、抗灾、自力更生之中。

第一节　抗倭寇

从 14 世纪到 17 世纪,在日本国内混战中失败的武士沦为海盗,他们在一些封建主与寺院大地主的支持下,勾结我国的土豪、流氓、海盗,频频进行走私劫掠,成为我国东南沿海人民的一大祸害。史载嘉靖三十一年以后三四年间,江浙军民被杀害的达数十万人。其中以江苏、浙江、福建受害最烈,波及山东、广东。倭寇所到之处,烧杀抢掠,无恶不作。面对着倭寇的令人发指的罪行,沿海军民纷纷奋起抗倭,战斗相当惨烈,最后是正义必胜。

自公元 1552 年至 1563 年的 11 年间,温州遭倭患竟达 28 次之多。每年直接被杀与间接伤亡平均达 3 万人。一年的伤亡数超过 20 世纪温州"三次沦陷"的总数。明代的倭患是我国历史上一次最野蛮、最残酷的浩劫。

永嘉场王氏义兵号称长城,永昌堡屹然独存。明代温州抗倭历史上,永嘉场奏响了最强音。

一、明代永嘉场抗倭的历史

倭寇由日本浪人、武士、海盗和走私商人组成。明朝中叶,倭寇侵扰东南沿海。尤其嘉靖年间,他们到处杀人放火,抢劫财物,给当地人民带来了深重的灾难。永嘉场人民奋起反抗。

现据嘉靖《永嘉县志》卷九《杂志·遗事·倭寇纪略》和王兆庸《明代永

强人民的抗倭斗争》①一文,梳理永嘉场抗倭之脉络。

嘉靖《永嘉县志》卷九《杂志·遗事·倭寇纪略》载:"国初洪武永乐间,瓯郡地方节有倭患,海防甚严。承平久而武备弛,正德以来,时有漳寇在海洋打劫,鲜登岸者。嘉靖初,徽鄞奸商勾引岛夷入扰。二十三四年来,登劫平阳前仓、乐清大从、瑞安泥城沿海等处,犹未敢深入。至三十一年,破黄岩县治而势日炽。"温州倭患非常严重,"承平久而武备弛",这是官兵一触即溃之因。

嘉靖三十一年(1552)四月,倭寇由瑞安港进入永嘉场一都长沙劫掠。时英桥王沛挺身而出,组成一千多人的抗倭义兵,与谢官回乡的从侄王德率义兵赴长沙寨,奋勇抗击,迫使倭寇蹈海遁逃。嘉靖《永嘉县志》卷九《杂志·遗事·倭寇纪略》载:"是年四月二十日,有大倭船二只由瑞安港至一都长沙地方乘划舴将登岸,本地乡兵奋勇赴水格斗,既而王氏义兵来集,贼收众登舟去。"叔侄俩同心协力率义兵加紧操练,并再募勇士一千余人,组成了一支二千人的抗倭义兵队伍。"当是时,永嘉场军声号称长城矣。"②永嘉场赖有地方强宗王氏组织,方保一地平安。此宗族乡绅有益于地方安全之明证也。

嘉靖三十五年,倭寇在宁波、台州一带被当地守军击败后,逃到永嘉楠溪,经千石渡江到蒲州,转茅竹岭,欲从梅头下海。当闻知王氏叔侄有义兵数千人,惧不敢南进,遂转道龙湾下海而逃。九月,倭寇侵扰永嘉场。《倭寇纪略》载:"九月间有倭数千自楠溪突奔夺舟渡江,其所乘皆小艇,又无帆棹以短木楫之,顺流而下,使官军能乘外沙大战舰迎压之,贼□可覆而歼,乃纵之使去,至蒲洲登岸屯聚龙湾,分掠永嘉场诸乡,乡金事王德同伯良医王沛率乡兵往御倭,望风引遁,入海去。王兵乘胜追剿,夺回官马十余匹。"三十五年九月的战役,王氏义军战果辉煌。当时倭寇数千,官军犹不敢乘大战舰压之,王沛王德叔侄闻讯,即率义兵赶至上金截击。取得斩寇16人,俘虏14人,夺战马十余匹,解救各地被掳男女100多人的重大胜利。此时"永嘉场军声"亦达到高峰。不但保永嘉场全境,实亦成温州抗倭之先锋、东南之屏障。

嘉靖三十七年,倭寇三次侵扰永嘉场,程度一次胜过一次,而永嘉场义兵的抗倭意志越发坚强。王沛、王德叔侄遇难;永昌堡建成,成地方之屏障。

第一次发生在四月初。八百倭寇在梅头登陆,扬言要先破永嘉场王氏

---

① 载《龙湾文史资料第一辑》。
② 侯一元:《永嘉场新建堡城记》,载《龙湾历代诗文选》,第132页。

义兵,后攻温州府城。王沛、王德叔侄闻报寇船泊海山,即率义兵赶往。贼寇佯装下海遁逃。时王德屯驻山前瞭望,王沛留驻半山腰。寇复返回,包围王沛队伍。义军寡不敌众,王沛挥戈奋击,壮烈牺牲,终年74岁。族侄王崇修、崇尧兄弟等70余人同时殉难。此事《倭寇纪略》简载:"(三十七年)四月五日,贼自梅头登岸,次日乡佥事王德同伯王沛率兵追剿,贼已焚舟宵行。倏有船一艘乘风飘至,王氏初疑鱼船,不甚戒,贼突来中冲,两队隔绝,王沛与族弟崇尧、崇修俱被害。""王氏自有倭患以来聚兵保守,数年间乡族以无恐惧,此挫衄莫不寒心窜避矣。"王沛之死使乡族父老心寒窜避,但是王德却激发出更强烈的复仇意愿。王德率兵退避梅头前岗山,归与从兄王叔杲商议,议定先动员乡人暂避瑞安海安所,再率兵会同袁兵备和张参将扎营宁村寨城。

第二次发生在四月末。《倭寇纪略》:"(四月)廿三日贼分掠四都龙湾地方,时袁兵备祖庚、张参将鈇俱在宁村所,乡佥事王德往与会盟,期引兵共击贼,遂赴郡城之急,王独往乏援,竟与族属王国敬、国章等歼焉。"倭寇集中兵力围攻温州府城。王德复仇心切,立即率义兵会同宁村军民,赶赴温州解围。路过金岙时,遭倭寇伏击而牺牲,时年42岁。时倭寇势甚强,战势变化莫测,且不得官府支援,故王沛、王德叔侄遇难,然永嘉场义兵之威名已震响于宇内。

第三次发生在五月①。《倭寇纪略》:"五月初十日,贼夜入宁村所城,城中避寇者总集,贼垂涎久矣。前此有袁兵备尹同知督军民协守,故不得乘,后二公去盘石,张参将自郡城领兵来,众以为可恃安枕,夜防稍懈,贼梯城而上者百余,杀死守宿军士血流狼藉,众始觉时变起仓卒,张参将又为乱枪所中,皆彷徨莫知所措,有本所总旗黄廷富力赞张,号众杀贼,贼见众兵拥集,放火数处,俱不然。天且黎明,仓忙越城出,跌伤者无数,斩获十余人。时瑞安、平阳二县及金乡、海安诸卫所,各婴城困守,城外一任烧劫,莫可谁阿。唯平邑余阳镇聚众抗御,围久援绝,亦竟不能支。"按:王叔杲所纪比较真实,时变起突然,参将张鈇又为乱枪所中,赖有本所总旗黄廷富力赞张鈇,号众杀敌,宁村所城方保无虞,胜于当时金乡、海安诸卫所之战绩。

民间盛传"宁村所掷粪埠破敌"的故事,应有相当依据,"天且黎明,仓忙越城出,跌伤者无数,斩获十余人",描写的大概就是倭寇被掷粪埠,仓皇逃遁的情形。王兆庸述:"倭寇乘数十条海船,在瑞安东浦登陆,从梅头海安所

---

① 按王兆庸将此事置于前,实则宁村所之战发生在王沛、王德遇难之后。

城直袭永强宁村寨城。城内 400 多军民在参将张铁[1]领导下,经过三天三夜苦战,一次一次击退了敌寇的进攻。在我方箭将射完的情况下,张铁召开会议商讨破敌之计,决定在粪埕里装满烧沸的粪便做武器。倭寇进攻时,我方守城军民将这些又脏、又臭、又烫的坛罐盖头盖脑地掷向敌寇,烫得敌寇抱头窜逃。后乃有'不怕宁村兵,不怕宁村城,只怕宁村掷粪埕'的民谣。"[2]

嘉靖三十七年十月,广东按察副使王叔果回乡扫墓,闻知三叔王沛和族弟王德俱已牺牲,又目睹"老城"永兴堡破旧不堪,乃上疏请迁该堡,另建永昌堡。得到准许后,筹资 7000 余金,托弟叔杲尽力督办。第二年冬新堡建成,俗称"新城",成为永嘉场军民联防的堡垒,对当时的抗倭斗争发挥了很大作用。

嘉靖三十八年(1559),大司马胡宗宪闻报沛、德二公为抗倭而牺牲,具情奏报朝廷,嘉靖帝即诏赠王沛为太仆寺寺丞,于温州城内铁井栏建褒忠祠;王德为大理寺少卿,于温州城内康乐坊建愍忠祠。两祠均春秋致祭,以昭崇典。

嘉靖四十年,倭寇又侵扰永嘉场,妄图攻占永昌堡。王叔杲闻之,立即通知远近居民奔避堡内,亲率义兵,坚守城堡。他采取坚壁清野战术,在城头和倭寇相持半个月之久,倭寇精疲力尽,缺粮挨饿,被迫退去。

二、明初信国公汤和的抗倭事迹和影响

这场抗倭战争的高潮掀起于明代中叶的嘉靖年间,其代表人物为戚继光、俞大猷;而序幕则在明代初叶的洪武年间,其代表人物即为汤和。

汤和(1326—1395),字鼎臣,汉族,濠州(今安徽凤阳东北)人,明朝开国功臣,军事家。汤和自幼与朱元璋为同乡好友,并推荐朱元璋参加农民起义军,立下赫赫战功,晋封为信国公。洪武十八年(1385)告老还乡,赐第凤阳。后应朱元璋之请,出山到沿海防备倭寇,选浙东民五万八千余人戍守,使倭寇不敢轻犯。《明史》卷一百二十六《汤和传》载:

> 既而倭寇上海,帝患之,顾谓和曰:"卿虽老,强为朕一行。"和请与方鸣谦俱。鸣谦,国珍从子也,习海事,常访以御倭策。鸣谦曰:"倭海上来,则海上御之耳。请量地远近,置卫所,陆聚步兵,水具战舰,则倭不得入,入亦不得傅岸。近海民四丁籍一以为军,戍守之,可无烦客兵

---

① 按,"铁"应为"鈇"字。
② 掷粪埕的传说具体可参三番:《汤和抗倭与宁村所城史实纪略》,载《龙湾文史资料第二辑》。

也。"帝以为然。和乃度地浙西东,弁海设卫所城五十有九,选丁壮三万五千人筑之,尽发州县钱及籍罪人赀给役。役夫往往过望,而民不能无扰,浙人颇苦之。……逾年而城成。稽军次,定考格,立赏令。浙东民四丁以上者,户取一丁戍之,凡得五万八千七百余人。……嘉靖间,东南苦倭患,和所筑沿海城戍,皆坚致,久且不圮,浙人赖以自保,多歌思之。巡按御史请于朝,立庙以祀。

汤和采纳了方鸣谦"海上御之"的策略,建卫所城 59 座,温州府境内卫所有盘石卫、金乡卫、宁村所、蒲岐所、海安所、沙园所等等。卫所军多由浙东民征募而来。汤和治军严,赏罚分明,寓兵于民,有事则战,无事则耕,战时为卒,农时为民,既保障了生产自给,又有力地打击了倭寇。光绪《永嘉县志》卷八《武备志》:"明置卫所防倭尤亟。卫所之外,郡县有民壮以督捕盗贼,沿海有巡检管带弓兵以诘奸宄。"到了嘉靖年间倭患再次为害时,卫所城更是发挥了不可替代的作用。

汤和对永嘉场的影响至为深远。

第一,留下了一座宁村所城,成为东南重要的沿海防线,与永昌堡、永兴堡、沙城互为犄角,在两百多年的抗倭战争中始终发挥不可小觑的作用。

第二,在宁村留下了百家姓,后成著名的中华姓氏第一村。明洪武二十一年(1388),汤和功成名就,衣锦荣归凤阳故里。汤和离去后,留下海防军长期驻扎在宁村所城,史载其时城内驻军,军官、游击、千户、百总等 16 员,士兵 1175 名,负责海防。久而久之,军士们就在宁村安家落户,娶妻生子,世代繁衍。据统计,宁村的姓氏现已达 80 余种,按人口多少排列:王、徐、张、潘、韩、陈、李、祝、郑、孙、周、项、倪、林、阮、全、朱、叶、蒋、姜、黄、应、方、沈、邵、吴、范、蔡、郭、余、邱、金、杨、杜、宫、廖、邓、施、董、丁、刘、马、鲍、温、元、季、程、何、谢、胡、章、娄、曹、苏、夏、许、冯、严、邹、汪、柯、毛、尹、纪、罗、卓、南、庄、赵、高、凌、鄢、傅、薛、萧、戴、瞿、虞。此外尚有卢、巫、万诸姓已在前些年绝姓,更早绝姓的也有,故人称"百家姓之村"。总而言之,这些姓氏的存在,是当时抗倭英烈们为了国家和家乡的安危而奋起抗倭的有力历史证据。[1]

第三,汤和被封为城隍,祭祀汤和历代相承,形成的庙会、"抬佛"传统,即今日已入国家非遗的"汤和信俗",即"东瓯王汤和节"。参见第四章第二节相关论述。

---

[1] 参见三番:《汤和抗倭与宁村所城史实纪略》,载《龙湾文史资料第二辑》;陈建敏、潘伟光:《龙湾区宁村所汤和庙信仰调查》,龙湾史志办潘伟光所赐未刊稿。

三、永嘉场抗倭二英雄

(一)抗倭老英雄王沛

王沛(1485－1558),字子大,别号仁山。[1] 父王钲,号溪桥,封通政使司右通政,母张氏恭人,张璁之姐。长兄王澈,次兄王激,俱贵显。"公以二兄既贵,遂舍举子业,以医术博施于乡,授益府良医。公状貌岂奇,慷慨有大略,动希古人,天资颖敏,于诸子百家能通晓大旨,每于论物理至天人之故,靡不悉底蕴焉。……乡族无小大疏戚咸悦服,仗义轻财,能急人之难。"(《寺丞公行实》)王沛在家族里地位很高,被推为族正。平时仗义疏财,救济孤贫,在乡族极富感召力。

嘉靖三十一年王沛与侄王德组建抗倭义兵,捍卫乡里。三十五年取得上金之捷,"斩首十六,生擒十四,夺马十余匹,解救被虏百姓八十余"。《寺丞公行实》:"自嘉靖壬子以来,倭扰海上,沿海居民皆望风奔窜,公集乡族子弟谕之曰:'群盗窃发海岛,非有攻取殊计,敢肆劫者易吾不为备耳。吾乡鱼盐万井,且祖宗祠墓所在,奈何委之,惟聚兵保守为善策。'众踊跃听命,遂捐赀纠训丁壮,设险防虞一为一方之捍。既而族子金宪君德自岭南归,议与公协,乃益毅然为备寇计。丙辰十月,寇由楠溪抵龙湾,势出奄忽,人咸震惧,公与金宪君率众御之上金,斩首二十余人,夺马十余匹,收其胁虏数十人,还之乡,寇溃蹈海去,吾乡义兵之声遂传播远迩矣。数年温诸乡多苦倭患,而永嘉场百里独晏然。兵宪袁公嘉公绩即其间表之,乡士民又列公善行上之郡县,太守郑公请宾于乡饮辞不赴,时公年逾古稀而英气尚如壮时。"

嘉靖三十七年四月初,寇复大至,时王沛已74岁,不以老辞,四月初六战死梅头,哀震闾里。《寺丞公行实》:"戊午时夏倭复大至,海上之艘以百计,登岸焚劫,势甚炽,吾乡密迩寇锋,或劝公当暮龄宜入郡城避之,公曰吾始倡此议,为境土计乡人以我幸乐从,矧有成绩。今以老辞,始锐而终怯人,其谓我何及。闻寇薄梅岭,遂与金宪君率义兵往御,寇佯为退,俄海上一艅乘东风奄至,未虞为寇也,金宪君前冈瞭望,义兵有瞻望勇者皆拥从,公独留驻岭半。寇突登冲围,吾兵寡援,公麾众奋击,遂遇害,移刻一都义兵舆公尸归,哀震闾里,永嘉场五都之众,悲号奔恸,郡邑士民亦无不咨嗟丧气,以为乡邦剪此首领也。公既卒,金宪君誓不负公,后半月亦战殁,自是贼势益猖

---

① 王叔杲撰:《寺丞公行实》,载王叔果、王光蕴编:《英桥王氏世录》。王沛生平还可参见王兆骧:《抗倭英雄王沛》,载王璋、王一平编:《古堡深处——永昌堡诗文选集》,大众文艺出版社2008年版。万历《温州府志》卷一三《人物志·武烈·王沛传》亦载其简略生平。

獗,攻郡城焚掠乡村,无深远不到。吾乡义兵前是十余年保障海上,不为无功矣。"

(二)文武全才的抗倭英雄王德

王德,字汝修,别号东华。[①] 因读书郡华盖山之东,故称东华。父王沺,号橘泉,家资丰厚,为教子倾其赀亦在所不惜。王德十二岁能文,以范仲淹自期。侯一元《金宪东华君传》:"盖君生十二年而能文,读范希文传请橘泉公曰:'儿他日当为此人。'橘泉公额奇之,因为聚书,悉延请名士与共学,诸所措诸家为之倾。……后为教子倾其费则人又莫不窃叹之者,橘泉公自若也。"

嘉靖十六年,王德二十岁,中乡试。次年进京会试、殿试,又连捷,举进士。严拒亲族之推荐。其言曰:"吾不能依仗他人求官。"

嘉靖十九年,授东昌府推官,王德善治狱律,犯法必究,错案必纠,数析疑狱,上下称能。曾署高唐县事,开北门便民汲。

嘉靖二十五年为顺天府乡试同考,旋补大名府推官。河南府诬滑县四人为贼,搜缴富人金充湖广贡金,连逮甚急。王德到滑县重新勘察,实为冤案。与河南部中大吏力争。不久,真盗在京都落网。滑县百姓感德,为建生祠,大名地志为之立传。

嘉靖二十七年,升户科给事中。上任二十天,即上疏请简内阁辅臣。第二年,奉诏主查光禄寺,才三月,剔除无名费用多项,裁减中贵勋戚子弟数十人,开支节省过半。

嘉靖二十九年秋,北方鞑靼入侵,直逼京城。王德连上十余疏,要求开北门收容难民进城,平通太二仓米价救活饥民,重用人才如赵贞吉、刘焘辈,固守京城全民抗敌等。不久俺答汗退回蒙古。嘉靖三十年,王德奉旨募兵山东。是年因得罪吏部尚书李默,出为广东按察司金事。

嘉靖三十一年春,岭南少数瑶寨叛乱,命王德率军讨伐。不数月破降二十余寨。是年秋,英德有贼盗库银,为王德兵擒获。知县畏罪,反诬王德"护兵而苛民"。王德引病弃官归。归时,除数箱书籍一架古琴外,别无他物。

是年八月回乡后,与王沛加募义兵千人。嘉靖三十五年十月初九,上金大捷。嘉靖三十七年,四月六日夜,王沛梅头被害。王德愤曰:"吾不能戮力

---

① 王德的生平可参见《王氏家录外编》卷三侯一元《金宪东华君传》(嘉靖己未仲冬朔日作);《明史》卷二百九十《王德传》;王兆骕:《爱国爱乡抗倭英雄王德》,载王璋、王一凡编:《古堡深处》,大众文艺出版社 2008 年版。

复沛仇者有如此海。"①次日斩二首,擒七人。四月十八日,数千倭寇包围温州郡城;十九日,守备袁祖庚派人告急,王德与宁村守将张鈇相约二十日令兵出击。晨,王德率少数精兵先行,在金奁遭到倭寇伏兵包围。倭寇越聚越多,王德犹"手射数人,骂贼死"(《明史·王德传》),年仅 42 岁。民间传说他被倭寇"剥皮滚沙"而死,甚惨烈。是年七月追赠太仆寺丞,建愍忠祠于康乐坊,春秋二祭,以慰英魂。荫其子如珪、如璧。

王德卒后,海内有识者多惜之。《金宪东华公传》:"君为人英敏,矜廉多大节,颇负气,不为人下,其居官持廉尤甚,两仕为理皆著永蘗,比为给舍四方馈遗莫敢闯其门,风气凛然,无与为比,其在岭南,都御史贤君,盛移檄奖之,而饷以金曰:'吾俸也。'君引大体曰:'夫都御史于两司有刺举耳。有司以下则有奖劝,奖劝以金吾两司也。两受金则下与有司为曹,不可即以金付藏吏登之籍。'然君去广后,人踵故事则往往以金奖两司,两司得之亦喜,卒受莫辞者矣。君在山东时,赵尚书某者时为知州坐法,君薄其为人,持之甚严,赵怨深欠骨,会君承父讳,归则遂决冈高翔,至尚书尊宠,赫然为君勃敌,然竟败去。海内有识,盖颙颙望君,而君则死矣。悲乎。"②

四、永嘉场明代抗倭建筑

永嘉场有四座城,互为犄角,形成抗倭御辱的重要战略布局,有力地捍卫了永嘉场,为浙江东南之一大屏障。

(一)宁村所城

宁村所城,是明初汤和为抗倭所建的 59 座卫所城中的一座。现址在龙湾区海滨街道宁村村,位于瓯江入海最东端,与乐清盘石卫、龙湾炮台互为犄角。明洪武年间,宁村所城曾是抗倭要塞。清代改称为"宁村寨城"。(光绪《永嘉县志》卷三《建置·寨堡》)

万历《温州府志》卷二《舆地志下》:"在永嘉县三都,洪武二十年信国公汤和奏建,周围六百余丈。"城周长 4 里。嘉靖七年(1528)在宁村为汤和立庙以祀,尊汤和为城隍爷。现在该庙为区文物保护单位。

万历《温州府志》卷六《兵戎志·海防·沿海城池地里险要》:"瓯海上置

---

① 《王氏世录》卷二罗洪先《广东按察司金事赠中宪大夫太仆寺少卿东华王公墓志铭》。

② 《玉介园附集》卷二十六有系列文章:茅坤《广东按察司金事太仆寺少卿东华王公记》、万恭《溧阳县去思碑》、滑邑李宗伦撰《滑县新建府推官王公生祠记》、滑邑耿随卿撰《重修东华王公祠记》。还有《王氏世录》卷一《金宪东华君传》、《王氏世录》卷二《广东按察司金事赠太仆寺少卿东华王公墓志》、《王氏世录》卷二王世贞《广东按察司金事赠太仆寺少卿东华王公墓志》、罗洪先《广东按察司金事赠中宪大夫太仆寺少卿东华王公墓志铭》。这些都是了解王德生平的第一手材料。

卫者二曰盘石曰金乡。而温州卫则附于郡城。"宁村所属盘石卫,"宁村所坐永嘉县三都(东至沙沟海口一里,南至永嘉场一十里,抵瑞安县七十里,西至府城五十里,北渡江至盘石卫十里,抵乐清县五十里)。陆路有长沙、中界山,永嘉场一带地方分后营官兵扎守,水路有崇山,霓岙一带设随征哨兵船哨御。"

光绪《永嘉县志》卷八《武备·兵制·宁村所》载:

> 千户等官十六员。旗军一千一百七十五名,辖寨三,曰沙沟(东对海洋大夔山)、曰沙村(在所南前对海中坛头山)、曰长沙(东临海涂,南为瑞安所界)。烽堠六,曰黄石浦、曰沙沟、曰沙村、曰七甲、曰九甲、曰长沙(又有龙湾寨在所西,西捍府治最要)。巡检司一,曰中界,弓兵一百名(后迁县东永昌堡)。

> 嘉靖志:以防倭始设分守温处参将(属定海镇总兵),驻盘石城统辖三卫,有兵巡道驻府城监董之。

> 兵巡道标下中军名色把总(一员)、哨官(五员),领民兵一总官兵杂役共(四百九十八名),屯扎府城。又江防哨官(一员),领水兵一枝,战船十七只,专守双昆海口为外洋应援。(乾隆志)

> 宁村所城这条沿海防线,在两百多年的抗倭战争中始终发挥了极其重要的作用。

(二)沙城

沙城兼有两个作用,不仅用于抗倭,也用于抗洪蓄卤。

永嘉场是国家重要的产盐要地。可是沿海均为沙滩,难以建造牢靠的海堤,常遭洪水侵害,人民不得安生,官盐任务也难完成。16世纪以来,倭患猖獗。因此永嘉场人想在海滩边造一"内蓄卤,外扦敌"的石城,既为防止倭寇入侵,又为保障盐灶和海边人民生命免遭海涛袭击。

沙城的建成可以说颇费周折。嘉靖十三年(1534),地方士绅王瑞向朝廷提出申请,主管官吏畏难而未采纳。直到嘉靖廿七年春,当地诸生张岑,在辞官归家的参议王澈、参政项乔的支持下,会同地方热心人士王九庆、郑守琳等人,向当时的巡按御史鄢懋卿坚请建城。鄢公极表赞成,遂委派瑞安县丞曹龙和陈宗岳、王崇教等相议筑城大计,决定调拨永嘉场的私盐没收所得三千多两银为资金,伐石造城。挑选当地父老项世习、王崇拱等四十余人为监工,分段包干负责。工程浩大艰巨,又资金不足,颇多周折,然幸得地方官员热心支持。自戊申(1548)三月至庚戌(1550)二月,耗资5400两,终于建成了沙城,自一都大马日寺往北直达沙村寨(今宁村),横亘于永嘉场沿海全境,具有抗倭和防潮两用的石城。这条长约15千米的石城海堤,即我们日常所称的沙城,它既起捍海长堤作用又是东向围涂造地的象征。

据考察,沙城石都为方形石条,截面 30 厘米×30 厘米左右,长在 1.5 米到 3 米之间,少数在 4 米－5 米。俗称"丁头石",重量 400 斤以上。在三年筑城过程中,沙园的娄一娄二兄弟俩成为出类拔萃的民工英雄。据说娄氏昆仲自幼臂力过人,在筑城时见难就上,见重就争。后在城遭风浪袭击时为抢救塌方而双双献身。后人在七甲城下,立庙祭祀之。此亦体现永嘉场人特别能吃苦耐劳的生存意志。[1]

(三)永兴堡(又称永嘉堡)

嘉靖三十七年(1558)巡盐御史凌儒建永兴堡。光绪《永嘉县志》卷之三《建置·寨堡》:"永嘉堡在二都海口,嘉靖三十七年巡盐御史凌公儒按治以盐场所在数被倭寇焚掠,因筑堡城,周围七百二十丈,高二丈四尺,厚一丈三尺,陆门六水门二。"凌儒在海口盐廒地营筑周长 4 里,呈四方形,高 2.4 丈,厚 1.3 丈的"中界山巡检司防堡",也称"永兴堡",俗称老城。

永兴堡位于龙湾区永兴街道,俗称下垟街老城。永兴堡是一座由民间筹资修建的城堡。《浙江省瓯海县地名志》载:"明嘉靖三十七年,永嘉场境内同时建造了永兴、永昌两座民堡。"又永兴街道乐二村英桥叶氏宗祠内碑文记载:"十二世祖城东公于嘉靖三十七年倭寇大乱,集叶、夏、季、张、黄、王六姓十一人于家共商集资(吾祖出资最多)筑永兴堡事宜,并申报县府,抚按院核准。永兴堡筑成,得监院立义士匾以奖。"莘芳村夏氏宗祠内碑文也有同样记载。[2]

(四)永昌堡

嘉靖三十七年,倭寇频繁侵骚,老百姓惨遭屠戮,流离失所。连古代温州唯一奉旨敕建的书院——瑶溪贞义书院也未能幸免,最终毁于兵火。于是温州各地纷纷筑城自卫,永嘉场乃建永昌堡和永兴堡。王叔果、王叔杲两兄弟倡建永昌堡。

沈克成《温州历史年表》载:1558 年 10 月,王叔果回家扫墓,正遇倭寇猖獗,上疏获准在永嘉场英桥里筑永昌堡,多方筹集资金,由其弟王叔杲具体负责监造。耗资七千余金,大半由杲所出。如此浩大的工程,仅只用了十一个月就告竣工,城址在今龙湾区永昌镇新城村。中界山(今属洞头)巡检司及盐课司均迁堡内。兴建永昌堡,一乡得以保障,在抗倭中起御敌保卫

---

① 参见罗洪先:《沙城记》,《龙湾历代诗文选》,人民日报出版社 2004 年版;项有仁:《永嘉场与海堤》,载《龙湾文史资料第一辑》。

② 参见朱继亮:《永兴堡》,《龙湾文史资料第二辑》,内部资料,2004 年版。

作用。

此永昌堡之建成，归功于王叔果、王叔杲兄弟。王叔杲始为倡议，王叔果疏请筑城，又由王叔杲专任责成。所用资金皆来自王氏兄弟和王氏族属。

王叔杲始为倡议。"倭夷入犯，公从诸父寺丞公、诸弟少卿公集乡人，为兵势甚张，倭不敢逼。众谓易与耳，公独摇首曰：'必筑城聚守，乃可言安。'众多难与虑始，又三年倭复来，寺丞、少卿死于难，众乃服公先见。而宪副公官职方，疏请筑城，报可，公身为植，计费万金，出公橐者半。城成而倭复来，卒不能以一矢相加遗也。"①

王叔果疏请筑城，又由王叔杲专任责成。《王宪副家传》②："岛寇寇温州，族弟金事公死焉。公喟然叹曰：'吾宗家海滨，先人有余赀，愿治堡以完宗人、施及乡井。'请于朝，迁中界山巡检司防堡，报可。仲公辍偕计为植。堡成，寇环睨无如之何也。"由王叔杲督造，新堡筑成取名"永昌堡"，俗称新城。

为加强防御，经朝庭准许后，筹资7000余金。其资金来源，据王勤福统计：王氏兄弟变卖自家田地财产计金4000两，再向王氏族人募捐3000两，共计用金7000两，不分昼夜、不畏寒暑历时11个月建成。垒石填土达10万立方工程量。③

万历《温州府志》卷之二《舆地志下·城池·堡》："永昌堡在二都英桥里。嘉靖三十七年郡人王叔果、叔杲倡议创筑以防倭患，仍奏迁中界山巡检司于堡内以助守御。堡城周围九百三十余丈（周长5里，约2800余米），高二丈五尺（约4米），厚半之。陆门水门各四，中引二渠铺舍二十敌台十二座，郡人侯一元有记。"这是一座呈长方形、实测有2688米周长的城墙，面积达0.34平方千米，全国唯一属于民间筹资修建的城堡。"按方立门，水陆门各四，楼橹，周庐，桥道靡不救治，井井绳绳，屹为一方巨镇，咸谓县治无以过也。"④

该堡建筑具备防御功能和自救功能。"城堡周围有护城河环绕，城堡内开凿出两河道，各与城外河道相通，这样一旦战事发生，城门闸落下，既抵住了倭寇，城内的河道也可供生活、生产和消防用水之需。还有，城堡内留有100亩地，这100亩粮田保证了城堡内的人民在遭到敌人长期围困时能生

---

① 李维桢：《大泌山房集》八十《福建布政使司右参政王公墓志铭》。
② （清）孙衣言编：《瓯海轶闻》卷二十一，上海社会科学院出版社2005年版，第617页。
③ 王勤福：《永昌堡咏叹调》，载王璋、王一平主编：《城堡深处》，大众文艺出版社2008年版。
④ （明）侯一元：《永嘉场新建堡城记》，《龙湾历代诗文选》，第131页。

产自救。这种'城堡内可种田'的特殊设计据说全国独一无二。"

至今遗存的永昌堡是浙江省仅存的规模较大的民建古城堡。2001 年 6 月,被国务院列为第五批国家重点文物保护单位。

五、永嘉场的抗倭经验

永嘉场处于抗倭的前哨,在历年的抗倭过程中积累了不少宝贵的经验。兹略述之。

其一,分布着各类军事防御要地,筑造城堡,事先规划好。尤其是宁村所城(宁村寨)、永昌堡、永兴堡、沙城等互为犄角,奠定了永嘉场军事防御的基础。还有不少寨,如龙湾寨、沙沟寨、沙村寨、太平寨、茅竹寨等。[①]

其中,尤其可称道的是永昌堡抗倭的成功经验。因规划得宜,以英桥王氏家族为代表的乡人斗志昂扬,取得了八次抗倭的胜利。附近官办的盘石卫城、莿岐所城、宁村所城均曾失陷过,唯独民办的永昌堡屹立不倒,堪称奇迹。

王金麟《东瓯双璧王叔果、王叔杲》[②]:"嘉靖三十八年,城墙只筑了一半,倭寇来了恐堡内有埋伏,不敢轻入,退兵而去。三十九年,又有一支倭寇来侵犯,远近居民都奔处堡内避难,倭寇不得逞。四十年,倭寇又来犯,叔杲率乡人坚壁清野,和倭寇相持了半个月之久,终于使倭寇毫无所获而去。"

嘉靖四十年的抗倭留下了"砻糠计"的动人传说,也反映出永昌堡士民善于运用斗争谋略以保家卫国。时倭寇又来掠夺,四门紧闭,无法侵入。倭兵团团包围,想困死城内百姓,王叔杲想了诱敌之计,发动民众以砻糠代谷,用小船满载在城堡上下河内划来划去,并晒在石板坦上,还派人故意拉响谷砻,使倭寇听了以为百姓在碾米。倭寇在城外还搭瞭望高台,看见城内遍地在晒稻谷和耳闻碾米声,结果相持了半月余,倭寇认为城内粮食充足,困不住了,只得垂头丧气退兵而去,后人称之为"砻糠计"。[③]

崇祯五年壬申秋,海寇刘香围攻永昌堡,战斗非常激烈,赖韦宗一(即韦古生)作守堡指挥,保得无虞。沈克成《温州历史年表》:"崇祯五年(1632)八月,海上武装走私集团刘香一伙围攻永昌堡七昼夜,把总王安国战死。"这次战斗中,张世凤也战死。光绪《永嘉县志》卷之十五《人物志四·忠义》:"张世凤号光宇,崇祯壬申,御倭于永昌堡,战死。"

---

① 参见光绪《永嘉县志》卷八《兵制·武备·城寨》。
② 载王璋、王一平主编:《古堡深处》,大众文艺出版社 2008 年版。
③ 王金麟:《智退敌寇》,载王璋、王一平主编:《古堡深处》,大众文艺出版社 2008 年版。

何白《汲古堂续集》卷六序《赠韦宗一御寇东瓯序》:"至九月一日,贼犯永昌堡,堡孤悬危地,四面受敌,内皆巨室著姓殷富相保聚。公奉命应援,贼藐视一弹丸,谓可立沼也。遂疾攻。公应之若转圜,杀伤甚夥。贼大愤,乃益造攻具。初三日昧爽,众从城上望见,贼拥敌台六座,自远而至,高与城等,台下有轮,运动若飞,贯颐魁犷之魁,挥刀披铠,舞于台上。更竖云梯百余以为左右翼。观者失色。公独慷慨誓师,按剑徇于众曰:'城中百万生灵,与贼共一旦命,势无两立,脱一人动摇,众无固志,大事去矣。敢有不率者以军法从事!'众皆长跽雷呼曰:'唯将军命!'于是大集枪累木橛,投于城下,用栀台轮台不能迫。公连发数矢,无不命中……火烈台圮,势若山崩。贼死于压、死于锋镝者不可以勾股计。余党悉痛哭溃崩迸去。公又于城外开凿濠河一带,四里有奇,阔一丈五尺,深亦如之。贼舰知计沮,遂宵遁。"①

其二,重用本土兵,且操演船战。不倚重于外方水兵,重用土著兵;且驾船行驶必须演习惯熟,这是对付倭寇的两大重要原则。万历《温州府志》卷之六《兵戎志》结语:

> 按瓯自昔有倭患,至嘉靖季年倭乘虚突犯薄郡城而掠村落,蹂躏惨不忍言。嗣是海上设备,察陕塞,缮甲兵,治艨艟,攻守具矣。然防倭于海,而防海先于练兵。海中风潮巨测,难以列阵操演,故驾船行驶必须演习惯熟,庶应敌不至周章,视江洋如平地,左右进退惟我指挥矣。

> 其招募水兵隶之哨官,捕盗固不专于土著也。然捕盗多外方招募党类,或者有隐忧焉。吾郡濒海居民素事海业,近投苏松各处为水兵者以千百计,而沿海卫所军余亦皆惯狎波涛,宜属意用之。稍于外境应召之兵日从汰减,公私不两利哉。

林亦修《温州族群与区域文化研究》②论云:招募一名客兵需要安置费三两白银,此外还有赡养费、奖赏费等,都要摊派到当地民众的身上。尤其是客兵为害地方,民众不堪忍受。于是产生"兵贵土著"的念头。而招募一名民壮,只需三分银子,募兵费用是客兵的十分之一,而且可以节省更多的赡养等费用。正统十四年(1449),景泰帝令各处招募民壮,令本地官司率领操练,遇警调用。民壮制是一种寓兵于民的民兵制度,是一种自愿自效的行为,主要从卫所的"军余"人员和乡村的青壮年中选拔,归属地方政府管理,而不是卫所、军队。随着抗倭形势的发展,嘉靖二十二年(1543)增州县民壮额,大者千人,次六七百人,小者五百。民壮制带来民间武装力量的勃兴和

---

① 参见沈洪保:《韦古生御寇永昌堡》,《温州日报》2010年12月4日。
② 上海三联书店2009年版,第340-345页。

民间抗倭积极性的提高，民堡、义士、义民之类大量涌现。义士、义民是抗倭过程中的自愿人员，包括士绅、庠生、民间武师、平民百姓等。

沿海村落民众的抗倭行为，是可歌可泣的。以永嘉场王氏义兵最为典型。王沛、王德叔侄招募勇壮至二千五百有奇，后与贼战龙湾、长沙，皆有战绩。其义兵的主要成员是族党丁壮，"每遇汛期则纠聚誓戒于宗祠"，宗族成为义兵的重要组织单位，"乡自为守，足为雄镇"。嘉靖三十五年（1556）九月，贼数千自楠溪出，夺舟渡江，至蒲州登岸，屯聚龙湾，分掠永嘉场诸乡。王氏义兵拼力御之于上金，贼散去。①

其三，严密布控，防汛以防倭。

倭寇往往乘汛期坐船来袭，故防汛即是防倭。抗倭的一大防卫策略是利用汛期，加以防备倭寇突袭。

光绪《永嘉县志》卷之八《兵制·武备·城寨·右营游击所辖陆汛》所载有蓝田汛兼宁村、茅竹汛、龙湾汛、大梅头汛。万历《温州府志》卷之六《兵戎志·海防·汛期》：

> 大汛以春分二月中，此阳和方深，东北风盛作，日本岛夷与诸国互市，或乘风剽掠可以猝至温台，故防之。夏至后南风盛，海水热，蛟龙起，飓风作，彼既难来，我亦难哨，故此时撤防。小汛以十月小阳，东北风与南风时或连作，故防之。冬至后，海寒北风欲沍，故卜一月撤防。惟四月渔船出洋乘掠盐米，壮男不敢深入内地。九、十月海外诸国互市者皆乘东南风之广中香山，遇船劫掠，故大汛之防本区当重在北黄华、飞云，小汛之防当重在南镇下，然亦有不可泥者，其船在海漂泊日久流突无定，防范均不宜懈，要在当事者时加慎焉。

更多的防卫策略可参见万历《温州府志》卷之六《兵戎志》，兹不赘述。

温州抗倭的成就是明显的，从最初的"民不习战，承平日久"至"瓯兵遂雄一时"仅十余年。万历《温州府志》卷之六《兵戎志·兵营》文末评论说："始嘉靖戊午承平久、武备耗矣。倭卒发亦卒集兵，兵集而脆不可用。民尽窜山谷中。倭随往掠无一得脱者。当事者惩而广召募、修战舰十余年，而瓯兵遂雄一时，倭至往往俘获，至相戒不入瓯境，海上晏然。"

六、温州地区（永嘉场）尚武风尚的形成

抗倭过程中温州地区还形成了习武风尚，产生了械斗阵法和温州南拳。

---

① 参见孙延钊：《明代温州倭寇编年》，载《孙延钊集》，上海社会科学院出版社 2006 年版，第105—122 页。

林亦修《温州族群与区域文化研究》:"在明代的坑乱和倭患中,坑徒和海盗行劫都是讲究阵法的。客兵和戚家军也讲究阵法。坑徒和海盗往往只是十几人或几十人深入内陆,凭借的就是小团队作战。针对这种小团队作战,漳泉兵、狼土兵和戚家军都有专门的阵法对付,形成传统。漳泉兵的藤牌阵势,至今还在温州民间流传,并在近年列入国家非物质文化遗产名录。藤牌阵要求'其众可合而不可离,可用而不可疲,进退左右无所不离'。'试牌跳牌,旧法听锣声为度。斩牌如壁,闪牌如电,起伏得宜,翻身不露身,滚牌不露足。'藤牌阵为先锋,主守不主攻,用藤牌、腰刀、飞镖三种武器。飞镖主远杀,腰刀主近杀,藤牌主守卫。民壮训练的一个重要内容是阵法训练,培养集体配合作战的能力。明清以来的温州宗族械斗也一直沿用这些阵法。"

温州民间习武继承明代民壮训练的传统,表现在:1.温州民间流传的南拳技法,继承明代抗倭时期民间招募的客兵传授的套路,主要为僧兵、漳泉兵和处州兵的技击法。2.温州民间武术训练的组织继承明代的乡族传统。当年英桥王氏就是以祠堂为场所,以宗族组织为形式开展乡兵训练的。3.武术训练保持着冬练习惯。①

温州南拳是浙江南拳之一。明嘉靖年间何良臣著《阵记》与万历年间《岐海琐谈》一书记载此拳。据《温州拳械录》载:此拳与福建南拳有密切关系,且与内家拳、太极拳也有一定的内在联系。1929年在"浙江国术游艺大会"上,瑞安谢忠祥表演了温州南拳代表套路"六步拳",经专家考证为明代古拳种。②

永昌堡王家拳和船拳,均是明代抗倭所留的著名拳种。

永昌堡王家拳,即是由英桥王氏王沛、王德叔侄所传,现仍完整保留于永昌堡,列入温州市非物质文化遗产第三批。传人王靖岳即是其嫡系传人。中央电视台拍摄中华武术系列"永昌堡王家拳",可一睹此拳种的特色。③

船拳从传统意义上属于南拳的一种,具体的形成在明代中期,是浙江南部人民为了对付倭寇,创造出了一种独特的武术。这种拳法尤其适合于妇女自卫,后来经过发展,形成了渔民人人练习的一种在船上狭小地域中格斗自卫的拳术。此船拳盛传于舟山、温州等地。温州地区至今流传之船拳即

---

① 林亦修:《温州族群与区域文化研究》,第349页。

② 中国武术大辞典编辑委员会:《中国武术大辞典》"温州南拳"条,人民体育出版社1990年版,第56页。

③ 参见王靖岳:《永昌堡王家拳简介》,王璋、王一平:《古堡深处——永昌堡诗文选编》,大众文艺出版社2008年版,第78-80页;王靖岳:《无极八卦掌·前言》,人民体育出版社2004年版。

是明代抗倭的温州军民发明创立的，据云竟成日本空手道的源头之一。据中央电视台体育台拍摄的"武术传奇系列"之《温州船拳》所述："400多年前，一群日本浪人在浙江温州屡战屡败，他们遭遇一种古怪武术的打击！神秘武功因水而生，温州渔民自创水上战法；一种普通的竹竿，打得倭寇无还手之力，虚心向中国学习，日本人发明空手道。让日本国民引以为荣的空手道，它的源头之一竟然是温州南拳！这种南拳不同于常见的中国南拳，它是一种专门在船上突然发起凶狠攻势的南拳。"

浙南地区自古以来拳派林立，流传下来的门派约计200多个，可谓是一个巨大的"江湖"。20世纪初，温州相继涌现出一批出类拔萃的南拳名师，他们活跃在各个农村，设坛教拳。最有影响的拳种有：瑞安董田陈朗清、陈一虎的刚柔法门拳；苍南宜山应得标、鹿城陈寿喜的中栏架拳法；瑞安鲍田戴如志、鹿城金庆池的虎形鹤拳；永嘉瓯渠吴阿彩和其子吴承球的七虎拳等等。

至今拳术套路有战拳、鹤拳、虎拳、步拳、连环拳、中栏、鸡拳等200多个；器械套路70多个；对练十数套。据《浙江省武术拳械录》[①]记载，温州南拳虽门派众多，但万变不离其宗，主要有刚柔、虎鹤、中栏三大流派，17个种类，其中著名器械有丈二棒、齐眉棍、梅花棍、板凳花等。

温州南拳特点是赤膊上阵，风姿古老，以形为拳，以气催力，开声发力，沉肩闭胛，落地生根。善用肩、肘、胯、膝等部位撞击对方，且两臂善发抖弹之劲。练功方法有站桩、走马、逃（推）马、运气、擎刀、端石、打砂包、盘拳、盘棒等。技击动作有砸眼掌、骑连环掌、猫儿翻身、长短拳等。[②]

据《龙湾武术》[③]一书，龙湾现存的传统武术有：刚柔虎形拳、丁氏五祖拳、三甲刚柔虎安拳、沙城中栏丈二拳、状蒲瓯渠拳、海城功柔拳、七甲刚柔龙钩蹲、无极门武术、金水门拳法、金山罗汉灵令门武术、海城铜钟功、林氏八卦混元养生功、冯氏少林达摩金刚功、太极拳、木兰拳等，各地优秀的拳种流入此地，形成了以温州南拳为中心的武术演练体系，出现了大批武艺精湛、武德出众的拳师，成为该地区非物质文化遗产的重要组成部分。

---

①　浙江省体委武术发掘整理办公室编：《浙江省武术拳械录》，浙江科学技术出版社1988年版。

②　中国武术大辞典编辑委员会：《中国武术大辞典》，人民体育出版社1990年版，第56页。

③　黄秀清主编：《龙湾武术》，中国文联出版社2011年版。

第二节 抗台风抗灾的忧患意识

一、天灾人祸不断

温州地区自古以来灾害频仍。或遇自然灾害,或遇刀兵劫。史书上关于温州的风灾水灾记载比比皆是。

王叔果《永嘉县志》卷九《杂志·灾异》载永嘉县宋乾道以来各种灾异:

孝宗乾道元年饥。

二年秋八月大风雨海溢,死者二万余人。胔骼七千余。先是有蛟出水,长丈余,塔头陡门水吼三日,海上浮钱,一父老曰海将囕人。寻有是变。浮尸蔽川,存者什一。时郑景望为国子监丞,率乡人在朝者奏闻诏遣官赈恤。

淳熙七年秋八月贡院火,入试者焚死百余人。

十六年蝗大饥。

宁宗嘉定十四年多螽螣。

理宗嘉熙四年饥。六年县署灾。

宝祐四年州兵作乱,六年春二月印应雷知州事擒其首恶十人斩之,余党悉平。

恭宗德祐元年冬十一月六日大火。时赵与释溃军纵火,起应道观巷,三日不减。

二年元人寇临安春三月益王昰广王昺奔温州。(详见遗事)

元世祖至正十年大饥。

三十六年春正月处州贼詹老鸢寇永嘉境,参政高集将兵击破之。鸢伏诛。

晋王泰定元年夏虹见九头,色如血。秋八月夜地震海溢。

顺宗至正元年大饥,民流移者众。冬十二月方谷珍来寇,总管左答纳失里、海运副千户吴世显御之。(详见遗事)

四年大风雨海溢民饥大疫。

十三年冬十一月千户所吏陈安国、州卒韩虎儿作乱,杀闽帅吴世显。

十四年春三月处州都目李君祥计斩虎儿,参谋胡璨擒安国,捕斩余党二百余人。夏四月安国弃市。

十六年大风,海舟吹上平陆高坡二三十里,死者千数。是年饥。冬十月青田张惟德寇永嘉场,永嘉县达鲁花赤的里翰往招谕之。

二十二年秋八月大风海溢。

二十五年饥。

皇明洪武八年秋七月大风雨海溢,居民死者二千余。海上防倭官军尽溺。诏遣吏部主事罗寔等赈恤之。

永乐二十一年春不雨,二谷不收,大饥。民采草根树皮食。

弘治三年大饥。

九年春二月大雨雹。

十二年秋八月九日有大星流入海,声震如雷,其光百余丈自南而东,将及海分而为五。

正德二年秋九月地震。

五年饥。

十二年夏四月十八日地震生白毛。

十三年夏六月大水。

嘉靖五年大旱饥。

八年秋八月大风雨海溢。

十二年冬十一月九日夜星陨如雨。

十三年夏六月旱秋八月始雨,飓风大作,拔仆温州卫开元寺佛殿及民房乔木甚多。

二十四年大饥。(详见遗事)

三十一年夏四月倭寇犯境,嗣后濒海居民苦焚掠。

三十三年秋九月大水,溪乡居民多淹没,荡去田地数千亩。

三十六年春三月地生白毛。

三十七年夏四月倭寇大扰薄郡城。(详见遗事)

三十七年秋八月府门两廊清军理刑厅失火。

四十年夏六月风雨拔仆县学庙门及民间房屋。

四十五年春正月一日夜分地震,二日生白毛。

更多的资料可参九十一生搜集整理《永嘉场自宋乾道以来自然灾害(台风暴雨地震旱虫灾)》[①]一文。

二、乾道二年的海溢

在上面这些灾异之中,以台风、海溢之患破坏力最大、破坏范围最广,历

①　项氏大宗图谱总理事会编印:《沙城项氏宗族史料汇编》,2003 年,第 77 页。

史上发生过多次,例如:

西汉武帝建元三年(前138),闽越刘驹出兵围东瓯,武帝刘彻遣庄助发会稽兵浮海往救,围解。后,东瓯四万余人内徙,迁居江淮间。至公元78年东汉初年,一次海啸,建元三年后没迁走的永强人就死光了。

晋太元十七年(392),"大风雨,潮水倒灌,永宁(永嘉)、安固(瑞安)、横阳(平阳、苍南)、乐成(乐清)等近海四县,溺死者众多"。

乾隆二十八年(1763),"五月海溢,平地水满五六尺。八月,飓风暴雨,淹没屋舍、人、畜无数,稻谷无收"。①

其中,南宋孝宗乾道二年(1166)的海溢最为著名,对温州地区的文化发展影响最大。是年,温州发生强台风,导致风灾、海溢,死人众多,地方政府曾传檄福建移民。此次海溢对永嘉场文化影响极大,正是经此水患后,多姓从福建迁来,才造就永嘉场的人文鼎盛。

史书、地方志对此事都有详细记载,如《宋史·五行志》、《浙江通志·祥异》皆记载此事。因南宋乾道、淳熙年间(1165—1189)是福建移民温州最集中的时间,故家谱亦多记载之。

《宋史》卷六十一《志第十四·五行一上》载:"二年八月丁亥,温州大风,海溢,漂民庐、盐场、龙朔寺,覆舟溺死二万余人,江滨胔肉尚七千余。"万历《温州府志》卷十八《杂记·灾变》:"至八月十七日,飓风夹雨,申酉益甚,拔木飘瓦,人立仆,市店僧刹摧压相望。夜潮入城,沉浸半壁,人多上木升屋以避,俄而屋漂木没,四望如海。四鼓风回潮退,浮尸蔽川,存者十一。其居山原者,虽潮不及,亦为风雨摧坏,田禾无收。瑞安、乐清、平阳皆然。民啖湿谷多死。"叶适亲睹了这场水灾:"乾道丙戌秋分,月霁(玉环天富北监盐场)民欲解衣宿,忽冲风骤雨,水暴至,闶启没膝、及雷荡胸,至门已溺死。如是食顷,并海死者数万人,监故千余家,市肆皆尽,茅苇有无起灭波浪中。"②宋薛季宣《浪语集》(《四库全书》本)卷二四《与刘复之》:"去岁风涛之啬,虽幸以天而免。孤单之族绝者五房,亲戚故人半入鬼录,而又家乏粒食,漂泛无复遗余,妻啼儿号,虽无佳况,然视死者将十万辈,其亦厚矣。"③

灾后各地相继修海堤、建陡门。1184年、1185年完工的瑞安石冈、平阳沙塘陡门,以石更造,最为著名。

永嘉场因临海,多次遭受海啸、台风,乾道二年的海溢更是对该地造成

---

① 以上参见《温州历史年表》,北京电子出版物出版中心2005年版。
② (宋)叶适:《水心集》卷二十一《李宜人郑氏墓志铭》,《四部备要》本。
③ 转引自《瓯海逸闻》卷五十六"乾道丙戌水灾虐政"条。

灭顶之灾。光绪《永嘉县志》卷三十六《杂志·祥异》第 3633 页：“乾道二年八月丁亥，大风雨，海溢，漂民庐、盐场（永嘉盐场）。龙翔寺覆舟溺死二万余人，江滨皆骸尚七千余。九月遣官案视水灾，赈贫民决系囚。”①

今考古调查亦可证此海溢事件发生过。

其一，在永中街道坦头村峰门山，一个高约二十余米的山坡上，刻着一艘帆船，竖桅扬帆，船后有舵，长约 50 公分，帆船的下边还刻有“乾道二年水满此地”八个隶体字。“乾道”系宋孝宗年号，起止年代为公元 1165 至 1173年。据文物部门考证，这是温州最早水文记录，记录 800 多年前发生在龙湾大地的一场洪水。②

其二，据青年学者王忠海考察，从南皇岙（今天河金山寺）出土地层深 2米至 1.7 米内，平均有 50 至 60 厘米淤泥，淤泥上有腐烂咸草、贝壳等。据碳 14 测定为公元 75 年（东汉时期）左右，可见其时此地曾发生过海啸。2米以上是淡水草，淡水草上隔着一段土层，又出现平均 50 至 60 厘米淤泥，及腐烂咸草、贝壳等。据碳 14 测定是乾道二年左右，正是发生海啸之年。此淤泥上面 1 米左右的泥土，为现代人种植与生存的土地。③

著名学者吴松弟有专文分析，指出乾道二年的温州“海溢”给温州带来了沉重的灾难，还指出这次灾害不是台风导致的大潮水，而是海啸导致的巨浪袭击。“可以认为，此次灾害是在没有任何征兆、人们毫无防范的情况下突然发生的。温州沿海多台风，但这一次不是因台风导致的大潮水。因为在台风来临时，不仅会因风暴带来海水高潮的冲击，还会因暴雨带来江河水位的暴涨，这一过程至少要持续若干小时甚至一两天时间，绝不会仅仅一顿饭的时间便出现船翻村毁、数万人死于非命的情形。因此，这次灾难应该是海啸导致的巨浪袭击，而不是台风带来的高潮位，叶适文中所讲的‘冲风骤雨’，应该是比巨浪早到一步的急风和冲天的浪花。”④

三、忧患意识的培养

专家认为，“由于太平洋海底板块跟亚洲大陆架板块相挤压，出现海底

---

①　《宋史·五行志》：按旧志是年夏海门有蛟出水，长丈余，既而塔头陡门水吼三日，海上结乳成钱，有父老识之曰海将以前鬻人也。至八月十七日，飓风挟雨拔木漂屋，夜潮入城四望如海，四鼓风回潮退浮尸蔽川，存者什一。《宋史》：乾道二年八月辛未朔丁亥正十七日也。

②　参见《温州最早水文记录坦头村摩崖亟待保护》，龙湾新闻网 2009 年 1 月 8 日。

③　参见章方松：《龙湾聚落空间的生态文化演变（上）》，载《今日龙湾》2009 年 6 月 24 日“龙湾文化寻踪特别报道”。

④　《800 年前，浙江沿海也“海啸”》，载《华东新闻》2005 年 01 月 26 日第 11 版。

地震而产生海啸。照此推算,每隔千年左右,太平洋会发生一次大海啸。"① 乾道二年(1166)迄今 2012 年已 846 年,距离千年也不远了,如果在今后一百年之内发生一次大海啸的话,其破坏力绝不亚于东南亚海啸。滨海之民,岂可不居安思危?

台风、海啸是温州人民内心深处的恐惧之一。近现代的几次国内外的台风、海啸均造成了不可估量的人民生命和财产的损失。

永嘉场因地处温州东南沿海,是台风经常光顾的地方。台风对温州沿海的居民来说,不算新鲜事,每年都会有台风或堂而皇之地登陆,或匆匆在温州拐个弯,打个"伴",总之,关于台风的记忆几乎都是惊恐的。

有人回忆了 1952 年的台风:"1952 年台风在温州登陆,我家的偏房轰然倒塌,读小学的我与妹妹瑟瑟发抖,大清早起来见地方上一片狼藉。后来查资料知道,这次台风暴雨冲毁稻田 45340 亩,淹没水稻 1488136 亩,死 236 人,伤 129 人,倒塌房屋 10294 间。"②

近年来最让温州人"毛滚蔫刺"的就是 1994 年 17 号台风。③ 杨昭普《东海之滨崛起"第一堤"》④载:

> 1994 年 8 月 21 日,17 号台风裹挟着百年未遇的天文大潮和大暴雨在梅头登陆。狂风、大潮、暴雨齐碰头,肆无忌惮地摧残着瓯越大地。
>
> 17 号台风之暴烈为历史罕见,许多龙湾百姓至今仍记得那令人恐惧的时刻:泥土海堤在惊涛骇浪之下,转瞬之间倾颓如平地,白茫茫的大水长驱直入,吞噬沿海村庄、农田、厂房,几百吨重的钢船被冲出几百米,巨大的选煤机被卷成了麻花……地势低洼处,许多百姓惊慌失措,爬上自家的阳台屋顶;大自然的咆哮,让一些守候在养殖场的农民,根本来不及逃生就被当场吞噬;永强机场内积水,彻底瘫痪达两个星期之久……
>
> 台风裹挟着大暴雨,肆无忌惮地袭击着永强沿海一带。一夜间,几代人数十年苦心经营几十年的永强沿海 24 千米堤塘全线崩溃。据统

---

① 章方松:《龙湾聚落空间的生态文化演变(下)》,载《今日龙湾》2009 年 7 月 1 日"龙湾文化寻踪特别报道"。

② 《一位老温州的记忆深处——浙南的天灾与人祸》,载《温州日报》2008 年 5 月 24 日明华专栏·特稿。

③ 网友守候沧桑《毛滚蔫刺忆抗台》一文回忆了 1994 年那场百年难遇的 17 号台风给人民带来的惊恐。用温州话"毛滚蔫刺"形容这种惊恐可谓恰到好处。

④ 《龙腾盛世特刊——〈温州日报〉献给龙湾区成立 25 周年》41 版,中共龙湾区委、龙湾区人民政府、《温州日报》主办,2009 年 12 月 25 日。

计,此次台风造成龙湾受灾村庄170个,死亡176人,倒塌房屋2000多间,晚稻绝收5.5万亩,直接经济损失17亿多元。[①]

1994年的台风让我们体会到南宋乾道二年的海溢是如何的可怕。

吴松弟提醒人们"对海啸保持应有的警惕",他说:"去年12月由印度洋海底地震引发的大海啸,给印度尼西亚、泰国、斯里兰卡、印度等印度洋国家造成巨大损失,死亡人数高达20余万。这一特大灾难提醒人们,必须对自然灾害保持应有的警觉性,只有防患于未然,灾难发生时才能避免重大损失。……太平洋沿海是世界上因地震引发海啸的高发地区,我国东邻大海,有着长达1.8万多千米的大陆海岸线,如加上5000多个岛屿,海岸线就更长了。这些地区又是我国人口密集、经济文化发达的地带,更不应掉以轻心。虽然800多年过去了,人类防范灾难的能力有了极大提高,沿海的地理状况也有了一定改变,但是,为了避免灾难的重演,需要保持对海啸的警惕和必要的防范。"[②]

永嘉场滨海之民遭受着台风、海啸最直接的威胁,必须抗台抗洪才能保卫家园,获得生存空间,所以滨海之民逐渐地形成一种坚毅精神和忧患意识。

沙城即是在抗台抗洪观念指导下,由士绅通力合作建成的。光绪《永嘉县志》所载《永嘉场图说》附言:"旧时蟾庄沙村等处均有土城捍海,沙城环之,以濠抱以横河开十八直河,自外通内,内为荡田,外为荡园。"如前所述,沙城的建成可以说费尽周折。嘉靖十三年(1534),地方士绅王瑞向朝廷提出建城建议,一直拖延未遂。后在巡按御史鄢懋卿和地方名绅项乔、王澈、王叔杲的热心支持下,戊申(1548)三月至庚戌(1550)二月,耗资5400两,终于建成了沙城。[③] 在1994年17号台风之后,又有了"东海第一堤"——永强大堤的建成,成为温州东南海岸的安全屏障。

永嘉场的各种建筑无不体现了抗台的实用特征,众多低矮的一字型民居本身就是为了降低台风的危害。在生产劳动中,人们也尽量避开台风的危害。龙湾古今相传不少农事谚语,如:"看风测天气:北风是雨头,南风是晴头,大风唱山歌,有雨也不多。风急云起,必下大雨。夜里东风喧,明日雨绵绵。北风下雨北风晴。东风转化有雨行。天要变,风要乱。朝生气,一日雨。云跑北,有雨下不得。云跑西,骑马送蓑衣。""鲎(虹)挂当港(瓯江口),

---

① 又参见周巨松:《1994年17号台风亲历记》,载《龙湾文史资料第二辑》,内部资料2004年版。
② 《800年前,浙江沿海也"海啸"》,载《华东新闻》2005年1月26日第11版。
③ 项有仁:《永嘉场与海堤》,载《龙湾文史资料第一辑》。

捣臼打桩;鲎挂龙潭(南坑儿山那边),大风吹翻捣臼。""东鲎晴,西鲎雨。早鲎雨,晚鲎晴。"众多农事谚语,可见永嘉场人善觇气象,乃至在有台风、洪水之险的环境里避祸趋福的智慧。

永嘉场人还将滨海的忧患转化为对朝政、对民生的忧患意识。无论在朝在野,均心忧国是,未雨绸缪。其典型者有张璁。张璁未第之时,即以相业自期,及第之后,三召四黜,勤于政事,一生用功而且保持忧虑。对此明李诩有深入的认识,其《戒庵老人漫笔》卷四:"张罗峰谓:'四书本经,我俱读至千遍。'是怎样用功。后为阁老,曾云:'做举人时,有病,要寻两个红枣合药,自普门寻至应家桥,俱无有;今乃人人侈用。一变至此,诚不可不反正还淳。'(原文出自《项乔文录》)是怎样忧虑。故其建立殊自伟然,不龊龊于末世局面。"张璁读书认真,是为了明理和中举,而红枣合药之事则见出他在富贵之后仍能保持清醒,追忆其未贵之时的情景,一种忧患的意识可以说贯穿他的一生,而这种意识的得来与地理气候环境未尝无瓜葛。

第三节　勤劳耐苦、自力更生的传统

永嘉场虽处滨海,有渔盐之利,但是古代科学技术不发达,时有台风之患、瘟疫之疾,毕竟谋生不易,生存惟艰,因而培养了一种勤劳耐苦、自力更生的精神传统。项有仁论云:

> 龙湾人抑制大海侵扰的手段是筑堤围垦。在周时的《越绝书》上,早就记录着瓯越人的"积沙成城,以捍潮势"了。龙湾的疆域就是由层层筑堤、步步围垦,逐渐扩充而成。

> 先民筑堤防洪潮侵蚀,是为确保立足存身之地;后来筑堤向滩涂拦潮扩地,是为适应人口增长的谋生需求;如今筑堤围海造地,是为实现滨海城市发展的战略规划。千余年围垦,从被动的自我保护,逐步走向主动的长远发展。遵循自然规律,龙湾人在大自然的默许下,精心构筑自己的理想家园。

> 明代弘治《温州府志》与万历《温州府志》上,都详细地记述了当年港、湾、河、沼密布的龙湾平原上,护村捍地的堤坝纵纵横横、星罗棋布:建于南宋之前的堤坝计有:蒲州埭、茅竹埭等6条;建于明代之前的堤坝计:黄石山南塘、横涣埭、沙河口埭等12条;建于明代的堤坝有:翁师埭、沙城等4条;清代先后修建永嘉场堤塘、梅头至宁村的长沙塘、山北

塘,构成龙湾人的生存屏障。①

围垦海荡,向大海要土地,是永嘉场人勤劳耐苦、理性智慧的主要表现之一。"据考证从天柱寺呑底三光殿大塝距今海边涂头的围垦遗迹,发现祖先向大海要土地,已经过大小九次建塝围垦海荡。"②

乡民在新涨的涂荡上并刃筑堰为一场,成塝内,塝外又成涂涨,后人又围垦之以扩张场地,永嘉场版图自古以来即在不停的扩张之中。光绪《永嘉县志》所载《永嘉场图说》附言:

> 东南濒海,浮涨延属,形如半月,起笑客岩,距还三四里或五六里,至高原阔计十余里,至蟾庄约计六七里,至黄石山止,狭如笑客岩。之初,乡民并刃筑软堰为一场,总塝南起天马,北至黄石山麓,南北纵三十里有奇,各设石闸以启闭,塝内田园广斥以万计,皆自凿沟渠为灌溉之资,居民各分村落,有下垟厂、新村、鱼池荡诸处,或数十家,或百余家不等,塝外又成涂涨,周围绵亘,村居亦有五溪沙等名,此永场新涨之涂荡也。

山水急流挟泥沙而下,加快了涂涨。涂涨是可以感觉到的,表现在河源率多壅塞,两河积淤垦成田亩。光绪《永嘉县志》所载《永嘉场图说》附言:

> 山土本肥,自经棚民开垦,山水湍急,挟沙石以俱下,冲决河流,渐至于涨。今一都之水涨至渡郎桥,二都之水涨至庙上,五都之水南涨至漳浃桥,北涨至上河滨,河源率多壅塞,而滨海之河又因海涨成涂,盐灶距海水甚远,晒卤须在海滨,灶丁用牛运卤,拖泥带淤,遇雨冲流久积成涨,但海涨则田增,是一场之利,河涨则沃壤失溉,为一场之害,斯守土者所宜筹划也。

> 又考宋时岭北有地名青呑,相传为陈丞相宜中所居也。河道直通郡城,迫明万历间徙陡门向东,离向北旧陡门里许,风潮奔啮,田复为还,遂与郡城别派分区。旧时蟾庄、沙村等处均有土城捍海,沙城环之,以濠抱。以横河开十八直河,自外通内,内为荡田,外为荡园,今涂涨充斥,以总塝为堤防,城堞湮没,夷为道途,两河积淤垦成田亩,惟宁村尚有城,七甲、八甲、蟾庄、沙村尚有河,新加疏浚而各地不能相通,此今昔异形之可考者,附识其略于此。

项有仁首述永嘉场"围垦文化":

① 参见项有仁:《您从哪里来——我的龙湾》,龙湾新闻网2009年8月31日。
② 参见章方松:《龙湾聚落空间的生态文化演变(上)》,载《今日龙湾》2009年6月24日"龙湾文化寻踪特别报道"。

　　龙湾由江河冲积与海涂围垦而成,先民们走下大罗山,随着海涂的淤积,一步一步自西向东发展,现在永强平原上的"上横路"、"下横路"两大居民带,就是例证。据《温州府志》载:"早在周代,瓯越人就积沙为城,以捍潮势。"这就是围垦。现在有史可查的围垦工程是明代的沙城。沙城建于1548—1551年,南起老鼠山,北迄瓯江口,全长约15千米,当时为抗倭和防潮两用。随着疆域的东扩,沙城失去作用而坍毁,只剩下"沙城垟"。

　　450年来龙湾疆域逐渐向海洋发展,自西向东每隔两三里依次建有"横河垟"、"总垟"、"坦垟",最后是"东海第一堤"——永强大堤。基本是每隔百年增加一条堤坝,永强沿海平原上的五条堤坝,正是一部龙湾的围垦史,充分反映了龙湾人不屈不挠开发家园的勤劳勇敢精神与蕴藏在这个行为中的"天人合一"的哲学理念。[①]

　　围垦海荡,建设家园,保障生存,在与自然作斗争的过程中形成了永嘉场人勤劳耐苦的精神。

　　项有仁先生有一篇《昙花一现的永强制糖业》[②]描绘了永嘉场人勤劳耐苦的劳动精神,虽然说的是现代的劳动生产,但是对永嘉场人精神气质描述是很客观的。

　　永嘉场人敛聚钱财、成家立业的欲望特别旺盛。全中国惟独永嘉场人称田园为"世耕"——子孙世代耕种之意,这便是最雄辩的佐证。他们的劳动已超越了谋生糊口的低层次生物性本能,而是向往一种为子孙创立永世基业的高层次追求。所以他们使用的工具属天下最重最厉害,叫"铁板",长尺二,宽六寸,重五斤以上,刃口用八两白口铁分18次浇铸锻打而成,亮若雪、利如斧,配上条梨柴柄,重量达8斤,訇声入盈尺。糖蔗喜粘(黏)土,要深耕,正合辙。

　　"一日三餐",全世界通行。唯独永嘉场自古一日四餐,大忙还要五餐。糖蔗种植是高难度"密集型"的劳动,超负荷的体力支出,正要加餐来补充供养,吃饭,来回花时间,永嘉场历来行"担饭",家家户户由妇幼老弱送饭上地头,田岸园坎当饭桌,这幅"地头进食图",又是人间绝无仅有。

　　永嘉场的民谚是"正月初一开田眼,不算勤力不算懒"。大年初一出工还算不得勤劳,因为你过年前未开好水沟。一句话入木三分地表

①　项有仁:《龙湾历史文化勾沉》,载《龙湾文史资料第二辑》,内部资料,2004年版。
②　载《龙湾文史资料第一辑》。

达了永嘉场人近乎吝啬的勤奋精神。

永嘉场人特别尚吃，但那吃不是为了满足口腹之欲，而是跟干活联系在一起的。吃得多，干得多。木公《龙湾滨海"吃"风俗趣谈》[①]："永强片区数十万人口，在旧社会要填饱那么多'口'不是件容易的事。所以，对'吃'就特别注意，久而久之，就形成了许多独具一格的'吃'风俗。""一天至少吃五餐：太阳未上山就吃'天光'；城里人起床时，这里吃'小接'；十点钟左右吃'日昼'；太阳偏西点吃'接力'；鸡归窝时吃'黄昏'，晚上八九点钟还吃'夜厨'。"

今日的永强人仍旧延续了旧日永嘉场人勤劳耐苦、自力更生的精神，继续围垦滩涂，向大海要土地。

新中国成立后，龙湾区沿海村庄纷起围垦滩涂。如永兴街道各村自1950年至1995年，45年中前赴后继，共围涂成地约1697亩。自1960年代至1980年代，30年中永强共集体围垦海涂8090亩。灵昆岛围垦面积则达9988亩。

进入21世纪，温州市委提出了从"滨江"走向"滨海"的宏伟目标。龙湾被定位为未来"一港三城"的现代化城市副中心，肩负"东拓"重任。于是在已建成丁山围垦工程海城段（9140亩），永兴南片围垦工程（6720亩）的基础上，自2002年开始，先后启动了永兴北片围垦工程（5680亩）、天城围垦工程（9400亩）、海滨围垦工程（9860亩）的建设。

自明代沙城旧址至当今东海大堤，450年来龙湾疆域约东扩4千米许。每隔百年，平均增加约0.9千米（百年平均增加20平方千米许），而到2010年上述项目的全部建成，龙湾的千年疆域，将东扩27.2平方千米。[②]

---

① 载《龙湾文史资料第二辑》，内部资料，2004年版。
② 参见项有仁：《您从哪里来——我的龙湾》，龙湾新闻网2009年8月31日。

第四章　风俗民情和信仰世界

　　风俗,是长期相沿积久成俗的社会风尚,是人类社会物质生活和精神生活的形式,是一定时代、一定社会群体的心理表现。古人对民俗的观念接近于近现代上的风俗习惯,"民俗贯自然地理,通社会人事,凡民间活动风尚、习俗皆包罗其中"。①

　　英国马凌诺夫斯基说过:风俗文化是"一种依靠传统力量而使社区分子遵守的标准化的行为方式"。② 这就是说,风俗文化是社会群体的生活方式和约定俗成的行为方式,是一个社会群体区别于其他社会群体的标志,是特定群体的重要符号。这里层积着人们的生活习惯,也有群体的伦理观念、价值取向、思维方式和审美情趣,是一种活动着的文化心理素质的共同体现。

　　风俗文化与民俗文化尽管都是以人们生活中的风尚习俗为研究对象,但它们之间研究的领域、方法却不尽相同。如果说民俗文化研究领域包括当代社会生活的各个方面,那么风俗文化则包括古今整个社会生活的各个领域,其研究范围广、面宽,既是"现在的"学问,又是"历史的"学问。民俗学是把社会调查作为主要手段,历史文献只作为参考资料。而风俗文化则是重视文献和出土文物,社会调查只是辅助手段。对文献资料的辑录、整理是风俗学者的重要任务之一。③

　　由于风俗文化研究重视文献和出土文物,要研究明代永嘉场风俗文化,所依据的材料主要是地志、笔记和士人著述,而以社会调查作为辅助手段。

　　风俗文化学特征具有社会性、地域性、时代性、稳定性。④

---

① 韩养民、韩小晶:《中国风俗文化导论》,陕西人民出版社 2002 年版,第 2 页。
② [英]马凌诺夫斯基:《文化论》,华夏出版社 2002 年版,第 33 页。
③ 韩养民、韩小晶:《中国风俗文化导论》,第 6—12 页。
④ 参见韩养民、韩小晶:《中国风俗文化导论》,第 12—19 页。

社会性。"风俗文化是一个社会群体的生活方式,而不是自我个人的行为,也不是一个核心家庭或扩大家庭的生活风尚,它直接表现的是社会群体的心理状态,这个群体可以是氏族部落,按行业或地域划分的居民群众。自我的生活习惯、爱好,某一家庭所遵循的仪礼,只有和社会群体风尚相结合,才会得到社会的承认,融于社会群体的民俗之中。"①永嘉场文化聚落群体既自成一体,又受到温州郡城文化的影响,从而与时代文化共振。我们要研究的是永嘉场文化聚落群体的心理状态和生活风尚。嘉靖、万历年间的整个社会的奢侈风尚无疑在永嘉场也有直接的反映。

地域性。地理环境的差异,对文化总要产生不同程度的影响。"生活在不同类型的自然环境中的人们,他们的性格、气质、感情、观念、社会习俗、生活方式、行为方式等,一般说来都不可避免地受到这一自然环境的包围、陶冶和锻炼,并深深地打上了地域的印迹。某一地域中生活的人们,在环境的熏陶下形成的较为一致的社会习俗,从而构成了风俗文化的地域性。"可以说,"地理环境是决定一种文化或文化领域、社会风俗的前提性因素。"②汉班固《汉书·地理志》:"凡民函五常之性,而其刚柔缓急,音声不同,系水土之风气。"各个地区人民生活方式、风俗习惯受自然环境所制约,从而使各个地区的风俗文化的发展有着巨大的差异。温州文化应该属于"闽台风俗文化圈"。"闽地风俗文化,倘若追根溯源,它的源头,不在武夷山下,而在古老黄河之滨,长江之畔。千百年来,各朝各代的移民涌入闽地,……从而使黄河或长江文化现象,一代又一代保留下来,使这里成为中国风俗文化的活标本。"③永嘉场不少家族自闽迁来,因此也是带来了中原文化,其宗族文化、宗教信仰、寺庙建筑风格、庙会活动以及士人功业意识,大致相仿,均是源于中原文化的观念。故虽僻处一隅,仍与中原文化相通。中原古老风俗文化现象在这些地方保留,说明这一地域文化变化比其他地区缓慢。千百年来,中原干戈不断,此地长期的和平生活,加之自给自足的低层次的稻耕农业生产方式、生活方式变化不大,从而使古朴的风俗习惯一代又一代地传承下来。

时代性。"有的风俗习惯千百年来盛行不衰,传承不止,有的随时代脉搏而兴起,顺历史潮流而消亡。历史在进步,社会在发展,人类社会生活不断更新,风俗也不断注入新的内容。"由于永嘉场地域的封闭性,其风俗文化

---

① 韩养民、韩小晶:《中国风俗文化导论》,第13页。

② 韩养民、韩小晶:《中国风俗文化导论》,第15页。

③ 韩养民、韩小晶:《中国风俗文化导论》,第94—95页。

比起温州郡城来说,相对滞后,至今犹然。温州郡城里对婚嫁旧风俗已然遗弃无余,然永强仍保留旧风古貌。所以郡城里的都说永强人礼多。

稳定性。风俗文化"这种文化形式一旦形成,就会为社会所认同,具有相对稳定性。一定的地域,一定的民族,一定的风俗传承,总是受地域、民族、社会的人们共同心理因素支配的。这种独特的心理因素决定人们对祖先遗留下来的习俗,年年沿袭,代代相传,不易放弃。一个新生婴儿出生后,它的一生将采取哪些方式度过,风俗已为他准备了一种模式。在这种模式、规范之中,处处模仿,受其浸染和熏陶,被潜移默化"。① 按,张璁、王瓒等都生在永嘉场,所以必然受到其风俗习惯的浸染和熏陶。

永嘉场风俗主要特征是什么呢?

《济宁孙扩图主东山讲席北归瓯江舟中忆所谙风景仿香山体作温州好词云》(光绪《永嘉县志》卷六《风土志》)一诗言温州之风俗,自包含永嘉场之风俗在其中。温州风俗的诸般好,即是永嘉场风俗的诸般好。

> 温州好,丰乐太平时,海有渔盐雾寇盗,民安耕织保妻儿,帝力少人知。(其一)
>
> 温州好,别自一乾坤,宜雨宜晴天较远,不寒不燠气恒温,风色异朝昏。(其二)
>
> 温州好,地势旧称雄,山接天台来雁荡,海连甬上控闽中,胜据浙西东。(其三)
>
> 温州好,水土甲东南,游遍千山无瘴疬,汲成万井尽清甘,久住使人贪。(其四)
>
> 温州好,城郭画图间,渠引十街同一水,星临九斗孕群山,潇洒出尘寰。(其五)
>
> 温州好,火艳有杨梅,蜜橘垂枝怜色嫩,黄柑带露擘香开,梨美果中魁。(其六)
>
> 温州好,士女太缤纷,净履鲜衣来个个,观灯竞渡一群群,是处惹风尘。(其七)
>
> 温州好,贾客四方民,吴会洋船经宿到,福清土物逐时新,直北是天津。(其八)
>
> 温州好,官长政清闲,入郭江鱼烹石首,跻堂春酒醉华颠,幕府俨神仙。(其九)

---

① 韩养民、韩小晶:《中国风俗文化导论》,第17页。

温州好,书院讲堂开,邹鲁当年曾比美,山川何地不生才,小别惜追陪。(其十)①

其一、其三言温州地势称雄,有地理之利,民安耕织多享太平时日。其二、其四言温州气候、水土之佳,不寒不燠极其适合人居,山水甲于东南,使人流连忘返。其五言郡城建筑之美。其六言温州水果有杨梅、蜜橘、黄柑、梨等皆美味。其七言风俗之美,士女皆崇尚"净履鲜衣",元宵、端午佳节人头攒动,邂逅生情。其八言温州经商风气,贾客云集,交通四海。其九言郡守治理有方,几近无为。其十言温州教育之美、人才之声,不负"东南小邹鲁"之美誉。古代温州当太平世之时,孙扩图所形容皆为实情,非徒誉美。

项有仁认为,永嘉场民风习俗的主要特征是"勤奋俭朴与鬼神崇拜"。《龙湾民俗(概述)》②云:

常言道"十里不同俗,百里不同风"。不同的地域会形成不同的民俗。温州地偏东南,域围山海,龙湾更是温州的山陬海隅。偏远闭塞的自然环境,形成了龙湾颇具特色的民风习俗。

温州(龙湾)生存环境之逼仄,见诸于历代史籍:"温居涂泥斥卤,土薄艰艺"(明弘治《温州府志》卷一《风俗》);"瓯壤多泥涂斥卤,硗薄难艺"(清光绪《永嘉县志》卷六《风土》)。严峻的生存环境,磨砺了龙湾人的生存意志。于是"民勤于力而以力胜"(明弘治《温州府志》卷一《风俗》);"地不宜桑而织纴工,不宜粟麦而粳稻足,不宜漆而器用备"(明弘治《温州府志》卷一《风俗》)。勤劳节俭、艰苦奋斗成了龙湾民风中的卓越特色。正是这种坚忍不拔的积极进取因素,历经岁月风雨、时代砥砺,终于孕育成了今朝卓尔不群的"自强不息,敢为人先"的"温州精神"!

也由于生存环境的拮据险恶;自然界风灾、水患、洪潮、海难对人们的频繁侵扰。在大自然"巨无霸"的威胁下,人们深感自身力量的脆弱,企盼冥冥之中能有一种超现实的力量的庇护。于是产生了鬼神崇拜,千百年来成了覆盖龙湾社会的民间风尚!自明弘治《温州府志》载:"汉东瓯王敬鬼,而瓯俗多信鬼,乐巫祠"始,尔后的历代志书(明嘉靖《温州府志》、万历《温州府志》、清乾隆《永嘉县志》、光绪《永嘉县志》等),均有"鬼神崇拜"的记述。

---

① 孙扩图,字充之,号适斋,济宁人。乾隆丙辰举人,丁巳、乙丑两中明通榜,官钱塘知县。曾主永嘉东山书院讲席。有《一松斋集》。

② 项有仁:《龙湾民俗(概述)》,未刊稿。

　　龙湾虽僻居东南一隅，远离中原文化，但自古以来崇文尚礼之风蔚然。史载："永嘉尚礼文"（明万历《温州府志》卷二《舆地下》）、"自昔文风为两浙最"（明弘治《温州府志》卷一《风俗》）。尊儒尚义、读书仕进，煌煌文脉，悠悠相承。

　　婚丧嫁娶和社会交际中讲究礼节，侈靡虚荣之风颇盛，史载"俗喜华靡，以盛饰相高。虽家贫亦勉强徇俗"（明弘治《温州府志》卷一《风俗》），"内鲜积聚而务外饰"（清光绪《永嘉县志》卷一《风土》）。虚荣、攀比、跟阵之风延续至今。

　　勤奋俭朴与鬼神崇拜构成龙湾民间千古流风中的两大支点，而侧以崇文尚礼与华靡浮侈，遂辏成斑斓多彩的龙湾民俗。

　　按：项有仁认为逼仄的环境形成了坚忍不拔的民风，在自然灾害之前，又形成了鬼神崇拜观念，对龙湾民风习俗做了极好的归纳。地域环境对民风习俗的形成是非常重要的。生存环境之逼仄，这既是生存的现实，也是永嘉场人对地理环境的感知，然永嘉场人并未屈服于环境，而是选择勤奋俭朴、发奋图强、改善生存环境，这是其处事和行为的特征。同时，由于永嘉场僻处一隅，生存维艰，还要面对各种自然灾害（尤其是台风、海溢之祸）的威胁，永嘉场人寻求精神的依托、神灵的庇护，故而形成了神鬼崇拜观念。

　　下面将分述古代永嘉场风俗民情和信仰世界。

第一节　风俗民情

　　万历《温州府志》卷五对温州物产和风俗的评论："论曰：瓯于浙为海国，其地斥卤无珠玑宝玉珍奇金银之产，其民以煮海网罟业其生，颇称饶给，至于水陆所生以资饮食，前民用其品汇繁矣。海壖土著之民往往能握微资以自营殖，岂所谓因地之利者乎。然物繁而用侈俗亦少靡焉。范之以礼则庶几哉。"按此番话极其重要。第一层指出了温州的地理环境，人民经济营生特点；第二层指出温州人善于自营殖；第三层指出"用侈"的风俗。这三个特点都符合当前温州地区风俗特点，可以说演习数百年不变的风俗。

　　光绪《永嘉县志》卷六《风土志》："永嘉当山海之交，田肥美民殷富，其士美秀而文，其俗修洁而啬，其尚鬼近乎墨，其好文近乎儒，其芬华靡丽近乎苏杭，其诵读弦歌近乎邹鲁，诚使为上者正身率属，因势利导，安见滨海之区，不足上追昔时之盛邪？"这段话比较全面地评价了永嘉风俗，足资参考。

一、风俗恒美

经过历代贤吏的教化,故而温州地区民风为美,永嘉场僻处海隅,民风尤淳朴。弘治《温州府志》卷一《风俗》:

> 凡通都巨邑,四方辐辏,俗沦以杂。吾瓯界于海山,聚惟土育,风淳俗良,盖自晋始而盛于宋。师友渊源,焯闻天下,而伊洛、武夷之学在焉。止斋所谓"家务为学,人务省事",王成叟所谓"不啻家夷齐而人曾闵","比昔邹鲁",陈益之所谓"自昔文风为两浙最",皆实录也。元以腥膻污天下,而温之礼仪文物常常自如,鲜乐仕进。我太祖铲胡运以溥正化,于是名贤又彬彬出矣。
>
> 由今观之,冠婚丧祭之有礼,交际施报之有仪,族系新故之有辨,室庐华整,器用嘉致,冠裳洁饰,且知耻自爱,不嗜狠讼,验之他邦,鲜有及者。间有斗閧忿争,亦竞利尚气而然耳,固不得因一累万也。上而良有司转移之,下而吾儒生倡率之,则习尚以正,风俗恒美矣。

光绪《永嘉县志》卷六《风土志·民风》:"少争讼,尚歌舞,人勤于纺绩。"

二、风俗集中展示之处:寺前街

光绪《永嘉县志·卷首·永嘉场图说》附言:"其路南由梅头至宁村为下垟路,南由白水西北至岭下为中路,东由沧头西姚溪俗名阁老路。曲径叉分,莫可胜纪,以三都寺前街为冲衢,里民交易为市。"寺前街为永嘉场之冲衢,商品集散地,乃民俗风情的集中展示之地,不可不知焉。"寺前街,创建于宋代,发展于明、清年代,因位于乾元寺前,故名。"南北走向,起自南头弯,迄至北头桥,全长约 384 米,宽 4 米。过去这里曾是永嘉场最热闹的地方。寺前街曾是永嘉场地域的政治、经济、文化中心,是永嘉场商业历史的缩影,永嘉场的象征。[①]

三、基本物质生活之民俗

风俗文化是经济基础的反映。《中国风俗文化导论》:"每一个地区或某一社会群体的风俗文化,不仅仅是饮食习俗、服饰风尚、器物的制式,与经济基础有关,就是宗教信仰、拜祖宗、祭鬼神、供菩萨、扫墓以及婚丧嫁娶、举行庆典,价值观念、审美情趣等等,无不与一定的社会物质生产方式相联系,无

---

① 参见张卫中:《沧桑变迁寺前街》,《龙湾文史资料第二辑》。

一不是一定的社会经济基础的反映。"① 故而永嘉场的渔业风俗、盐场风俗、副业风俗等均与经济基础、物质生活有关。

永嘉场以农耕经济为主、渔业为副经济生产方式,由此形成了其主导性的农业风俗文化模式。《中国风俗文化导论》:"由于农业生产对自然环境中的土地、河流、雨量有很大的依赖性,因而各种季节性的风俗,例如庆丰收之类的节庆习俗,大都保留着对土地、河神、山神等与农业生产密切联系的宗教信仰。"因为与外界接触较少,"这种风俗文化的同质性,使人们不易接触和了解不同思维方式和生活方式,造成生活方式的单调、呆板和闭塞,使其价值观、道德观、审美观指导下主观见之于客观的行为模式、风俗习惯趋于稳定、守旧,因而与城市风俗文化相比较,民风淳朴"。② 这些论述颇适合古代永嘉场,古代永嘉场生产相对落后,以农耕生产为主,其地方风俗、祠神信仰均与农业生产有密不可分的关系,而且,相对温州郡城而言,风俗相对守旧、稳定,民风自然比城里要淳朴多了。

在耕织和衣食住行方面,永嘉之俗具有其地域特征。弘治《温州府志》卷一《民事》:

> 耕织:春风时节平田浸种,下秧通田。春夏之交分早秧,曰插田。又分晚秧插于空行之中,曰补晚。越二十日耘苗,至再耘、三耘而止,旱时用手车引水灌田。秋获毕,以竹荡取河泥雍之,开早稻根,漉晚苗,冬初收获毕,随即犁田晒过,间有低瘠田亩,则单插一季稻苗,其种麦者甚少。旧志谓"地不宜麦而粳稻足"是也。山乡陆地则种麦豆桑麻棉花。其女红不事剪绣,勤于纺绩,虽六七十岁老妪亦然。贫家无棉花、苎麻者,或为人分织分绩,日不肯暇。其女工巧拙,视布之粗细为差。旧志谓"地不宜桑而织纴工"是也。

永嘉生产著名的"鸡鸣布"。弘治《温州府志》卷一《风俗》转引《隋志》:"永嘉之俗颇同豫章,而少争讼,尚歌舞,妇人勤于纺织,有夜浣纱而旦成布者,俗呼鸡鸣布。"万历《温州府志》卷二《舆地下》载:"旧传有夜浣纱而旦成布者,谓之鸡鸣布。若永之双线布,乐之斜文布,独为他郡最。或有出男子所织者。"

弘治《温州府志》卷一《民事》:

> 服食:人家早晚食米粥,晌午食米饭,罕食麦面。其下饭则水族居多。男子服饰皆衣青棉布,不尚罗缎彩色。妇女亦布衣布裳,惟初婚及

---

① 韩养民、韩小晶:《中国风俗文化导论》,第 44 页。
② 韩养民、韩小晶:《中国风俗文化导论》,第 55 页。

节序、喜庆、归宁父母,则饰珠翠、服锦绣,不为常焉。

弘治《温州府志》卷一《风俗》:

> 工织纤桑蚕,不事剪绣。其饮食,少刍豢,多重水族。土薄水浅,禀赋脆弱,然勤于本业,怯于斗讼,亦颇易治。①

按:永嘉场虽生存逼仄,但善于化不利为有利,以勤补拙。言耕,永嘉场主要谷类是稻子,很少种麦。一年至少种两次稻,早稻、晚稻,乃至以晚秧插于早秧的空行之中,曰补晚。因河泥、塘泥、游泥等冲积物,含有较全面的营养元素,是极佳的有机肥,所以永嘉场人取之肥田,充分利用地利。"开早稻根澹晚苗,冬初收获毕,随即犁田晒过"(弘治《温州府志》卷一《民事》),勤于犁田,保持地力,使贫瘠的稻田成为沃土。言织,妇女皆勤于纺织,"鸡鸣布"之称可知其夜晚之勤苦,故永嘉之"双线布"精美为他郡之最。言服,旧时尚布装,后多着绸缎,这关系到嘉靖之后社会风俗奢侈化演变风气,后面将继续论述。言食,罕食麦面,以水产品居多。

言住,前面建筑文化已言之。言行,因河道纵横,则多乘船,尤其是到郡城里去,乘船为主。

永嘉场的山水虽好,但是天赋条件是不足的。

> 永嘉场山虽好,不高不矮不肥不瘦,修竹茂林、杨梅茶叶;只是小了点,方圆不过四十里,"秃秃童山"还不少。水虽好,大河小河密如网、均匀如棋盘;只是水源短了些,小旱年年有,大旱不过三。土虽好,种瓜得瓜,种豆得豆,四季不偷懒;只是粘(黏)些、咸些,费工费料难侍候。永嘉场的天赋条件全而不美,永嘉场的辉煌是靠永嘉场人用汗油点燃起来的。②

永嘉场人在经济生产活动、求生存求发展的过程中,形成了其勤劳耐苦的风习。万历《温州府志》卷二《舆地下·风俗》:

> 温壤多泥涂斥卤,硗薄艰艺,民以勤力胜之,故地不宜桑而织纤工,不宜粟麦而粳稻足,不产漆而器用工致。(永宁编)

> 吾温限山阻海,乐尤土瘠,民贫竭力稼穑,仅支一岁。或遇水旱,即多艰食,地罕桑柘,女勤纺绩,濒海之家多借鱼盐之利。(旧志)

---

① 万历《温州府志》卷二《舆地下》载:"旧时男女俱尚布衣。今富家子弟多以服饰炫耀。逮舆隶亦穿绸缎,侈靡甚矣。"又载:"人家罕食麦面,看则水族居多。今召客悉穷水陆,俗称靡矣。"王光蕴当万历之时相对王瓒当弘治之时,社会风气已经发生了极大的变化。光绪《永嘉县志》卷六《风土志·民风》:"而俭岁则春麦米以供饔飧,故近日冬收之后亦多种二麦焉。"

② 项有仁:《话说永嘉场之二:人在"一方水土"中》,《瓯海文史资料第八辑》,内部资料,2000年版。

项有仁《话说永嘉场之二：人在"一方水土"中》①一文从永嘉场使用的锄头、吃饭次数的角度，展示了历代永嘉场人的勤劳风貌。正是靠着勤劳，才弥补了永嘉场天赋条件的不足，而发展为一个"鱼米之乡"。光绪《永嘉县志》卷六《风土志·民风》引《瓯江逸志》："东瓯向称沃壤，名小杭州。"

四、士人之习尚

温州自东晋文化开发以来，至南宋而名人辈出，出现了人争好学、重视教育的风气，形成了雅好性理之学、崇尚文学酬唱的士风。

弘治《温州府志》卷一《风俗》：

> 颇喜讴，虽儿童唇吻亦协宫徵。男好读书，细民亦知教子女。（旧志）

> 君子尚文，小人习于机巧妙丽。（林泉生记）

万历《温州府志》卷二《舆地下·风俗》：

> 汉东瓯王敬鬼俗化焉，多尚巫祠，武帝时粤人自相攻击诏徙江淮间，其地遂虚。后虽置县，尚荒寂也。晋立郡城生齿日烦，自颜延之、王右军导以文教，谢康乐继之，人乃知向方，自是而家务为学，比宋遂称小邹鲁云。（旧志）

> 伊洛之学，东南之士自杨时游酢外，惟许周数公亲得其传以归。中兴以来言性理之学者宗焉。（学士楼钥志）

> 永嘉自王儒志公后有元丰九先生、淳熙六君子，俱以性命道德传程朱之学。（赵凤仪记）

> 此邦素号多士，学有渊源，名流胜士相继而出。（旧志）

光绪《永嘉县志》卷六《风土志·士习》：

> 永嘉自元祐以来士风浸盛，渊源自得之学，胸臆不蹈袭之文，不怪不迂，词醇味长，涵养停蓄，波澜日肆，至建炎绍兴间异才辈出，往往甲于东南。（王时朋《何提刑墓志铭》）

> 笔横渠口河洛者纷如也。（《又送叶秀才序》）

> 永嘉东南名郡山川峻清，伟人间出，号称六艺文章之府。（王祎《送顾仲明序》）

形成了"任气而矜节"的士风。光绪《永嘉县志》卷六《风土志·民风》："其俗剽悍，其货纤靡，其士风任气而矜节。"

按：温郡之文化起点并不低，由晋宋两大文化巨人谢灵运和王羲之为郡

---

① 载《瓯海文史资料第八辑》，内部资料，2000年版。

守，广布教化，使之知向方，于是奠定了温州士人文化生命追求的高起点、高标准，并最终导致两宋时期名流胜辈的井喷。王儒志（景先）理学先得，继而有元丰九先生、淳熙六君子，继而有许、周、陈诸言性理之大家。至明代又形成了以永嘉场人士为代表的第二次文化高潮。

五、永嘉场民风

首先，比较一下五邑民风异同。弘治《温州府志》卷一《风俗》：

> 郡土狭民贫，人多浮侈，不务丰本啬用，嫁娶以财气相高，丧葬以缁黄自固，近乃渐有依礼行者。至于端午之竞渡，元夕之张灯，本非美事，而自为美焉。属邑有五，大略皆同，惟平阳、乐清习或颇异，泰顺山乡，朴率尤甚。（《续志》）

> （乐清）傍山沿海，土瘠民贫，虽竭力稼穑，仅支一岁之食。山乡悉事陆种，或遇水旱，艰食者多，罕事桑柘，丝绢之属，悉资邻邑，惟勤纺绩，故布帛粗给。濒海之家，多借鱼盐之利，然谨厚者出于天资，而硗薄者成于气习。近年以来，冠婚丧祭，邻里相资，虽间阎之家，颇存揖让之风焉。（乐清旧志，他县亦有然者）

嘉靖《温州府志》卷一《风俗》张璁按语："永嘉尚文，其失浮，瑞安之文雅近永嘉，其失诈，乐清尚义气，多果敢，其失悍，平阳朴率，其失鄙，泰顺野矣，然颇质实。"寥寥数语，对五邑民风异同做了很好的比较。

万历《温州府志》卷二《舆地下·风俗》：

> 按五邑风俗诸旧志记其概矣。永嘉尚礼文，重丧祭，妇女无故不出户庭，耻向官府，不行鬻于市。瑞安俗近永嘉，然尚俭约，乐清多刚直，尚节概，间有坏伦理者，不容于里。平阳尚简朴，不务斗争。泰顺俗近平阳，更质。此皆俗之美者，顾世风日偷，不能无敝，永嘉内鲜积聚而务外饰，宴会丰腆，虽中产之家亦勉强徇俗。嫁女盛装奁，女生多不收，无嗣者私抱异姓，率贻祸衅端。瑞安新妇入门，同牢之礼未毕即嫡从之亲入房，群戏谓之作欢，薄恶甚矣。乐清负气岸少不快意辄构讼，甚至操戈相角。平阳江南乡小姓，客至，妇女率不避。泰顺以僻远，颇负固。往张文忠论瓯习，谓永嘉其失浮，瑞安其失诈，乐清其失悍，平阳其失鄙，泰顺野矣。噫，此六十载以前俗也。世变江河风会之流，日甚一日，所当革易者其机栝不在良有司，与士人辈加之意乎。

其次，考察永嘉场的良风、恶俗。

其一，尚礼文，讲人情，重祭祀，敬老爱幼。

永嘉尚礼重丧祭。万历《温州府志》卷二《风土志》云："按五邑风俗，诸旧志记其概矣。永嘉尚礼文重丧祭，妇女无故不出户庭，耻向官府，不行鬻于市。""顾世风日偷，不能无敝。永嘉内鲜积聚而务外饰，宴会丰腆，虽中产之家亦勉强徇俗，嫁女盛装奁，女生多不收，无嗣者私抱异姓率贻祸衅。……往张文忠论瓯习，谓永嘉其失浮，瑞安其失诈，乐清其失悍，平阳其失鄙，泰顺野矣。噫，此六十载以前俗也。世变江河风会之流，日甚一日。"

尊老敬贤，"乡会以齿不以爵，治丧用浮屠，近士夫家有渐依家礼者"（万历《温州府志》卷二引《永嘉志》）。

下面再引一些材料以见这种尚礼文、敬老尊贤的传统。

弘治《温州府志》卷一《风俗》：

> 永嘉号小邹鲁，俗喜揖让。每岁旦，赤帻韦布，毕至郡庠，合拜先圣先师，退以齿立于堂，交拜郡守，致酒三爵而退，岁以为常。邑庠书院，各处义塾及乡曲，并设会拜如仪，以齿不以爵，自许右丞景衡始。（旧志）

> 凡庆吊、问报之事，大抵相好，而又家务为学，人务省事，其俗甚厚。（《止斋序》）

嘉靖《永嘉县志》卷一《风俗》：

> 每岁元旦于郡学养源堂，叙乡会礼以齿不以爵，治丧用浮屠，近有渐依家礼者。（《续志》）

> 故家大族率重清议，尚礼文，建祠崇祀以联族属。妇女无故不出户庭，耻向官府不行鬻于市，此其俗之美者。

万历《温州府志》卷之二《舆地下·风俗》：

> 乡会以齿不以爵。（《永嘉志》）

《止斋集·分韵送王德修诗序》：

> 吾乡风俗，敬客而敦师友。每一重客至，某人主之，邻里乡党知客者必至，不知客知某人者亦至。往往具觞豆，登览山水为乐，间相和唱为诗，致殷勤，或切磋言之。于其别，又以诗各道所由离合欢恻之意，冀无相忘。盖其俗然久矣，而未有盛于此会者。[1]

温州人重礼节、祭祀的文化形成了一种"礼仪经济"。人与人之间的交往重视礼数，亲眷朋友之间，逢年过节，礼物往返，今日你送我多少"人情"，明日我还你多少"人情"，钱物本身没有损失，却增加了彼此之间的感情，巩固了相互的情谊。这种礼仪文化看似繁琐，却是讲究关系的中国人的必修课。而在古风尚存的今日之永强仍旧保留了这些习俗。永嘉场人重礼仪，

---

[1] 周梦江点校：《陈傅良先生文集》，浙江大学出版社1999年版，第506—507页。

见面必问"吃过了吗"。信奉礼多不怪,经常为争着付款而争得面红耳赤。

酒席之上的礼仪讲究至今遗存。凡节日、红白喜事,多举行酒宴,酒席上有一套礼仪讲究。尊卑亲疏次序不能颠倒。头桌头位,左边第一位;朝天位,上横第一位;古老位,上横第二位;酒龙头位,左边第二位;筛酒位,下横第一位。

其二,好修饰,讲排场,好攀比。

不少人对永嘉浮侈相高的风气印象很深。宋林季仲《竹轩杂著》(《四库全书》本)卷六《朱府君墓志铭》:"永嘉绝在海隅,民生老死不识兵革。其俗习于燕安,以浮侈相高;靡衣粗食,崇饰室庐,嫁娶丧葬大抵无度,坐是至贫窭不悔。"

弘治《温州府志》卷一《风俗》:

> 俗喜华靡,以盛饰相高,虽贫家亦勉强徇俗,假借以为饰。

嘉靖《永嘉县志》卷一《风俗》:

> 顾内鲜积聚而务外饰,宴会丰腆,岁时剧戏,虽中产之家,亦勉强徇俗,嫁娶盛装奁。

光绪《永嘉县志》卷六《风土志·民风》:

> 东瓯去浙远,其间地僻民醇,城市清楚,人好修饰。(林汝诏《游雁荡记》)

光绪《永嘉县志》卷六《风土志·民风》:

> 永嘉内鲜积聚而务外饰,宴会丰腆,虽中产亦勉强循俗。嫁女盛妆奁。(旧志)

重男轻女,女生多不收。王叔果《永嘉县志》卷一《风俗》:"女生多不收,无嗣者私抱育异姓,卒贻祸衅。昏姻不谛审,轻诺以致讼,此皆俗之流失所当革易者。"按:现代温州人也是"俗喜华靡",婚礼尤讲究排场。计划生育国策下仍旧重男轻女。古代瓯郡之民风竟然一一可以于当今商业社会中找出影子来,大是奇特。可见其传统绵绵不绝,浸润深远。

崇尚势利。如项乔很早就注意到,乡人虽然看你当了官,但是要是不能牟利的话,仍旧不屑于你,仍旧以乡土人物中那些能牟利的人为可羡慕的。项乔《与同年朱公臕大尹》:[①]"尝窃叹吾乡风俗薄恶,凡有一命之寄者,即以千金视之;其居官不能盖大屋、买良田者,即谓之薄福,胆小无用。……人曰:'岂有做官而无钱者耶?'"

---

① 方长山、魏得良点校:《项乔集·初编·瓯东私录》卷之五,上海社会科学院出版社2006年版,第343页。

其三,重人情,重合作。

永嘉场人好交际,有结盟兄弟的习俗,有团队协作精神。

项有仁《龙湾传统精神撷英》①一文中论"融洽的人际关系":"习惯看法是勤奋的人总内向孤僻,龙湾人却好交际、重情谊、注重团结互助。除夕吃年夜饭是中华国粹,家家户户欢聚一堂,全国皆同。唯独龙湾不同,她要扩大到与众亲友同团圆,叫'分岁酒'。岳父女婿、亲族好友,济济一堂,互致问候。月半开始,轮流做东,直吃到除夕'关门炮'响。龙湾人自幼便好交朋友,人人长到七八岁,便要找'盟兄弟'了,凑成一桌人,每年聚餐一次。虽非生死与共的'刎颈之交',但多少带点'义结金兰'的意思,在人生道路上少不了相互的帮忙、关照。"

《龙湾民俗(节选)》②"盟兄弟"条载:"凡男人自少就结'盟兄弟'。8人,年龄相当、意志相投。一年聚餐一次,叫'吃盟兄弟班'。有空时相聚,有事常伴搭,相互关照,排忧解难,颇含点'金兰结义'之意。年青时交往频繁,结婚时闹洞房是主力。年老后关系渐疏,也有终生为挚友。中华人民共和国建立后,姑娘也结'十姐妹',结婚时送新娘过门,也一年聚餐一次。"

在日常的劳动生活中,龙湾人有相互合作的习惯,"农业生产中如'担河泥''绞糖'都六七个人轮流合作,叫'拌工'。渔业生产如'打撩网'需六人合伙,'张户艚'则是多人合作的股份制。因此龙湾人很讲究待人接物的和气宽容,温州市区流传着句顺口溜叫:'永嘉场、好商量',认为永嘉场人——龙湾人通融好讲话。这话出自历来对'乡下人'持挑剔态度的'城底人'之口,这是对龙湾人为人宽和的货真价实的口碑。"③

陈十四娘娘传说中,有大量的陈十四娘娘与盟友联结的故事。林亦修研究陈靖姑收妖行为的规矩:不收受害者的钱银酬谢,邀请所有的受害者结盟成为兄弟姐弟关系。指出知恩图报、患难与共、众志成城等观念是这种团队建立的基础。"拟亲属关系的建立是相对封闭的农村社会超越家庭关系的社会化方式,是自给自足的小农经济扩大化的结果。地域的封闭性和人员的流动性,是拟亲属关系发育的温床,生活生产的互助性和道义的约束性,是拟亲属关系建立的纽带。温州盟姐妹的结盟仪式,有拜陈靖姑的传统,在婚嫁的年龄安排上避讳陈靖姑的'18难'和'24坐化';盟兄弟的结盟仪式,有唱'洛阳桥'的传统;南部地区还有'认干爹'的风俗。拟亲属关系在

① 《龙湾文史资料(第二辑)》,内部资料,2004年版。
② 温州市龙湾区史志办编:《龙湾史志》2009年第2辑。
③ 项有仁:《龙湾传统精神撷英》,载《龙湾文史资料第二辑》,内部资料,2004年版。

温州的明清时期应该是非常重要的一种社会关系,体现温州社会在人多地少的人地关系状况下的人际特征和民间社会组织的形式。"①

这些良风或恶俗皆沉淀在永嘉场文化之中,形成了今日的永嘉场风俗。永嘉场人形成了尚礼文、重人情而又灵活多变的风格,这其实是由来有自的。

永嘉场人聪明伶俐,特别欣赏那些灵活机变、计谋出众的人物,著名的张阁老传说中,大量的内容是这类内容,这折射出地方民众心理取向。

还有鲤鱼肖儿民间系列故事,也流播甚广,鲤鱼肖儿是个"说谎骗人大王",其系列民间故事就像阿凡提故事一样为人们津津乐道。② 鲤鱼肖儿一肚子坏水,是个负面人物的典型。对这类人物形象的传播反映了永嘉场人善于识别各种说话骗人伎俩,同时以之消闷遣愁的心理状态。

六、礼仪（婚丧等习俗）

光绪《永嘉县志》卷六《风土·礼仪》载:

冠。民间久不行,惟士大夫家间有以婚行之者。（原按语:按项乔《东瓯私录》有冠礼一则录后。）

婚。议婚以男女生辰互易卜算名曰合婚。既吉,然后媒妁通好,其纳采曰起帖,具礼仪外多致饼果馈遗女氏宗戚;纳币曰大定。有聘金备钗钏色绘羊酒糕饼之属,并订婚期,先数日具仪多致粉糍（名麻糍）,曰上头礼。迨吉妇至门未下轿,衣冠者掌灯引婿导妇入房,既合卺,亲属咸宴于堂（名闹筵）。三朝庙见礼成,谒舅姑,次及亲属长者皆有所赠遗,妇亦馈献有差。此士庶家所通行者,特繁简有别耳。（原按语:案庙见礼成,设席宴新妇曰坐筵,往豪富家间行之,今亦渐革。）

丧。大殓时亲友素服,至日送殓成服后,早晚献飧如事生。夜寝苦守灵,逢七称力具仪莫亲友致祭。③ 终七除灵,士族亦有百日者,及葬,戚友具赙先期请宾长题主,主成出殡,皆素服。送葬日先祀土。葬毕迎主归曰还山,客吉服迓焉。（原按语:按古礼葬毕虞祭乃卒哭,非即吉也。窃谓送丧者宜素服摘缨至还山则缀缨纬素服如故,此南北通行之礼,今遽易吉服,不合礼意矣。惟三年丧毕而后葬者送主入祠主人已

---

① 林亦修:《温州族群与区域文化研究》,上海三联书店 2009 年版,第 215 页。
② 参见潘源源编:《龙湾故事集成》,人民日报出版社 2004 年版。
③ 原按语:俗尚缩黄多作佛事。又据万历《温州府志》卷二《舆地下·风俗》:"治丧用浮屠,近士夫家有渐依家礼者。"可知明代中期即用浮屠法治丧,多作佛事,至万历年间经士夫倡导,有渐依家礼者。至清仍多做佛事。此大罗山地区佛教文化昌盛之表现。

去,凶即吉客亦易吉服耳。)

      祭。节日及祖先忌辰诞日荐时食于寝。新春及清明展祭于墓曰上坟,士庶皆然。(旧志:多有邀亲朋挈舟击鼓铿金类游湖者,知者惜之。)按:这四大礼仪除冠礼外,婚、丧、祭礼基本保留至今。王迪《永昌堡民间习俗》①一文对近现代永昌堡的"婚姻习俗"和"丧葬习俗"有具体的记载,兹简录之,以见其古风尚存之貌。

永昌堡的婚姻习俗分合婚、起帖、送日、结婚等几个步骤。

合婚。旧时男女未成年便由父母做主,凭媒妁议亲。女方出庚帖,男方收庚帖,写着双方八字。八字有冲克,算不合顺。

起帖。即小定。男家择日举行起帖。互送礼品。

定亲。即大定。一般在结婚前一两年内举行。吃到定亲肉、糕的人,在女方出嫁时要送棉胎、被面等作"人情"。

送日。男家择定结婚吉日,由媒人告知女家。

结婚。佳期前夕,要还长生愿,到佛寺道观里还出生时许下的愿。女子出嫁前一两个月内,亲戚家分别摆送嫁酒。婚期前一天,女家请谢嫁,酒席由男方送去,叫送"上轿盒"。安床由双寿、子孙满堂的人。

结婚时,行郎到女家迎亲,要送上"六局"、"正局"、"副局"等红包,新娘上轿前,必待妻舅移动"随身箱"后,男方行郎才可搬动嫁妆。送新娘到男家的人数必须"凑双"。花轿到新郎家,男家鸣百子炮、"打火堂",伴娘撑伞扶新娘出轿过"火堂"、拜天地、入洞房、坐床杠、饮"交杯酒"、吃"和同饭"。礼毕,婚宴就座。按礼仪舅舅坐上桌头位,席间新郎、新娘敬酒,要先敬上桌,舅舅和长辈则给新娘、新郎相见钱。②吃完喜酒,进入洞房间"闹闹房"。昔日说三日洞房五日年,民间有"洞房间内无大小"之说。

三日喜事完毕,岳父和妻舅到新郎家看望,叫"会亲"。3—7日内,新婿伴新娘去岳父母家认亲,叫"回花"。当天回家,不可留宿。

还有典妻、童养媳、入赘招夫之习。

永昌堡的"丧葬习俗",一般有打寿枋,做生寿坟,小殓、大殓、出殡、入墓等。

打寿枋。当天完成。男棺写福女棺写寿字。

生寿坟。选坟地、定界盘。

小殓。人死后,把死者睡的床拆放在河中清洗,把草席、枕头烧掉,用一

---

① 王璋、王一平:《古堡深处——永昌堡诗文选编》,大众文艺出版社 2008 年版。

② 按:永嘉场特重妻舅,地位尊崇。

双筷子缠以棉花直直插入盛满饭的碗中,称"满饭"。男左女右移尸中堂。

大殓。孝子披麻戴"三梁冠",执"子孙棒"。执香围棺逆顺各转三圈,称"围丧"。魂亭中放死者遗像。女婿戴"单梁冠"。长孙提"竹丝灯"在前引路,一路散发纸钱。

入墓。如果封龙门的日子与家人八字相克,泥水匠在圹前留一小方孔,用砖头贴上,另择吉日封实。背风水树回。晚上念过亡经,唱阴司曲,点药师灯。

永昌堡的生育习俗和寿诞习俗也是自古相承。

生育习俗:

生育。妇女怀孕分娩前,娘家、至亲要送肉,俗称"快便肉",凡头胎娘家要送三次。孩子一出生,主家即烧素面汤分给邻居家。出生三日,摆快便日酒。

做月里。亲戚送月里羹,一般是素面、鸭蛋。

满月酒。亲友送礼和压岁包。

打光光。满月时,给婴儿剃去胎发。

对周。满周岁,叫"对对",也叫"摸周"。

拜亲爷。认别人为亲爷。

寿诞习俗:

生日。吃长寿面。30岁过生日,有提前两年"祝十"的风俗。

做寿。60岁起,逢十"做寿"。

钉匾。80、90或单百寿,庆寿仪式隆重。

红白喜事自古相承,形成一套永嘉场用语(表 4-1):①

表 4-1 永嘉场红白喜事用语

用　语	释　义
亲	讨老婆娶亲
新郎官	新郎君
新妇人	新娘子
阿婆儿	新娘子陪人
合婚	合庚帖
起帖	互送庚帖初定
定亲	订婚

① 据王会进:《龙湾区志·方言编》,未刊本。

续表

用　语	释　义
上轿酒	男方送女方酒筵
请媒人	专请媒人之酒
回亲酒	至岳父家请酒
六局红包	男方应备红包
百子盒	尿盒
鞋（行老）	新娘子妆饰箱
铺陈	随嫁的被铺等
行郎	男方陪伴人员
礼服	新娘结婚礼服
闹洞房	青年朋友闹房
新妇人包	新娘子分送给亲戚小孩子红包
压衫袖	女方上辈亲戚送钱给女方
相折钱	男方上辈亲戚送钱给男方
老寿	棺材
寿鞋	亡者穿特种鞋
寿衣	亡者穿特种衣
寿被	亡者盖特种被
徒衣	送亡的至亲穿麻衣
哭丧棒	子媳手执哭丧棒
芒鞋	儿子穿蒲鞋反穿的芒鞋
三梁冠	儿子戴三梁冠
单梁冠	女婿侄子戴单梁冠
长子跪桥	长子送丧时跪桥谢客
寿坟	子女媳妇一直送至坟头
风水树	每子一对风水小树
回山	众戴红布回山归家
三日叩坟	三日后去探叩新坟
送七经	信佛的要念七日经文
蜡烛包	亲邻房友送人情称蜡烛包

《岐海琐谈》有不少明代永嘉婚丧习俗的记载，录之以广见闻。

婚礼由男方包办排当礼筵。《岐海琐谈》卷七第二三四条：

> 永嘉娶妇，先期折银抬饭送至女家，分给诸工匠之造装奁、什器者，谓之"六局银"。六局之名，起自宋时，官府、贵家置四司六局，各有所掌，曰果子局、蜜煎局、菜蔬局、油烛局、香药局、排办局是也。民庶之家，每遇礼席，只应惯熟，不烦宾主之心。今人遣女，非需此辈，盖亦袭其名耳。然迩日礼筵率有包办排当之者，此亦六局之遗意也，亦甚称便。

有戏妇的敝俗。《岐海琐谈》卷七第二三三条：

> 瑞安作欢娶妇，次日设宴，遍邀姻族，女宾陪席，俗称新妇筵。无计尊卑，行辈齐至。筵中调戏新人，取笑为乐。成婚之夕，亲友亦集，设宴相款。或移席饮于洞房，占坐卧榻，不容新人就寝。纵预闳户，亦必百计闯入。吾乡南溪亦有此风，其婿必须先匿，或不及，为众所获，则置诸别所，以误婚期。须订约设席取赎，方始释放。曾有絷诸山木见噬于虎者。入夜则挑开其户，潜听所言。或穴隙放进蟹灯以惧新人。调戏多端，难以备举。乐清则邀新人于中途，而有摇轿之戏。或褰裳而针其肤，或脱履而规其足。闻诸迩日，此风亦稍敛戢矣。尝读《抱朴子·疾谬篇》云："世俗有戏妇之法，于稠众之中，亲属之前，问以丑言，责以慢对，其为鄙渎，不可忍论。"夫以庙见承祧之妇，齐于倚门买[卖]俏之倡，诚所谓敝俗也！然以《抱朴子》考之，则晋世已然矣。奈何历千余载，而未有变之者，亦可怪哉！

有不动丧柩之俗。《岐海琐谈》卷七第二二九条载：

> 又如居丧一节，永嘉自殡敛之后，其安顿丧柩，不敢少有动移，虑干忌讳。……永嘉南溪之俗，待其吊奠甫毕，亦将丧柩迁置别所，或楼阁之上，储积不葬，至于二三代者有之。抑岂相袭成风，断然难犯，而无其说者，卒亦不之忌邪？

在古代社会禁忌是无所不在的。甚至像婚庆这样重大的吉祥的日子，也有"破娘家"之忌，而导致娘家人避匿不于婚期送女。《岐海琐谈》卷七第二三○条载：

> 永嘉遣女又有"破娘家"之说。如犯此忌，预于二三日之先，即令男家接女出门，停泊别所，如寺观、馆墅等处，女家绝迹，惟夫家应承供具。届婚期，始用鼓吹灯烛从寓所迎归成礼。方其离家之始，候至昏夜，父母亲属避匿，女灭烛微服，伴以送婆，从间道而出，徒步一二十步，才始登舆。亦有手提倾[顷]筐，托为采菜而行者。此何说哉？如果女家之

兴废果系于遣嫁,则为之父母者不造命于天,而造命于女矣,断断非通论也。此说惟永嘉独忌,他邑外郡绝无闻者。是必吾地猥庸术士创造邪言为之惑世诬民。其来既久,人人已深,莫或辞辟而救正之,深可慨也!

忌见孕妇。《岐海琐谈》卷七第二二九条载:

> 永嘉怀孕之妇号为毒眼,以其腹孕婴儿,另眼藏之,故以其眼为毒眼耳。凡遇冠婚始日,无拘男女,俱忌见之。冠笄则主日后头发短结,不利施栉;嫁娶则主夫妇龃龉,反目终身。虽须用如衣服、妆奁等,且制造之际,亦将避之,毋令相接应如桴鼓,历有明验,果何说哉?

七、岁时节俗

温州人的岁时节日既有与国内其他地方岁时节日相同之处,又有其独特之处。

传统节日往往是单日。《中国风俗文化导论》:"古代大部分节日都是单日,尤其是单月单日,……如果仔细考究,这些所谓节日并不像后世演化的那样欢天喜地,犹如'佳节良辰',而都是些极不吉利的日子,各有所禁忌,非'凶'即'恶'。正是这些恶月、恶日,导致了节俗的形成。"①永嘉场岁时也有双日的,如二月二、六月六。有"二月二吃菜饭"之俗。俗语说:二月二吃菜饭,芥痳生勿着。有"六月六晒霉"之俗,这天传说是太阳生日,晒衣物可以防止霉变虫蛀。永昌堡大宗还有晒宗谱的习俗。②

对重大民俗节日极其重视,每逢节日首先是一新衣饰。弘治《温州府志》卷一《风俗》:"岁将寒食,丈夫洁巾袜,女子新簪珥,扫冢以祭。(《水心记》)"过得热闹、华靡。王叔果嘉靖《永嘉县志》卷一风俗:"城市之民多喜华靡,尚歌舞,岁元夕沿街张灯,诸神庙特盛,端午竞渡,在诸乡皆然。(旧志)"

端午龙舟赛尤为隆重。弘治《温州府志》卷一《风俗》:

> 凡端午日,竞渡于会昌湖,里人游观弥岸,绮翠彩舰,鳞集数里,华丽为他郡最。至于诸乡,莫不皆然。(旧志)

《岐海琐谈》卷七第二四三条:

> 自城市以达都鄙,里社丛祠各置龙舟。每邻端午,好事者先捐私橐,或创或修。竞渡之日,遍掠祭户以及祭户之姻亲而补己所费。聚众

---

① 韩养民、韩小晶:《中国风俗文化导论》,第207页。
② 参见王会恩:《永昌堡民俗节日》,王璋、王一平:《古堡深处——永昌堡诗文选编》,大众文艺出版社2008年版。

鼓噪,间事劫夺者有之。为之姻亲者,往往质当待索,罔敢或迟。较之官府之征诛益有甚焉者矣。及其斗胜夺绿,少有不平,鼓栏相击,损伤肢体甚至殒命者有之。构隙兴讼,伤财害民,孰有逾于斯哉!

由此可见对端午龙舟风俗的注重程度,不但遍掠祭户及姻亲而补己所费。还为争胜乃至相殴。官方虽屡次禁殴仍不止。项乔撰《项氏家训·续训》①第五条:"龙船既称竞渡即是争端。乔闻往时有因此打死人命、亡身败家者。近闻子孙共谋为此而族长、正、司礼亦坐视不禁。借使有及于祸,能保其不覆宗乎? 今后尊幼有故违并不禁者,请明神殛之。"项乔要制定严厉的训约来禁端午竞渡,可见其斗殴争胜之风。

叶适的《桔枝词三首记永嘉风土》②,描写了这个到处是金黄色的桔子、琥珀、银红美酒、吹箫打鼓的节日活动。王叔果作《端午观竞渡》六言诗:"湛湛芳湖水平,嘈嘈两岸欢声。日暮双龙正斗,一溪烟雨初晴。"③

对于春节、灯节最为重视。清劳大与《瓯江逸志》④录一则:"温郡之俗好巫而近鬼,大举佛事道场,靡不尽心竭力以为之。不惜重费,乃若正月初旬,以至灯市十余日,昼夜游观,男女杂沓,竞制龙灯,极其精工,大龙灯一条,所费不下数十金,锣鼓喧阗,举国若狂,不数日间,付之一炬,此种妄费,亦当急为禁革者也。"

岁时活动往往与宗族文化建设结合起来。王迪《永昌堡民间习俗》⑤所载清明活动有:扫墓祭祖,祭品带回家子孙共宴。还说到昔日的一项传统:合族由宗族各房轮流摆众酒,轮到之家,给以众田耕种或收租。

下列地志所载"岁时",以见古貌。弘治《温州府志》卷一《岁时》:

元日:吾邦最重元日,户无大小贫富,皆服鲜明衣服。吉祀祖先毕,以序拜尊长,然后出谒亲族邻里,或即相留饮啜,不相见者投拜帖,自初一至初五日谓之节假,交相展庆。

上元:自十二三夜点灯起,谓之试灯。十四、十五、十六谓之正夜。或结鳌山,搭灯棚,放烟火,士女通衢游赏。十七夜以后谓之残灯。

清明:人家皆以此日祭扫祖考坟墓,多邀姻戚朋友,乘船击鼓铿金,似以游湖为乐者。思亲人子,容或不然。

端午:先一日用箬叶裹米为粽,俟此日祭先。是日插菖蒲蒿艾于

① 载《项乔集·初编·瓯东私录》卷之八。
② 潘源源编:《龙湾历代诗文选》,第8页。
③ 潘源源编:《龙湾历代诗文选》,第24页。
④ 台湾新文丰《丛书集成新编》本。
⑤ 王璋、王一平:《古堡深处——永昌堡诗文选编》,大众文艺出版社2008年版。

户,饮菖蒲酒,童子以五色线系臂,名曰长命缕。独平阳江南初四日做节,谓之重四,昔宋小王是日经过其地,民包角黍亭之,至今传以为俗。是月,各乡皆造龙舟竞渡,叶水心所谓"一村一船遍一乡","祈年赛愿从其俗"是也。但互争胜负,至殴伤溺水者。近来官府虽有禁,而人心技痒不能禁,庸非俗使然乎?

七夕:亦有妇人以彩缕穿针,陈瓜果酒馔于中庭,祈恩于牛、女二星以乞巧者。

中元:郡人于是日设盂兰盆,请僧人诵经追荐祖考。亦有具酒肴致祭祠堂,不用僧者。

中秋:人家多于此夜邀宾朋饮酒赏月达旦。

冬至:是日人家粉糯米为丸,或饮春糯米为糍,陈酒馔祭先。

交年:十二月二十四日,家家备酒馔送神,烧纸马于灶中。次日各斋案一日。

除夜:人家各具肴菽,以为迎新聚饮之储。仍预炊半熟之饭,以备节假内食享。是日换桃符,粘春帖。至夜,放火爆,满室点灯照岁,饮分岁酒,或不寐守岁。

万历《温州府志》卷二《岁时》载:

元旦:俗最重元日。户无大小贫富,皆洁服祀,先毕以序拜尊长,前后出谒亲族邻里,或留饮自初一至五日,谓之节假,交相展庆罢市五日。

上元:街衢结竹马为门挂采张灯,庙宇尤盛,数日箫鼓歌唱之声达旦,而妇女扰杂致烦禁饬云。

立春:先日迎春官府,饮酒于巽吉山毕,迎入城南街衢,结竹为门挂彩。

清明:人家插柳扫墓而祭,至有多邀亲友乘舟击鼓以恣游乐。

端午:先日门悬蒲艾。是日饮菖蒲雄黄酒。包角黍,童子以五色线系臂,各乡皆造龙舟竞渡,叶水心谓祈年赛愿,从其俗可也。但互争胜负,致有斗伤溺水者,且沿家索扰酒设,故官府每禁之。

七夕:旧时亦有妇人以彩线穿针陈酒馔中庭,乞巧于牛女者,作巧食,小儿于此日剪去端午系臂线,谓之换巧。

中元:俗有设盂兰盆请僧追荐祖先,其遵礼者悉具酒肴祭家祠。

中秋:是夜邀朋饮酒赏月。

重阳:登高。

冬至:官府士夫相贺,民庶则否,作粉圆以祀先。

腊日:民不知腊,多以二十四日之前数日,扫尘洁宇至二十四日夜祀灶。

除夕：人家各具肴馑，以为迎新聚饮之储。是日粘春帖，至夜放火炮，满室燃灯，谓之岁灯。祀先毕，饮分岁酒，谓之守岁。

光绪《永嘉县志》卷之六《岁时》载：

元旦：夙与士庶皆衣冠礼神，先序拜尊长，出诣邻里。五日内为节假交相展庆，市不贸易。

立春：(先一日，官僚设饮巽吉山，迎春入城舁土牛，洎勾芒神于舆后，城村士庶沿街拥观，以其色占岁事。至立春时，家家烧樟叶，放爆竹，用栾实黑豆煮糖茗以宣达阳气，名曰炙春。)

上元：自十三至十八夜皆为灯市。各庙宇竞制龙灯，沿街旋绕，又有抬阁秋千诸戏，锣鼓喧阗达旦始已，惟南塘大龙灯以元宵三日为期，士女游观者众。

二月朔(通衢设醮禳灾名拦街福，以后循次诹吉为之，至三月望日而止)。

清明：插柳于门，取蓬蒿揉饼，祀先绾柳作圈，缀花其中。置小儿头上。

上巳：舆忠靖王出巡，卤簿仪从甚盛，仿佛乡傩遗意。城内外通衢大道设幕张灯，僻巷编竹为门，名花门竹或十数家，二十余家沿街具仪致祭。城南一带尤极华丽，以古玩名花陈设当途，曰摆花祭。

端午：悬菖蒲艾蒿于门。晌午酌菖蒲雄黄酒。食角黍，以五色缕系小儿手长命线，各乡俱操龙舟竞渡，祈年赛愿。叶适《端午行》："行春桥北东峙岩，大航移家住无隙。……醉里冤仇空展转。"又有后《端午行》。

天贶：妇女取木槿叶濯发去垢，曝衣裳书籍，谓可一岁不生蠹。

七夕：揉饼如指，命曰巧食。小儿以此日剪去端午所系线，曰换巧。

中元：僧庵皆作兰盆会。人家祀先毕，束纸镪赴寺投入坎中焚烧。惟开元寺最盛，别焚纸钱于幽僻处，曰散纸钱。

七月三十日(俗云地藏王生日，是夜家家地上燃香烛)。

中秋：馈节用鸭以粉面作月饼。遣小儿赏月，家家饮宴。

重阳：登高揽胜，揉粉为人物花卉之玩，以遣小儿，名登糕。

冬至：粉粳米为丸，名汤圆。或炊舂为糍以享先。充馈官僚，相贺略如元旦。

腊月：腌鸡鸭鱼肉以备春膳，净尘扫宇名曰换新，炊糕相馈曰馈岁。或制为豚首及鸡之状。赛太岁社神。割牲祀于庭曰解冬。

小除夕(以二十三、二十四日祀灶，爆竹达旦不绝)。

除夕：是日换桃符，黏春帖，至夕燃烛遍室，谓之照岁。祀祖先毕，家人围坐，饮分岁酒，或有不寐者为守岁。孟浩然诗："续明催画烛，守岁接春筵。"

按：三部地志所载之岁时节俗，可互相补充，而明清岁时之大致情况可知。

八、"永嘉场腔"

温州方言属于吴语区，极具特色。沈克成说："温州方言独特，所以温州方言历来深受国内和国际学界的重视。瑞典著名汉学家高本汉（B. Karl-gren）在所著《汉语方言词汇》中吴语只收上海话、温州话……有关温州方言的研究，在汉语方言研究、汉语历史研究领域都具有重要地位。"[①]

而"永嘉场腔"是温州话里面保留古语较多的一种。因不少永嘉场人是南宋乾道年间由闽迁入，所以闽语也参与了永嘉场腔的形成。更因地域的封闭性，有可能保留着古代的一些语音和词汇。对"永嘉场腔"的研究有助于我们深入了解永嘉场地域文化。

《龙湾区志》第五章"方言"[②]初步指出了永嘉场腔的词汇特点：一、古字古音特点；二、盐场山川特点；三、信佛特点；四、形象词汇特点；五、采用同义词特点；六、字词音异特点；七、一字多音特点；八、语序倒置特点；九、特殊词语特点，可参王会进先生相关论述。兹抄录永嘉场腔两个特点，以窥全貌："三、信佛特点。过去在封建社会时居民都信奉佛教和道教，方言词汇中也带有信奉佛道特点，如太阳说成'太阳佛'或'太阳菩萨'，月亮说成'月光佛'或'月光菩萨'。日蚀说成'太阳佛被天狗吃了'或'月光佛被天狗吃了'。都争着喊叫'还光佛'。响雷说是'响佛'，冰雹说成龙雹、龙柱风说是挂龙。念经说是'念佛'。人逝世说是'归西天去'。""八、语序倒置特点。如咸菜叫'菜咸'、碎米叫'米碎'，客人叫'人客'；香喷喷说成'喷能香'；先打个电话问问说成'打个电话问问先'；饭多得很，再吃一碗说成'饭多兮，吃碗添'。"

九、嘉靖万历年间温郡民俗风气的变迁

古人等级尊卑有序，士庶守礼。"礼是统治阶级意志的另一种表现形式，从属于特定的道德和政治范畴。……礼一方面规定统治者内部依据不同身份有不同的礼，以维持统治阶级内部的等级关系，以及他们某种程度的

---

① 沈克成：《温州话词语考释·前言》，宁波出版社 2009 年版。
② 据《龙湾区志》稿本，该章系王会进撰。

血缘关系,另一方面,礼的作用是加强统治阶级对庶民阶层的统治。"①"礼的本质是维护社会等级,从生活各个方面不遗琐细地区分尊卑贵贱,使社会各个不同阶级、不同阶层的人,从生到死,从衣食到住行,应该享用什么样的消费品,都必须以其政治身份高低为依据,谁也不能越轨而自行其是。"②

但是,社会物质生产的发展,引起人们的生活方式和消费方式的变化,从而引起了社会风俗的发展变迁。"社会风俗的变化往往首先是从生活方式和消费方式中得到体现,也就是在食物构成、衣服形制、居住环境、交通工具中得到反映。""社会风俗的发展变迁,必然受到物质生活的制约。一旦社会安定,生产复苏,商品经济发展,庶民生活水平不断提高,人们的私有财产积累到一定程度,必然要求相应的物质享受。随着财富积累的增加,经济的繁荣,统治机构逐渐腐败、法制废弛。昔日循礼、俭约、拘谨的风俗习惯为之一变。财富占有者,随着享受欲望的膨胀,必不可抑制地冲破封建礼制的约束,他们凭借雄厚的资金,讲究奢华,恣意享受,放纵声色,于是国家禁令失控,社会生活方式、行为准则不断更新,礼制式微,越礼逾制或僭越之事日益普遍,人们的思维习惯、价值观念、行为模式、生活风尚也随之剧变。因此,风俗文化与礼制的变迁,大致经历了这样的过程:社会经济发展——越礼逾制——风俗习惯改观。风俗文化的改变,正是社会大变革的前奏,也是民心趋向的标志。因此,社会经济的发展,是礼制破坏的力量,是促进风俗文化变迁的重要动因。"③

明代自英宗之后,商品经济日趋活跃,社会各阶层以不同的方式追逐着财富。商品经济的发展和奢靡之风的盛行,极大地冲击着明代的政治与社会。"居官者,奢侈则必贪;为士者,奢侈必淫。富者以奢侈而遂贫;贫者以奢侈而为盗。故风俗之弊,惟奢侈为甚。"(王廷相《再拟宪纲未尽事宜疏》,《王廷相集·浚川奏议集》卷八)正德、嘉靖之际曾任南京国子监祭酒的崔铣亦言:"宦贵民富,争侈竞巧,转移风尚,浇淳散朴,论者往往病之。"(崔铣《政议十篇·本末》,《明经世文编》卷一五三)皇室也纷纷加入追逐奢侈风尚的行列之中,并且成为奢侈风气的带头人。他们凭借特权,皇庄愈建愈多,皇店处处林立。这一奢靡之风对生成于封建经济恢复时期的二祖之制(明太祖与明成祖创立的制度)提出了严重的挑战。林俊在嘉靖初年说:"方今民俗之侈,不独贵近为然,自朝廷以及缙绅、民庶亦颇尚之。奢侈成风,公私俱

---

① 韩养民、韩小晶:《中国风俗文化导论》,第 135 页。
② 韩养民、韩小晶:《中国风俗文化导论》,第 134 页。
③ 韩养民、韩小晶:《中国风俗文化导论》,第 136、137 页。

竭。"(林俊《请亲大臣疏》,《明臣奏议》卷十八)①

嘉靖、万历年间整个社会上掀起了一股奢侈性消费的风俗,温郡民俗风气也随之产生了变化。

王叔果嘉靖《永嘉县志》卷一《风俗》论述了永嘉风俗的演变:

> 然而风移气荡,今昔乃稍稍变异,不惟士习波靡,而民瘼更有可太息者,宣德以前弗论,成化弘治间役轻费省,生理滋殖,田或亩十金,屋有厅事高广,间营亭棚花石以资游观,富室子弟或畜骏马育珍禽斗蟋蟀,不事生产作业。正德嘉靖以来遂寖,贫耗无高赀富人。比年漳贼倭寇猖獗,自坊廓乡村悉被烧劫,重以赋额日增,供亿无算,民不堪命。土田视旧直减,无与售者,闾里困瘁,虽日挞而求其奢靡佚游不可得已,然故家大族率重清议,尚礼文,建祠崇祀以联族属,妇女无故不出户庭,耻向官府不行鬻于市,此其俗之美者。顾内鲜积聚而务外饰,宴会丰腆,岁时剧戏,虽中产之家,亦勉强徇俗,嫁娶盛装奁。女生多不收,无嗣者私抱育异姓,卒贻祸衅。昏姻不谛审,轻诺以致讼,此皆俗之流失所当革易者。

从成化弘治间的役轻费省、富室子弟佚游,到正德、嘉靖以来的由于倭寇之乱、百姓赋税日重而生活贫困。故家大族尚能以礼法自加约束,重清议,尚礼文。但是社会上已经形成了一股相互攀比之风,"虽中产之家,亦勉强徇俗,嫁娶盛装奁"。风俗由"俗之美者"向"俗之流失"转变。

隆庆、万历年间,奢侈性消费的风尚也达到了巅峰。"启、祯以前,接乎隆、万,承平日久,民庶且富,侈靡相尚,华乐极矣。甲申前岁,中原流寇生乱已久,而浙东犹若罔闻也。"②戴栩《浣川集·江山胜概楼记》:"郡俗侈多而窭中,高车大盖,填巷塞途,冠袭履服,士隶亡别。"

嘉靖年间,项乔回忆少时从学于张璁时,张氏家族家风淳朴之至,即弘治、正德年间乡风尚淳朴、俭约。"予十七岁在张罗峰家读书,其家一处住三五百人,俱戴毡帽,只有张某一个戴纻丝帽,众便指其浇浮。其家亦无一人有棋盘双陆者。吃酒无有行酒令者。……渠处丧事亦好,吊客远来者,只留饭,不设酒。"(项乔《瓯东私录》)

张璁也回忆了嘉靖年间"人人侈用"的奢侈性消费风尚。"张罗峰为阁老,曾云渠作举人时,有病要寻两个红枣合药,自普门寻至应家桥俱无有,今

---

① 以上材料转引自田澍《嘉靖革新研究》第12—13页,中国社会科学出版社2002年版。

② 朱鸿瞻:《时变记略》,载陈光熙编:《明清之际温州史料集》,上海社会科学院出版社2005年版。

乃人人侈用而一变至此,诚不可不反正还淳也。"(《项乔集·初编·瓯东私
录》卷六)

项乔所撰《项氏家训》(《项乔集·初编·瓯东私录》卷八)也反映了永嘉
场奢侈性消费风气的兴起,百金嫁女的攀比风气也越演越烈:"吾温风俗,百
金嫁女犹谓不足,十金教子则鼻大如靴。此倒行而逆施之,安得子女长进?"

《岐海琐谈》①卷七载有数条反映万历年间温郡风俗变迁的资料。

首先是礼的僭越逾度成为普遍现象。卷七第二二六条:

> 窃闻礼也者,所以辨上下而定民志也。今则僭越逾度,日异而岁不
> 同,竟不知其末流之弊,将何所抵止也。此无他,盖缘为民上者不能以
> 礼为防,顾从以放纵导之。此骄奢淫佚所自成,遂至于波颓澜倒,而莫
> 知救正焉耳。

富人入银得买诸京秩,嚣张跋扈,僭越违制。卷七第二二四条:

> 朝廷所重者名爵,庶民所畏者县官。迩年富儿入银,得买序班署
> 丞、兵马录事诸京秩。出则乘舆张盖,驺从拥道,士庶见之,敛迹避匿之
> 不暇。其结纳有司,必厚其馈遗,丰其筵宴。有司既中其欲,甘于折节
> 下之。以科贡发身而官冷局者,反视为下风矣。由是门加阀阅,官衔名
> 第,墓列丰碑,路称神道,僭越违制,谁能抑之?且缔姻显宦之室,特为
> 城社之讬,又非止矜诩邻里,制压小民而已。其虎而附翼者,无过于此!
> 予每询士夫之游宦外方者,纳粟京秩,未有意得志肆如吾温郡者也。

做官需求富贵的势利意识也成为普遍风气。"以科贡发身而官冷局者,
反视为下风矣。"对此,项乔《项氏家训》(《瓯东私录》卷八)也有反映:"师以
傅道,友以辅仁。近日此道废坏殆甚,人必以做官为高,官必以多得钱为好。
师友之教学精举业,阶势利而已。"

所用之物求奢侈美观。卷七第二三七条:

> 嘉靖初年,士大夫刺纸不过用白鹿[录],如掌阔,而书简或用颜色
> 苏笺。近则竞用奏本白录罗文笺,甚至于松江五色蜡笺、胭脂球青花鸟
> 格眼白录。官司年节用大红纸为拜帖,以至参谒馈赠无不皆然。此风
> 起于京师勋戚之家,延及庶士,效尤成风。往者诸生之通名上官,止用
> 白纸揭帖而已,乃今非此目为不恭,盖有不得不随风而靡者。夫上司索
> 之府县,府县征之行户,无非剥民膏血,书己姓名以充献媚之资,士民则
> 捐己之囊,事不经之费,奢侈暴殄,以炫美观,恶可胜哉!虽迩日变用折

---

① 按《岐海琐谈》的作者是姜准,字平仲,号艮峰,永嘉人,生卒年不详。据该书所记,当生于
嘉靖年间,卒于万历末年。书中多记万历间事。

简,制遵复古,然红纸之用,未始因之除省,盖亦徒然而已!

官名僭称。 卷七第二二七条:

> 吏人称外郎者古有,中郎、外郎,皆台省官,故僭拟以尊之。医人称郎中,镊工称待诏,木工称博士,师巫称太保,茶酒役称院使,此胡元名分不明之所致也。黄省曾《吴风录》云:"自张士诚走卒厮养皆授官爵,至今称呼椎油作面庸夫为博士,剃工为待诏,仆奴为郎中,吏人为相公。"然国初已有明禁矣,温俗至今称剃工为待诏,吏人为相公,仍旧未改,故并识之。

衣冠服饰之变化。 卷七第二四二条:

> 士人冠巾,所以尊瞻视而自别于凡庸也。嘉靖初年,大都顶帽,惟别自绿于衣领而已。后戴方巾,有披云、对角、玉版、正面等式,相续代换。自后惟正面者,迭更高卑,服无差别。
>
> 迩来晋唐殊制,杂出纷然。有蝴蝶者,有搭凿者,有逍遥者,有饰玉、绥金、暗线者,有缀瓶插花卉者,诡异骇俗,难以缕指,诚足怪哉!古者上衣下裳,此先王之法服也。后世易为细裥衣摺,连衣裳联而一之也。今自万历以来,变为直身短袖长齐,后插羊尾,雅合时制,而衣裳之佽羊亡矣。

衣冠逾制成为常事。 卷七第二二五条:

> 冠服者,朝廷之名器也,庆赏之重典也。颁匪朝命曰伪,受匪朝命曰僭。故守令不得而徇私,部民不得而干诸守令也。予生初年,间阎白衣,偶叨散秩,犹群然嗤鄙,诮以歌谣,俾无所容。服之者怀惭负诹,畏清议而罔敢肆志。晚近以来,则不问朝除及奉例输纳等名目,或转托诸生党约辈虚饰优行,以为公举;或称贷乡宦之空名告身,滥受有司之询情札付;甚而遇寿辰庆旦,混称寿官恩典;复有老迈儒生、罢废吏掾,冒为儒官省祭者,无不膺擎带之荣,厕冠裳之列也。故无论市井庸流,负贩贱品,惟家业温裕,力足以经营之者,苟发一念,罔不获遂厥志,克副所欲矣。此非羊质而虎皮,鹜音而凤翰者耶?
>
> 次而吾儒衣巾,所以章厥身以自别于齐民者也。乃今僭窃之者,咸是纨绔之子,铜臭之夫,购求赝札,以紫乱朱,且修舆台,盛仆御,身衣绮裔,冠凌云唐晋之巾,出入闾巷,飞盖追随,虽岁贡生、乡荐士,反视为不逮也,可胜叹哉!至若旌奖额匾,即古之表厥宅里者也。奚今之长民者,反视为需索之饵,酬报之资。无拘宵人下士,庸术鄙夫,标以徽称,导以鼓吹,悬揭其庐,间有私制而欺众者有之。旌表之典,果足重乎?不足重乎?

卷七第二二六条：

夫教读而僭举监衣冠，其卫守承芳乎？吏农而冠儒巾，其刘守芳誉乎？屠沽负贩之流，服馨带、表门间，其滥于郝尹敬、林尹应翔乎？纳粟京职，纨绔子弟利其馈饷丰腆，燕享精洁，折节下之而不耻者，其极于常、王二兵宪乎？此无怪乎为之下者，浇薄成风，逾闲荡检，日为之甚也夫！观称谓谬舛，臧获而道号矣！服舍违式，编氓而公卿矣！乳竖而呼翁丈，童子佩熊鞢矣！俭骊而侈巾履，负且乘矣！僧帽金线，道巾晋唐，缁黄无别于荐绅矣！欲从而禁之者也谁与？

曩昔倡优绢服，工匠皂靴，江尹潮挞而罚之。胥徒方巾，舆台云履，李守廷观褫而悬之。星相医卜，张号与顶巾者，阮宗师鹗痛惩且厉禁之。岂如今日教猱升木，止沸益薪，莫之介怀也耶？

其次是妇女生活的改变，妇女活动的自由度大为增加，耽溺佛教，出入寺院。《岐海琐谈》卷七第二三一条：

在昔永嘉之妇女，无故不出户庭，耻向官府与行鬻于市。此其为俗之美，载诸邑乘者炳若也夫。何迩岁以来，妇女之耽溺佛教者，十居七八，始惟寒微之家、衰迈之妪修斋诵经于室，或仅招一二尼子往还而已，未闻与奸僧、黠秃相结如家人妇子者也。今则无论贵贱之家，老少之辈，逾闲越度，匪但招之来家，且将亲身往就，浃句经月，流荡忘返。而频修万佛之社，供具伊蒲之筵，又其余事耳。彼如老也，我则师之。彼如少也，我则子之。抑且倾囊倒橐，以事布施，略不为之惬情，是岂妇道之宜然哉？

妇女爱好打扮，盛自妆奁，有面饰、穿耳、缠足、蝉鬓等自我修饰，以取悦男子。《岐海琐谈》卷七第二三五条：

妇人面饰用花子，吾温谓曰"面花"，惟嫁日用之，一至夫门即将收置，永不复设。其制起自唐昭容上官氏以掩黥迹。大历已前士大夫妻多妒悍，婢妾小不如意，即印面，故有月黥、钱黥。事见《酉阳杂俎》。

或者谓晋、唐间人所画士女，多不带耳环，以为古无穿耳者。然《庄子》曰："天子之侍御不叉搯，不穿耳。"则穿耳自古亦有之矣。

妇人多事缠足，以不事为耻。惟乡妇及人家婢妾，间或不然。张邦基《墨庄漫录》云："妇人之缠足，起于近世。前世书传皆无所自，惟《道山新闻》云：'李后主官嫔窅娘，纤丽善舞。后主以帛绕脚，令纤小屈上作新月状。素袜舞云中，回旋有凌云之态。'唐镐诗曰：'莲中花更好，云里月长新。'因窅娘作也。由是人皆效之，以纤弓为妙。"以此知扎脚自五代以来方为之。如熙宁、元丰以前，犹为之者少也。

蝉鬓始于魏帝官女莫琼枝,今多效之。

其次,温郡娼风大盛。卷七第二三六条:

予闻嘉靖初载,妓女接客,载之以船,舣于西山诸处。其时风气犹淳,人尚惜耻,非泊幽僻,来过者稀。既而移诸西郭浦,移者外沙浦,虽渐就近,犹隔市廛。今则拱辰门外,负郭危楼,充为咽花渊薮,延及市镇阓阛之场,官廨公署之侧。粉黛腻绿,竞媚争妍。檀板歌喉,献娇卖俏。官不之禁,民忘其耻。何今昔之顿殊耶?甚而荐绅之家,富赡之室,拉友邀宾,动辄招致。或事清讴,或演杂剧,男女混淆,酣歌倡饮。虽与父子兄弟同筵,恬莫之怪,且俾妻孥女媳与之接见。吾恐以礼闲家者,决不如此之放纵也。世风之下,益可征矣。安得熊金宪之严禁以振叔季之颓纲哉!

游手赌博之风炽盛。卷七第二三八条:

永嘉初时游手赌博者,小则饮食,大则钱钞而已。即今风俗薄恶,日甚一日,虽富贵子弟,皆习此风。小者金银珠玉,大则田地房屋,甚而至于妻妾子女,皆以出注,输去与人,恝然罔惜,恬不知羞,诚当诛殛而有余辜者也。夫输钱不继,则为穿窬;若党类颇多,则为盗劫。不防其微,必酿大患,可漫焉而视之乎?尝稽宋淳化二年闰二月诏:令开封府严戒坊市捕之,犯者定行处斩。引匿不以闻与同罪。所以塞祸乱之源,驱斯民而纳诸善者也。愚谓此令,今日所当申明。其防微杜渐,拨乱而反之正,莫亟亟于此矣!

盛行男风。卷七第二三九条:

《周书》曰:美男谓之"破老"。《左传》:"公子鲍美而艳。"孔子曰:"宋朝之美。"龙阳之前鱼,子瑕之啗桃,邓通铜山,董贤断袖,载之书传,甚可丑也。宋政和中,始立禁告捕,法杖一百,赏钱五十贯。今瓯俗此风盛行,甚至斗阋杀伤,讼之于官者,何风俗浇薄一至于此乎?又奚怪夫淫妇之多也。

还有戏剧盛行。卷七第二四一条:

每岁元夕后,戏剧盛行,虽延过酷暑,弗为少辍。如府县有禁,则托为禳灾、赛祷,率众呈举,非迁就于丛祠,则移香火于戏所,即为瞒过矣。酿金之始,延门比屋。先投饼饵为图,箕敛之际,元计赢诎,取罄锱铢。除所费之外,非饱其欲,未为遽止,虽典质应命有弗恤矣。且戏剧之举,续必再零附近之区,罢市废业。其延款姻戚至家看阅,动经旬日,支费不赀,又不待言矣。民间弊害无逾于斯,厉禁严惩,端与长民者颐抑!

第二节　信仰世界

民间信仰,指在漫长的人类社会发展过程中,广大民众在日常生活中自发形成的信仰心理及信仰行为。民间信仰的内容十分庞杂,包罗万象。主要包括自然崇拜、祖先崇拜、神灵信仰、灵魂信仰、仙妖鬼怪传说及相关的祭祀、祈雨、庙会等活动。民间信仰,具有目的性、功利性、神秘性、民族性和区域性、散漫性等五大特征。① 中国的地方神信仰往往既具有神灵信仰的特点,又具有祖先信仰的特点,其信仰传说往往把神灵事迹与族群生活有机地结合起来。

我们的思路是先研究永嘉场之民间信仰及其特征,当然是以永嘉场为主要研究对象。然因相关资料所阙,以《岐海琐谈》和其他遗著为依据,通过研究温州地区的信仰世界,了解永嘉场信仰世界。

项有仁《龙湾民俗(概述)》第二章"民间信仰忌讳":

> 龙湾古来敬鬼神、信巫卜、尚风水。民间普遍信奉道教、佛教。道教的殿、庙、道、观,佛教的寺、院、庵、堂,星罗棋布。在历代志籍上均有"敬鬼神、尚巫祠"之记载,"鬼神崇拜"源远流长。
>
> 龙湾民间信仰中道教的神,佛教的佛,统称"佛"。也称"神佛"、"菩萨"或"老爷"(上声,音同"叶")。"老爷"、"菩萨"是尊称,前者一般称道教的神,后者为佛教的佛。也有称道教神为"菩萨"的。外有无名"鬼怪",鄙称"恶脏"。民间心态以为:"老爷"、"菩萨"、神、神佛是"善"的化身,为人驱灾禳难、赐福生财;"恶脏"则为"恶"的化身,是"黑社会恶势力",好惹事生非。
>
> "佛道合一",这是龙湾民间信仰的一大特色。民间认为信奉佛教是修来世,信奉道教是"保当前",民谚曰:"皇天紧(求神效应快),大悲咒慢(求佛效应慢)。"龙湾人功利心切,故求神保佑盛行。
>
> 在 19 世纪末,才有外国天主教、耶稣教传入龙湾,但道教、佛教仍是民间信仰主流。据 20 个行政村抽样调查表明,信"佛"(道教、佛教)占总户 88%。

按:该文指出了永嘉场善恶神灵的区别、对神、佛的流行称呼、佛道合一的思想,使我们对永嘉场民间信仰获得直观的认识。

---

① 王景琳、徐匋主编:《中国民间信仰风俗辞典》,中国文联出版公司 1992 年版,第 11—12 页。

一、永嘉场"好巫尚鬼"的传统及此传统形成的原因

温州地处东南沿海,古称东瓯或瓯越,与福建省毗连,受吴、越、闽文化的熏陶,形成了"好巫尚鬼"的传统。瓯越文化素有"好巫而近鬼"、"信鬼神,好淫祀"的风气。这在许多古籍中有所反映。

《史记》卷二八《封禅书第六》记载:"是时,(汉武帝)既灭两越,越人勇之乃言'越人俗鬼,而其祠皆见鬼,数有效。昔东瓯王敬鬼,寿百六十岁。后世怠慢,故衰耗'。"

唐初所撰的《隋书·地理志》,记当时温州风俗云:"其俗信鬼神、好淫祀。"

明万历《温州府志》卷二《风俗》:"汉东瓯王敬鬼,俗化焉。多尚巫祠。"

清乾隆《温州府志》记有:"瓯俗多敬鬼乐祠。""俗尚鬼巫,崇信佛老"。

光绪《永嘉县志》卷六《风土志·民风》:"始东瓯王信鬼,故瓯俗多敬鬼乐祠(旧通志)。"

光绪《永嘉县志》卷六《风土》引石门劳宜斋大与《瓯江逸志》一则:"温郡之好巫而近鬼,大率佛事道场靡不尽心竭力以为之,不惜重费,乃若正月初旬以至灯市十余日昼夜游观,男女杂沓,竞制龙灯,极其精工。大龙灯一条所费不下数十金,锣鼓喧阗,举国若狂,不数日间付之一炬,此种妄费亦当急为禁革者也。"

古代温州神灵信仰之风极盛。人民敬鬼崇神,庙宇林立。遍地可见供奉地方神灵的祠庙、各族宗奉的祠堂、佛道寺观,形成了一个丰富而庞大的神灵信仰世界。

光绪《永嘉县志》卷三十七《杂志琐记》引陆务观《野庙记》云:

> 瓯越间好事鬼,山椒水滨多淫祀,其庙貌有雄而毅、黝而硕者则曰将军,有温而厚皙而少者则曰某郎,有媪而尊严者则曰姥,有容而艳者则曰姑。其居处则敞之以庭堂,峻之以陛级,上有老木攒植森拱,萝葛翳其上,鸱鸮室其间,车马徒隶丛杂怪状。农作之盱,怖之大者椎牛,次者击豕,小不下犬,虽鱼菽之荐,牲酒之奠,缺于家可也,缺于神不可也,一朝懈怠祸亦随之。畜孺畜牧栗栗然,病疾丧亡不曰适丁其时而自惑其生,悉归之于神,虽然以古言之则戾,以今言之则庶乎神之不足过也。

(又载《岐海琐谈》)

按:"虽鱼菽之荐,牲酒之奠,缺于家可也,缺于神不可也,一朝懈怠祸亦随之。"可见瓯越间人民信奉鬼神的虔诚态度。

永嘉场民间信仰丰富多彩且富有地域特色,成为区域文化的重要组成

部分。那么这种民间信仰的传统是如何形成的呢？

永嘉场的文化地理环境有助于形成和维持民间宗教信仰文化传统。永嘉场山拥海抱，自成一体。滨海的人们面对海溢、台风之患，以及因医学不发达导致瘟疫流行等社会病，会更加祈求神、佛、鬼的保佑。春夏之交温州一贯多灾多疫的环境，形成了其祈求神灵保佑、驱疫禳灾的心理诉求。

瘟疫给人们带来的极坏影响，就是巫祝禁忌变本加厉。陈傅良《浮沚集》[①]卷七《沈子正墓志铭》："温为郡并海，俗信巫祝禁忌，至使良民陷于不义。方春病瘟，乡里亲戚绝不相问讯，死亟置棺他室，密封固弃去，百日乃启，为丧事，谓不尔且相传以死。有司不知禁，民习莫敢犯。"

光绪《永嘉县志》卷六《风土》引钱塘孙雨人同元《永嘉闻见录》一则："永嘉晴雨无常，冷暖难测，人多时证，地鲜良医，辄以为天时不正，瘟疫流行，民间必互相敛钱，建道场作佛事，或三日或七日，预设大纸船一只，内实纸钱冥帛无算，俟佛事毕将船载至海口，用大木板置纸船于上，点火焚之，乘风入海不知所往，群以为瘟鬼送去，疾可愈矣，而所费已数百贯矣。"送瘟鬼至扬州，说扬州有各种美女、美食等着他们去享受，于是乎将瘟鬼送走，心安理得了。

二、祠庙神灵信仰系统

永嘉场民众之精神信仰世界所依托者，有宗祠、寺、观和丛祠，这些居宅聚落成为乡绅与乡民、乡民与神灵沟通情感的场所。

这类神祠分为几类：

第一类是孔庙、坛庙等官方公祭场所。

第二类是宗祠，乃家族祭祀之地。

第三类是寺、观等佛道祭祀场所。

第四类是地方神祠，往往具有人格化神灵的特征。这些神祠，有合祀典的神祠，有不合祀典的神祠（即未经国家批准的淫祠），还有不少"小佛殿儿"、露天香火点。[②]

第五类是其他类型。

地方神盛行、遍地神祠是温州永嘉民间信仰的一大特点。《龙湾区志》卷十五"宗教"第三章"民间信仰"：

---

① 《敬乡楼丛书》第三辑，1931年永嘉黄群校印本。

② 项有仁《龙湾民俗（概述）》："此外尚有建筑面积在10m² 左右的"佛殿儿"和只摆个香炉、高宽1米左右的小"佛殿儿"。以及无遮无拦、专供祭祀无名鬼怪的露天香火点，遍布村头巷尾。以沙城镇七甲自然村（五个行政村约4平方千米）为例：计有建筑面积100m² 以上的"佛殿"6处，"佛殿儿"10m² 左右的6处，1米左右的10处，露天香火点16处。"

历史上温州人信奉的神祇不计其数,既有城隍神、土地神、灶神、门神、雷公、电母、玉皇大帝、八仙、观音菩萨、如来佛等全国许多民族、地区差不多都信仰的神祇,又有东瓯王、忠靖王、广济侯王、杨府大神、陈十四娘娘、平水圣王、陈府圣王、妈祖、孚惠圣王、庐氏孝佑圣母娘娘、仁济圣王、惠民大圣、威济侯等富有地方特色的神灵。明代温州人姜准撰写的《岐海琐谈》第四九〇条"温州知府洪垣祈雨"记载:"嘉靖二十三年三月十八日大雨雹。至四月终旬,旱,时田插未完,乡民望雨甚切。五月初六日,洪守垣祈雨无应。十三日,将郡城内外祠庙神共六十位舁到府前,以次序列,定东瓯王为首俱坐烈日中,至小南门而止。"明代温州城内祠庙神达六十位之多,当时神灵信仰之盛,可见一斑。

根据保存下来的温州旧城区历代碑刻资料,有碑记的庙、祠堂有:宋代海神庙、忠义堂、先贤祠堂,元代忠烈庙、东岳行宫、温忠靖王庙,明代横山周公庙、孚惠王灵佑庙、文信国公祠、王右军祠、忠烈庙、文丞相祠、横山孚德庙、庞公祠、卓忠贞祠、东瓯王庙、县城隍庙、五灵庙等,清代有东瓯王庙、双忠祠、胡公庙、关帝庙、杨府庙、忠烈庙、忠义节孝祠等。王震之在《温州旧城区庙宇与戏台分布概况》一文提道:"我粗略回忆与近年来走访调查,新中国成立前四十年间,温州旧城区内外的庙宇总计124座,各庙内供演出的固定戏台82座。"从以上文献记载中可见,旧时仅温州城区庙宇、祠堂就已俯拾皆是。

中华民族的神灵与西方的存在差异,这点我们在研究永嘉场神灵信仰的时候也可体会到。莫砺锋2009年7月6日在南京大学的演讲《请敬畏我们的传统》说:"在古代的西方,无论是犹太人还是希腊人,都把崇拜的目光对着天庭,而中国人却对自身的力量充满了自信心。……在中华文化中,人的道德准则并非来自神的诫命,而是源于人的本性。人的智慧也并非来自神的启示,而是源于人的内心。由此导致的结果是,当其他民族忙于创立宗教时,中华的先民却把人间的圣贤当作崇敬、仿效的对象。当其他民族把人生的最高目标设定为进入天国以求永生时,中华的先民却以'立德、立功、立言'等生前的建树来实现生命的不朽。当其他民族从宗教感情中获取灵魂的净化剂或愉悦感时,中华的先民却从日用人伦中追求仁爱心和幸福感。"

(一)永嘉县自明至清的祠庙

弘治《温州府志》和万历《温州府志》均将合祀典和不合祀典的祠庙合在一起记录。有些祠庙原来是淫祠,后来得到官方的承认,成为合祀典的祠庙。

弘治《温州府志》卷十六《祠庙·前言》："神祠几遍境内,有合祀典者,有戾祀典者。合祀而祀之,所以崇德报功以昭世劝也。细民蹑讹袭诞,沿流徇俗,祀其所不当祀。而原其积虑,惟以侥福蠲患而已。夫通明正直,神之所以为神也。使计祀否而异其祸福之施,已失其所以为神者矣。而滔滔弗悟,岂乐鬼信巫,瓯之为俗固然哉,是亦学之不讲也。近世良有司,怀狄仁杰、胡颖之志,间斥其淫祠而毁之,毁之诚是也。而民锢于祸福之说,且将为赡拜游憩之所,伺其隙而复新焉,则又劳民而伤财矣,为政者奈之何哉!今因其旧额而悉存之,使人观焉问焉,知孰为当祀、孰为不当祀也。"王瓒指出,瓯越"乐鬼信巫"之俗根深蒂固,虽然有司斥其淫祠而毁之,而地方人仍"伺其隙而复新焉"。王瓒将合祀典和不合祀典的祠庙均记录下来,显然,他认识到对不合祀典的祠庙予以捣毁,竟成了"劳民伤财"之举。

万历《温州府志》卷四《祠祀志》："叙曰:夫祀,国之大典也。置郡邑即有坛有庙,其在兹土之有功列于民与乡,先生之没而可祭于社者,皆得举于斯。至若二氏之宫,虽非祀法所载,然有其举之莫之废也。"

有明以来,地方官屡有废淫词的举动。项乔《瓯东私录》:"龙游灵山寺街口及吾温西郭大街头皆有废庙,神像在地,有有首无身者,有有身无首者,有横卧于街,肢体难辨者。其地人烟辏集,卒无一人敢去之,盖江南习俗酷信神鬼,尤虞其祸福人也。夫田地除应祀神祇外,余俱土木偶而已,何能祸福人之有?愚夫之难晓也久矣。前此文征明乃翁先生林守温,凡淫词,拆毁殆尽。魏庄渠校督学广东也亦然,此皆见道明而自信,笃善于风化天下者也。谁谓今无狄梁公耶?"①官方虽然废祠庙,百姓仍不敢亵渎那些偶像。

深受儒家正统思想影响的士人,常对"其俗信鬼神、好淫祀"的情况进行批判。戴文俊:"信鬼崇巫岂偶然,而今淫祀尚相沿。送他瘟鬼何方去,海上空漂大纸船。"②然此淫祀习俗何尝得撼动耶?

永嘉县的祠庙遍布,所祀的神灵或圣贤,均属"生而为英、死而为灵",生前对人民做出贡献,死后被人民升格为神,建祠庙予以祭祀,这是一种极其优良的民族文化传统。永嘉县内的祠庙,尤其是郡城里的祠庙,同样为永嘉场人尊崇、信仰。古代圣贤、英雄、良吏生而为英,死而为灵,古代中国人神灵崇拜的特征,即神灵来自人。神格来自人格,由人格奠定基础。因此,神

① (清)黄汉:《瓯乘补》,《中国地方志集成·浙江府县志辑》第五十八辑,上海书店出版社1993年版,第725页。
② (清)戴文俊:《瓯江竹枝词》,雷梦水等编:《中华竹枝词》第三册,北京古籍出版社1997年版。

灵本身是人格的升华。圣贤、英雄、良吏因其平生济世济民之功业,而为老百姓永世怀念,其功愈著,名愈彰,而慕之亦必切、祷之亦必诚。永嘉场祠庙神灵也具有这个特点。

弘治《温州府志》所载永嘉县的著名祠庙有:温州府城隍庙、东瓯王庙、文丞相庙、先贤祠、乡贤祠、名宦祠、忠烈庙、夏大禹王行祠、颜鲁公祠、冯鲁公祠、郭记室祠、薛补阙祠、兴肇龙王祠、王右军祠、灵顺行祠、广惠行祠、灵佑行祠、顺济行祠、玄坛赵元帅行祠、义勇武安王行祠、英显行祠、瑞颖行祠、晏公行祠、张忠惠侯祠、龚将军庙、徐忠训庙、永嘉王庙、海神显相庙、忠靖圣王庙、惠民王庙、广惠庙、赞善王庙、保安侯庙、赵清献公祠、章恭毅公祠、容成庙、显通庙、兴福九圣庙、广佑万灵庙、灵应七圣庙、显佑庙、孚德庙、显应庙、保德明王庙、惠应庙、护境王庙、山隍庙、土谷神庙、库官庙、器灶庙、龟山庙、灵济庙、惠佑庙、灵护庙、忠烈将军庙、广济庙、广庆侯庙、名山王庙、王仆射庙、海坛平水庙、明王庙、卢府君庙、孝佑庙、节妇祠、陆塘庙。按:弘治《温州府志》对永嘉场的祠庙仅记载了一个"忠烈将军庙"(原文:"在华盖乡,神郑氏。"),对遍布永嘉场的祠庙语焉不详。

万历《温州府志》卷四《祠祀志》:永嘉县"坛壝"有:社稷坛、风云雷雨山川坛、郡厉坛。永嘉县庙、祠有:先师庙、启圣祠、名宦祠、乡贤祠、府城隍庙、忠烈庙、张忠惠侯庙、徐忠训郎庙、龚将军庙、忠靖王庙、大禹王庙、关王庙、玄坛庙、广惠庙、惠应庙、显应庙、赞善王庙、永嘉王庙、五灵庙、杨府庙、英显庙、显通庙、九圣庙、宣灵广平王庙、海神庙、保安侯庙、容城庙、瑞颖庙、鱼棚庙、广济庙、广庆侯庙、茶场五显庙、广佑万灵庙、显佑庙、海坛平水王庙、惠应庙、大尉郑侯庙、灵护庙、护境王庙、库官庙、灵济庙、嘉佑庙、名山王庙、卢府君庙、孝佑庙、孚惠庙、山皇土地庙、兴肇龙王庙、晏公行祠、广惠行祠、灵佑行祠、顺济行祠、冯鲁公祠、四贤祠、先贤祠、颜氏双忠祠、王谢祠、郭记室祠、文丞相祠、卓忠贞祠、叶文定祠、陈潜室祠、章恭毅祠、庞公祠、何公祠、三贤祠、文刘二公祠、林李二公祠、杨公祠、卫公祠、太师张文忠祠、少保黄文简公祠、叶太史祠、许忠简祠、表忠祠、褒忠祠、旌忠祠、愍忠祠、忠孝祠。

至清代,光绪《永嘉县志》卷四《建置》将合祀和不合祀的祠庙分开叙述,一曰坛庙,一曰丛祠。

1. 坛、庙:官方和民众公祭之地

坛、庙所奉的是对地方发展和文化事业做出巨大贡献古圣先贤、忠臣烈士。坛、庙也是朝廷传布其官方意识形态、对民众进行儒家意识形态控制的重要场所。

合祀典祠庙所祭祀的主要是君师圣贤,反映的是中国人的君师圣贤崇拜。"君师圣贤实际是指那些在历史发展中有杰出贡献的人物,但是在古人的观念里,他们都是具有非凡神性的人物,对他们的崇拜便由此而来。"君指历代帝王。"师指那些可为万世师表的圣人,传统上指孔子和关公两个人。这一文一武体现了中国治国的两大机制,是封建国家赖以长存的两大支柱。""对于先贤的崇拜,也是中国传统的信仰之一。所谓'先贤',就是那些为中华民族的历史发展做出过牺牲和贡献的杰出人物。人们信仰和祭祀他们,乃是钦敬他们的才干和精神,肯定他们的历史地位和文化影响。因此,对他们的祭祀,是最具有文化意蕴的历史现象。……从对他们的祭祀中,我们可以看到中华民族敬仰先贤、继承传统、开辟未来的那种净化自己与发展自己的伟大精神。"①

按:合祀典的祠庙所祭祀的主要属于人界的圣哲英杰,官方通过倡导对古圣先贤的祭祀达到对民众思想的控制,规范世道人心。合祀典的祠庙中传播的是儒家忠孝仁义的思想。读书人和普通民众往往自觉地接受这套官方意识形态。

"祀神祀典"为民众的普遍信仰,也是政治治理的必要辅助,为朝野普遍信奉。下列所祭的,主要是对温州做出贡献的人物,或是历代文化名人,或是英烈,或是贤知府知县。光绪《永嘉县志》卷四《建置·坛庙》:"夫能治民然后能事神。祀神祀典攸关,上以答神庥,下以福民命,敢或亵哉?""永嘉首邑坛庙附府谨依例编次于前,其或遗爱不忘,或盛德必祀,为吾民所瞻仰兴起者,各以类从。"

光绪《永嘉县志》所载坛庙有:先农坛、雩祭、社稷坛、神祇坛、厉坛、府城隍庙、县城隍庙、文昌庙、文昌帝君神位、文昌帝君先代神位、关帝庙、敕封三代公爵后殿设光昭公裕昌公成忠公位、风龙神庙、忠义节孝祠、昭忠祠、东瓯王庙、文丞相祠、横山周公庙、文丞相祠、卓忠毅公祠、天后宫、忠烈祠、忠训庙、张忠惠侯庙、褒忠祠、旌忠祠、表忠祠、愍忠祠、敕建双忠祠、固山贝子傅惠献祠、仓圣祠、赤帝庙、大禹王庙、忠靖王庙、龚将军庙、海神庙、杨府庙、旗纛庙、郭记室祠、王谢祠、谢康乐祠、颜氏双忠祠、薛补阙祠、朱文公祠、庞公祠、文公祠、文刘二公祠、林李二公祠、何公祠、卫公祠、三贤祠、陆公祠、庄公祠、杨公祠、顾公祠、朱公祠、芮公祠、邱公祠、王公祠、王景山祠、先贤祠、四贤祠、许忠简祠、王右军祠、端木祠、陈潜室祠、叶文定祠、黄文简祠、叶太史祠、章恭毅祠、张文忠祠、忠烈俪美祠、冯鲁公祠、忠孝祠。

对这些坛庙可略加分类,第一类是祭祀天地山川的坛、庙,先农坛、社稷

---

① 程裕祯:《中国文化要略》,外语教学与研究出版社 2003 年版,第 93—97 页。

坛等,以及为地方保护神建的城隍庙、东瓯王庙等。第二类是道教神灵之庙、地方神灵之庙,如文昌庙、关帝庙、海神庙、杨府庙。第三类是古圣先贤祠,如供奉儒家圣贤之先贤祠、四贤祠,纪念地方贤郡守县令的文公祠、林李二公祠、何公祠等,表彰忠孝的褒忠祠、旌忠祠、愍忠祠等,纪念地方文化名人的专祠,其中纪念客居者有郭记室祠、谢康乐祠、王谢祠、王右军祠、文丞相祠等,纪念本地人物的有陈潜室祠、叶文定祠、张文忠祠等。

祭祀永嘉场人物的祠有三。褒忠祠:一在兴文街,祀赠太仆寺丞王沛,岁各二祭。愍忠祠:在康乐坊,祀佥事王德,嘉靖三十七年御倭阵亡,诏立祠二祭。张文忠祠:在宝纶楼后,祀明大学士张孚敬。

这些合祀典的庙、祠举行祭祀活动有官方的资助。清代光绪《永嘉县志》卷五《贡赋·田赋》"府县存留款目"致祭名单如下:

> 本县致祭关帝庙银六十两。本县致祭厉坛米折银一两四钱二分二厘。本县致祭文昌庙银六十两(新增)。本县致祭天后祠银十四两八钱(以上俱系动支地丁,题销册内仍于起运项下造报)。
>
> 本府祭祀银一百六十五两九钱。(内)
>
> 文庙释奠二祭银五十两,启圣祠二祭银十二两。社稷山川坛各二祭共银二十九两七钱四分。郡厉坛三祭银二十一两。乡贤名宦祠二祭银一十两。褒功愍忠二祠各二祭共银一十三两四钱四分。横山周公七祠各一祭共银二十二两一钱二分。双忠祠二祭银七两六钱。
>
> 本县祭祀银五十七两六钱四分。(内)
>
> 文庙释奠二祭银五十两。表忠祠二祭银五两。祁嵩祠一祭银二两六钱四分。
>
> 本府祭祀余剩银十三两九分七厘(解赴司库听拨各属祭祀不敷之用)。
>
> 文庙朔望香烛,本府银三两三钱四分三厘,县银一两四钱八分五厘。
>
> 迎春芒神土牛春酒,本府银二两七钱八分五厘,县银二两八钱五分七厘。
>
> 永嘉场大使经费银四十三两五钱二分(内俸银三十一两五钱二分,皂隶二名,银一十二名)。

2. 丛祠:民众信仰依托之地

丛祠所奉的是民间普遍信仰的地方神灵。光绪《永嘉县志》卷四《建置·坛庙》:"若夫楚人鬼而越人禨,瓯为越裔,里俗丛祠不可究诘,姑戁存之遗俗也,亦民情也。知礼之君子厘而正之,是所望于踵文汪二公而起者。"光绪《永嘉县志》所载丛祠,城内有孚德庙、三港惠民庙、元坛庙、吕祖庙、显通庙、兴肇庙、赞善王庙、宣灵广平王庙、胡公庙、英显庙、保安侯庙、五灵庙、九圣庙、显祐庙、永嘉王庙、灵应七圣庙、容成庙、瑞颖庙、广祐万灵庙、兴仁庙、存济庙、灵顺行祠、灵祐庙、广惠行祠、顺济行祠、晏公行祠、显应庙、茶场庙、孚惠庙,城外有义民祠、惠应庙、保德明王庙、英济庙、广济庙、鱼棚庙、忠烈将军庙、海坛平水王庙、广庆侯庙、灵护庙、护境王庙、库官庙、灵济庙、嘉祐庙、名山王庙、卢府君庙、孝祐庙、山皇土地庙、土谷神庙、王仆射祠、陆塘庙、器灶庙。

永嘉场有著名的忠烈将军庙和灵护庙:忠烈将军庙,在三都沙村;灵护庙,在膺符乡五都。

(二)永嘉场神灵及民间信仰的特征

温州府志、永嘉县志关于永嘉祠庙的记载中,并没有详细交代永嘉场祠庙分布情况。笔者有幸获得《龙湾区志》部分未刊稿[①]和项有仁先生《龙湾民俗(概述)》未刊稿,这些文稿为研究提供了宝贵的资料。永嘉场的历代民间信仰具有延续性,以今日龙湾区(永强为主)遗留的祠庙、神灵为考察对象,即可上溯而对明清当地民间信仰获得深入认识。

1. 永嘉场神灵

永嘉场民间信仰的神灵可分为四大类:本地区保护神、从他处分得香火的神灵、跨地区保护神、鬼怪和"恶脏"。[②]

第一类,本地区保护神。温州地区"信巫好鬼"的传统在永嘉场表现得很明显。在这里,每个自然村均有一尊或数尊保护神;过去每户家庭都奉有保护神,往往供奉"三官大帝"(天官、地官、水官)、"上间佛"(土地爷)、"镀灶神"(灶神)三尊神祇。永嘉场还流行人身保护神。生下男丁,从襁褓起至成人结婚止,拜一处神祇或数处神祇为"亲爷"、"亲娘",俗称"亲太"。每逢年、节,每月朔望要向神"献饭",一盏饭一盏"配"(一般为一双朱梅),焚香点烛祭拜。叫作"向菩萨讨饭漹",祭后教男丁食用。而本地区(龙湾地区)立庙祭祀、影响普及的保护神有三尊:一为"城隍爷"汤和,二是"永强宫主"杨府爷杨精义,三乃"陈氏圣母"陈十四。

---

① 《龙湾区志》部分未刊稿,由区委史志办编辑、龙湾区历史学会会长潘伟光先生提供。后见温州市龙湾区史志办编《龙湾史志》2009年第3辑发表的《民间信仰》一文,又补充了不少内容。

② 祠神分类参见项有仁:《龙湾民俗(概述)》,未刊稿。永嘉场神灵内容多参考、引用此文,不一一说明出处。

第二类,从温郡分得香火,人神共处的永嘉场神灵。温州地区之丛祠举不胜举,一郡五县之著名神灵不少由永嘉场某村"分得香火"后,遂成永嘉场祭祀之神灵,有地主爷(东瓯王驺摇)、海神爷(神名李德裕,号"善济侯王")、水城隍爷、郑老爷(姓郑名生,字公全,一说姓郑名铮。明嘉靖己未追封为"忠烈郑使侯王")、东岳爷(又称忠靖王、温元帅)、玄坛爷(财神赵公明)等。该类神祇既高高在上、地位尊崇,又被永嘉场人性化,可以迎请进驻民家,达人神共处、亲密无间之境地。

第三类,跨地区保护神:永嘉场人朝圣的对象。永嘉场人跨越区界,外出祈求庇佑的保护神,有永嘉大若岩的"胡公大帝"胡则,瑞安圣井的"许府真君"许逊,青田大岭后的"白衣土地"李泌。这几位是温州地区普遍信奉的神灵。

下列著名祠神之事迹,并略作考述。

"城隍爷"汤和:明代开国、防倭功臣,在永嘉场建宁村所城。汤和事迹已见前述。汤和庙,位于海滨街道宁城村,明代俗称城隍殿,祀信国公汤和而建。该庙共三进,均五开间,坐北朝南,砖木结构。大殿始建于明嘉靖七年(1528),后殿建于清乾隆间(1736—1795),已毁,1997年复原。1990年列为瓯海区第一批文物保护单位。现为龙湾区文保单位。

永嘉场人缅怀汤和,奉为城隍爷,农历七月十五有盛大庙会与巡游。庙会演戏时,有来自永强各村妇女自发组成的"烧茶班",进驻庙内,为观众烧茶、烧菜,婆媳相传,数百年不衰。

"永强宫主"杨府爷:杨府大神,又称杨府爷,是旧时温州渔民和航海商人的保护神。

光绪《永嘉县志》卷四《建置·坛庙》"杨府庙"条:"杨府庙:一在瞿屿山,一在海坛山。(《万历府志》:临海神杨氏失其名,相传兄弟七人入山修炼,后每著灵异。旧志:按神姓杨名精义,唐太宗时人,生十子俱入山修道,一夕拔宅飞升,同登仙籍,由此著灵,海滋祷祈辄应。)"

据海坛山庙碑记载:"杨府爷姓杨名精义,唐贞观时人,生十子。在瑞安陶山修炼成道而升天,曾在海上拯救渔民击退海贼,后人建庙祭祀。"杨府爷信仰由来已久,宋明时期即著大名,只是文献有阙,据光绪《永嘉县志》"杨府庙"条按语:"宋有敕北山杨府庙碑文,明有按察司副使袁公碑记,文具无考。"

刘绍宽编民国《平阳县志》卷四十五《神教志二》记载:

> 神姓杨名精义,唐时人,子十。三人登仕籍,七子偕隐,修炼于瑞安之陶山。拔宅飞升事闻,三子皆挂冠归寻,亦仙去。宋时敕封圣通文武

德理良横福德显应真君。

1985 年,瑞安市碧山龟岩村,发掘出一块残碑,是清光绪四年庠生陈见龙等人重立的,有如下文字:

> 唐太宗甲辰年五月廿四辰时诞生,翁姓杨讳精义,居安固县廿八都。苃芬西村人也。夫人葛氏,得训子十人,名国正、国天、国心、国顺、国猛、国勇、国刚、国强、国龙、国凤,媳十房……子孙共五十二人。至己巳年翁得中二甲进士,丁丑年官封都督大元帅,□□甲申年三子国心得中二甲进士,官封洋湖都督。其杨四、杨八、杨九,俱为元帅……翁至六十五岁,辞职告归,原祖山一岗,名曰北山,翁创造一寺,号松古寺。……翁寿一百零八岁,一旦拔宅飞升,荣登天府。翁自逝世致精光不散,道义常昭,由是灵著海澨,祈祷咸应。

根据以上各种材料,可以大致概述一下杨府爷的经历。杨府爷居苃芬西村(今碧山乡渡头村)。武进士出身,官封都督大元帅。十个儿子三登仕籍。65 岁时,辞官告归,七子偕隐,修炼于瑞安陶山,创松古寺(即今碧山寺,在碧山乡小平原北边)。修真有得,寿 108 岁,拔宅飞升。后另三子亦仙去。可谓"父子一家皆得道,兄弟十洞都成神"。"这样,各地传说的'杨府爷',实质上就形成了一个以杨精义为首的群体。因此,各地纪念杨府爷诞辰和升仙的日子也不一样。"

杨府爷的本职是海神。"海澨祷祈辄应"(光绪《永嘉县志》"杨府庙"条),在人们心目中,杨府大神是位神通广大、有求必应的神灵,不仅保出海平安,还可平复叛乱、断狱、治急症沉疴、摄禾谷收成。《岐海琐谈》卷十二:"北山杨府大神庙在九都瞿岙。庙中傍列十子,以行第称为相公,各有配偶为夫人。凡合伙经营虑相侵负,及暗昧之事无由暴白者,必诅诸神以冀昭鉴。凡远行商贩者、泛海捕鱼,及婴疾濒危卒、病沉疴者,必祷诸神以借庇佑。妇女死于急证,禾稼成熟而糠秕者,俱指为神所攸摄。"

清代,杨府爷神力感应、平复叛乱事迹里最著名的,有如下两三桩。刘绍宽编民国《平阳县志》卷四十五《神教志二》记载:"咸丰四年冬乐清瞿振汉据城反,旋就扑灭,事平,知为神佑(按:光绪《永嘉县志》卷四《建置·坛庙》'杨府庙'条述此事甚详)。五年三月,平阳鳌江有艇匪突入,居民御之亦称神助,击毙贼渠余匪悉遁,同时上其事,乞加封,都议未覆,同治元年平阳绅民以金钱会匪平,诸赖神力复请浙抚具题,六年六月,得旨加封'福佑'二字。"咸丰四年乐清瞿振汉起义、同治元年平阳金钱教起义被平定后,士民均相信乃杨府爷显灵所致,经过奏请,同治六年六月,得旨加封"福佑"二字,而杨府爷信仰也达到了历史高峰。温州知府戴槃勒碑《杨府庙碑记》于海坛山之庙侧(参光绪《永嘉县志》"杨府庙"条)。杨府爷祭祀也第一次被写入正史。《清史稿》志五十九载:"温州祀唐杨精义。""杨府君实际上是清廷和当地民众共同承认的决定性的政治话语形式。"①

杨府爷灵迹素著,受到温州民众的普遍信奉。明嘉靖年间,里人于黄石山麓建庙祭祀,是谓黄石山杨府庙,位于黄石山南麓,山下路中段,依山体而建。当地人又称"永嘉场宫"。宫内有杨府庙碑记。杨府爷信徒遍布永强,故号称"永强宫主"。

旧时农历五月十八,永强各地龙船都集中在庙前的河中"斗龙",祭祀杨府爷寿诞,1950年代后渐废。

"陈氏圣母"陈十四:即陈靖姑,唐时福建古田人。陈靖姑有很多尊称,是古代闽越、台湾及东南亚地区最有影响力的信仰女神之一。陈十四娘娘信仰是温州民间信仰的重要组成部分。

首先要考察真实史料中的陈靖姑历史面貌,然后考察陈靖姑传说在温州的形成和传播。陈靖姑形象通过鼓词、地方戏的传播(温州有娘娘词、灵经和昆剧《南游大传》),影响极其深远。

叶明生《陈靖姑信仰略论》(《闽都文化研究——"闽都文化研究"学术会议论文集(下)》,2003年):"由于陈靖姑信仰的影响很大,自唐末以来,已形成一种文化象征——对妇女儿童的保护;而且,陈靖姑信仰文化产生外延,除护幼保胎外,又增加了收妖灭怪、除虫御兽、祈雨禳灾,甚至剿寇平乱等一系列的法力,成为威灵显赫之神明。"

陈靖姑的身份也经历了从神异民女、保胎巫女到祠神临水夫人的转变。叶明生一文对陈靖姑信仰的历史演变作了很好的阐述。

神异民女阶段。依据明万历二十一年《道藏》所引《搜神记》中一则引用《枫径杂录》的资料,得出:"上引《枫径杂录》,年代无考,但据推测,应为宋代之传说。理由是,在元明之典籍中,提到陈靖姑者多言其为巫,并明确指出其所具有的法力。而此则文字所载之'陈氏女',则属民女,其灵异则属无意识行为,或属嬉戏之举,这在古代农村社会,是一个比较真实的灵异事象。"明弘治三年黄仲昭《福建通志》"顺懿祖庙"条引《古田县志》陈夫人资料,仍不具名字。

保胎巫女阶段。最早记载陈靖姑为巫的材料是宋人黄岩孙《仙溪志·

---

① 参见罗士杰、赵肖为:《地方神明如何平定叛乱:杨府君与温州地方政治(1830—1860)》,载《温州大学学报(社会科学版)》2010年第2期,第3—15页。

陈夫人》，述其"生为女巫，殁而祠之，妇人妊娠必祷焉"。① 明代周华所撰《游洋志》也记载其为巫。明万历《建宁府志》卷一二载陈靖姑到徐清叟家自称"姓陈，专医产"，已透露陈靖姑以祛邪治病、护产保婴为主要神职。明弘治三年黄仲昭《福建通志》引《古田县志》记载，言其出身巫术世家。其怀孕祈雨而身殒的故事，则成为传说中的重要组成部分，且是其成为保胎之神的由来。

祠神临水夫人阶段。陈靖姑的信仰传说，从中唐后期即在闽浙地区流传，但在北宋之前，其传说尚不为上层社会所接受。据《将乐县志》②等史料，陈靖姑的受封应在南宋绍兴初年。陈靖姑由民女、女巫登上神殿，并明确"顺懿夫人"封号，是在南宋嘉定（1208－1224）之后，为之请封的是曾任福州、建宁知府的浦城籍进士徐清叟，请封的原因载于《建宁府志》。

明朝洪武年间，古田文人张以宁撰写了《临水顺懿庙记》以纪念陈靖姑，其中有这样的叙述：

> 古田东去邑三十里，其地曰临州，庙曰顺懿，其神姓陈氏，肇基于唐，赐敕于宋，封顺懿夫人。英灵著于八闽，施及于朔南，事始末具宋知县洪天锡所树碑。皇元既有版图，仍在祀典，元统初元浙东宣慰使都元帅李允中实来谒庙，瞻顾咨嗟，会广甚规，未克就绪，及至七年，邑人陈遂尝掾大府概念厥初状神事迹，申请加封，廉访者亲核其实，江浙省臣继允所请，上中书省，众心颙颙，俟翘嘉命。（刘日旸《古田县志》（万历）卷十二）

据林国平教授的考证，这是有关陈靖姑最早的文献记录③。

陈靖姑是一位由巫、道、佛教共造的女道法神。

闾山巫法和道教的打造。当唐代陈靖姑信仰传播及流行的时候，这位以灵异及救胎护产传说闻名于世的女巫，很快就得到各地闾山教巫师们的重视，除将其纳入巫法神系外，还用"闾山巫法"在陈靖姑身上如法炮制闾山法的传说，从而将其打造成闾山教中的一位女道法神，并赋以闾山法的"斩蛇"和"驱疫病"的法术。这一由闾山巫法打造的陈靖姑传说事迹见载明弘治三年（1490）黄仲昭《八闽通志》："临水有白蛇洞，中产巨蛇，时吐气为疫病。一日，有朱衣人执剑，索白蛇斩之，乡人诘其姓名，曰：'我江南下渡陈昌

---

① （宋）黄岩孙纂：《仙溪志》卷三《祠庙》，福建人民出版社1989年版，第60页。

② 清乾隆三十年修《将乐县志》卷一五《坛壝祠庙》，第35页。

③ 林国平、彭文宇：《福建民间信仰》，福建人民出版社1993年版，第162页。参见蒋俊：《地方神明建构脉络之解读——以陈靖姑信仰为中心》，《宗教学研究》2008年第1期。

女也。'忽不见。巫往下渡询之,乃知其为神,遂立庙于洞中。"由于闾山教的参与造神,陈靖姑在民间原来灵异及救产护婴的法术上,又多了"斩白蛇"和"驱疫病"的神力,陈靖姑从此由普通的民间信仰神成为闾山教中的女道法神。

明万历《道藏》收录《枫径杂录》之"顺懿夫人"则是陈靖姑开始被道教认同的一个标志。明末陈鸣鹤所撰的《晋安逸志》,对陈靖姑的完全"道教化"也有详细的记载。其中最重要的是编织了一个陈靖姑与其兄陈守元的道教授箓、传法及除妖的故事,时间亦移到了五代闽王朝,书中明确指出:"女道……陈靖姑,闽县人,五世好道。"这个资料为清康熙年间学者吴任臣《十国春秋》卷九十九闽十《陈靖姑传》采录。①

佛教"瑜伽教"对陈靖姑的利用。客观地说,陈靖姑民间信仰的持续和发展,与唐宋以来佛教"瑜伽教"南传及其世俗化有很大关系。特别是北宋仁宗天圣年间(1023-1025)的一次禁巫运动,江南巫教面临毁灭之厄运;由于巫教借佛教瑜伽教所采取的"援佛人巫"或"以佛护巫",陈靖姑信仰及江南巫教(包括闾山教)才得以保存而流传下来。

在巫、佛结合之后,陈靖姑信仰在道坛及民间都发生了根本性的变化。陈靖姑的家族、家庭以及她本人的身世也随之发生本质的变化,其中最重要的是,陈靖姑不属凡胎,而是观音菩萨指甲之化身。陈靖姑所学的巫法和其兄二相的"瑜伽大法"并行不悖,陈靖姑也从"淫祠"和"淫祀"的阴影中走出,出现于南宋以后之赐额大庙及祀典中。这种对陈靖姑脱胎换骨的重新打造,在元末明初刊行的《三教搜神大全》之有关"大奶夫人"的说辞中已充分体现。

叶明生考察了闾山夫人教在南方各省的流播,在浙江亦广为流播。叶明生《福建道教女神陈靖姑信仰文化研究》②:"闾山派在浙江的流行地区为浙南大部,其中包括温州、丽水、衢州、金华等广大的乡村。有关浙江闾山派中的夫人教情况,以往人们仅注意到与闾山派相关的民间文学之傀儡戏《夫人戏》和鼓词《夫人词》,很少关注其教派、教法的流行的情况。近年,浙江学

---

① 《瓯海逸闻》卷五十四《祠祀》"陈靖姑"条:"《县志》:'栖霞宫,祀陈夫人,盖闽夫人也;闽人谓之临水夫人。'余按吴任臣《十国春秋》,陈守元女弟为陈靖姑,有道术,曾诛白蛇妖,闽主鏻封为顺懿夫人,食古田三百户,以一子为舍人。靖姑辞让封邑不受,乃赐宫人三十六人为弟子。后数岁逃居海上,不知所终。其所传遇馁姬发箪饭之,遂授以秘箓符篆,驱使五丁,鞭笞百鬼。及斩白蛇为三,蛇化为三女子云云,皆与今俗说夫人灵迹相符,则是神为靖姑无疑。《县志》最疏略,不足观也。"(《罗阳诗始》董正扬《山村杂忆》诗注)

② 载《福建道教》2001年第2期。

者徐宏图先生在其田野调查中搜集到大量有关浙江夫人教的资料,其近作《浙江的闾山道及有关陈靖姑的信仰与戏曲》一文,可见夫人教在浙江流行之大略。"据徐文称:"浙江称道教'闾山派'为'闾山三奶派'、'陈十四夫人教'等,系产生于元、明民间符箓道支派,有人将其划入正一道,其实与正一道并不完全相同。……其中尤其崇奉陈靖姑,曾推其为教主,故又有'陈十四夫人教'之称。"据考证,永嘉县渠口镇南山村有一何姓道坛,"自先祖何恭一习闾山教起",至今已传三十三代,相传已有700余年历史。

现存的陈靖姑传说是北宋禁巫运动之后巫、佛结合的产物。元末明初刊行的《绘图三教源流搜神大全》"大奶夫人"条,反映了巫、佛结合的情况,也提供了较早的陈靖姑传说的套路,兹抄录如下:

> 昔陈四夫人,祖居福州府罗源县下渡人也。父谏议,拜户部郎中,母葛氏,兄陈二相,义兄陈海清。嘉兴元年,蛇母兴灾吃人,占古田县之灵气穴洞于临水村中,乡人已立庙祀,以安其灵,递年重阳买童男童女二人以赛其私愿耳,遂不为害。时观音菩萨赴会归南海,忽见福州恶气冲天,乃剪一指甲,化作金光一道,直透陈长者、葛氏投胎。时生于大历元年甲寅岁,正月十五日寅时。诞圣瑞气祥光罩体,异香绕闼,金鼓声若有群仙护送而进者,因讳进姑。兄二相曾授异人口术瑜伽大教正法,神通三教,上动天降,下驱阴兵,威力无边,遍救良民,行至古田临水村正值轮祭,会首黄三居士供享,心恶其妖,思靖其害,不忍以无辜之稚啖命于荼毒之口,敬请二相行法破之,奈为海清酒醉填差文券时刻,以致天兵阴兵未应俟,恐及二相,为毒气所吸,适得瑜仙显灵,凭空掷下金钟罩,覆仙风所照邪不能近,兄不得脱耳,进姑年方十七,哭念同气一丝,匍往闾山孝学,洞王女即法师傅,度躯雷破庙罡法,打破蛇洞,取兄,斩妖为三,殊料蛇禀天宿赤翼之精,金钟生气之灵,与天俱尽,岂能殁得,第杀其毒不敢肆耳,至今八月十三起乃蛇宿管度,多与风雨霹雹,暴至伤民稼穑,蛟妖出没,此其证也。后唐王皇后分娩艰难几至危殆,妳乃法到宫以法催下太子,宫娥奏知唐王,大悦,敕封都天镇国显应崇福顺意大奶夫人,建庙于古田以镇蛇母,不得为害也。圣母大造于民如此,法大行于世,专保童男童女催生护幼妖不为灾,良以蛇不尽殍,故自誓曰:"女能布恶,吾能行香",普救今人,遂沿其故事而行之,法多验焉。圣父威相公,圣母葛夫人,圣兄陈二相公,圣姊威灵林九夫人(九月初九日生),圣妹海口破庙李三夫人(八月十五日生),爷娘破庙张萧刘连四大圣者,铜马沙王,五猖大将,催生圣母,破产灵童,二帝将军。

陈靖姑信仰经过宋代巫、道、佛大融合之后,其传说也开始形成一个基本套路,并逐步充实丰富,形成一个传说体系。据广田律子《中国女性神祇及其艺术表现》①,清人何求的《闽都别记》可说是集陈靖姑传说的大成。他将民间传说加以综合、渲染、丰富,成为我国第一部反映陈靖姑事迹的长篇章回传奇小说。

"从唐末五代开始,温州进入以福建移民群为主体的社会形态,闽东赤岸成为福建逸民的族群发源地,并且形成了以福建俗神陈靖姑信仰为核心的俗神信仰体系。根据陈靖姑传说改成的温州《灵经大传》,成为温州人的生存智慧的结晶,它以严格的演唱仪轨宣教着区域社会的传统文化。""福建俗神陈靖姑信仰是温州民间信仰中最重要的神灵信仰之一,具有福建移民祖先崇拜的特点。其演唱《灵经大传》的祭祀仪式,有固定的情景设置和宗教仪轨。《灵经大传》本身集掖着温州人的智慧,是温州人的生存圣经,以村落常年演唱的方式发挥宣教作用。"②

陈靖姑信仰随福建移民群南移,在浙南迅速蔓延、流传。如在清代,仅永嘉楠溪江入港,经上塘、中塘、下塘,沿途七十里水路皆有陈十四娘娘祠或庙,石方洛的《楠溪竹枝词·奉娘娘》:"上塘中塘又下塘,祠神到处奉娘娘。"③

温州地区的陈靖姑传说是闽人徙居温州之后的产物。叶中鸣《陈十四奇传》以章回体小说对温州陈十四娘娘的故事做了很好的归纳,汤镇东整理的《温州鼓词南游传》④使我们一睹《灵经大传》的原貌;陈翔绮编导的温州乱弹戏曲 35 集连续剧《南游大传》,在鼓词唱本的基础上,对陈十四娘娘、陈法清的传奇做了生动的演绎。杨昭在《温州的地方神信仰》⑤一文中略述了温州陈十四娘娘的传说:

> 陈十四娘娘俗信由来大致如下:宋仁宗时期,泉州太守欲修洛阳桥,可是资金不足。这时观世音菩萨显化为美丽的少女,在洛阳江上驾着小船,让人们向她身上投银子,声称谁能投中就嫁给谁。为了能娶到这位动人的姑娘,人们纷纷投掷银子,不一会小船上即落满了足够架桥

① 载《夫人词——陈靖姑地方神研究资料之一》,上海民俗学会 1993 年版。

② 参见林亦修《温州族群与区域文化研究》,上海三联书店 2009 年版,第 147—208 页。

③ 叶大兵辑注《温州竹枝词》,文化艺术出版社 2008 年版。要注意的是,尽管陈十四娘娘是温州地区最著名的神灵,神祠遍布温州全境。然而,至清咸丰年间仍为淫祀,未得官方之认可,志书多未载。清咸丰年间方鼎锐《竹枝词》:"十四娘娘广应宫,求财求子各匆匆。最怜娇女盈阶拜,姊妹分行七七同。"词注云:"广应宫祀陈十四娘,志书不载,莫究其所自来,盖淫祀也。"可见至清咸丰年间陈十四祠庙仍为淫祀,未得官方承认。

④ 甘肃人民出版社 2008 年版。

⑤ 《世界宗教文化》1999 年第 3 期,第 56—58 页。

的银子。有一个卖菜的男子经吕洞宾传授将银子碾成粉投过去,银粉粘到了观音菩萨的一根头发上,观世音刚想把这根头发拔掉扔到江中,头发却突然变成了一条白蛇。观音菩萨料到白蛇以后会给人们带来危害和灾难,遂咬破自己的手指,将血滴在福州一带。后来饮此血而怀孕的妇女便生下了陈十四娘娘。传说陈十四娘娘自幼聪颖,"一岁二岁多伶俐,三岁四岁正聪明,五岁六岁多才能,七岁八岁入学堂,七岁读书到十五,四书万卷腹中存"。非但聪慧如此,而且能行神迹,使哑巴开口,聋子复聪。陈十四娘娘十五岁那年决意到闾山学法,拜许真君为师,学得斋醮、呼风唤雨、缩地腾空、攘病祛瘟等法术,唯不修扶胎安产之术。真人问:"何不学?"娘娘答:"未嫁之人怎便入秽室,故不学也。"后辞别师傅下山,真人赠以宝剑和符箓,并叮嘱:"至二十四岁不可动法器,勿忘。"后闻闽地有白蛇危害乡里,娘娘遂于白蛇洞前建法堂,将白蛇斩为三段,监禁在三个地方。二十四岁时陈十四娘娘怀了孕。这一年,福州一带天大旱,酷热异常,禾苗枯萎,为了乞求上天降雨,娘娘施法将胎儿取出,然后来到白龙江边,乘筏江中,左执鸣角,右执宝剑;念动真言,作法乞雨。未几,天降甘霖,施泽广民,旱情大解。但此时白蛇精却乘机盗食了胎儿。娘娘得知大怒,施法将蛇精镇于洞中,永不得出。但自己也一病不起,不久告别人世。由于没有学习保胎法术而追悔莫及的陈十四娘娘灵魂再进闾山,修保胎安人之法,成为民间最受欢迎、最受崇敬的保育神。

陈十四娘娘是温州地区普遍信仰著名的女神,民间盛传其斩白蛇传说,凡民俗活动,以请词师唱娘娘词为最神圣。娘娘词,亦称大词、灵经、南游,叙陈十四收妖故事。连台词,需连唱十余天才毕。请唱、演唱、送神过程十分隆重庄严。《瑞安县志稿》"娘娘词"条:"谓陈十四昔学法庐山,道行既深,为邑除白蛇之害。编词述其绩,俚俗不可读,但骗妇女而已。唱时在太阴宫神案下,一声击锣,随烧纸马,若有鬼神来临者。唱毕造一纸船,携娘娘神位至江滨,焚船遣送妖魔,则合社太平矣。"①温州鼓词里的陈十四娘娘故事,大略说她曾学法庐山,下山后斩白蛇,除猫狸精,斗玄坦爷,为民除害;唐时受朝廷敕封为"护国夫人",宋加封为"平天圣母娘娘"。

"陈氏圣母"香火遍布龙湾,全区计有大小"太阴宫"30座,占全部神庙总数212所的15%。普通民众除了向娘娘求护幼保胎外,其他一切愿求无不可祈祷之。唱娘娘词亦盛行不衰。

---

① 转引自郁宗鉴、侯百朋编:《温州故实杂录·风俗杂钞》,作家出版社1998年版,第220页。

郑老爷: 郑老爷是典型的永嘉场土生土长的神灵。据光绪《永嘉县志》卷四《建置·坛庙》所载"忠烈将军庙"条原注:

> 神郑氏,讳生字公全,沙村里人,生于宋乾道乙酉正月十五日,好侠使气,能出神示幻,常语人曰:"吾当由兵解,血食人世。"后附海舟遇盗斗死,其家忽睹神骑从归,倏复不见。嗣后数显灵异。宝祐五年永嘉守立庙于其乡,元大德间敕封忠烈将军。(旧志)

此材料的来源是嘉靖《永嘉县志》卷四《祠祀志》"太尉郑侯庙"条,王叔果收集的资料:

> 太尉郑侯庙在三都沙村乡□□进士林梦佳有记,叙其灵绩甚详,今碑石无存。
>
> 里人王叔果掇其略曰:神郑氏讳生,字公全,三都沙村里人。生于宋乾道乙酉正月十五日。夙负灵异,好侠使气,能出神示幻,尝往旧语众曰:"某方飨我。"众诮其妄,则吐肉以示。与客宴忽噀酒曰:"雨某方火。"翌日人传火势方炽,得骤雨乃止,雨有酒气。家濒海,时作醉瞋状,家人问之,则曰:"拯覆舟也。"樟木浦官舰初成,数百夫不能下,侯一举手下焉。书□□□曰:"吾尝由兵刃解,血食人世。"后附海贾舟,中流遇盗斗死。其妻在家,忽睹侯骑从归,投杼迎问,倏复弗见。嗣后数显灵异。或见其绯袍玉带,凭倚危台,或见其火光中阴兵□。凡家在灾祟,道遇艰厄,祈祷响应,其御灾捍患,保境救民之功未可殚述,宋宝祐五年,见奏于永嘉守某公,建像崇庙于其乡,元文宗大德间敕封忠烈将军。

清康熙朝进士英桥王锡琯所撰传记①对地方志有补充说明,据载:姓郑名生(一说姓郑名铮),沙村里人。生于南宋乾道元年,好侠使气,后附海舟遇盗斗死,葬于沙村沙岗。牺牲后数显灵异,曾托梦于郡守,示以诗云:"昨夜云游返故乡,故乡风景最凄凉。区区墓上一抔土,犹纳朝廷岁岁粮。"郡守以事闻,诏封为太尉,遂建庙于其乡。元大德年间敕封为忠烈将军,明嘉靖己未追封为"忠烈郑使侯王",立像出巡。

按:郑生之所以成为地方神,其一是"夙负灵异"、"能出神示幻",这符合温州地区"好巫尚鬼"的传统,也表明永嘉场民众对异能人士的倚重。其二是"好侠使气",有神力异能,能举樟木浦官舰,并最终"遇盗斗死"。显然郑生是武勇之士,而永嘉场自古以来就是一个崇尚武勇的地方,郑生之成为地方神,体现了永嘉场民众对勇毅之士的欣赏。其三是神灵与海洋的关系。郑生在未成神灵之前,即有"拯覆舟"之行。"家濒海,时作醉瞋状,家人问

---

① 按:原文笔者未找到。

之,则曰:'拯覆舟也。'"且"后附海贾舟,中流遇盗斗死",一生与海洋脱不了干系,具有滨海民众的神灵特征。成神之后,"其御灾捍患,保境救民之功",应有不少属于保佑渔民、商贾出入平安的神迹。民间传说忠烈侯王郑老爷的船送"东嘉双璧"王叔果、王叔杲进京赶考的故事①,也是河海神灵的功能表现。郑老爷数显灵异,民众应有为之立小庙(材料所限,未有这方面直接资料),然作为淫祠尚未获得合法性。至宋宝祐因托梦太守,以忠良纳税相感,奏闻朝廷,诏封为太尉,并"建像崇庙于其乡",这是获得官方承认之始。至元、明时期更有所敕封,遂入祀典之列。沙村于宋宝祐五年(1257)、石浦于明嘉靖三十八年(1559)相继建成"忠烈庙"。以后南桥、葶芳、榕树下三村父老去分得香火,在南桥村塑像祭祀。

至明代,郑老爷"御灾捍患,保境救民"的神格职能还增加了抗倭显神迹。明嘉靖年间东南倭寇为患,民众祈祷武勇的郑老爷显灵护佑。虽然有关材料一时没有找到,但是据永兴庙会郑老爷联,可知其抗倭神迹应故老相传。之一云:"尽忠报国,震慑倭夷,经武扬名垂万古;怀德爱民,驱除盗贼,丰功伟绩显千秋。"②之二云:"碧血抗倭,忠诚耿耿凌霄志;丹心护国,德泽巍巍撼人寰。"③

永昌堡是抗倭的前头堡,堡内居民信奉抗倭的郑老爷,名列正月迎请的系列神灵之中。根据永兴康二郑氏提供的材料,永昌堡村民过去每年正月初十有迎神的习俗,所迎的神当中即有"郑老爷"。同日还分班出巡,郑老爷一班向城南外出巡,抬至城南李浦桥上,然后在桥中央转头,返回永昌堡城内。最后礼炮齐鸣,众人再三跪拜谢恩,然后逐渐各自返家。

东岳爷:又称忠靖王、温元帅。据元宋濂《忠靖王碑记》④记述:忠靖王姓温名琼,唐长安二年(702)五月生,温州平阳人⑤。他七岁习禹步为罡,十四岁通五经,至廿六岁举进士不第,乃拊几叹曰:"吾生不能致君泽民,死当以泰山神以除天下恶厉耳!"于是化为神灵,为民除害。又一说是温琼于端午前夕闻鬼言已投毒于井。翌晨守井边,为劝阻村民汲水,以身试毒而亡。黎民感其献身救人,奉为神明。下垟街九村从温州东岳殿分得香火,塑神祭祀。

---

① 参见王金麟撰:《双璧赴京赶考》,载王璋、王一平编:《古堡深处——永昌堡诗文选编》,大众文艺出版社 2008 年版。
② 出自王锷:《学海浪痕》,中华诗词出版社 2008 年版。
③ 海滨街道沙村上殿路对联。
④ 金柏东:《温州历代碑刻集》,上海社会科学院出版社 2002 年版,第 60 页。
⑤ 弘治《温州府志》卷十六《祠庙》载其为"唐平阳黄泥桥人"。

忠靖王一直被温州民众看成是驱瘟逐疫之神,"俗信凡温元帅所到之处,瘟神尽逐,可保闾里安宁"。① 忠靖王信仰在温州地区十分流行,忠靖王庙的香火也越烧越盛。至清代,形成了以三月三迎温元帅为高潮的集禳灾、娱乐、商贸为一体的大型民俗活动——"拦街福"。《岐海琐谈》卷一第二六条、卷十二第四三六条、卷十第三五五条均有关于忠靖王的相关记载。

清郭钟岳《瓯江小记》②载:"拦街福,温俗之酬神赛会也。土风以二月十五日至三月十日,城中各户酬神,设牲于道,张灯结彩,吹笙鼓簧,六街灯火,彻夜不绝。酬神后迎东岳会,会中有方相氏,高与檐齐。它则黄金四目,傩拜婆娑,旁街曲巷,必须周历。"东岳庙会和拦街福最初只是单纯驱瘟逐疫的民间信仰活动,后慢慢发展成集信仰、商贸、娱乐为一体的大型传统节日活动。

"胡公大帝"胡则:胡则(963—1039),宋婺州永康人,字子正。历典七州,更六路使者节,践更中外凡四十七年,所至有声绩,行仁政、除弊端、宽刑薄赋,清廉爱民。《浙江古今人物大辞典》称其"所临有政绩,其奏免衢、婺两州身丁钱一事,为时人所称颂"。以兵部侍郎致仕,卒谥忠佑,改正惠。亡故后江南人民感恩供奉为神,香火遍地。范仲淹著有《兵部侍郎致仕胡公墓志铭》,《宋史》有传。③

胡则虽然未尝两守温州④,但是温州人却对他极为崇信,乃重要朝圣对象。胡则以其生平功德获得了衢、婺、温等州人民的崇信。光绪《永嘉县志》卷四《建置·坛庙》载清李銮宣《东瓯镇海门外胡公庙碑记》:"公为婺人,有恩德于衢、婺二州,二州人尸祝之宜矣,而今之庙祀乃遍东瓯也……则公之庙食所在宜有,岂特永嘉哉!"

温州胡公庙原有三处,光绪《永嘉县志》卷四《建置·坛庙》:"胡公庙:在开元寺右,祀宋郡守胡公则。公永康人,《宋史》有传,一在松台山,一在永场青山,一在镇海门外。"

龙湾民间旧有逢秋结伴雇梭船上大若岩祭祀胡公爷的习俗。这个"伴"就称"胡公爷班",回来摆酒聚餐,以祭品为食,称"吃胡公爷班"。每个班友出个鸡(或折价),叫"彩鸡"。

龙湾各姓氏均以辈分取名,但全区在新中国成立前各姓均有以"岩"字

---

① 叶大兵:《俗海探微》,黄山出版社1998年版,第202页。

② 清光绪四年和天倪斋藏版。

③ 参见《中国历代人名大辞典》,上海古籍出版社1999年版,第720页。

④ 光绪《永嘉县志》卷之四《建置·坛庙》原按文:"按《宋史·胡则传》:则自睦州徙温州,未尝两守永嘉,碑文知永嘉军,乃永兴军之讹。"

代替辈分者,如王岩×、陈岩×、张岩×。此"岩"字即"胡公大帝"香火源头"方岩"、"大若岩"之"岩",意在祈求"胡公大帝"庇佑。许多老年得子者取名"岩保"、"岩福"、"岩姆"……永中街道黄石有家人连养八婴均夭折,第九胎遂取名"孙岩九",至今已年逾古稀。

叶大兵《温州民俗》"拜岩亲爷"条[①]:"生育子女艰难的人家,希望生来的儿子无病无灾,当为儿子取名的时候,要认定某山某岩作为自己的亲爷(即干爹),其仪式是:备办福礼,在自己家中设祭拜祷,用泥金或朱砂装裱好的纸一副,写上小儿的名字,第一个字要用岩字,下个字可随意凑上去;又在纸上说明岩爷赐名,钉于房内板壁上,然后在檐头下挂个插香烛的器具,每月初一、十五,都要祭拜,直到孩子成人。有诗云:'岩亲爷,世灵钟。吾家生有人中龙,只恐造物忌人聪。愿把儿名附骥踪。字泥金,贴标红,大书儿名挂壁东。儿呼亲爷名尊崇,儿父应呼岩亲翁。'(《且瓯歌》)"按:"要认定某山某岩作为自己的亲爷",实则是拜方岩胡公大帝为亲爷,作者失之不察。

第四类,鬼怪和"恶脏"。

温州人尚巫敬鬼,所以鬼怪是其敬奉的重要对象。人们相信鬼怪是存在的,所以也要侍奉好,否则的话必然带来灾祸。

瓯越人素有"好巫尚鬼"的传统,这一特点,在许多古籍中有所描述。如《史记》卷二八《封禅书第六》记载:"是时,(汉武帝)既灭两越,越人勇之乃言:'越人俗鬼,而其祠皆见鬼,数有效。昔东瓯王敬鬼,寿百六十岁。后世怠慢,故衰耗。'"唐陆龟蒙著《野庙碑》记载:"瓯越间好事鬼,山椒水滨多淫祠。"明万历《温州府志》记载:"东瓯王敬鬼,俗化焉,尚巫渎祀。"瓯越"好巫尚鬼"之风,在《岐海琐谈》中有淋漓尽致的体现,书中以大量篇幅记述了鬼怪之事。情况大致有以下几种:1. 听见鬼哭声,多为含冤而死的人,如第三〇一条"倭寇犯温"。2. 碰见鬼妖,遭其侵扰,如第四三二条"一狐为怪"、第四四二条"有女夭于痘"。3. 遇到仙人,如第二一一条"遇仙治病不用药"。4. 到过冥司,第五三六条"王景旸酷嗜风水"。《岐海琐谈》中涉及仙妖鬼怪的条目还有许多,可见当时鬼怪观念深入人心。[②] 这些温州人共有的鬼怪观念,永嘉场人自然也不例外。

叶大兵《温州民俗》"求洞"条[③]:"民间如遇小儿患病昏迷不醒,就认为被鬼怪所迷。于是请米卦先生来占米卦(即撒米问卜),卜者胡说小儿灵魂

① 海洋出版社1992年版,第153页。
② 参见刘同彪、蔡克骄:《从〈岐海琐谈〉看温州民间信仰》,《温州大学学报》2006年第2期。
③ 海洋出版社1992年版,第157页。

被山洞精怪摄去,要赶紧去恳求放还。于是病家就去邀集亲邻去求洞。现此俗已消亡。"

其中,"恶脏"观念显得很特别。对那些夭折、横死的人之鬼魂有一种忌讳,很怕提及他们,更怕招惹上身。《龙湾民俗(概述)》①第二章:"外有无名'鬼怪',鄙称'恶脏'。民间心态以为:'老爷'、'菩萨'、神、神佛是'善'的化身,为人驱灾禳难、赐福生财;'恶脏'则为'恶'的化身,是'黑社会恶势力',好惹事生非。"

2. 祈神活动

祈神活动有祝寿演戏、禁垟、求雨、打渔醮等,以及其他节俗活动中的祈神活动。明代,温州各地普遍有迎神赛社之风。《岐海琐谈》卷七第二四四条:

> 余乡元望多事迎神,置神于辇,俾人舁之。导以幡盖鼓吹,循行境内。有因望门而进者,有驻于门外者,俱奠以果醴申敬。六都迎棹大约相同。每至人家,有诺愿未偿,即留不去。虽拽外向,内进愈坚,须再订盟,舍之他往。夫瓯俗好鬼,迎神赛社,其来尚矣。然以酬愿之故,留以待索,不几于琐屑与? 其年祥朝拜仅见于一乡者(按:指的是三十四都赛祷有名"年祥"者),竟不知其何故也!

要举行庙会、祭祀等活动,需要经济来源。除了家家户户凑银子、捐会费的方式,还有一项重要的内容就是围垦(围海造陆),以神名命名围垦的地段,获得地方神的"众田"收入作为开支,这也是极其鲜明的地方特色。项有仁《龙湾民俗(概述)》载:

> 龙湾的疆域由浅海滩涂淤积,龙湾人层层筑堤,步步围垦而成。早在周时《越绝书》,就有瓯越人"积沙成城,以捍潮势"的记述。在凌厉的"潮势"前,人们自感力量的微弱,就寄希望于冥冥之中"力量无边"的神灵,借神灵的号召力动员人们投工围垦,以求庇护。于是就出现了以地方神命名。围垦而成的地段,有海神爷荡、娘娘荡、关老爷荡、地主爷荡、水城隍爷荡、郑老爷荡、玄坛爷荡、东岳爷荡。自南到北沿海岸而置,不下千亩。其中部分为地方神的"众田",收入作为"抬佛"、庙会、祭祀的开支,其余均为户有。

以汤和庙会为代表的祝寿演戏和庙会活动,在永嘉场祈神活动中最具有代表性。旧时温州各地神庙多数设有戏台,每逢神灵诞辰,庙内都有酬神

---

① 项有仁:《龙湾民俗(概述)》,未刊稿。

的戏曲演出。当遇到干旱、暴雨、台风等自然灾害时,百姓甚至官府会请各庙神出巡,祈求神灵减轻灾害。每年各庙主神寿诞,历来有"演戏上寿"习俗,故寿诞即为庙会。庙会演戏时,有来自各村妇女自发组成的"烧茶班",进驻庙内,为观众烧茶、烧菜服务。

叶大兵《温州民俗》"演神戏"条①:"各地庙宇凡逢神诞日,多有演戏,叫'演神戏'。演戏时,各庙还抬出菩萨,高坐正殿,正对戏台,外面点燃香烛,摆供三牲福礼,这叫'会请'(即请菩萨看戏)。瑞安沈岙正月初一还要迎大佛,从早上太阳出来,佛爷坐着灯轿,轿旁几百盏莲花灯围着开始巡行,照例戏班在庙中演神戏,要不停地演到佛爷归殿为止。……有诗云:'演神戏,演神戏,不在街头在神庙。一年三十有六旬,每日登台劳鼓吹,三处五处奏伎工,卜昼卜夜满城同。舞衫歌旧神亦厌,要明四目达四聪,有时敲铜铖,什以爆竹声。人山人海途为塞,迎神送神曲数更。'(清徐荔枝《瓯括纪游草》)"

温州城里流行拦街福活动,此活动即由东岳庙会发展而来。忠靖王一直被温州民众看成是驱瘟逐疫之神,"俗信凡温元帅所到之处,瘟神尽逐,可保闾里安宁"。② 由对东岳爷寿诞之祝寿而发展为"拦街福",具有祭祀、祈神、经济、娱乐等多项功能。

永嘉场祠庙众多,每年各庙主神寿诞,"演戏上寿"和庙会的习俗盛传不衰。此外也有庙小以唱词祝寿的,如七甲一村的五通庙,七甲四村的太卢宫。唯"永强宫主"杨府爷的寿诞五月十八是"斗龙船",场面蔚为壮观,中华人民共和国成立后废止。

永嘉场地区最大的庙会就是东瓯王汤和庙会,此即永嘉场之"拦街福"。宁村为了纪念汤和的抗倭事迹,形成了七月十五庙会活动,即"抬佛",又称"汤和节"。

三番《汤和抗倭与宁村所城史实纪略》③:

尤其是七月十五的庙会尤为热火。届时村民将汤和的塑像从庙中请出,前呼后拥地沿城四门巡游,途中还要举行"路祭"。邻近各地包括温州市内以及永嘉、乐清、瑞安、平阳、苍南、泰顺、文成、青田、玉环等地人们都相继前来参拜,络绎不绝,热闹非凡。这一"出巡"活动,途经龙湾永强大部分地方,所到之处,众乡民夹道欢迎,至最后一站停留在"教场"(即今海滨街道教新村,永强人称"教场头"),举行隆重的"祭灵"仪

---

① 海洋出版社 1992 年版,第 157 页。
② 叶大兵:《俗海探微》,黄山出版社 1998 年版,第 202 页。
③ 《龙湾文史资料》第二辑,内部资料,2004 年版。

式,告慰护国战死沙场的官兵英灵。1998 年建成占地约 4 亩的抗倭英烈墓园,每年清明节,由村里老人敲锣打鼓组织扫墓。

陈铭《牢记历史 纪念汤和——龙湾宁村又将举办"七月十五汤和节"》[1]述其发展演变:

> 现今的"七月十五汤和节",已在传承的基础上不断创新,将民间传统习俗与现代生活完美融合。随着人民群众对文化生活需求的日益增长,一年一度的"七月十五汤和节"内容也与时俱进,从过去较单一的"抬佛"、"扮无常"、戏曲人物马队,到现在增添了许多充满生活气息与时代精神的民俗歌舞节目,如踏高跷、打花棍、打腰鼓、荡秋千、打荡河船、剑舞、棍舞、伞舞、扇舞等等。许多文娱节目都围绕着"勿忘国难"、"爱我中华"这一主题展开,重现历史上的汤家军、抗倭寇、宁村百家姓村等场景。

2004 年 8 月 30 日(农历七月十五),宁村村民进行了 470 余年来最隆重的一次祭祀活动,并以此为契机,举办了"首届汤和民间文化艺术节",全村 785 户居民踊跃参加,并自发组织了各项文艺活动,参加演出的群众达 1237 人。2008 年 6 月 14 日,龙湾"汤和信俗"入选第二批国家级非物质文化遗产。这是龙湾区第一个非遗项目入选"国遗"。

3. 其他类型民间信仰

民间信仰种类繁多。除鬼神信仰之外,旧时温州还流行其他形形色色的民间信仰。叶大兵《温州民俗》"诸卜"条[2],包括祈梦、卜玫、求签、讲灵姑、降童、算命。明代温州人姜准撰写的《岐海琐谈》有大量篇幅记述了宋元明时期在温州流行的占卜、求梦、征兆、看风水、算命、风签、扶箕等民间信仰活动。如第二〇六条"忠靖王附箕对"记载扶箕这一民间信仰活动,此条记述:"有一对云'风动棕榈,似千手佛摇折叠扇',众莫能对,因请乩。附乩之神自称温元帅,以'霜调荷叶,如独脚鬼戴逍遥巾'对之。温元帅即吾里当境神忠靖王也。"温州地处东南沿海,气候潮湿炎热,瘟疫时常发生,当时的医药还无法有效控制瘟疫的蔓延,在这种恶劣的环境中,形成了各种各样驱瘟逐疫的民间信仰活动,如"纸船送瘟鬼"、迎神驱瘟、扶鸾问药、请灵姑等等。永嘉场域内主要有尊宗敬鬼、祭祠堂、扫祖墓、敬家仙、卜巫堪舆等等。[3]

---

① 《温州日报》2007 年 8 月 18 日瓯越民间版。
② 海洋出版社 1992 年版,第 158 页。
③ 具体情况可参见刘同彪、蔡克骄:《从〈岐海琐谈〉看温州民间信仰》,《温州大学学报》2006 年第 2 期。

4. 永嘉场民间神灵信仰之特征

其一，神为民立，以地方神为主体。

温州祠神崇拜以地方神为主体，这类地方神祇多数为民所立。前面所述的那些祠神大多属于这种类型。

所谓的民立，指的是地方民众出于对某类传说人物、地方贤德的感恩而尊之为神灵，数传其神异，乃至立祠供奉。例如，蔡敬则以其功德而为民众设祠供奉。《岐海琐谈》第四二五条"蔡敬则建永宁城"，体现了温州神灵多为民立这一特点。此条记载："蔡敬则，汉末以里人起义兵，捍盗有功，授东部都尉，建永宁城于邵公屿，号令分明，境内宁谧。……已而邑多虎暴，相率食人，神贾勇先登，屠其巢穴。归途遇老人，从以修蟒，谒道旁，语顷失所在。至城，属其民曰：'天今策我为佐兵使矣，害盈而福谦，汝等宜务本。'言毕立化，体汗凝于百□，目瞪不瞑，面赪如生。先一夕，吴尤为虎负去，至是复还，踞死膝下。民以神为灵，即公署立祠而俎豆之。庙在瑞安城内东北隅攀龙坊。"

有的初由民立，久后获得官方的认可，由淫祠而上升为合祀典的祠，如忠烈将军郑老爷即是典型。光绪《永嘉县志》卷四《建置·坛庙》"忠烈将军庙"条原注："神郑氏，讳生字公全，沙村里人，生于宋乾道乙酉正月十五日，好侠使气，能出神示幻，常语人曰：'吾当由兵解，血食人世。'后附海舟遇盗斗死，其家忽睹神骑从归，倏复不见。嗣后数显灵异。宝祐五年永嘉守立庙于其乡，元大德间敕封忠烈将军。"文中云"嗣后数显灵异"，即是获得民立的过程，最终成为官方认可的祠神。

林孝瞭调查了温州地区 322 座神庙，根据成神缘由与流传来源，对温州地区的祠神进行了分类和研究，得出结论："在温州地区的祠神中，主神以男神居多，女神相对少些。人而神的民间祠神占了温州地区祠神的大多数，他们或是历史上的真实人物，或是传说中的人物。"其中，有两类是神由民立的典型：第一类，显示神迹的传说人物演化为神，杨府爷、陈十四娘娘、温琼元帅等；第二类，历史名人、名宦乡贤、家族祖先被尊为神，如胡公大帝、颜鲁公、许真君、东瓯郡王等。"在 322 座神庙的主神中，温州本地神祇名号占 70%，以他们为主神的神庙占 51%。如果加上与邻近地区共有的地方神，神名号占 80%，占庙 70% 强。几乎每一个村落都有自己的传统神祇，每一个神也都有自己的祭祀圈。故民间有'一地一菩萨，大家拜自佛'的俗语……温州本地神祇以杨府爷、陈府爷为最著名，民间连称杨陈二府爷，和邻近地区共有的地方神则以陈十四娘娘为最著名，而且陈十四娘娘基本上也是温州本土化了。"①永嘉场祠神也大致如此。

其二,人神共处。

方舟、廖远亮《寻找龙湾"传家之宝"——龙湾区非物质文化遗产普查侧记》②述永嘉场"人神共处"习俗:

> 据老一辈龙湾人说,从前,下垟街至七甲共有六尊神塑像,分别是东岳爷、玄坦爷、郑老爷、宣灵爷、地主爷、海神爷。据传他们都是古代平倭的有功之臣,敕封王侯,后人特塑像祭拜纪念。他们没有显赫庙宇,平时安坐在人家屋里,进入"寻常百姓家",而且选择没有楼阁的单层平屋中堂入座,与民"同住",足见他们十分接近民间,民众也十分怀念他们。只是每年正月十四、十五抬佛庙会期间,才请出民居,坐上大轿"投身"庙会活动,从范公桥至七甲来回巡游,气势宏伟、十分壮观。同时晚上各案佛社还组织迎灯,灯式各异十分热闹好看。后来,建造庙宇,重塑神像,继续供奉祭拜,香火绵延。如宁村的七月十五汤和节、下垟街的正月抬佛(现称春节文娱活动)、二都普门的元宵闹花灯等。

按:此神居民户之家,人神共处无间之习俗,实乃一大奇观。永嘉场人信奉有功德于民的神灵,悼念他们生前急民之所急、济民之所困的高尚品德,既怀着崇拜祈祷的宗教情怀,又怀着亲人一般眷念之情,因此产生了这种神居民家、抬佛共乐的信仰风俗。

所有地方神都是凡人的神化,充分表达了人们尚善贬恶的价值观念与达观向上的精神追求。龙湾人又将一些"神"人性化,高高在上的神祇被邀回人间,与他们亲密无间地"生活"在一起,神像由珍贵木材雕成,大小同人,坐状,穿戴衣冠。一年一度,轮流寄寓民家。体现了"神人合一"、鱼水般相依的和谐与温馨。共处的神祇主要有:地主爷、海神爷、水城隍爷、郑老爷、东岳爷、玄坛爷。可分为入驻和抬佛两个阶段,至"抬佛"活动即达到了人神沟通的高潮。元宵节前,中选的新驻户要打扫好环境,在屋前竖起一对连根带叶的茅竹,上挂写有神名的黄旗,旗下挂带雨帽的灯笼。从老驻户处搬来神龛香案、头牌执事,安置在上间,十五深夜神像巡游归来,在门口"打火堂"(点燃一扎稻秆)放鞭炮迎神入座。十六至十八唱三天三夜"安位词",听众可免费享受夜间点心。每年正月十四、十五神像出巡,叫"抬佛"。十四日上午神像出位上轿。十四、十五抬佛是春节中的最大、最后一个群众文体活

---

① 参见林孝暸:《温州地区祠神的类型与特征》,《温州大学学报(社会科学版)》2009年第4期。

② 龙湾新闻网2009年2月18日。

动,挨家设宴待客,过年的喜乐气氛达到高潮,两尊神像旋即迁入新居。过后便是"年也过、节也过、正月十八落灯鼓"了![①]

又王金麟、王德勤写有数篇反映永昌堡抬佛活动的文章。其《正月初十抬神》一文说永昌堡正月初十有迎神的习俗。所迎之神一是土地爷东瓯王,二是郑老爷。其《抬关老爷》一文说关爷是永昌堡人所崇拜的财神爷,其神位安座在永昌堡迎川楼。在新年初一至元宵节前,由一群小孩抬着一尊小型的财神游街串巷送财气。[②]

其三,强烈的功利主义祈向。

乌丙安论及中国民间信仰的特征,指出中国民间信仰的多功利性是民间信仰动机与行为目的的显著特点,也是形成民间信仰"万灵崇拜"、"多神崇拜"的重要原因之一。中国民间所以信仰不计其数的鬼神,是因为所有的鬼神都有它们各自不同的专司职能,每一种鬼神都与人有或利或害的直接关系。人们宁可崇拜万神之能,也不去敬奉不着边际的万能之神。总之,民间信仰中的所有事象都与每个人的切身利益或生活共同体的局部利益密切相关。[③]

强烈的功利性祈向使永嘉场人产生多神崇拜,少拜不如多拜。逮着哪佛拜哪佛,逢着哪神拜哪神。强烈的功利性祈向也使佛道与民间神祇糅合,不分彼此。在有些神祠中,除了供奉祠神外,其侧还供奉观音菩萨或三官大帝等佛道神灵,观音菩萨在他们的心目也是如祠神一般,是有求必应的祈祷对象;而有些佛、道寺观中,也供奉着祠神。

祠神的地位最终由其神力来确定,一旦祈祷无效,还将对祠神进行惩罚,以促使祠神实现大家的愿望。《岐海琐谈》第四九〇条"温州知府洪垣祈雨"记载:"嘉靖二十三年三月十八日大雨雹。至四月终旬,旱,时田插未完,乡民望雨甚切。五月初六日,洪守垣祈雨无应。十三日,将郡城内外祠庙神共六十位舁到府前,以次序列,定东瓯王为首,俱坐烈日中,至小南门而止。"

研究发现,永嘉场特别尊崇婴幼的保护神,如永嘉场流行的人身保护神,男丁生下后拜某个神祇为亲爷、亲娘,即是这种心理的典型反应。又如无所不在的太阴宫陈十四娘娘本即是护幼保胎的女神。这也反映出古代社会孕妇生产危险指数高,保母子平安、求男丁延续香火成为人们生活中的大事。

---

① 参见项有仁:《龙湾民俗(概述)》,未刊稿。
② 参见王璋、王一平:《古堡深处——永昌堡诗文选编》,大众文艺出版社 2008 年版。
③ 乌丙安:《中国民间信仰》,上海人民出版社 1995 年版,第 7—11 页。

一些神灵的法力也越来越大,如杨精义本是海神,陈十四娘娘本来是护幼保胎神,后来均无所不管。在人们心目中,杨府大神是位神通广大、有求必应的神灵,不仅保出海平安,还可平复叛乱、断狱、治急症沉疴、摄禾谷收成。《岐海琐谈》卷十二第四二八条"瞿岙杨府大神庙"记载:"北山杨府大神庙在九都瞿岙。庙中旁列十子,以行第称为相公,各有配偶夫人。凡合伙经营虑相侵负,及暗昧之事无由暴白者,必诅诸神以冀昭鉴。凡远行商贩者、泛海捕鱼及婴疾濒危卒、病沉疴者,必祷诸神以藉庇佑。妇女死于急症,禾稼成熟而糠秕者,俱指为神所攸摄。传闻每春夏交,往海鬻鲞,积雨遇晴谓神晒鲞之候。"

强烈的功利性祈向使永嘉场人对祠神身世来历不太考究,杨府爷可以是杨精义,也可以是杨六郎,只要神灵保佑即可。自宋代伊始,浙江温州各地开始出现的杨府庙,所奉之"杨府爷"乃温州地方的海神,身份有着杨精义及其儿子、"杨六郎"杨延昭、杨文广、杨家将其他人物等的不同,这是由温州族群互动的复杂性和下层性决定的;杨府爷信仰具有功利性,体现了温州社会不究法理、善于假借、事功为上等常规化概念。杨府爷其人其事,在温州有不同说法,其中一种普遍的说法是指杨精义及其儿子。①

其四,带着海洋文化的特征。

在浙南民间,不但沿海各乡镇信仰杨府爷,山区各乡镇也信仰杨府爷。以渔民为主体的信仰群使杨府爷信仰深入民间,并使其神力扩展到有求必应。

杨府爷的本职是海神,"海濊祷祈辄应"(光绪《永嘉县志》卷四《建置·坛庙》"杨府庙"条),瑞安碧山寺和鲸头杨府殿中的木质神船,说明神船正是海神的主要工具;鲸头的祭祀活动又是以船为主的"太平龙",可见杨府爷应该是海神,或者是潮神。② 而且,浙南民众不管供奉的杨府爷是杨精义父子,还是杨延昭六郎,在他们的心目中,均是海神,是渔民的保护神。

海洋文化的影响使杨府爷成为温州地区最为流行的祠神。福建民间奉妈祖为海洋保护神,浙南民间则以信仰杨府爷的为多。杨府爷信仰的影响虽没有妈祖大,但杨府爷的神殿十分密集,是浙南民间最为显赫的神灵之一。

其五,各种禁忌,是民间信仰深入日常生活的表现。

---

① 参见林亦修:《温州族群与区域文化研究》,上海三联书店 2009 年版,第 118-146 页。

② 林亦修:《龙船:社区共同体的历史记忆——苍南县江南垟杨府爷信仰中的"船祭"仪式调查》,载《民俗研究》2007 年第 4 期。

出于敬畏、虔诚，人们唯恐渎亵神明，不敢触犯"鬼怪"，又谨慎风水、征兆，于是在日常言行上形成了诸多的忌习讳俗。

旧时身为永嘉场人，在生活中有不少禁忌。遵守这些禁忌，也成为礼仪文化的重要组成部分。这些禁忌习俗是：[①]

正月初一不扫地，不喝茶，不吃稀饭，不喝带汤的菜肴，谓喝水喝汤，钱财会外流，出门会遇雨。

逢年过节或初一、十五，忌打碎盘碗，恐招来不利。

小孩忌吃鱼籽，谓吃鱼籽日后不会算账。

男人忌从妇女衣裤下走过，以免招来晦气。

妇女忌上瓦背，否则房屋、地盘不吉利。

孩子不能用筷子敲打饭碗和将筷子插在饭碗中间，免遭不测。

开店铺的忌人坐柜台上，做生意的忌早上第一个顾客不成交而去，否则全天倒运。

走江湖的逢七不出门，逢八不进门，有"七不出门，八不归"之说。

宴请客人时，不能中途将空碗碟收起，否则被认为是"逐客"。

忌把衣服穿在身上缝补，生怕将来会做贼或被别人怀疑是贼。

入殓啼哭时，忌把眼泪滴在死尸上，否则死者不忍离去，且不得超生。

亲人亡故忌说"死"，一般称"去世了"、"过辈了"或说"百岁了"、"仙逝"等语。

舍宅遇蛇不可打，连声念"哪里来，哪里去"。

扁担放在地上，忌妇女跨过，免遭不吉利。

出门听到乌鸦叫，怕祸灾降临，连连念"乌鸦白头颈，叫叫勿要紧"。

妇女分娩前，忌动剪刀、针线，忌看怪戏、怪画、怪电影，以免给胎儿带来各种各样的生理缺陷。

扫地忌从里向外扫，否则财源会流失。

水杓，俗语"水滚"，渔户人家称其"茶龙"，行船人忌船翻滚。

行路过人，忌"面盂水"溅身，怕惹祸灾。万一被溅，倒水者要买神花蜡烛或做戏放炮赔礼。

三、佛、道文化传承

永嘉场佛道信仰源远流长，大罗山有佛国之称，遍地的寺、观与众多的

---

① 参见王迪：《永昌堡民间习俗·禁忌习俗》，载王璋、王一平主编：《古堡深处》，大众文艺出版社 2008 年版，第 227 页。

祠庙、宗祠并存,是这个地方的信仰文化景观。

《龙湾民俗(概述)》第二章:

> 龙湾古来敬鬼神、信巫卜、尚风水。民间普遍信奉道教、佛教。道教的殿、庙、道、观;佛教的寺、院、庵、堂星罗棋布。在历代志籍上均有"敬鬼神、尚巫祠"之记载,"鬼神崇拜"源远流长。

> 龙湾民间信仰中道教的神,佛教的佛,统称"佛"。也称"神佛"、"菩萨"或"老爷"(上声,音同"叶")。"老爷"、"菩萨"是尊称,前者一般称道教的神,后者为佛教的佛。也有称道教神为"菩萨"的。……"佛道合一",这是龙湾民间信仰的一大特色。民间认为信奉佛教是修来世,信奉道教是"保当前",民谚曰:"皇天紧(求神效应快),大悲咒慢(求佛效应慢)。龙湾人功利心切,故求神保佑盛行。

1. 温州佛教简史和永嘉场崇佛传统

欲明永嘉场佛教之发展状况,先明温州佛教之发展概况。[①]

西晋元康五年(295),永嘉罗浮山立佛塔。这是温州传入佛教可考之始。自南北朝到隋唐,温州建寺近百座。天宝间,玄觉大师(665—713)创立禅宗道场,成为浙江一带禅学中心。会昌间唐武宗灭佛,温州亦遭波及。

五代至宋,道场林立,高僧辈出,为佛教鼎盛时期。到宋代,温州寺庙已达200座。其时,天台宗分化为山家、山外。唐朝盛传的"永嘉禅",入宋后,禅宗深入民间,演变成为临济、曹洞、云门、法眼四宗。龙翔寺从瑾,江心寺清了、义怀,仙岩寺遇安,为四宗中之佼佼者。唐德宗贞元年间(785—805),在今龙湾境内永昌石屋山重建天柱寺,寺创于晋,由大雄宝殿等四进组成,左右有冷水泉、五折瀑,故此称瀑泉寺。唐僖宗乾符年间(874—879),在瑶溪皇峰肇建国安寺。北宋哲宗元祐八年(1093),在国安寺建石塔一座,有大小浮雕佛像千余尊,俗称千佛塔。

元、明、清三代,温州佛教几度兴衰。明初,逆川建大龙山报恩寺、茶山实际寺等十余座。临济宗玉苍派由金壁峰禅师于玉苍山开创。清初,著名高僧法幢建密印寺,设临济宗道场,温州禅门呈中兴之势。清末,谛闲竭力中兴天台宗,奉旨于头陀寺传戒。明清间,温州佛教渐以净土为主流。至20世纪初,吴璧华创净土道场,讲习净土法门,使净土宗成为温州信奉佛教人数最多的一个宗派。

清光绪《永嘉县志》中就列有天柱瀑泉寺、安仁寺、福圣寺、乾元寺、国安

----

① 参见《龙湾区志·宗教》。

寺、西竺寺、水陆寺、水陆院、普明院、显正院、平山院、广济院、大庆院、延寿院、宝严院、永济院、崇福院等寺院。

1921年弘一法师来温,卓锡庆福、江心、景德、伏虎诸寺,闭关潜修,著《四分律比丘戒相表记》。

唐宋年间,龙湾作为温州东部地区,经济文化不断发展,佛教逐步传入龙湾,现存佛教寺庵,历史悠久的有建成于晋朝的天柱寺,唐朝的国安寺、明朝的龙岗寺等。

永嘉素有崇佛传统。《瓯海逸闻》卷五十二"永嘉寺观之盛"条:"尝考之郡乘,自宿觉觌面曹溪,佛法大盛,飞甍画栋,辉被州治。开元为李整舍宅建,址可里许。大云教以栴檀构观音阁,他殿阁十数计。净光浮屠归饰于方氏,镇心木一百五十尺,露盘、轮相、焰珠、楯楣,悉范金为之,金碧如从地涌。天宁有贝叶生香阁,资福为林侍宸筑室,尽江山胜览。净居,尼院也,唐时蓄尼盈五百人。而所称'九寺松台'者,今悉埃飞烬熄,不啻故宫禾黍之悲。"(《匊庵集选·重建西隐院序》)

民间之崇佛传统。光绪《永嘉县志》卷六《风土》引石门劳宜斋大舆《瓯江逸志》录一则:"温郡之好巫而近鬼,大率佛事道场靡不尽心竭力以为之,不惜重费。"

士人之崇佛传统,稍举一二例子以实之。

王叔杲之好参禅。嘉靖四十年辛酉,仙岩禅房成。四月八日适会安期,书示禅众:"五蕴已空超彼岸,三生未了尚迷津。本来面目何须认,行坐如缘总性真。"该诗可见王叔杲对佛教、禅学的理解和兴趣。回家林居后,作《暮春过休凉庵》,末云:"廿载嚣尘今愿息,好参猊座问维摩。"于华盖山建禅定所:"寺后有僧舍旧址,结上方庵九楹,可为禅定所。"(《王叔杲集》卷十七《杂著·玉介园记略》)

王净,官至右佥都御史,也深受佛教思想的影响,曾撰戒杀歌。(《岐海琐谈》卷四第一一八条)

士人好游名山古寺,翻检他们的文集,相关诗文所在皆是。信佛者颇用心重建修葺佛寺。康熙十一年壬子八月王至彪撰《重建双溪安仁寺募缘疏》[①],可见其崇佛之心。英桥王氏与安仁寺渊源极深,他们助修古寺,既是受到佛教传统之影响,也是对名胜古迹的自觉维护意识在起作用,像王叔果、王叔杲那样,只要是名胜古迹无不捐金修葺之,就是有一种自觉维护意识在起作用。王至彪在"奈吾乡遭兵燹之遗,继以迁遣,家焚人窜,凄惨非

_____

① 《龙湾历代诗文选》,人民日报出版社2004年版。

常"的情况下,无力资助修葺,遂撰募缘疏号召众人捐助以济其事。

应该指出,儒家正统思想是多数士人思想之主干。然而,即便如此,他们仍不得不承认佛道势力在温州的影响。明代王瓒、王光蕴编写志书时站在儒家正统立场上对佛道持排摈态度。弘治《温州府志》卷十六《寺观》:"佛、老二教,虚无诞妄,先儒论之明、辟之详矣。皇化鸿敷,正学昭揭,稍有觉者,悉知彼说之为非。而其徒崇信推阐,创新葺旧,危堂广宇,列峙于郭野溪谷之间,金碧烨煜,所以为诳愚鼓聋之资者盖有在也。然则吾儒于先圣之道,其尊卫充拓,顾可弗彼若哉!今合境而备载之,使知其居之所当庐者,犹若是其众也。"万历《温州府志》卷四《祠祀》:"论曰二氏之学吾儒所摈置也。乃梵宇琳宫相望崇饰过矣。岂竺乾云笈之业,亦有不可废者耶?昔贤或寄迹黄冠,且间有舍宅为寺者,彼盖有所托焉,非诚溺于其旨也。吾瓯多名山水,然皆错以佛老之庐,姑按故庐存之,近代所增置者斥勿录,狂澜莫返忍使其兹蔓云。"二氏均排摈佛老,但是王瓒仍不得不记载"犹若是其众"的"居之所当庐者",王光蕴也承认佛老之道"诚有不可废者",可见当时佛道信仰的广泛。

2. 永嘉场名刹古寺

永嘉场属于大罗山之东。而大罗山素有佛国之称。

仙岩美名远播,素有"天下第二十六福地之称"(杜光庭《洞天福地记》),其实大罗山不少地方亦不亚于仙岩,与天台、雁荡并称浙江东南名山胜地。

大罗山广袤一百一十七平方千米,自成范围,不和他山接壤,历代以来都有文人高僧到此游历、修禅。大罗山一带山民百姓大部分信奉佛教,因此大罗山及周边地区佛教寺庙星罗棋布,深藏三十六庵堂、七十二寺院,佛教文化内涵丰富。古刹名寺众多,仙岩的圣寿禅寺、伏虎寺、休凉寺,茶山的五美园(实际寺)、香山寺、宝严寺,龙湾瑶溪的国安寺、乾元寺、天柱寺等,都闻名江南,故有"大罗山佛国"之称。

大罗山佛法兴盛,古来得道高僧不乏其人,如灌顶、玄觉、慧通、遇安、谣诜、青了、致蕴、逆川、鉴空、念庵、天目、谛闲、弘一、唯田、啸峰、木鱼等佛教名宿,都曾在大罗山各寺院讲经弘法,传戒培养僧才,使大罗山上各寺院人才辈出,佛法蔚然。

寺庙多坐落在青山绿水之间,建筑优美,艺术水平高,与山水和谐,寺庙内还多建有戏台。朱文松《龙湾老建筑》载:

> 龙湾境内宗教信仰源远流长,因而多宗教建筑。温州人向来爱戏,故不少寺庙内正殿筑有戏台,在娱神的同时也使老百姓得到娱乐,颇具地域特色。寺庙内部设计讲究,无论屋檐、脊背、藻井、栋梁等,画工雕

工漆工都穷尽了其技艺,显得庄重而典雅,为民间艺术的真正殿堂。佛道建筑中除寺庙外,如塔、石窟等,在龙湾数量虽不多,但其艺术十分精湛。

弘治《温州府志》所载的著名的寺院有:国安院(唐乾符四年建)、福圣寺(宋开宝三年建)、安仁寺(石晋开运三年建)、天柱瀑泉院(唐贞元三年建)、一乘堂(在华盖乡乾元寺前)、水陆院(在华盖乡,后周显德四年建)、善应堂(在华盖乡咸田)。①

万历《温州府志》所载的著名的寺院有:天柱瀑泉寺(在一都,唐贞元三年建)、安仁寺(在二都,双溪石晋开运三年建)、乾元寺(在三都)、福圣寺(在四都金岙,宋开宝三年建,宋高宗驻跸于此,赐额有御览阁、留云轩、指西亭,元兵毁,至正间重建)、国安寺(在五都,唐乾符间建)。②

此等唐宋古寺,至今大多保存,如天柱禅寺,双岙石胜观的宋代摩崖石刻佛像,建于唐乾符年间的国安寺,建于宋代的金岙福圣寺,姚溪半山的龙冈寺,天马山麓的大禅寺、龙灵寺,坐落于郑岙山麓的金山寺等。刘泽温编有《大罗山佛国》丛书,可一览此海天佛国之概况。③

关于永嘉场寺观更多的情况亦可参刘泽温主编《大罗山佛国》寺院篇、僧尼篇和《龙湾区志·宗教卷》。

下面罗列永嘉场五大古刹:福圣寺、国安寺、天柱寺、安仁寺、乾元寺和双岙石胜观摩崖造像等的情况。另外还有平山禅寺、大禅寺、龙冈寺、一乘寺等,不一一赘述。

福圣寺:永嘉场五大古刹之一。位于瑶溪镇金岙北面山坳中。据清光绪《永嘉县志》载:福圣寺,宋开宝三年(970)建。宋高宗南渡时驻跸于此,赐名。寺内有御览阁、奎文阁、留云轩、指西亭等。元初毁于兵燹,至元间(1271—1294)重建。门台宽 4.3 米,高 6.8 米。门台距"天王殿"26 米,内有大雄宝殿、地藏殿等,1993 年由当地老人协会修理与扩建,古寺再现风采。

据传该寺原名龙口寺,寺房五进,寺前龙道两旁各一口池,池内青蛙跳跃,高宗驻此叹曰:"青蛙,青蛙,你叫得朕不能入睡。"叹声被寺内土地神听见,于是将池内青蛙个个扎颈,以使寺内平静无声。次日,皇问臣子曰:"谁人所为?"答云:"是寺内土地公所护。"皇上听后即赐封土地为伽蓝君,池内

---

① 参见弘治《温州府志》卷十六《寺观》。

② 参见万历《温州府志》卷四《祠祀·寺观》。

③ 《大罗山佛国》丛书共八册,分为寺院篇、僧尼篇、居士篇、名人篇、景点篇、传说篇、民俗篇、动力篇。前期出版寺院篇和僧尼篇,由宗教文化出版社于 2008 年出版,后期将陆续出版其他六册。

青蛙颈圈皆呈白色,奇传迄今。

国安寺:国安寺原名国安院,是永嘉场五大古刹之一。南宋建炎四年(1130),高宗皇帝避金兵南渡,驻跸温州江心寺,赐名"国安禅寺",沿用至今。位于瑶溪镇皇岙村皇岙山南麓,坐北朝东南,占地面积1500平方米。唐乾符年间(874—879)始建。距今已有1100多年。原寺规模宏大。共九进,一百余间,全是木石结构。依山而筑,由于历史久远,原建筑早已倒塌,至20世纪90年代初仅存三进。寺门拱钵盂山,莲花心。西依美人尖,寺后茂林修竹,景色宜人。1992年,开始重建;1993年,建成大悲楼与轩房;1996年,建成大雄宝殿。现经修复扩建,入山门过左右放生池,可见七如来,左右两侧各有凉亭,金刚殿巍峨高大,结构合理,布局分明,寺宇配套设施完善。近年香火较盛,是龙湾区佛教协会所在地。寺东首千佛石塔,也称为国安寺石塔,为省重点文物保护单位。

天柱寺:永嘉场五大古刹之一,位于永中街道郑宅村盘谷湖北岸,石宝山弥勒峰下,观海坪西侧,坐北朝西南。寺西有五折瀑和龙虎潭,古名"瀑泉寺"。唐贞元年间重建时,以景区内天柱峰为名,改名"天柱寺"。自后晋开运三年(946)建寺,迄今已有一千五百余年。环境幽美,风光秀丽。明清时该寺香火最盛,寺僧较多。为大罗山东麓五大古寺之一。历史上高僧无文和尚、达心禅师曾主持此寺数十年。近年扩建占地面积约3000余平方米,全寺依山而建,入门为山门,左右为钟鼓楼,天王殿、大雄宝殿、观音阁等。寺前小溪改成大池塘,四周围以典雅古朴石栏杆,池水清洌甘美。既保持明清建筑风格,又有浙南地方佛教寺院特色。

安仁寺:永嘉场五大古刹之一,位于永中街道双岙村双岙山北麓,创建于后晋开运元年,寺前一望平畴,山环水抱,环境清幽。自唐至宋,朝廷崇佛,香火颇盛。传说安仁寺有逆川大和尚圣迹,当地流传他和龙王在寺后山上下棋之说,故附近有龙潭、岩佛诸景,安仁寺屡建屡废。20世纪70年代起,当地群众在原址上重建。重建后的安仁禅寺集资有放生池、金刚殿、大雄宝殿、大悲楼、地藏殿、伽蓝殿。两旁建厢房、碑廊等面积达75000多平方米。气势雄伟,庄严壮观,既保存了中国古建筑特色,又融汇了现代建筑的时尚风格。

乾元寺:永嘉场五大古刹之一,位于永中街道普门村,始建于唐朝乾元年间(758—760),基创九进,宋乾道二年(1166),被洪灾所淹。明嘉靖年间张璁任首辅时,乾元寺最为兴旺,当时由温州府拨款修建九进,整个丛林占地面积将近10亩,同当时温州四大名刹的护国寺、太平寺、嘉福寺、天宁寺齐名,僧人230多位。明嘉靖三十七年(1558)遭倭侵毁,清康熙六年(1667)

复修。新中国成立后,曾被粮管所拆建粮食仓库。1979 年落实宗教政策,同意批复迁建,1982－1985 年建成,新乾元寺占地 2500 平方米,建筑面积 1273.9 平方米,落成二进和左右轩楼。1985 年成立净土会,每月初一、初八、十五、十八举行佛事活动。

双岙石胜观摩崖造像:双岙石胜观摩崖造像位于今温州市龙湾区永中街道办事处双岙村古佛岩。石胜观,石结构,依山而筑,前为五皇殿(晚清建筑),西临沙岙龙潭。

石胜观摩崖造像共十四尊,分三组,皆坐南面北。最大的一尊通高 133 厘米,宽 55 厘米,凸出 21 厘米。东首第一尊造像上角,阴刻有"张氏妈娘舍山路捌丈洋路四十二丈祈保寿命延长",共二十一字,为楷书。第一组共四尊,为三官(即天、地、水三官大帝)和土地神;第二组共五尊,全为女性造像,面相丰满硕,头梳螺髻喜,胸饰缨络,赤足垂莲踏朵,身着长裙,披云肩,头后有圆光;第三组,靠近女神的,似为摩诃目犍连,足踏祥云,披云肩;接下三尊,肉髻,披云肩,着 U 形领服,结跏趺坐莲座,应为药师佛、释迦牟尼佛、阿弥陀佛;第四尊戴风帽,披帛,着 U 形领服,结跏趺坐莲座,似为地藏王。

石胜观造像,容相慈祥,造型古朴,刻工精炼,具有较高的艺术水平。同时,可以看出先民们为母亲驱除病苦,延长寿命的虔诚、苦心的高贵品质。就造型风格而言,是浙南地区少有的宋代造像。[①]

3. 道教的历史概况

温州道教源远流长。据《史记》载,西汉初东瓯王驺摇酷信鬼神。这与温州道教的广泛传播有较大关系。相传,东晋著名道士葛洪曾到永嘉东蒙山、平阳昆阳东山炼丹;南朝著名道士"山中宰相"陶弘景先后居永嘉大箬岩、青嶂山、瑞安陶山,著《真诰》和《本草经集注》7 卷,并采药为群众治病;东晋孙恩,世奉五斗米道,举旗起义后波及温州,一批道教徒加入起义军。这些活动曾推动温州道教的发展。

唐宋间,温州道教盛极一时,宫观众多,道教名流相继出现。据道书记载,道教所称的洞天福地,温州就有五六处之多。龙湾区境内,唐乾封三年(668),永嘉场在双岙建成石胜观。南宋度宗咸淳二年(1266),在瑞安梅头(今龙湾区海城街道)后岗域河路建东岳观;1922 年重建,改为二进五间二廊,祀东岳大帝,旁建太清阁、斗姥阁。

至元朝,南北天师道与上清、灵宝、清微等各宗派逐渐合流,归并于以符

---

① 　参见朱继亮:《青春的感动》,人民日报出版社 2005 年版,第 147－148 页。

箓为主的正一派。其在温支派就有传茅盈之清微派,传许逊(真君)之净明派,传张天师之龙虎山派,以及玄武派、神霄派、闾山派、三奶派等。元朝以前,温州曾有金丹、紫阳诸派;元朝以来,紫阳派和龙门派等分别称为全真道之南宗和北宗。龙门派于元延祐间自黄岩委羽山传入,明、清年间道脉渐盛,至民国,先后入观者逾 2000 人。洞观中除市区应道观、紫霄观、玄真观(巽山斗姥阁)属紫阳派外,其余大多属龙门派。温州道教遂正式分为正一、全真两大派。龙湾区境内于清光绪《永嘉县志》中载有:崇元道院、通元道院、惟一道院等著名道院。

龙湾区道教有近 2000 年的历史。它主张"以道为本,以德为行,清静无为"。该区历史悠久,道风正派的有海城东岳观、永中石胜观、峰门观、青山玉皇楼、瑶溪玄真观。

石胜观:位于永中街道双岙村双岙山西麓,双岙水库坝脚东侧。始建于唐代,到明、清时期日渐衰落。民国初年,新路人胡理岳,在废墟上搭起茅庐供奉玉皇大帝,民国十年永中镇桥北王晋庚父子、永兴下垟街王新洪等,兴建大罗宝殿(今称玉皇殿)续建左右两庑各三间,又数年,在殿后修建三间斗姥阁,规模粗犷。王荣年为题山门匾额"石胜道观",今重新恢复旧观。

玄真观:位于瑶溪景区内瑶溪山庄前,原系"李主事祠",系张璁为纪念老师李阶所建祠堂。1930 年改建为玄真观,观前石马一对,精雕细琢,神态自然,栩栩如生,为明代文物。近旁有峻岩峭壁,清溪瀑布,风景优美。

东岳观:位于海城街道,始建于宋咸淳二年(1266)。民国十二年重建,二进五间二廊,祀奉东岳,旁建太清阁、斗姥阁。

4. 永嘉场佛道活动之特征

其一,佛教进入民间社会,经过一番俗化处理。"民间社会把佛教看成是充满神灵的宗教,这与高僧大德认为佛教是无神论的宗教有着明显的差异。这是民间社会信奉佛教所具有的根本性特点。……对于普通老百姓来说,诸佛菩萨就是神灵,罗汉、天龙八部等也都是神灵,都要对他们烧香磕头。千百年来,中国的寺院绝非单纯是僧尼修行之地,同时也是民间社会供奉神灵礼拜偶像的固定场所。"在一个普通永嘉场信佛的善男善女看来,信佛和信土地神、灶神、永强宫主、郑老爷等或许没有太大的差别。信佛、拜仙、拜神的目的是一致的,都是为了趋吉避凶、求得福禄平安。"一般来说,民间社会不热望自己也能阅读佛藏、理解佛法,更不要说自己也能成佛,他们出外朝山进香、在家设佛堂供佛像,吃素念佛、行善布施等等,仅仅是想让诸佛菩萨赐予他们今生幸福、来生善缘,保佑他们消灾免祸、生儿育女、功名福禄,或者用以追荐亡亲。因此,中国民间社会的普通百姓通常是在自己想象出来的万神殿中体验神圣,幻想通过超自然的途径来获取世俗利益,把佛教自身认为是无神论的宗教转变成彻头彻尾泛神论的宗教。"①

其二,仙佛不分,儒道佛乃至民间原始信仰、传说故事兼容并包,是民间社会信仰佛教的又一大重要特点。"中国的普通老百姓往往是见佛辄拜、遇仙即求,不论是道教的神仙、传说中的鬼怪、儒家的圣贤,还是佛教中的诸佛菩萨,他们一概一视同仁,虔诚礼拜。孔子、老君、观音、如来、关公、灶神、文昌君、龙王……他们统统奉祀,只要被认为据说是能够显灵的。"②永嘉场人对于神佛和祠神并不严格分开,有不少是一起祭祀的。不少寺、观中,大殿中供释迦牟尼佛或三清,侧殿供陈十四娘娘、三官,不少祠庙中,正殿是祠神,侧殿是观音或关圣,同时祭祀。永嘉场的不少节日,如元宵节、中元节,是佛、道、祠神均祭。

---

① 李四龙:《中国佛教与民间社会·后记》,大象出版社 2009 年版。
② 李四龙:《中国佛教与民间社会·后记》,大象出版社 2009 年版。

第五章　仕宦风采及其政治、文化成就

邓伟在《质疑:中国现代文学地域文化研究》[①]一文中说:"一般的现代文学的地域文化研究已形成固定的模式,即'某作家与某地域文化'和'某省文学与某地域文化'两种套路,有着切入论题的固定思路",这种研究极易形成文化决定论的倾向,忽视了作家自身的个性差异。"我们认为作家个体心理对作为'共同想象体'的地域文化的认同过程就是地域文化的环境、情境、氛围、价值在作家心理上的积累、凝聚文化世界价值和意义的过程,也就是作家的心理机制自环境、情境、氛围、价值上吸取文化世界价值和意义,并通过思维、理解、体验等自我调节和组织,来认同、整合、内化地域文化的过程。这是一个个体自觉或不自觉地以主观诠释客体的结果,与作家先天的气质、经历及主体意识的水平密切相关,甚至在较为相似的外部条件下,也会产生文化选择的偏差,形成对待地域文化不同的个性模式,而指出作家与地域的个性联系理应成为我们研究中最为重要的部分。"按:此所论虽为现代文学研究而发,亦适合古代文化研究。同为永嘉场人,张璁和王瓒同为名宦,但是个性表现就相当不同。这也是他们按照各自的个性心理对地域文化进行选择和诠释的结果。如同样热爱温州、永嘉场山水,张璁在姚溪隐居时,不时吟咏山水景物,同时多次以山中宰相自许;王瓒虽然也志向不凡,但是对自己的角色定位非常清楚,吟咏山水景物时多发恬淡之思,颇具幽人雅致。

明任敬《洪武温州府图志·序》述温州文脉演变:"尝考自东晋郡以来为之守者,如王羲之之治尚慈惠,谢灵运招士讲书,由是人知自爱向学,民风一变。沿及李唐,人才稍出,至赵宋元丰淳熙之间,道学渊懿,文物之生,庶几乎邹鲁之风矣。迨及有元,余韵尚存,推原其自,虽气运使然,亦承流宣化者,代有其人也。"

---

① 载《韶关学院学报(社会科学版)》2005 年第 2 期。

北宋是温州文化整体崛起的关键时期,至南宋温州人物已寖成执天下牛耳之势。

《瓯海逸闻》卷四十九《风土》"以赀为吏"条注:"吾温在宋初时民多为吏,如恭叔(周行己)、经行(丁昌期)诸先生其先世盖皆不免为此。至元丰时,始一变为儒术,皆九先生之功也。"元丰九先生时期是一个分界岭,此后以儒术业官者层出不穷,程朱理学传入温州,影响深远,《瓯海逸闻》卷四十九《风土》"王谢伊洛"条引《攻媿集》六十二:"惟此邦余王、谢之风,而多士知伊洛之学。"

南宋时期,温州薛季宣、陈傅良、叶适等永嘉事功学派鸣于天下,与程朱理学、陆氏心学分庭抗礼,不遑多让。

南宋曾任温州教授的楼钥对温州人才之盛有着切身的体会,屡次赞之。《瓯海逸闻》卷四十九《风土》引用多则。《攻媿集》卷六十一《通太守曾吏部逮启》:"窃以为左浙之奥区,独以永嘉为名郡。人才秀发,接王、谢之风流;地望雄尊,控瓯、粤之冲要。海物惟错,生齿日繁。"卷六十一《通邵通判范启》:"矧是永嘉,甲于东浙。地望控瓯闽之要,人才承王谢之流。"永嘉科举鳌头屡占,名臣辈起,卷六十一《谢试中教官除温州教授启》:"载惟永嘉,实名东浙。鳌头屡占,在纷纷白袍之间;黉舍宏开,无青青子衿之废。"卷七十《书仰孝子行实后》:"永嘉名臣辈起,为浙河东西冠。"同书引《梅溪后集》二十九《刘知县墓志铭》:"永嘉号多士,甲于东南。"

自宋乾道二年海溢之后,外族迁徙来永嘉场定居,至明代而达人文鼎盛,永嘉场文化成为温州文化的领军,永嘉场人物成为温州人物之代表。

项乔论云:

> 予世居永嘉场也。场蕞尔一区耳,本朝以来,山海之秀,钟于人文,陈启、胡奥、李观之后,为宰相者一人,为大司成者二人,为郎署、为藩、为臬、为府州县二十余人,为乡贡、岁贡、例贡三四十余人,为校官弟子者二百余人。[①]

其中陈启为正统知县,未登科。胡奥是度山人,登宣德五年庚戌(1430)林震榜。李观登成化二年丙戌(1466)罗伦榜。

赞永嘉场人才之产和张璁相业:"温自宋以来称小邹鲁,而近日人才之产惟永嘉场,蕞尔一隅,如某辈,碌碌不足数。嘉靖二十七年间,相业不当以罗老为第一人耶?而翁实此地之选也。"(《项乔集·初编·瓯东私录》卷三《与同年曹自山兵宪》)

---

① 《项乔集·初编·瓯东私录》卷二《青山娄氏族谱后序》。

项乔随时会赞誉永嘉场人才之盛。其《复张师蒙秀才》云:"永嘉场烟火万家,英豪无虑百数。若南门之北,北门之南,亦应有一出色者,非兄而谁耶。"项乔深切地感受到英豪无数的永嘉场那勃勃的生机。

温州名人载《明史》列传的仅 11 人,而永嘉场这弹丸之地就占了 4 人,他们是:内阁首辅张璁,抗倭英烈王沛、王德,"三元及第"王名世。有的虽未入列传,然史书中有提及的也不少,如王瓒因支持张璁的大礼议而被述及。其实,在当时的社会文化环境中,永嘉场仕宦因交往的广泛性、地方治绩的显著而具有全国性的影响,如王叔杲、项乔、王诤、张天麟等,均名显一时,士民交口赞誉。

温州人视王瓒、张璁等为闪耀于历史星空的英杰、名宦予以瞻仰、怀念。又因永嘉场宗族文化至今未衰,普门张氏、英桥王氏、七甲项氏、李浦王氏等强宗旺族后人均有极强的宗族观念,故不仅不能容忍他人诋毁祖宗之言,亦极力于当代弘扬先祖懿德勋绩,故永嘉场历史文化名人在温州地区名益振而传益广。

明代永嘉场历史文化人物大量产生,取得相当不菲的政治、文化成就,成为一个值得关注的现象。

第一节　仕宦者多、儒学者众

到了明代,永嘉场开始强劲崛起,至嘉靖万历年间达到高峰。出现了大批进士出身的仕宦者,不少是高宦、名宦,吏绩斑斑可考。中秀才、中举人者更众,从而使永嘉场成为一个典型的士绅社会。

以英桥王氏为例。何黄彬《"崇实"溯源——永昌小学百年史前回顾》[①]:"经统计明清两代(自明宣德至清道光)400 多年先后有生员 1200 余,考取廪生 27 名,贡生 55 人,乡试举人 13 名,副榜(备取)举人 4 名,进士 13 名(内含武三元一名,二甲一名,传胪一名),有史可查的述著 63 部,因此在这漫长岁月里,世人誉称英桥王氏为'东瓯第一阀'。"

万历十年壬午(1582),王叔杲送其子弟乡试有诗,其宗族诸生应试者十一人,为赋歌行赠之,作《八骏行》《三凤行》《五桂行》(《半山诗集》卷六)。《八骏行》序:"万历壬午秋科,吾宗诸生应试者十一人,予赋歌行赠之曰八骏、曰三凤,以纪一时之盛。若景曜、景昌、笃学、邦鉴及予孙至言则同学于吾家塾者,再赠以五桂行。"英桥王氏自"东嘉双璧"之后,科第亦达到极盛

---

① 《龙湾文史资料第二辑》,内部资料,2004 年版。

时期。

兹根据地志资料(万历《温州府志》、光绪《永嘉县志》、乾隆《温州府志》),陈列永嘉县明代进士表(表5-1),以考察永嘉场科举情况。

表5-1 永嘉县明代进士表

登科时间	温州府登科总额	永嘉县登科名额、人物	永嘉场登科名额、人物
洪武四年辛亥吴伯宗榜	3人	2人:陈彝、陈珙	无
洪武十八年乙丑丁显榜	15人	8人:胡宁、叶宗、徐诚、蒋应辰、陈顺、沙顺昌、潘善、张善同	无
洪武二十一年戊辰任亨泰榜	5人	1人:卢敬贤	无
洪武二十七年甲戌张信榜	2人	2人:陈滋、夏遂禄	无
洪武三十年丁丑陈䢀榜	1	1人:黄淮	无
洪武三十年庚辰胡靖榜	4人	4人:刘现、潘文奎、薛东、黄谅	无
永乐二年甲申曾棨榜	3人	2人:王道、戴文麟	无
永乐四年丙戌林环榜	4人	3人:郑杜、张文选、梁彬	无
永乐九年辛卯萧时中榜	2人	2人:周文褒、叶俊	无
永乐十年壬辰马铎榜	3人	2人:蔡道隆、阮存	无
永乐十三年乙未陈循榜	3人	2人:方以正、陈礼	无
永乐十六年戊戌李骐榜	1人	1人:刘安定	无
永乐十九年辛丑曾鹤龄榜	3人	1人:陈耸	无
永乐二十二年甲辰邢宽榜	2人	无	无
宣德二年丁未马愉榜	2人	1人:任凤	无
宣德五年庚戌林震榜	4人	4人:林补、朱良暹、胡奥、叶锡	1人:胡奥
宣德八年癸丑曹鼐榜	2人	1人:梁宏	无
正统元年丙辰周旋榜	2人	1人:周旋	无
正统四年乙未施盘榜	1人	无	无
正统七年壬戌刘俨榜	2人	无	无
景泰二年辛未何潜榜	3人	2人:徐安行、娄浚	无

续表

登科时间	温州府登科总额	永嘉县登科名额、人物	永嘉场登科名额、人物
景泰五年甲戌孙贤榜	1人	无	无
天顺元年丁丑黎淳榜	1人	无	无
天顺四年庚辰王一夔榜	1人	无	无
成化二年丙戌罗伦榜	3人	1人:李观	1人:李观
成化五年己丑张升榜	1人	无	无
成化八年壬辰吴宽榜	1人	无	无
成化十一年乙未谢迁榜	1人	无	无
成化十四年戊戌曾彦榜	1人	无	无
成化十七年辛丑王华榜	2人	无	无
弘治三年庚戌钱福榜	1人	无	无
弘治六年癸丑毛澄榜	1人	1人:李瑾	无
弘治九年丙辰朱希周榜	3人	1人:王瓒	1人:王瓒
弘治十二年己未伦文叙榜	1人	无	无
弘治十五年壬戌康海榜	1人	无	无
弘治十八年乙丑顾鼎臣榜	2人	1人:陈定之	无
正德三年戊辰吕楠榜	1人	无	无
正德六年辛未杨慎榜	1人	1人:李阶	1人:李阶
正德十二年丁丑榜舒芬榜	1人	1人:叶式	无
正德十六年辛巳杨维聪榜	2人	1人:张璁	1人:张璁
嘉靖二年癸未桃涞榜	2人	2人:王激、徐廷杰	1人:王激
嘉靖八年乙丑罗洪先榜	1人	1人:项乔	1人:项乔
嘉靖十七年戊戌茅瓒榜	3人	2人:王健、王德	2人:王健、王德
嘉靖二十年辛丑沈坤榜	1人	无	无
嘉靖二十三年甲辰秦鸣雷榜	2人	1人:孙昭	无
嘉靖二十九年庚戌	2人	2人:王净、王叔果	2人:王净、王叔果
嘉靖四十一年壬戌申时行榜	1人	1人:王叔杲	1人:王叔杲

续表

登科时间	温州府登科总额	永嘉县登科名额、人物	永嘉场登科名额、人物
嘉靖四十四年乙丑范应期榜	2人	2人:金昭、金铉①	1人:金铉
隆庆五年辛未张元忭榜	1人	1人:王良心1人	1人:王良心
万历二年甲戌孙继皋榜	1人	1人:王继明	1人:王继明
万历五年丁丑沈懋学榜	2人	2人:叶际遇、何懋官	无
万历十四年丙戌唐文献榜	1人	1人:张德明(永嘉徙乐清)	1人:张德明(永嘉徙乐清)
万历十七年乙丑焦竑榜	1人	无	无
万历二十三年乙未朱之蕃榜	2人	2人:张阳春、沈光宗	1人:沈光宗
万历二十六年戊戌赵秉忠榜	1人	1人:项维聪	无
万历二十九年辛丑张以诚榜	1人	1人:吴光翰	无
万历三十二年甲辰杨守勤榜	2人	无	无
万历三十五年丁未王士俊榜	2人	2人:王光经、项应誉	2人:王光经、项应誉
万历三十八年庚戌韩敬榜	2人	2人:刘康祉、翁家春	无
万历癸丑周延儒榜	1人	无	无
万历丙辰钱士升榜	1人	无	无
万历四十七年乙未庄际昌榜	4人	4人:周应期、王维夔、陈尧言、张中蕴	2人:王维夔、张中蕴
天启二年壬戌文震孟榜	2人	2人:张天麟、邵建策	1人:张天麟
天启五年乙丑余煌榜	1人	1人:王瑞楠	无
崇祯戊辰刘着宰榜	1人	无	无
崇祯庚辰榜	1人	特赐进士董卿1人	无

　　自胡奥、李观之后,永嘉场进士还没有形成规模效应。至弘治九年王瓒中榜眼之后,永嘉场士心大振,捷报频传。兹后温州府登科人士遂以永嘉场人物为首。

　　自王瓒、张璁等获得魏科之后,其子弟以恩荫出身的也不少。万历《温

---

　　① 乾隆《温州府志》卷十九上《选举一》:金铉,永嘉人福建龙溪籍,刑部主事。按旧府志失载,又《乐清县志》载乐清人。

州府志》卷一○《选举志》"恩荫"载有王伲、张逊志、张逊业、张逊肤、王叔本、张汝纪、王如璧、王名世:

王伲　瓒子,任南京工部郎中。

张逊志　孚敬子,任中书舍人,有传。

张逊业　孚敬子,任尚宝司司丞,有传

张逊肤　孚敬子,任中书舍人。

王叔本　沛子,任南京光禄寺署丞。

张汝纪　逊业子,历任刑部郎中,龙安府知府。

王如璧　德子,任锦衣卫指挥京营游击。

王名世　德孙,任锦衣卫千户中武状元。

龙湾史志办根据各镇、街道挖掘出的历代进士有 54 名。① 下列龙湾区历代进士名录(表 5-2):

表 5-2　龙湾区历代进士名录

朝代	姓　名	字号	中举时间和名次	职位、爵秩及封赠	属　地
宋	叶温		元祐三年(1088)	温州军州事(知州)	瑶溪镇(浃底)
北宋	吴表臣	正仲	大观三年(1109)	吏部尚书兼翰林学士、敷文阁待制	永中街道(镇北)
北宋	吴鼎臣	镇伯	大观三年(1109)	广州教授	永中街道(镇北)
北宋	娄寅亮	陟明	政和二年(1112)	监察御史	永中街道(青山)
南宋	吴大年		绍兴十五年(1145)	御史台簿(鼎臣子)	永中街道(镇北)
南宋	吴龟年		绍兴十五年(1145)	检正诸房文字,湖南转运司判官(表臣子)	永中街道(镇北)
南宋	吴邵年		绍兴十八年(1148)	西外宗教(表臣子)	永中街道(镇北)
南宋	诸葛说	梦叟	绍兴三十年(1160)	长乐主簿	蒲州街道
南宋	叶之仪		绍兴三十年(1160)	辰州知县	瑶溪镇(浃底)
南宋	叶之望	子周	绍兴三十年(1160)	盐官知县	瑶溪镇(浃底)
南宋	娄世初		淳熙十一年(1184)	楚州教授(寅亮侄)	永中街道(青山)
南宋	诸葛贲		淳熙十四年(1187)	乐平县丞	蒲州街道

---

① 原文云 55 人,据考核,王光蕴系谒选出身,授宁都令,故去掉一人。

续表

朝代	姓　名	字号	中举时间和名次	职位、爵秩及封赠	属　　地
南宋	卢祖皋	申之	庆元五年(1199)	军器少监、权直学士院	蒲州街道
南宋	范昌世		嘉定元年(1208)		永兴街道(大塘)
南宋	赵建大(又名赵建夫)	嗣勋	嘉定四年(1211)状元	都官郎兼国史馆编修、工部尚书	状元镇(状元桥)
南宋	周端朝	子靖	嘉定四年(1211)	桂阳军教授太学录、经筵侍讲、权刑部侍郎	海滨街(沙村)
南宋	林缵孙		科分无考	武进士普州、柳州知军、武经大夫	瑶溪镇(黄石)
南宋	吴濂		淳祐元年(1241)	监平江府大军仓，青田知县	永中街道(镇北)
南宋	周焘	公辅	宝祐四年(1256)四甲一百五十六名	常州教授迁博士至光禄卿	海滨街道(沙村)
南宋	林璘	寿玉	景定三年(1262)	常州司户参军，无锡县令，梧州军事判官、京秩阶宣(缵孙子)	瑶溪镇(黄石)
南宋	诸葛复明		咸淳元年(1265)		蒲州街道
南宋	林梦桂		咸淳四年(1268)		瑶溪镇
南宋	金行甫		咸淳七年(1271)	武进士户部郎中	永中街道(双何)
明	叶宗	允承	洪武十八年(1385)三甲第四十名	黄州知府	瑶溪镇(浃底)
明	郑桂	仲砥	永乐四年(1406)三甲第一二六名	河南布政使司参政	永中街道(下湾)
明	郑夏		永乐十九年(1421)		永中街道(下宅)
明	胡奥		宣德五年(1430)二甲第八名	刑部主事	永中街道(度山)
明	娄浚	潜夫	景泰二年(1451)三甲第七十名	贵州道监察御史	永中街道(青山)
明	李观		成化二年(1466)三甲第二十五名	刑部郎中	瑶溪镇(龙湾)

续表

朝代	姓 名	字号	中举时间和名次	职位、爵秩及封赠	属 地
明	王 瓒	思献	弘治九年(1496)榜眼	礼部侍郎赠礼部尚书	永中街道(殿前)
明	李 阶	升之	正德六年(1511)三甲第一六九名	广东按察司金事	海滨街道
明	张 璁	孚敬	正德六年(1511)二甲第七十七名	首辅、少师兼太子少师,华盖殿大学士	永中街道(普门)
明	王 激	子扬	嘉靖二年(1523)三甲第一一三名	国子监祭酒兼经筵讲官	永中街道(新城)
明	项 乔	子迁	嘉靖八年(1529)二甲第六十六名	湖广按察副使、广东参政	沙城镇(七甲)
明	王 健	纯伟	嘉靖十七年(1538)三甲第一四三名	南京光禄少卿	永中街道(殿前)
明	孙 昭	德明	嘉靖十七年(1538)会魁二甲第十六名	云南道监察御史	永中街道(城南)
明	王 德	汝修	嘉靖二十三年(1544)三甲第三十五名	太仆寺少卿	永中街道(新城)
明	王 净	子孝	嘉靖二十九年(1550)三甲第八十一名	大理寺少卿	永中街道(新城)
明	王叔果	育德	嘉靖二十九年(1550)二甲第七十一名	广东按察副使	永中街道(新城)
明	王叔杲	阳德	嘉靖四十一年(1562)三甲第一三七名	大名府知府、苏松常镇四郡兵备副使,右参政	永中街道(新城)
明	金 铉	三洲	嘉靖四十四年(1565)三甲第四十二名	南京刑部主事	永中街道(城北)
明	王良心	性德	隆庆五年(1571)三甲第一七三名	南京兵科给事中	永中街道(新城)
明	王继明	用晦	万历二年(1574)三甲第一八七名	四川按察使	永中街道(新城)

续表

朝代	姓　名	字号	中举时间和名次	职位、爵秩及封赠	属　地
明	张德明	子经	万历十四年（1586）二甲第五十七名	广东按察使司参政	永中街道（普门）
明	沈光宗		万历二十三年（1595）三甲第三十七名	南昌府通判	沙城镇（五甲）
明	王名世		万历二十六年（1598）武科状元	锦衣卫千户	永中街道（新城）
明	项应誉	为谷	万历三十五年（1607）三甲第一〇五名	当涂、固安知县	沙城镇（七甲）
明	王维夔	邦仕	万历四十七年（1619）三甲第一四八名	江西左布政使	永中街道（新城）
明	王光经	景济	万历三十五年（1607）二甲第一名	广东岭南道副使	永中街道（新城）
明	张中蕴		万历四十七年（1619）三甲第一七九名	凤阳知府	瑶溪镇（皇岙）
明	张天麟	季昭	天启二年（1622）二甲第一名	都察院右副都御史巡抚江南	永中街道（普门）
清	王锡琯	玉叔	顺治九年（1652）三甲第一一一名	礼部主客司主事	永中街道（新城）
清	王　壬		道光十三年（1833）二甲第七十三名	吏部考功司主事	永中街道（新城）
清	王　玉		道光二十七年（1847）会魁三甲第四十二名	山西繁峙知县	永中街道（新城）

　　据上表来看，龙湾区的历代科第，永嘉场人物占大多数，永嘉场之外，蒲州、状元一带仅 5 人进士及第。

　　及第人士多家族相承，出自著名家族。往往一人及第之后，其子弟后裔亦多克绍箕裘。吴溇①吴氏、青山娄氏、蒲州诸葛氏、浃底叶氏、沙村周氏、李浦王氏、普门张氏、英桥王氏、七甲项氏,无不如此。

北宋时期,永嘉场人物仅浃底叶氏、吴溇吴氏、青山娄氏三人挺出,大概那时也没有多少的永嘉场地方文化认同感,仅以永嘉人自居而已。至南宋时期,龙湾科第遂呈井喷状态,浃底叶氏、吴溇吴氏、青山娄氏之后裔能步武先人,世其家,蒲州诸葛氏、海滨周氏亦人才辈出,而以状元桥赵建大中状元为科第攀登之最高峰。南宋时期,温州文化整体崛起,是由南宋王朝偏安临安带来的文化刺激和影响引起的。但是虽然高中者不少,显宦却不多,且永嘉场地方文化认同意识也不强,不仅相关资料目前已阙,无从考察其观念流变,且大多对国内政坛、温州文化格局影响不大。至明开国一百多年时间,永嘉场科第亦无多光彩,仅叶宗、郑桂、郑夏、胡奥、娄浚、李观数人而已,其中叶、娄二人承先人之遗绪而起。至弘治九年王瓒榜眼及第,张璁以一年老进士、礼部观政,挺身而出参与"大礼"议,六年入阁,创下了诸多政坛奇迹,且特别强调其永嘉场人之身份,以"罗峰"自号,嘉靖皇帝亦礼遇之,呼"罗山"而不名,永嘉场地域文化认同意识始昭然矣。至英桥王氏进士世家、文学世家之崛起,项乔以理学名流鸣,永嘉场人才呈现规模效应,形成其颇具特色的地方文化,对温州地区乃至全国都产生一定的影响。至明末清初,因清廷迁界、展界之祸害,永嘉场人才凋零殆尽,仅英桥王氏三人以祖宗之遗泽,中进士出身。

第二节　名宦不少,国内影响亦不小

正德、嘉靖至明季,永嘉场名宦辈出。有正德年间任南京礼部左侍郎的王瓒,嘉靖年间任内阁首辅的张璁,嘉靖年间任广东参政的项乔,三吴兵备参政王叔杲,天启年间任都察院右副都御史的张天麟等,他们都是明代温州地区的显宦、名宦,在各自岗位上做出了卓越的成就。而张璁的出现,则将永嘉场文化推向了高峰。还有一批郡、县级别的地方官吏,对地方治理作出了贡献,而为当地人怀念不已。

名宦王瓒、张璁等均是正德、嘉靖年间政坛上的风云人物。他们参与"大礼"议,改变了朝廷里的权力布局和政治格局,对明中晚期的政治发展产

①　今吴溇桥,位于永中街道桥北村。桥北侧刻有"明天启癸亥孟秋吉旦英桥王鲁源重建"十六字。俗呼吴溇桥一带地方为"吴溇桥"。由刻字知该地明代即以桥名著,然不知宋时该地为何名,系吴表臣家族世居地,今暂以"吴溇"呼吴氏世居地。

生了深远的影响。

　　王瓒(1462—1524),字思献,号瓯滨。两任国子祭酒,四典礼部会试,对教育文化事业做出贡献,门生桃李满天下。万历《温州府志》卷之一一《人物志·宦业》(又参光绪《永嘉县志》卷十四《人物志二·名臣》)载其生平简略:"王瓒,字思献,永嘉人。颖悟,博学有长者度。中弘治乙卯乡试第三人,丙辰进士及第第二人,授翰林院编修,修撰会典,国史司教内书堂。正德丙寅,升侍讲,充经筵讲官,进讲论语举直错诸枉章,举宦官宫妾以讽,微指逆瑾也。瑾怒,捏旨诘责,赖有解之者,得释,迁国子司业。瑾诛,进南祭酒,讲明正学,著四书五经诚敬等箴,四方诵法焉。癸丑,改北祭酒,擢礼部侍郎,时车驾数巡幸,储位久虚,乃疏请育宗室一人于宫中,并乞回銮,语甚切直,时论韪之。持节封玉山王,赐一品服。肃皇帝龙飞,瓒适署部事,论典礼事宜,旦夕台辅,以母忧归,寻卒。赠礼部尚书,谥文定。所著有《正教编》《瓯滨集》《郡志》等书。子二,长侹,字伟立,以父荫历官南京工部营缮司郎中,生平倜傥,博洽诸书;次健,光禄少卿,别有传。"

　　张璁更是一位颇具传奇色彩、影响明代中晚期政治发展的重量级人物。

　　万历《温州府志》卷之一一《人物志·宦业》(又参光绪《永嘉县志》卷十四《人物志二·名臣》)载其生平简略:"张孚敬,字茂恭,永嘉人。初名璁,字秉用,以音同御名,请更赐今名及字。早举于乡,筑精舍于姚溪,注书授徒,慨然有治平志。正德辛巳,登进士,礼闱揭晓,有五色云见。肃皇帝入继大统,朝议典礼欲考孝庙,叔兴献皇帝,孚敬时初第,上疏辨明统嗣之义,大忤执政。嘉靖壬午,授南京刑部主事。甲申,以大礼未正,再上疏争之,特召至京,与众廷议,升翰林院学士。乙酉,升詹事,寻晋兵部侍郎,仍兼学士,命修《明伦大典》,敕掌都察院事,诏讯大狱。丁亥,升礼部尚书兼文渊阁大学士,赐银图书二,曰忠良贞一,曰绳愆弼违,曰永嘉张茂恭印。凡与议机密,疏入用封识焉。戊子,加少保,进姚溪书院,集赐书院名贞义,堂名抱忠。《明伦大典》成,加少傅兼太子太傅吏部尚书,谨身殿大学士。己丑,命主会试,时称得士。八月致仕,至天津差行人周襗赍敕召还。辛卯,以雷震午门西楼,乞归。壬辰,差行人周文烛赍敕召还,加太子太师,进华盖殿大学士。复以星异乞归,其冬差鸿胪少卿陈璋赍敕召还,加少师,命有司为作宝纶楼。乙未,以疾乞归,上惓惓慰留,手调药饵赐之。又屡疏辞乃许致仕,差行人周文光御医袁迁赍敕送归,月给廪米,岁给舆隶,命有司时加存问,且谕曰:'如有嘉猷,毋忘驰告。'丙申,差锦衣千户刘昂赍敕视疾,复赐手札趣还。至金华疾作回。己亥,卒于家。年六十五,赠太师谥文忠,祭葬恩礼特加祀典,及耕籍礼。裁革镇守内宫,清勘皇亲庄田,削平边镇,录开国诸勋后,请立九嫔以广储嗣,救解言礼诸臣,及建议请严宣谕、杜私谒、定章服,俱关天下大政,上皆嘉纳。时百吏奉法,苞苴路绝,元侯中贵敛戢胥服,中外拭目以视太平,上倚任日切,每手札必曰'张元辅'、'张罗山'而不名,其眷遇之隆始终不渝如此。万历二十三年,今上复遣官谕祭,盖异数云。性孝友天至,气度轩豁,信古执礼,独立敢言,学博群书,文章本原六经。立朝正直清忠,家无羸资,所著有《礼记章句》、《大礼要略》、《罗山奏疏》、《罗山文集》、《正先师孔子祀典集议》、《金縢辩疑》、《杜律训解》。子三,长逊志荫授中书舍人(有传),次逊业,荫授尚宝司丞(有传),三逊肤,荫授中书舍人。"

张璁七试不第,终于47岁登正德十六年二甲进士,以新进郎官,抗疏直上,阐明"大礼"原则,不屈不挠,对抗杨廷和等诸多权臣。《明史》卷一百九十六列传第八十四《张璁传》载:"帝方扼廷议,得璁疏大喜,曰:'此论出,吾父子获全矣。'"杨一清高度肯定张璁所论。《明史》卷一百九十八列传第八十六《杨一清传》载:"初,'大礼'议起,一清方家居,见张璁疏,寓书门人乔宇曰:'张生此议,圣人复起,不能易也。'"六年入阁,成为明代政坛之传奇。其开创的嘉靖维新之治影响深远。

《明史》卷一百九十六《张璁本传》给予张璁极高评价,这番评价也让我们对张璁的政治人格有总体的了解:

> 孚敬刚明果敢,不避嫌怨。既遇主,亦时进谠言。……他若清勋戚庄田,罢天下镇守内臣,先后殆尽,皆其力也。持身特廉,痛恶赃吏,一时苞苴路绝。而性狠愎,报复相寻,不护善类。欲力破人臣私党,而己先为党魁。"大礼"大狱,丛诟没世。顾帝始终眷礼,廷臣卒莫与二,尝称少师罗山而不名。其卒也,礼官请谥。帝取危身奉上之义,特谥文忠,赠太师。

张璁是嘉靖时期的首辅,明朝士人均公认他是嘉靖时期最杰出的首辅,万历时期张居正在《明世宗实录》中对张璁更是推崇备至。张璁和年轻的嘉靖皇帝当时君臣契合,千年一会,开创了"嘉靖维新之治"的局面,造就了明室中兴。张璁在温州民间的知名度和认可度,几乎超过温籍的其他名人,这成为一种引人反思的独特景观。"张阁老做官带携一省",其恩泽久为百姓所传颂。民间谚语"说了半天还晓勿得张阁老姓张",亦可见张璁之影响。

不少永嘉场仕宦人物在地方为官时,清廉自律,关注民生,做了不少实事,利济地方,故为当地民众怀念,至有为建生祠者。

王德(1517-1558):嘉靖二十五年为顺天府乡试同考,旋补大名府推官。侯一元《金宪东华公传》(《王世家录外编》卷三):"服除,久之起而为大名推官。河南有盗劫中使,事闻,上怒甚,或以诬滑人,连逮甚急,君察其有冤,执弗与。

河南郡中大吏至,君与相持,竟活滑人,滑人德之,为公祠,肖像祀焉。为理仅一岁,所政绩烨然,事具《大名新志·名宦》中。志所载,大率以盖棺事定而君独身存,而志者信君也。"王金麟《王德滑县救民》①:"滑县为王德建立三楹生祠,名曰遗爱祠,立肖像于中堂,每逢过年过节均隆重祀之。"

王激(1476—1537):明过庭训《本朝分省人物考》卷五六:"王激知吉水,殊不经意。日出公庭数刻,发遣公移,了争讼事已,复操笔为文辞,亦数刻立就,忘其身之在公庭也。暇日与诸生雠校经义,或对客谈古今诗律得失,杂以谑笑,听者忘疲。其说经义,不规求合时调,即在公庭,亦不喜为时调束缚。而其谑笑,尝以取容上官与诸败官行事为譬,若将谕己意者。讼至,多引古人忍让事,俾自悔改,更不禁系。以赋役留者,言语煦煦,如其家人父子,节缩简澹,惟所欲,不令迫苦,人亦踊跃趋事,尝恐后期。邑中人人称其易与。久之,迹境内凶人王璇五六辈,发其奸,置之宪典。于是人人又且顾畏奉法,咸称其操纵得宜。"

世宗亲擢王激为国子祭酒兼经筵讲官,任国子祭酒期间培育英才无数。《王氏世录·世传》卷一王德撰《祭酒公行实》:"满考,晋南京通政司通政,寻召主膳黄。世庙从班行中望见,令中官物色之曰:'是可备宫僚之选。'遂有国子祭酒之命兼经筵讲官。在国子端范崇教,振作有方,四方名士多居其门。上数御经筵,每侍讲必先日斋沐,宿于朝房,丌导悃至。"《王氏家录·外编》卷五罗洪先《中宪大夫国子监祭酒鹤山王公墓志铭》:"在国子岁余,振励有方,士多所兴起,然其私心既不欲以身为人口实,常有意引退者,属二亲垂耄,乞归养,盖屡疏始得请。既连遭内外艰,不胜痛,竟以疾终。其归之年才六十也。"

王净(1508—1581):万历《温州府志》卷一一《人物志》:"王净,字子孝,永嘉人。少警慧,读书多心解。随父錬教谕湖广竹山邑,人妻以女,遂以籍应选贡举南畿,登嘉靖庚戌进士。授溧阳令,时豪宦侵并上供,据法裁之,民有枉狱,力与当事者辨其诬,论最。入为山东道御史巡盐河东,寻按云南,时沐国肆毒一方,按其家属以法,沐惧,饵黄金三百两,拒不受,直疏其事,奉旨移镇南都,沐欲鸩之,计沮不行。刷卷南畿,升大理少卿,会毛大司寇诸刑官议狱,据律驳其误,各具奏。上是净议,著为令。晋金都御史,巡抚贵州。宣尉安国亨戕杀嫡叔,总兵官请讨,败绩,遂上书自劾,旨下回籍听调。筑精舍南郭外,日与故人觞咏其中,淡食野服,徜徉山水,见者不知为贵人。亲旧贫乏者随力捐济之,见后进勉以力学。所著有《滇南奏疏》《刑名奏议》《大学衍义》,略行于世。"

---

① 王璋、王一平:《古堡深处——永昌堡诗文选编》,大众文艺出版社 2008 年版。

项乔(1493—1552):字迁之,晚号九曲山人,世称瓯东先生,温州府永嘉县七甲人(现龙湾区沙城镇)。正德十四年举乡试,嘉靖八年春会试列第二。嘉靖十四年,由南京工部主事出守抚州,一到任就提出:"天下患无好官员,不患无好百姓。凡有利当兴有害当除,一一相告。吾能行之。"仅半年,当地百姓颂声不绝。调任庐州后,为发展当地文教事业,将废弃的宝应寺改为学校,亲自选拔培养学生,品其言行,以相勖勉。为打击装神弄鬼之流,项乔命人锁住在府前"被发降神"的方士,称:"神能脱枷,乃免。""竟不能脱,匝月乃释。"为整顿吏治,他刻《军民赋役册》、《牧民条约》等,革除吏役向百姓索要顶头、节年、奉例的官场潜规则,扼制僚属索贿受贿行为,因此得罪了同僚。嘉靖十七年夏,通判赵迎乘项乔回乡奔母丧,刻书诽谤,将其抹黑。因同僚恶意中伤造成的恶劣影响,以至于当年考核,巡按周金放弃了对项乔的荐举。三年居丧期满,在巡按周金、同年唐顺之极力斡旋下,于嘉靖二十年十一月起复,拜河间守,不久升湖广按察副使。时楚愍王横暴无忌,项乔撰《劝论省戒书》千言投之,冀其迁改。王不纳,果有英耀弑逆之祸。后人评价项乔有先见之明,"浑朴明断,见事最早,心事洞然,无城府"。①

王光蕴(1540—1606):字季宣,号玉洞。王叔果之子。举嘉靖辛酉制科。王光蕴在江西任宁都县令时治绩卓越。有破案的本领,称为王青天。在任六载,例得优转,万历廿五年迁宁国郡丞,万历廿六年升衡府长史。时年59岁,以太夫人春秋高告归。离开宁都和宁国时,士民均拥道相送,感惠政,献"德政篇",立"去思碑"。②

王良心(1537—1579):字性德,号存吾。隆庆辛未(1571)进士。初授广州府增城知县。赈民养士,修学筑城,丙申年,遇大饥开仓赈民,使百姓度过饥荒。万历丁丑(1577)擢南京兵科给事中。因劳累过度卒于任上。年仅42岁。增城人民为纪念他的功绩,建双惠祠与前令乐清朱文简合祀。③

王继明(1544—1608):字用晦,号东野,又号省庵、慎斋。万历二年进士及第。万历三年任直隶太平府当涂县令。张居正母丧,扶柩还楚,王继明接待礼仪从简,得罪了张居正,于万历七年被降职,二任调往江西赣州府任经历。临行前士民送匾一:"一念精诚,对天表日。"万历二十年至万历二十九

① 参见万历《温州府志》卷一一《人物志》、方长山点校《项乔集·前言》。
② 参见王兆骧《明代史学家王光蕴》,王璋、王一平《古堡深处——永昌堡诗文选编》,大众文艺出版社 2008 年版。《大泌山房集》一百四《宁国郡丞王公墓表》载其宁都之政,另见宣城徐元太南京刑部尚书《宁国府王相君去思碑》、宁国门人王宾贤经元书《王侯德政篇》。
③ 参见王会恩《廉政亲民的王存吾》,王璋、王一平《古堡深处——永昌堡诗文选编》,大众文艺出版社 2008 年版。

年,历任镇江、襄阳、太平三郡知府。"当七任直隶镇江知府任满时,吏民称颂他为'仰为慈母,心怀黎民;文经武略,三吴倚若长城'。"八任湖广襄阳知府任满时,当地士民为其建生祠,立去思碑以表纪念之情。九任直隶太平知府任满时,百姓顶香而送达数千人,车阻而不能行。万历廿九年秋,十任四川按察副使兼布政使司右参政,分巡川东。修整兵防,井井有法。平定酋长谭朝国之叛乱。川东百姓无不感激涕零,立生祠祭祀曰:"王公真文武全才也。"二十九年,擢四川按察副使,有善政,夔州吏民以宋王十朋曾官于此,合祀"二王祠"。其祠至今仍在。[①]

张天麟(1586—1639):清光绪《永嘉县志》卷十五《人物·宦绩·张天麟传》:"张天麟,字季昭,一字平符。万历壬子经魁,天启壬戌二甲第一。负文名,精书翰。初任礼曹,丰仪硕望,岳立朝班。珰党欲以铨部饵之,峻拒不受。出提学广东,称得人。转福建右参政,平李魁奇、刘香诸盗,制铜铁大砲,分布闽浙沿海要害。转湖广左参政辖宝庆道,为政敦大体,去烦苛,重学校。尝清羡米五百四十余石,撤推官李梦日,置田四十亩,每遇乡试之年,以三岁租给两庠诸生为文卷费,人甚德之。平临蓝天王獠猖诸寇。闽藩治邸武冈,籍富民筑城,纵骑校杀平民,掠财产,民怨将乱。天麟抗疏纠参,朝论伟之。擢都察院右副都御史巡抚云南。以不得亲养,忧思成疾,行至平越卒。为人清端弘毅,政暇即操觚撰述。所居先世旧卢仅蔽风雨。与余姚施邦曜、海盐吴麟征有浙中三君子之称。所著有《松台诗集》。"蒋德璟《兵部侍郎平符公墓志铭》[②]:"自公之议行,全闽得以高枕。公之功利且世世矣。比欲建祠,貌公像而社稷之,公正色辞曰:'待罪以来,扶绥无术,况立碑建祠,律有明条,若余闽人士交口而碑者,殆与此泱泱之流同其永长也,泰华嶙峋,宁假堁之微而后增峻哉!'"

第三节　在温州府、永嘉县的文化辐射力强

永嘉场人物在温州地区的文化辐射力,从乡贤祠和坊表永嘉场人所占的分量即可深切感受到。

1. 乡贤祠

温州府、永嘉县的乡贤祠里供奉着多位永嘉场人,由表 5-3 可知永嘉场

---

①　参见王会进《清廉自律王继明》,王璋、王一平《古堡深处——永昌堡诗文选编》,大众文艺出版社 2008 年版。

②　张维中编:《张天麟纪念集》卷一,天马图书有限公司出版,2000 年。

人物之挺出。

表 5-3 温州府、永嘉县乡贤祠所祀永嘉场人物表(明代以前人物)

乡贤祠	乡贤祠所祀人物	永嘉场列入乡贤祠人物	出处
温州府乡贤祠(明万历时期)	宋王景山、周行己、刘安节、刘安上、吴表臣、陈侃、王公彦、仰忻、张煇、沈躬行、蒋元中、鲍若雨、薛弼、林季仲、张阐、薛徽言、蒋行简、郑伯熊、丁昌期、薛嘉言、薛季宣、张淳、王楠、叶适、周端朝、叶味道、戴溪、陈埴、吴涤、戴栩、薛叔似、翁严寿、胡子实、陈昉、林武、陈虞之、戴侗、徐宣、缪主一 元季完泽 明梅颐、黄淮、朱良暹、王渊、朱谧、潘畿、郑璘、杨思敏、周旋、张汉、黄禄、王瓒、叶挺、张孚敬、叶式、项乔、王健、朱文简、王德、张逊志、王叔果、叶承遇、王叔杲、孙沧、张逊业、叶世德(共 66 人)	宋吴表臣、周端朝 元季完泽 明王瓒、张孚敬、项乔、王健、王德、张逊志、王叔果、王叔杲、张逊业(共 12 人)	万历《温州府志》卷四《祠祀志》
永嘉县乡贤祠(明万历时期)	宋王景山、周行己、刘安节、刘安上、吴表臣、陈侃、王公彦、仰忻、张煇、沈躬行、蒋元中、鲍若雨、薛弼、林季仲、张阐、薛徽言、蒋行简、郑伯熊、丁昌期、薛嘉言、薛季宣、张淳、王楠、叶适、周端朝、叶味道、戴溪、陈埴、吴涤、戴栩、薛叔似、翁严寿、胡子实、陈昉、林武、陈虞之、戴侗、徐宣、缪主一 元季完泽 明梅颐、黄淮、朱良暹、王渊、朱谧、潘畿、郑璘、杨思敏、周旋、张汉、黄禄、王瓒、叶挺、张孚敬、叶式、项乔、王健、朱文简、王德、张逊志、王叔果、叶承遇、王叔杲、孙沧、张逊业、叶世德(共 66 人)	宋吴表臣、周端朝 元季完泽 明王瓒、张孚敬、项乔、王健、王德、张逊志、王叔果、王叔杲、张逊业(共 12 人)	万历《温州府志》卷四《祠祀志》
永嘉县乡贤祠(清光绪时期)	宋陈侃、王开祖、丁昌期、周行己、刘安节、刘安上、王公彦、仰忻、吴表臣、张辉、薛弼、薛嘉言、沈躬行、鲍若雨、林季仲、张阐、蒋元中、薛徽言、郑伯熊、蒋行简、薛季宣、张淳、王楠、薛叔似、叶适、戴溪、徐瑄、戴栩、周端朝、陈埴、叶味道、陈昉、吴涤、戴侗、林武、翁岩寿、陈虞之、胡子实 元缪主一、季完泽 明王渊、梅颐、黄淮、朱谧、潘畿、方以正、郑璘、朱良暹、李永本、杨思敏、周旋、叶挺、黄禄、王瓒、张汉、朱文简、张孚敬、项乔、孙沧、叶式、王健、王德、王叔果、叶承遇、张逊志、张逊业、王叔杲、叶世德、朱邦彦、陈尧言、王维夔、周应期、张天麟(共 66 人)	宋吴表臣、周端朝，明王瓒、张孚敬、项乔、王健、王德、王叔果、张逊志、张逊业、王叔杲、王维夔、张天麟 明代补张纯、侯一元、王光蕴、王继明、张汝纪、王光经、项维聪、王光美、何白等。侯、何皆乐清人(共 20 人)	光绪《永嘉县志》卷七《学校志・乡贤祠》

按:名宦祠、乡贤祠者,地方俊杰荟萃之地,一方士民精神依托之所,士民企慕儒家俊杰之地。嘉靖《永嘉县志》卷四《祠祀志》:"论曰名宦、乡贤之祀要在于称情,滥焉渎矣。公论有在,予不敢指议,姑仍旧载其名,以俟尚论者详焉。若郡邑长吏以政绩称者,但当祀于名宦,乃今去思祠相望,导谀长伪,可鄙也。二祠有关世风司教化者宜有以处之。"入名宦之祠,士民则知感恩地方郡守县令之治绩,讴歌不已。而名宦之功德文章事业,亦影响深远。入乡贤之祠,士民则知贤能、才德之可贵,而心向往之。自王瓒、张璁入乡贤祠之后,永嘉场士子大得激励,知功名由一第可取,无不专心向学。已为宦者指点提携未为宦者,家族传统和抱团意识更使未第者获得指点和提携,故如英桥王氏明清时期竟有 13 位进士之荣。由乡贤祠来看,英桥王氏所出人物尤著。清康熙二十三年郡守王国泰重正祀典,英桥王氏列入温州乡贤祠有九人:王德、王叔果、王叔杲、王继明、王光经、王元杰、王光蕴、王光美、王维藬等,像王净、王激功绩卓越者等均尚未列入,其家族人才粢然之气象实引人瞩目。

2. 坊表

坊表,中国古代具有表彰、纪念、导向或标志作用的建筑物,包括牌坊、华表等。牌坊是一种单排立柱,上加额枋、斗栱等构件,另加施屋顶的称牌楼。华表为成对立柱,元代以前,木制华表上插十字形木板,顶上立白鹤。明代以后为石制华表,下有须弥座,柱顶有蹲兽,柱身遍施浮雕。

坊表是古代封建表彰士人的宦绩道德文章和烈女贞妇的主要标志性建筑。温州郡城永嘉县城所立的坊表,不少是永嘉场官宦。

若能穿越,走在明代温州郡城里的大街上和五都姚溪山里,随处可以看到这些坊表。而这些坊表上的人物很多是来自永嘉场的。在明代温州郡城里充满了永嘉场人的身影,人们纷纷在传颂着他们的事迹,士人们也以之为榜样。可以肯定地说,永嘉场在温州地区的赫赫名声,在那个时候也达到了顶点。兹据万历《温州府志》卷三《坊表》、嘉靖《永嘉县志》卷二《牌坊》编制表 5-4。

表 5-4　温州坊表和永嘉场人物

坊表名	所立人物	地　点
太师	为大学士张孚敬立	拱辰门外
宾荐	为举人项坛、张霖、王德、金翮立	县西直街
彰贤 经元	为参政项乔立 为王激、王焘立，今毁	县西直街
六英 棣萼重芳	为举人张鸣鸢、朱廷谧、朱玉、杨芳春、侯化邦、郑守益立 为参议王澈、祭酒王激、副使王叔果、参政王叔杲立	县西直街
兵垣司谏	为王良心立	县西直街
世司马	为王澈、王叔果、王叔杲立	县西直街
聚奎	为举人王诤、王叔果、高旻、孙昭、黄一鸣立，今毁	县西直街
冬官大夫	为郎中王侹立	县西直街
忠良贞一	为大学士张孚敬立	县西直街
大中丞	为金都御史王诤立	县西直街
甲第	为进士李阶立	府前大街
祭酒　尚书	俱为王瓒立	府前大街
榜眼	为王瓒立	府前大街
兄弟进士	为王叔果、王叔杲立	府前大街
进士	为王激、徐廷杰、赵廷松、陈亶立，今毁	府前大街
父子会魁	为王瓒、王健立	府前大街
学士	为张孚敬立	府前大街
三凤鸣阳	为进士王健、侯一元、王德立	府前大街
元辅（东西二座） 孤忠　赍贤　柱国	俱为大学士张孚敬立	松台山下
贤孝	为中书舍人张逊志立	松台山下
笃庆	为尚宝司丞赠员外郎张逊业立	松台山下
积庆传芳	为封通政王钲子澈、孙叔果、叔杲、曾孙光经立	墨池坊

坊表名	所立人物	地 点
大纳言 大司成	俱为王激立	镇海门内
两京祭酒	为王瓒立	五都黄岙
三代恩光	为赠少师张转宾、张敏、张升立	
世显	为赠员外郎张珂、郎中张纯、举人张鸣鸾立	一都
亚魁	为李阶立	
青宫太师 黄阁元辅 恩光 文焕	俱为大学士张孚敬立	五都姚溪
海山钟秀	为永嘉场仕宦立	五都

第四节　文学之士繁多，文学世家闻名

温州自宋代以来名家辈出，人文荟萃，地方文献之盛冠于浙东南。万历《温州府志》卷十四《艺文志》序云："瓯故多文献，诸先哲撰著称富，兹惟录其裨于风纪，详于建置者，于以昭人文垂宪章云尔。他如山川名胜历代多所品咏，则各从其类，附之而编帙流传世久不无阙亡，仍标目而存之。庶几于诸先正之饩羊云。"万历《温州府志》收录了永嘉场人物的不少著述、诗文。永嘉场名宦张璁、王瓒、项乔等皆有诗文传世，颇可称述。

以英桥王氏为代表的文学世家更是一大亮色。王澈、王激、王沛、王德、王叔果、王叔杲、王光蕴、王光美、王名世等为其尤著者，弥足称道，号称"东嘉王氏"、"文学世家"。英桥王氏有记载的著述达 170 多部。其中《槐阴集》、《半山藏稿》、《玉介园》、《鹤山文集》、《三吴水利考》、《永嘉县志》、《江心屿志》、《白鹿诗稿》等尤为著名。明侯一元评："英桥王氏者，吾温士族之冠也。崇埤比栉，诗书稷契。盖他族莫敢望焉。"[①]

清王咏编《永嘉王氏家言》[②]汇集英桥王氏 47 人诗集，其文学世家之全貌可睹。王咏统计说："右四十七人共诗一百九十一首，以世次行辈为先后，四世一人，五世一人，七世一人，八世四人，九世七人，十世九人，十一世十四人，十二世五人，十三世五人，其字号年爵并载各诗名下，吾家率多高年，惟八十以上者纪之。"该集由其长子沄孙提请结集，不幸去世，王咏取其诗歌十

① 侯一元：《英桥王氏族谱序》，王叔果编：《万历英桥王氏族谱》，明万历刻本。
② 永嘉县志纂修处手抄本。

首附于四十七人之后,以为纪念。

林必登《永嘉王氏家言·序》:"王氏自明初徙瓯未几,科名云起,著作蔚然,故迄今海内屈指衣冠旧族必举永嘉王氏为称首。噫!何其不改江左遗风也。川子先生为王氏贤胄,其以诗文见重于时,亦既知其家学有自来矣。一日乃悯先叶之残阙,或久而愈失传焉,为取十数世有韵之言,汇成一帙,穷搜极讨,心血为枯。集成共得四十有七人,付之剞劂氏。"清陆进《东瓯掌录》卷下:"永昌堡王氏,子孙繁衍,科名辉映,即风雅亦代有闻人。《一家言》中所载四十七人,皆有诗集。"①其实四十七人只是其结集的底线。陈伟玲统计了清曾唯编著的《东瓯诗存》:"经查证,明确为英桥王氏家族的有 59 人,明代 42 人,清代 17 人,分别占明、清温州地区王姓诗人的约 71%、68%,明清两代合占约 70%。"②

王咏制定了《家言凡例》。在凡例里可见英桥王氏诗集存佚情况。

其一,"吾家四传至樵云公,以布衣事吟咏,自后人各有集,八传至东厓、鹤山、竹岩三公,以科第显。宦业之余,类多篇什,迄今作者如林,不以联篇累牍矜多为高,而以片言只字可传足贵。"三世樵云公王毓是家族最早的诗人。八世时王澈、王激、王净成为显宦,使其家族诗歌创作蔚为大观,其后作者如林。如此众多的作品,使编者精选优秀代表作,乃至"片言只字可传"者,可见其删除之多。

其二,"吾家素称能诗而失传者多,即有刻本亦无复存,如梦竹公《效颦集》、西涧公《樗散稿》俱不可见。近从友人家觅得若干首霁山公(名锜,字九鼎,正德时人)、雁川公(名一贯,字子道,嘉靖时人)俱有集,竟无一字存者,深可惋惜。"不少诗集已然佚失。

其三,"一予素欲汇钞家集,有志未逮,偶尔手录逸篇,儿辈遂请卒业,因遍索遗稿,惜乎累经兵燹,十不得一,自癸亥迄今乙丑冬始竣事,然终有未尽之恨。"不少遗稿经过明清之际的兵乱,散失严重。

其四,"吾家攻诗者多,而能文者亦不少,如鹤山公、致虚公、黄石公皆以古文辞见称,其他作者代不乏人,嗣当别录付梓。康熙丙寅上元日王咏识。"至于英桥王氏的散文,王咏欲另外结集。

对这部诗集的情况,林必登和陆进有简略的介绍。林必登《永嘉王氏家言·序》:"予约略谈之,有以五言古胜者则以其为汉魏为陶谢也者而选之。有以七言古胜者则以其为高岑为王杜也者而选之。其以律诗绝句胜者则以

---

① 转录自《东瓯遗事汇录》卷一七《文学下》。
② 陈伟玲校注:《明代英桥王氏诗录·前言》,中国文史出版社 2010 年版,第 2 页。

其为王岑为李杜为钱刘为温李也者而选之,而不然者,姑置焉。盖宁简无繁,宁真无赝,宁使人读之有余思,毋使人读之有微议,此则选者之意也。"

清陆进《东瓯掌录》卷下:"《集》中如王毓'鸟啼春色老,花落雨声多','青翻麦浪春风号,绿映秧针夜雨余';王湖'竹冥气逾静,鸟寒归独迟','孤舟细雨短长梦,落日青山今古情';王叔果'荷香浮水碧,树影拂天青';王叔本'鸟去烟光冥,帆飞云影低';王光蕴'卷幔云生榻,停杯月满楼';王光美'烟紫空翠侵征旆,风卷飞花散酒垆';王士充'钵散昙花流地宝,瀑摇晴雪落澄潭';王至章'一榻清风高士卧,半窗明月故人心';王至彪'连云山色来歌席,挟雨河声入戍楼','梦虚楚岫云朝暮,书出衡阳雁有无';王万钰'飞花催去鹢,歌管咽流云';王钦彝'黄昏香散寻梅去,白日云飞放鹤回';王锡琯'寒光近接云千树,夜色遥分月半城';王臣法'枫林坐爱吾江晚,柳色行看上苑春';王沄孙'霜寒红树瘦,秋老白云孤',皆佳句也。"[1]按,其中提及的作品有王由《奉和魏侯江心寺之作》、王湖《晚过醉筠亭》、王德《宴仙岩》、王叔本《江心寺避暑》、王光美《西湖棹歌》、王光经《东谷庵》、王至彪《罗东八咏》、王士纶《送贻玉侄应试之金陵》、王锡琯《望湖亭》、王弘化《西林庵》。

现龙湾文献丛书已由陈伟玲点校出版一册《明代英桥王氏诗录》[2],可供参读。

第五节 自觉的修志意识和修志成就

永嘉场士夫,无论仕宦一方,还是家居自适,均注重修地方志。

仕宦一方,每倡导修志。王叔果为镇江修志,为镇江有志之始,撰《三吴水利考》,为三吴水利研究之名著。王叔果荆西路驻节,请高伯宗修《承天府志》。至于为家乡修志,更是其着意为之。据林平、张纪亮编纂《明代方志考》[3]所载,明代温州、永嘉所存旧志,多为永嘉场人物所纂,可见永嘉场仕宦的修志意识特别强。而王瓒、王光蕴所修的《温州府志》,王叔果、王光蕴所修的《永嘉县志》,皆为今日了解明代温州的珍贵史料。这是永嘉场人对温州文化的重大贡献。三志的修成,也是明代永嘉场文化鼎盛的一个重要标志。永嘉场人参与修志情况如表5-5所示。

---

[1] 转录自陈瑞赞编:《东瓯遗事汇录》卷一七《文学下》,上海社会科学院出版社2006年版,第391—392页。

[2] 中国文史出版社2010年版。

[3] 四川大学出版社2001年版。

表 5-5　永嘉场人修志一览表

书名、卷数	修撰者	修撰时间	存佚情况、版本	文献根据
《温州府志》二十二卷	邓淮、王瓒纂修	弘治十六年（1503）	弘治刻本 1977 年浙图抄本。另有 1936 年温州图书馆传抄本。今有胡珠生校注本（上海社会科学院出版社 2006 年版）。	兆平《天一阁藏明代地方志考录》第 53 页，书目文献出版社 1982 年版
《温州府志》八卷	张孚敬纂修	嘉靖十六年（1537）	今存上海古籍书店 1964 年影印嘉靖刻本天一阁藏明代方志选刊本。	
《温州府志》十八卷	明刘芳誉、林继衡等修，王光蕴等撰	万历三十三年（1605）	今有中国科学院图书馆选编《稀见中国地方志汇刊》中国书店 1992 年版影印万历三十三年刻本。	陈光贻编撰《稀见地方志提要》第 536 页，齐鲁书社 1987 年版
《永嘉县志》九卷	王叔果纂	嘉靖四十五年（1566）	嘉靖四十五年修，刊本，日本尊经阁文库藏，是现存最早的一部永嘉方志。今已由潘猛补校注（中国文史书店 2010 年版）。	洪焕椿《浙江地方志考录》第 243 页，科学出版社 1958 年；林正秋、孟文镛主编《浙江方志概论》第 51 页，吉林省地方志编纂委员会 1985 年版
《永嘉县志》十七卷	姚永济修，王光蕴纂	万历二十八年（1600）	万历三十年刻本。今仅存王光蕴自序及姚永济序文各一篇。	
《承天府志》（原名《兴都志》）	王叔果纂	嘉靖四十二年（1563）始修	佚。	王光蕴撰《先宪使公行状》
《新修靖江志》八卷	王叔杲纂	嘉靖四十二年（1563）始修	存。日本内阁文库藏明隆庆己巳靖江官署刻本、北京中国科学院图书馆藏胶卷。	清孙诒让撰、潘猛补校补《温州经籍志》第 422—423 页，上海社会科学院出版社 2005 年版
《宁都县志》八卷	王光蕴纂	万历二十年（1592）至二十六年（1598）	存。台北"中央图书馆"藏明万历二十年刊本。	清孙诒让撰、潘猛补校补《温州经籍志》第 423 页，上海社会科学院出版社 2005 年版

　　按：此八部地方志，五部是关于温州地区的，可见永嘉场人对家乡的关心和修志的热衷。永嘉场三大家族参与修志，张璁、王瓒、王光蕴各修有温州府志。英桥王氏撰述最多，王叔果和王光蕴父子修《温州府志》和《永嘉县志》。

　　就某一专题修志的也不少。项乔《福建屯志》一卷（佚），王叔果《京营纪》（嘉靖三十九年庚申修，佚），王叔杲纂《三吴水利考》八册（未见），王光蕴纂《江心志》六卷（未见），张纯撰《泉河纪略》七卷。①

　　兹以王叔杲、王叔果、王光蕴修志经历见永嘉场修志之风习。

　　王叔杲和王叔果、王光蕴父子形成了良好的修地志传统。

　　嘉靖四十二年癸亥（1563），王叔杲47岁，授常州府靖江令。在靖江之时，托朱在明修志，此为靖江有志之始。《玉介园存稿》卷八序《〈靖江新志〉序》载，靖江建县自成化之辛卯始，迄今且百年矣。但是一直未有志，"逮西安王君而志乃成，然亦略矣"。王叔杲深刻认识到修地方志的重要性："往迹匪志则弗章，来代匪志则罔诏，治与时移，政由俗迁，变革兴坠于百年之内有不可胜书者矣。"因此托之于朱在明修之，"历数十年之久而始克成编"。

　　嘉靖三十九年庚申，王叔果45岁。五月，升职方协司署郎中。提督戎政尚书凤泉王公题请修《京营志》。兵部尚书杨博才公，乃以属，志成，恭进名《京营纪》。该志属于典章制度类，已可见王叔果之史才。嘉靖四十二年癸亥，48岁。春初，至郢中。奉敕守护献皇帝陵寝。修承天《兴都志》，进而修成《承天府志》。王光蕴撰《先宪使公行状》："承天故未有志，顷以科臣言修兴都志，公集诸文学编次以上，已而思曰：'是志纪国典郡事，例不得详，宜别作府志。'因属同年长史鹿坡高公名岱纂修，而节约俸廪为资费。"按：先生修志之认识，早见于《承天府志》。当时他请了高伯宗修志。"郡县有志，非徒可以征故实、博闻见已也。盖于治道良有裨焉。"按此《承天府志》之修撰，即为其致仕后修嘉靖《永嘉县志》之预演。嘉靖四十三年甲子，49岁。升授广东按察司副使。三月十二日，行至江西九江，再次引疾乞休。致仕之后即着手正式修撰嘉靖《温州府志》。次年秋日，假馆白塔僧舍，纂《永嘉县志》。《半山藏稿》卷九《永嘉县志序》："其辞贵雅，其义贵正而严。"修此志也是采取独任的方式，与子光蕴一起修撰，"不启局，不烦馈，不使众闻知，假馆于白塔僧舍，属儿光蕴编辑书成"。这跟修《兴都志》请高伯宗独立为之的方式是一脉相承的。《半山藏稿》卷十《族母姜氏安人旌节序》："余束发读书颇有善善之志，未获施之天下。自谢病乡居得以暇日网罗旧闻，辑为邑志，凡忠孝

　　①　据清孙诒让撰、潘猛补校补：《温州经籍志》，上海社会科学院出版社2005年版。

廉节一言一行,虽卑贱琐屑莫不备书而详载之。"少有大志,然未能得行之于天下,乃编辑邑志,以安其心,以表其志,此王叔果修志之缘由也。

嘉靖、万历年间,王氏家族人物特别注重修地方志,并且将之当作地方治理的必要的参考。这是一种极其优良的家族文化传统。

王光蕴是英桥王氏修地志之集大成者。

王光蕴(1540—1606),字季宣,号玉洞,永嘉人。叔果子。嘉靖三十九年(1560)举人。万历二十年(1592)授宁都知县,二十五年迁宁国府同知,次年改衡府长史,引疾归。尝编万历《永嘉县志》十七卷,万历《温州府志》十八卷,万历《宁都县志》八卷,现存;《江心志》六卷,《太玉洞斋藏稿》,佚。事见李维桢《大泌山房集》卷一〇四《宁国郡丞王公墓表》。

万历二十年,知府汤日昭议继弘治志续修,以迁秩行,继任刘芳誉始启局纂辑,然久未成,迁延十载始完稿。时知府为林继衡,又斋稿郡人王叔果子宁国府同知王光蕴审定。几经周折,府官四易,始付梓。时已万历三十三年。终其事者知府蒋光彦。《稀见中国地方志汇刊》影印刻本前有丹阳汤日昭、漳浦陈公相、晋江蒋光彦、姑苏吴邦域作序。

王光蕴在《温州府志小序》里指出修志主旨:"大都一禀于令甲而酌以时宜,秩王章,明法守,敦本尚实以蕃卫民,使教化有裨焉,亦庶几矣。盖百余年而先后沿革、是非兴坏之迹了然也。"重视辅助教化和记载历史沿革,该志"监弘治癸卯志而删润之,增以正嘉庆历百年之迹"。

万历《温州府志》的学术价值是很高的。一是体例上有很大的改进和创新,全书按类别分成十一志,前有叙,中加按,后有论,又采取正史体裁,显著地提高了学术品味;二是增补前志失载史料;三是补写弘治十六年后至万历三十三年共 102 年间史事;四是首设《兵戎志》,重视兵备。[①] 由于重视兵备,记录了温州抗倭用鲜血换来的宝贵经验,该志具有极高的军事价值。丹阳汤日昭序:"虽僻处一隅,实东南之要害。……后之人求折冲于樽俎则方策俱在矣。"

[①] 详见胡珠生:《明代三部温州府志探略》,王敏、曹凌云:《文化沉思——龙湾明代文化与旅游开发》,国际文化出版公司 2008 年版。

第六章　明代四大宗族文化传统优美深厚

永嘉场的强宗旺族是不少的。两宋时期,吴涞吴氏、青山娄氏、瑶溪浃底叶氏、沙村周氏、黄石林氏、双何金氏,即有进士巍科、仕宦名流。元明时期这些宗族仍有人才为继,然声势稍歇。明代,下湾郑氏、下宅郑氏、度山胡氏、龙湾李氏、蓝田李氏、孙氏(今城南)、金氏(今城北)、五甲沈氏等,续有仕宦涌现。其中以四大名宦宗族所产人才最盛。这四大名宦宗族指的是李浦王氏、普门张氏、英桥王氏、七甲项氏。其宗族优良文化传统长盛不衰,造就了一代又一代人才,这种文化现象值得我们深入研究。此外,高原张氏、三甲环川工氏也是盛产高质量人才的强宗名阀,其所产人才以清代、民国及现当代为最多,其宗族文化也极有特色,然因本书以明代永嘉场为主,故阙而不论,非厚此薄彼,知者谅之。

第一节　迁徙史

南宋乾道二年,温州地区"水漫城门齿",人口大损,什不存一。外地移民大量迁移入温,其中福建地区尤其是赤岸①迁徙而来的为多。永嘉场人多系福建移民。

《瓯海逸闻》卷三十二收集了温州五县各族迁徙情况,记载了这几个著名的家族的迁徙情况,兹参酌其他材料述之。

---

① 赤岸:福建赤岸,位于霞浦县城东,距城关5千米。宋、元、明间又称"金台港","南北海船皆萃于此",人来货往颇为繁盛。因红色山石海岸而得名。赤岸村不仅是闽人(唐五代时期主要是福州人)进入浙南的重要驿站,也是浙江东南地区人口流入福建的主要中转站。

一、李浦王氏自汴京徙温

李浦王氏,南宋初从汴京徙温。《李浦王氏宗谱·列传·佚公传》:"赠朝议大夫少卿,配边氏,赠淑人。子彦洪、彦觉。进士。金虏逼京城,彦洪为朝议大夫,从驾南渡,时联姻高韩,王家,高氏半其族东徙。佚偕其次淮南参议彦觉同徙于温,依其从父古居焉,惟携家藏御翰书册数箧耳。古复为朝散郎,寻卒。古后缺。彦洪居于余杭之仙泽界,而居温之王氏自佚始。初居鹿城南锦春里。彦觉生宣教郎详,字沉之,以字行。详生柏,迁鹾场九甲,是为永嘉王氏,详续谱。"

二、英桥王氏自闽、黄岩迁入

英桥王氏家族自闽赤岸迁永嘉,后析居黄岩,最后定居永嘉二都。这是这个家族的主要迁徙路线。以万十一府君为始祖。

王世贞《弇州史料后集》:"其先世琅琊,与余同始,至晋而徙山阴。唐有大理卿从德者,转徙黄岩,及宋有惠者,复徙永嘉,遂定为永嘉人。"

王叔果《家传》描述了其家世:"旧传五代时自闽来徙。宋季罹兵火,谱逸莫考,及得黄岩南门王氏谱,知同出于台之宁溪。今以万十一府君为始祖,宗所知也。"(《半山藏稿》卷十五)

英桥始祖王惠系山阴赤岸王务琨第 22 代世孙,侨居永嘉场英桥为开基始祖,后裔辈尊称其为"万十一公"。

王光美《先参政公行状》:"王志先出本琅琊,晋时居山阴者起家江东。唐大理少卿公讳从德徙台之黄岩。宋末,万十一翁讳惠,由台徙永嘉,世居华盖乡英桥里。四传为樵云公讳毓,雅声诗,所著有《槐阴集》。樵云公七子,四为平五公讳珙,生时斋公讳封。时斋公生溪桥公讳钲。溪桥公生东厓公讳澈。"

王毓,字允成(一作"尹成"),号樵云,自王毓之后,英桥王氏子孙繁荣。《瓯海逸闻》卷三十二"王尹成子孙之盛"条引《弇州山人集》八十四《王樵云公传》载:"自樵云公之先,世居永嘉之华盖乡英桥里,俱有隐德,以寿考终,而俱单传。七子之子二十八,曰埏、坦、墅、壮、在、堇、埠、境、封、佳、墀、坡、垮、厓、基、坛、壚、均、坚、堪、陆、埙、堦、填、垔、垣、墊、垠。二十八之子九十四,而始有以诗书之业起者,然犹用子孙显,曰封右通政钲、南雄教授赠大理少卿鍊、训导锡其人也。九十四子之子二百六子,而益显,曰太仆寺丞清、左参议澈、国子祭酒激、鸿胪序班赠太仆丞沛、教授例赠大名推官涅、右签都御史净其人也。二百六子之子三百五十,而显者曰推官良弼、鸿胪序班良庆、鸿胪署丞叔懋、按察副使叔果、叔杲、佥事赠太仆少卿德、光禄署丞叔本其人也。三百五十子之子四百九十,而为乡进士焘、如珪、光蕴、锦衣千户如璧,其颖出且未艾也。"①

三、普门张氏自闽迁入

《张文忠公集·文集》卷五《守庵府君墓志》:"先出闽之赤岸,宋乾道徙居永嘉之华盖乡。"

《瓯海轶闻》卷三十二引《弇州山人稿》八十八《承德郎大仆寺瓯江张君墓志铭》:"其乡自闽赤岸徙居永嘉之华盖乡,凡五传而至文忠公孚敬。"

张宪文《张璁年谱》第 44 页:"先世籍福建莆田赤岸,宋乾道间(1165－1173)徙居永嘉县华盖乡之三都,遂为永嘉人。"

何以称普门张氏?据《普门张氏家乘》一世《张懋传》:"我张氏始祖繇闽莆田普门,徙居东嘉之永场三都,当日遂建立一宫,额曰'普门堂',俾不忘所自来。"

四、七甲项氏自青田迁入

《项氏历史源流探索》②:"谱载:宋英宗治平年间,东瓯项氏祖先居住温州棣华坊。后十一世孙怡翁公避寇乱迁青田县芝溪头,后又有一支自青田迁永嘉菰溪。明朝初年十六世璧公迁永嘉场七甲,为七甲项氏始祖。"

《瓯海轶闻》卷三十二"永嘉项氏徙青田"条:"公采公之子怡翁者,当宋季避寇,自温徙居处州青田邑郭,是为青田初祖"(《项乔集·初编·瓯东私录》卷七《项氏族谱求序状》),可见青田项氏原是从温州过去的。而宋代永嘉项氏颇为贵显,"宋时永嘉项氏之盛"条云:"始祖竑,生宜之。……四子联芳,三世并贵,一时之盛,项氏未之前闻也。"后来,处州青田项氏的一支又迁居永嘉场七甲。"永嘉场七甲项氏自青田徙"条:"叔祖贞庵翁,乔与同高祖者也。高祖讳璧,自青田迁永嘉七甲。"(《项乔集·初编·瓯东私录》卷七《叔祖贞庵先生圹志》)项璧出赘永嘉场携仁里汪氏,是为永嘉初祖。(《项乔集·初编·瓯东私录》七《项氏族谱求序状》)此七甲项氏迁徙之大略也。

---

① 按:该条张如元之校笺亦颇可参考,《瓯海逸闻》卷三十二,第 1074 页。
② 《沙城项氏宗族史料汇编》,项氏大宗图谱总理事会编印,2003 年,第 40－41 页。

第二节　宗族文化建设

修宗谱和建宗祠,是古人延续民族文化、获得群体归属的重要方式。进行宗族文化建设,既是各个家族的存在方式,也是其精神生命之寄托。

钱杭认为:"汉人与宗族之间似乎存在着一种'不解之缘';而欲解开此'缘',即须充分了解汉人文化的一个根本特征,那就是汉人对自身以及自身所属群体之历史合理性和归属性的执着需求。……而宗族……满足了人们这种深层的特殊需求。"设立祠堂,"是为了满足宗族成员的'报本反始之心'和'尊祖敬宗之意'……前者体现的是宗族的历史感和归属感,后者体现的是宗族的道德感和责任感。这四种心理追求构成了宗族整个意识形态的支柱。祠堂的建成,之所以能够成为宗族实现整合的标志,就是因为它以浓缩的、象征的形式,把原先不无虚幻的心理感受显现了出来,使之成为一种现实的力量。"①

到了明代,宗族文化建设的深度和广度继续得到加强。

"大礼议"带来了皇室宗庙制度的改革,并放宽了官民祭祖的规定。嘉靖十五年礼部尚书夏言上疏,建议皇帝在官民祭祖方面也加以"推恩",这导致家庙及祭祖制度的改革,特别是允许庶民祭祀始祖,更在客观上为宗祠的普及提供了契机。②

明代还是大规模进行乡约实践的时期,乡约促进了宗族的组织化和制度化。常建华将宗族的组织化与族规的兴起置于明朝推行乡约的背景下研究。把宗族活动放在宋以后士大夫的化乡实践中认识,以把握明代宗族组织化的机制。明中后期士大夫的观念形态发生了变化,于是宗族组织化、制度化加强。明王朝为维护基层社会秩序推行乡约,出现了宗族乡约化现象。③"宗族乡约化,是指在宗族内部直接推行乡约或依据乡约的理念制定宗族规范,设立宗族管理人员约束族人。它可能是地方官推行乡约的结果,也可能由宗族自我实践产生,宗族乡约化导致了宗族的组织化。"④

永嘉场诸宗族顺应时代发展要求,积极从事宗族文化建设,在宗祠、家谱、族规家训、家风四个方面多所费心,推动着宗族的组织化和制度化。设

---

① 钱杭:《中国宗族史入门》,复旦大学出版社 2009 年版,第 156、168—169 页。
② 参见常建华:《明代宗族研究》,上海人民出版社 2005 年版,第 12—22 页。
③ 参见常建华:《明代宗族研究》前言。
④ 参见常建华:《明代宗族研究》,第 258 页。

宗祠以安先灵,修家谱以明宗法,定族规、家训以节制子弟,葆家风以使门风不坠。

明中后期宗族乡约化在永嘉场诸宗族也有具体的表现,如英桥王氏的《王氏族约》、《普门张氏族约》、《七甲项氏家训》皆宗族乡约化的产物,最终导致了宗族的组织化和制度化。王瓒对宗族文化建设的重视对他族有影响。嘉靖年间各宗族积极从事家族文化建设,《普门张氏族约》形成,王澈撰《王氏族约》堪称完备。至项乔作家训,最为大成。

龙湾目前现存族谱达100多种,发现年代最早的是明代族谱,如《东嘉英桥王氏族谱十卷》(王叔果于万历年间编纂)、《普门张氏族谱》(张璁于正德元年编纂),而三槐王氏正裔所修的《李浦王氏族谱》也渊源极深,是以欧苏范式修谱的典范。它以苏东坡《三槐堂铭》文中的"封植必勤"等二十四个字,每字为一卷,合成一部二十四卷家谱,有如家族之"二十四史"。

一、李浦王氏

正德间,王瓒倡议迁宗祠,扩大规模。卜地于大河之滨。嘉靖二十九年庚戌(1550)王偑更新家庙,钦赐坊表。王偑作《家庙碑记》(《王瓒集》附《王偑遗文及诗》)记载此事:"曾祖环庵公析居李浦,建祠于雁泽桥之西。从父养素公又能充拓旧址。正德间,先尚书持节推封,奉诏归省谒祠,谋诸族君子曰:吾宗系三槐正派,祠宇狭小,不足以言昌大。祠爰迁,卜地于大河之滨,吉。季父溪斌公实肩其任,鸠工庇材,弥月而成。……迨余解组归田,数欲整齐之,未克遂。庚戌秋,以祭日来届,始更新之。……荷蒙皇上覃恩,敕建坊表,号曰王氏家庙,三槐世裔。"

家庙里现在还保留有《李浦王氏宗谱》,内容丰富翔实,序跋列传、行状以及铭志等等,都出自硕学名儒手笔,更有祖先遗像26幅,冠服俨然。

王瓒《亡兄养素先生墓志铭》(《王瓒集》卷二《瓯滨文集录》):"王氏裔出三槐,徽、钦之世,转徙永嘉,家素藏宋宸翰。元季,家多故,谱逸,惟存前后数十叶而已。自曾祖已上居九甲,为闻家。至吾祖始徙李浦。"

北宋末年,金兵攻破都城汴京(今开封),李浦王氏始迁祖贞庵公于南宋高宗建炎间(1127－1130),随高宗南渡,《李浦王氏宗谱·世美录》:"变起仓卒,公仅携家世御翰书册二三盏,御题《雪梅楼记》、欧苏手书三槐堂匾记、御赐石床、鹤石、条环文犀玉斗等物,偕其次彦觉同高氏仕徙温……而居温之王氏自公始焉。卜地于鹿城南锦春里。"至元末明初,浙东爆发方国珍起义,一度割据浙东。方国珍占据温州时,王家田产被没收,全家在金陵石灰山服工役。御翰书丹遭此劫难,荡然无存,而谱牒隐藏起来,才终于得以保留。

宗谱记载起自二十一世祖吉公,断于六十七世祖俋、健二公,总计46世,108人,其中公侯将相达2/3。可见王氏家族曾经的辉煌。

王瓒曾寄望于侄恕斋修谱。《赠侄恕斋修谱》(《王瓒集》卷三《诗文拾遗》):"吾宗初住汴东门,南渡迁移海上村。四百年来先谱旧,惓惓修整赖元孙。"

李浦王氏家风特注重宗族子弟相得之乐。王俋《寿弟一泉隐居七旬》(《王瓒集》附《王俋遗文及诗》):"囊余自缮郎、伟纯弟自卿寺同归,金绯交映。石潭弟尤天性友悌,棣萼韡韡,御樽俎则弟劝而兄酬,吟咏则伯唱而仲和。"

三槐王氏宗族意识极强,先祖以修德励名自务。王俋《贺西郊侄耆年序》(《王瓒集》附《王俋遗文及诗》):"凡宗族必须岁时聚首,庆贺吊慰,井井有仪,范希文之家名于中吴,以亲睦劝戒有方,是为宗枋之美也。""我王氏世以忠厚遗谋,按家乘:自先文正公五世孙始迁永嘉,国初,提举公明实显著,当时若高、杨、徐、张四杰与夫海内名公相唱和,并标艺苑,徐、张手迹,赠遗尚存。我高祖为千夫长,力言本都土雅土硗确,岁计从减,独轻于一郡,远近乡评称之,曰王氏阴德无穷。迨我曾祖环庵公行绩茂异,又详载《牧民》一书,嗣而居永嘉逮二百年,始得大发于我文定公,解会俱首荐,及第,官六卿,将入相,没之日,田无一顷,曾不入一佃废寺庵院,唯忠厚清白传家而已。"

二、英桥王氏

英桥王氏先人素重宗族文化建设,譬如王钲,《王氏世录》卷一《世传·封通政溪桥府君传》:"溪桥府君讳钲,字九思,以先参议讳澈及仲氏祭酒激贵,累封中宪大夫通政。……家居崇礼牧族,葺始祖墓,置墓田、祀田,新高祖墓庐,诸所规为,期足垂裕永久。"王净撰《七世通政公行实》(《英桥王氏世录》)载王钲事迹:"始祖高祖墓莆弗治,甃石新之,墓庐隘弗称,构堂广之,割田入大宗祠及供祖墓,岁享厚捐无斳,不以锱铢烦其宗人。族里中孤寡疾病者穷弗能振者,死弗能敛葬者,卒赒恤之靡倦,其厄宗赒后类如此。"

嘉靖乙未(十四年,1535)兵部车驾司员外郎中王澈归省,进行宗族文化建设。建宗祠,著族约。赈孤恤老死。为了便于役赋,还"募役类纂本户册籍,使息耗有稽,征输罔滞"。而做这些事情的费用"一出于府君"。王叔果《先参议厓翁行状》(《王叔果集》卷十五):

> 嘉靖甲午,先母潘宜人卒于京邸,府君携果兄弟扶梓归,时大父通政公、大母张恭人年并近耄,府君承欢侍养,淡无宦情。而福建参议之命适至,竟不赴。未几连遭大艰,服阕,上疏乞休致。时闭门却扫,日惟

以推赢振乏,敦礼举义为事。族姓繁衍,府君欲行宗法,乃酌先儒议,于始祖万十一公墓右建宗祠,堂庑坊门,制极伟,敞宽可容千人。费约千金,皆捐之私帑,不以一钱敛之族人。祠成,著族约,立族正,司讼、司礼、司纠若干人,旌察淑慝,有陵噬忿争者,则遵约以听之,不使烦于有司。岁时祠祭割田为常需,惟丰惟恪,每岁立春祭毕,行馂礼设百余席,大会族众,欢以酒食,申以训辞,衣冠来集者几千人,肃肃雍雍如也。

族有孤嫠老疾,及死丧无告者,出余资振之。宗属丁田积夥,役赋易淆,每岁大造后,则募役类纂本户册籍,使息耗有稽,征输困滞,而费则一出于府君。家有羡赀而黜靡戒奢,自奉如在约。以义用之,则厚捐弗靳。其布德树恩,不惟族之人利赖歌舞,举姻戚故旧,无问贤愚疏近,凡缓急多以为归。

王澈对宗族文化建设起着重要作用,不仅于万十一公墓右建成"制极伟敞"的宗祠,而且将祀典规范化,"每岁立春祭毕行馂礼,设百余席大会族众,饮以酒食,申以训辞"(《先参议厓翁行状》),可以说将王氏宗祠祭祀文化发展到顶端。

(一)宗祠

从王鈇这里即"大创先祠"。据王瓒《鉴水王先生偕配季氏安人合葬墓志铭》[①],王鈇,字无严,号鉴水。王鈇善于营生"课僮奴力耕,用益饶裕"。这为建立宗祠奠定基础。这是王澈造宗祠之前的先祠,因王鈇精通周易,故祠中"以羲画立签"以占事。还有,王鈇的弟弟王镯,字九斋,号友梅,于所居之左创小宗祠,扁曰"追远"。[②]

英桥王氏宗祠由王澈出资所造,立于祖墓之侧,经始于嘉靖二十一年壬寅(1542),至癸卯落成。坐西朝东,占地面积13亩,建筑面积6670平方米。二进加厢,左右轩间,计四十余间。[③]

王叔果在《请记宗祠状》(《王叔果集》卷二十一)一文叙述建祠经过:"吾家祖墓在西门洋,与族居密迩。其旁多旷地可祀……遂就墓之右侧特建宗祠,奉始基祖万十一府君,仍以三世祖樵云翁及封通政溪桥翁配。盖樵云翁树德贻谋,我宗之昌爰自启佑。溪桥翁有隐德,以子贵两膺封诰,德泽着在

① 《王瓒集》卷三《诗文拾遗》,丁丑二月作。
② 《王瓒集》卷三《诗文拾遗·友梅王君墓志铭》,正德十五年三月作。
③ 王璋、王一平:《古堡随笔·王氏宗祠和春祭》,王璋、王一平编:《古堡深处——永昌堡诗文选编》,第19页。

乡邦,里人载之祀于社。二公之配,盖以功德。"①

"祠中堂凡三楹,旁有两厅。左右廊庑环列以为会饭之所,约可容千人。堂之外为仪门,又外为石坊,题曰:王氏宗祠。其费约千金,出自先君(王澈)一人。不以烦族众。"(《王叔果集》卷二十一《请记宗祠状》)

王氏宗祠建成后,敬祖睦族的祠祭仪式使有了场所。"春祭之日,族内长幼咸集。凡已冠者悉留饭,以寓会食之意。朔望则子姓群谒祠下献茶,礼毕令子弟宗训,众拱立而听。有愤争者具讼于族长,即会族正、司讼、司纠处分之,不以烦官。仍着族约若干篇刻示族众,俾遵守焉。"(《王氏续录·祠祀》)

王迪在《永昌堡民间习俗》一文中描绘了英桥王氏的"宗族习俗"。按俗,本地每年夏历正月十二日,为敬宗祭祖日,俗称"祭祠堂"。凡同族六十岁以上老人,均可参加祭祖,吃"祠堂酒"。②

(二)修谱

王由,字秉璠。王由修谱,是为英桥王氏修谱之始。该谱可靠记载自万十一公始,表现了一种可贵的实事求是的精神。王毓之子王由"乃以修谱为事",已然六世。"余观其谱,自高祖万十一公生于宋之宝祐者,始谱其所可知也。万十一三子,肃一肃六肃七,一生乐善,乐善生樵云,樵云,秉璠之考也。由万十一历秉璠,凡六世枝脉递承,秩然不紊,视援他胄,以自诬崇,虚文以欺人者,有间矣。"此谱实事求是,不妄攀他系。"今王氏之谱,自先世以下,居徙、生齿、婚宴、卒葬暨祠墓、祭田,则类登纪而行状、志铭、家则、遗事,则以次载焉。"③这是最早家谱的内容。

在王由谱的基础上,王澈嘉靖丁酉(1537)重修《东嘉王氏重修族谱》。其后,王叔果林居之时命王光蕴增修之。为谱十卷。④

《半山藏稿》卷九《重修王氏族谱序》:"吾王氏谱嘉靖丁酉辑于先大夫东厓翁,时果方弱冠,乃今逾耆矣。历年逾多而事亦繁更,然皆果所睹记者,久之,能无遗佚乎,林居之暇,日以为念,爰命儿蕴衰次故实,为谱十卷,叙传撰著口授而手润之,视前谱有加焉。"

王迪《永昌堡民间习俗》一文记载了英桥王氏至今相承的修谱传统。做

---

① 英桥《王氏续录·祠祀》"大宗祠"条:"在永昌堡内。八世祖东涯公建。祀始祖万十一公。以四世祖樵云公,七世祖溪桥公配。"

② 王璋、王一平:《古堡深处——永昌堡诗文选编》,第19页。

③ 《玉介园附集》卷之二十五胡荣《东嘉王氏族谱序》,成化丙申春二月提督学校新喻胡荣书。

④ 《玉介园附集》卷之二十五载有胡荣、程文德、侯一元、章纶为《英桥王氏族谱》所作序。

谱一般二十年一次,做谱分设总局和分局,每丁出钱,叫"丁银"。做完谱牒,宗祠内盛设完谱酒。①

（三）族约

王澈在建宗祠之时,制定了《王氏族约》。王叔果万历三十三年润辑之。② 父子二代建立族约,并推行到本族本乡,加强对族众和地方的管理,使之成为乡约。"就王氏而言,嘉靖年间是制定族规实行多种宗族制度因而组织化的时期,组织化的实现与乡约制度的推行有直接关系。"③

英桥王氏宗祠于明嘉靖二十二年（1543）落成,即先撰订了族约,其目的是"本族内有凌噬愤争之事,则遵约以制服之,不使烦于有司",并谆谆告诫族人"保家之道惟俭与勤"。其族约内容分祠仪第一、馂仪第二、简仕第三、考第四、汇训第五、冠昏第六、丧祭第七、内治第八、嘉言第九、善行第十。还附有《申举族约呈》、《请记宗祠状》、《户役事宜》、《义塾纪略》,极其完备。④ 洪垣赞其"简而易从,曲而可则,故不出家而天下平者,用此道也。岂独吾郡乎哉"。⑤ 薛应旗《永嘉场王氏宗祠记》⑥:"其诸义田、义塾、家礼、户役,或条理曲当,刻示族人,俾知遵守。"

温州府知府婺源洪垣为作《王氏族约序》,认为该族约有"重士以为民俗倡"的效应:"今少参东厓王公推予民范之意,广宗约,首诸乡邦,以祀事联族党,以族党修礼义,闲内治,以内治施有政,以有政措官刑,而棐国宪率皆约乎,体要以循吾衷,洽诸人人而不可倦,岂非重士以为民俗倡也。"

族约收到了敦宗睦族的作用。《半山藏稿》卷九《重修王氏族谱序》:"迨先大夫志先合族著为宗约,时会食而储恤之,使其相庆暗周旋以永惇睦,数十年来果兄弟偕诸宗人作求弗懈,彬彬以礼让称,斯谱之作,庶几不为徒已。"

吴强华论云:"在家谱中,家法家规的名目繁多,常见的有宗约、家法、家训、族规、族范、祠规、族约等,虽然名称各异,但所包含的内容不外乎族人做人行事的基本道理和行为准则,以及当族人违反这些基本道理和行为准则

---

① 王璋、王一平:《古堡深处——永昌堡诗文选编》,大众文艺出版社 2008 年版。
② 《玉介园附集》卷三十邑人戴赏教谕撰《重刻王氏族约序》:"比西华君取其约益加润辑。"
③ 常建华:《明代宗族研究》,上海人民出版社 2005 年版,第 266 页。
④ 参见王澈著《王氏族约》一卷,敬乡楼抄本,永嘉区乡著会抄本。
⑤ 洪垣:《王氏族约序》,载万历《温州府志》卷一五《艺文志》、《玉介园附集》卷三十。
⑥ 薛应旗:《永嘉场王氏宗祠记》,载《玉介园附集》（按:原文未知卷数）,写于万历二年甲戌春二月。

时的惩罚措施。"①

族约对族众提出了较高的要求,道德方面要为人师表,读书入仕为族中表帅,居官则要清廉自律、泽惠人民。《汇训第五》、《冠昏第六》、《丧祭第七》、《内治第八》是家训的重要组成部分,对家族成员做出直接的规定。《嘉言第九》、《善行第十》则引用古人的嘉言善行作为族众的龟鉴,以对自己提出更高的精神追求。

下面结合相关材料对《王氏族约》略加疏释。《汇训第五》:"叙曰:国有政,家有训,众之纪也。纪失则众涣,其犹水之无坊与有家而罔训,何以闲之? 述汇训。"

由于在古代中国的社会结构中,家族被视为基本单位,个人首先是家族的一员,其结果便是任何一名家族成员的飞黄腾达都能为整个家族带来荣耀,而任何一名家族成员的行为不慎,也可能会给整个家族带来灭顶之灾,正如俗语所说的"六亲同运,一损俱损,一荣俱荣"。一名家族成员的严重犯罪,就有可能付出全家族生命的惨重代价。血淋淋的教训让人们不得不把家族的生存置于首位,转而抑制家族成员的个性自由与发展,于是,家谱中便有了名目繁多的家法族规。②

其一,为了维持家族的延续和兴盛,要求家族成员忠君、慎交游,戒争讼。

家谱的制订,首先要保障家族的安全。提倡忠君意识成为不同家族的共同选择。对普通百姓而言,忠君的表现就是纳税和守法。要求及时交税的真正目的是为了避免与官府产生矛盾,家谱常云:"要得安,早输官。"

《王氏族约·汇训第五》第 16 条:"凡公家粮料早宜输纳,毋得迟延以速官戾。"第 17 条:"凡包揽侵欺国法具在,小则辱身丧家,大则祸害宗族,切宜深戒。"第 18 条:"凡有嗜利玩法者,司纠会众谕止之,不从,白于官,必止乃已。"

为了族人和家族的自身安全考虑,绝大多数家谱的家法族规都有禁止族人参加民间秘密团体的条款。"慎交游"成为家谱中最常见的家法族规之一。有的规定族人"出游不得越二十里外";要求"莫谈国事";"居家戒争讼",也就是反对族人打官司。为避免打官司,要求族人避免与他人发生各种形式的激烈冲突。为了使族众远离聚讼,英桥王氏形成了族内具讼的优良传统。

---

① 吴强华:《家谱》,重庆出版社 2006 年版,第 124 页。
② 吴强华:《家谱》,重庆出版社 2006 年版,第 125—127 页。

《王氏族约·汇训第五》第 7 条："凡子孙被告于祠者自当赴祠听理,其有玩忞不至者加杖之。"第 8 条："凡子孙傲戾恃顽不伏诲训者,众呈于官重治之。"第 9 条："凡子孙受责于祠者,责毕于阶下四拜,以视祖宗训诫之意。"第 10 条："凡族中忿争不关白族长,及听断未决,辄赴官告扰者罚于祠。"

第 12 条："凡子孙罪恶显著,如不孝乱伦盗贼等事,族众有闻,即告于祠,痛责之,生不许入祠,死不许入谱。"

其次,要规范家族子弟的行为,使他们能继承与振兴家业。

要求子孙自立,不能靠吃祖宗老本过日子。由于害怕后世子孙怠惰奢侈而造成家道中断,许多家法族规都强调要勤劳节俭,有些甚至提出了非常具体的量化要求,女子在不同年龄纺织若干棉、麻以养勤劳之习。还严禁族人游手好闲、奢侈无度,沾染吃喝嫖赌等恶习。

《王氏族约·汇训第五》第 21 条："凡保家之道,惟俭与勤,若习惰好闲,用度无节,甚非久长之理由,为庶人为士为大夫卿佐,道则不同,本诸勤俭一也。"

第 6 条："凡子孙淫佚赌博以及一切悖礼法者,每朔望司纠会族长以下告于祠,量罪议杖,有不悛者加杖之,又不悛加杖之,不许入祠与祭,能改者复之。"

要求子弟务正业,也就是从事正当的职业。书香门第大多要求以耕读为本。大多数家族认为士农工商各有本业,对四业普遍都持认同的态度。至于娼、优、隶、卒等在当时被普遍认为是有辱门楣、败坏家声的贱业。对于保长和衙役之业,很多家族也予以禁止,因为这些人对上奴颜婢膝,对下鱼肉乡民,为世人所不齿。还有一些职业,如剃头、剔脚、吹手、屠户、轿夫、奴婢等,包括讼师、和尚、道士也都被视为贱业。若委身贱役,不准入祠祭祀,乃至家谱除名,予以最严厉的惩罚。

王氏族约区分族众道德优劣,激励向上。第 2 条："凡族众行检高下以敦崇道德言行足为师表者,为优等,以推仁尚义入孝出弟不得罪乡党者为次等,凡优等死则于谱传之。"第 11 条："凡善恶簿十五以上皆书,七十者有过不书,礼老也。"

立簿扇以考道德,惩恶扬善,是英桥王氏创举。《王氏族约·考第四》:"叙曰:表立而众趋纲举而目丽。夫欲彰善瘅恶,别生类族而无其道,将焉攸稽,述藉考。""立嘉善簿一扇,分惇礼尚义二类,立愧顽簿一扇,分习非从逆二类,凡善恶司纠详察之,每遇朔望宗祠拜揖毕,司纠同族众以立萃宗簿四扇,凡子孙十五岁以上具书其名,俟行礼毕,司事持簿分置祠下,以次押花字以备稽考,其有不至者司事具报族长议罚,有力者罚谷四十,贫者罚跪。""立勤惩牌二面,书族众之善恶悬于祠。"

要求急公好义,有余济不足,多做功德,树恩于族。第 22 条:"凡周恤族之贫难,及于宗祠有义举,在有余之家即宜务行之,今人累困廪连阡陌以遗子孙,至言祖宗公事则缩颈,方丈宴亲宾,绮罗填笥,于族人之饥寒罔恤,皆由大义不明,未尝念及一本之意。夫创业累锱铢,而后人用之如粪土,富贵有时替,而人死贵留名,故家有余财而不能树恩于族,谋盛举以垂不朽,是诚不智之甚也。"

对居官者和秀才的素质都提出了基本要求。

《王氏族约·汇训第五》第 3 条:"凡子孙居官务要廉勤正直,尽忠体国,恪守官箴,其治行卓越惠泽及民,及有功德为宗族乡邻所庇赖者,殁后于谱传之,如以贪酷被黜者于谱上削其爵。"第 15 条:"凡子孙居官者,族中不得舆马出入,年耆老者不拘。"

《王氏族约·汇训第五》第 5 条:"凡生员乃族中之秀,当敦行好礼,崇尚气志,以为族中表帅,若惟利是营,不顾名义,出入公门,干扰邻邑,可鄙甚矣,何以为士耶。仕官家居者尤宜以道自重,谢绝私谒,以共维宗风可也。"

其二,有关婚姻和立继。

婚姻是家族的大事。不仅是男女双方的事,也事关百年宗祧的传承。只有经过家族认可的婚姻,新娘才能被列入家谱。

婚姻最重要的目的是家族的血脉传承,因此,许多家族便以"重后嗣"为名,在家法族规中制定了族人当婚后无子时纳妾的规则。当然,也有的家族对纳妾比较慎重。有的家族则明确反对已有子嗣的族人纳妾。

英桥王氏嫁娶要求门当户对。《王氏族约·考第四》:"立纪伦簿一扇掌书族之嫁娶,凡嫁娶者告祠毕则书其姓氏,若非门第相当者谕止之。"

《王氏族约·冠昏第六》:"凡婚配须门第相当,岂可苟慕妆奁而与下贱之家为耦,娶妇不若吾家,虽若可恕,然致姒娣叔嫂娣侄之间,耻与相认,岂不长偷。若嫁女不择,使为贱家之妇,尤为辱先,可恶。吾族婚娶有仍此弊者,族长会众谕止之,其已妇娶,如系贱家之女,元旦谒祠,不许一概混进。""凡同里诸大姓与吾家俱世姻,名分原有定伦,族中婚嫁亦当较量彼此相应,今虽不能尽押,然于五服之内决不可乱,毋得苟且迁就紊乱尊卑,以招乡间訾议。"

尽管娶妻纳妾,但婚后无子的情况依然存在,为了保持血脉的传承,立继便成为此时惟一的选择。许多家族在立继问题上制订了详细的规定。

记录族众生卒年月、名字,以备修谱时次第无舛。《王氏族约·考第四》:"立纪生簿一扇,掌书族众之生卒者,凡生子候月朔具报于簿,请族长命名,既冠,谒祠,请字,庶于前讳无犯,其卒之年月日时亦以告备修谱采录。"

《王氏族约·汇训第五》第 20 条:"凡立后之道,惟论昭穆相应,伴有明文,因宜遵守,然有嫡长子以继祖为重,自当立母弟之子,长者晦翁谓继祖之宗绝,虽无兄弟亦当继祖是也,若众子无后,则一依昭穆相应立之为当,近时说者乃谓庶人无立后之礼,欲公析其产业,而以主祔于祖庙,此固弭争,然非厚道,若贫而不足以立后者,而以此处之则可也。"

《王氏族约·汇训第五》第 1 条:"宗子上承祖考下统宗祊,有君道焉。族人皆当敬而宗之,凡有事于宗庙,必与闻而后行,为宗子者,尤宜以礼自检,使可为一家之则,有失则司礼匡而正之,如甚不肖则是遵横渠张子之说择立其次贤者。"

《王氏族约·汇训第五》第 19 条规定:"凡子孙为僧道不归正者,或异姓入继来历不明者,削其名于谱。"

其三,有关日常生活中的礼节。

在古代,无论是家庭还是家族的日常生活中,都有一整套严格按照礼法制定的生活规范,所谓"居处有法,动作有礼"。古人对家风是极为看重的,社会上有"事业事小,门户事大"的说法。维护家风成为家族的大事,于是各地家族便依据礼法在家法族规中制定许多详细的规定,以规范族人的行为。

古代是重孝的社会,因此子女对父母的礼在家法族规中规定得非常细致,甚至可以说举手投足都要受到礼法的约束。按照规定,子女必须无条件地顺从父母。父母教训子女则是被视为天经地义的。孝敬父母是子女的基本义务,子女要在衣食住行等方面为父母提供良好的条件,这都有一些行为规范。父母对子女也要关心。一般要求父母对子女严和爱的结合,要求"父子之严,不可以狎","骨肉之爱,不可以简"。

强调尊卑关系是家法族规的重要内容之一,有许多确立和维护家族内部尊卑关系的规定。《王氏族约·考第四》第 14 条:"凡尊长呼卑幼须以名字不宜沿习薄俗称其别号,若卑幼之称尊长自当谦谨。"族属宴会,尊尊之中含亲亲之意。《王氏族约·汇训第五》第 13 条:"凡族属燕会,固有三四行而聚于一堂者,世次既繁,难严坐立,今拟略入馂仪,位以统一为尊,余依世次渐退,或以椅凳别之,若因坐次之难,令其私叙别室,自遂燕安,非所以明亲亲、教敬让也。"

尊卑关系的另一个表现则是在性别上,强调日常生活中的男女有别是家法族规的又一焦点。《王氏族约·内治第八》:"凡元旦妇女谒祠用年幼礼,生二人唱礼,候已刻男子既退,鸣鼓三通,长幼咸集,拜礼毕,尊卑以次,分班交拜,拜毕,读女训,训曰:孝顺舅姑,妯娌相合,教训尔子,敬顺其夫,惠爱亲戚,善视婢奴。"

妇女要保持家庭和睦,以和顺为本。《王氏族约·内治第八》:"妇德以和顺为本,若顺于舅姑宜于夫子而家庭雍睦,虽贫亦乐,未必非福。若妇姑勃谿,夫妻反目,而家庭悖戾,虽富亦忧,未必非殃。故吾族为大者需谕其妻执妇道,本之以和顺,加之以勤俭,斯妇道顺备矣。有能备妇顺者,没则传之,有不顺著闻者责其夫,削其氏于谱,若秽行彰闻,族长会聚,告于祠,遣归本宗,其夫在者责其夫出之。"

若离间兄弟骨肉,则出之。"古人有言家之离,起于妇人,盖人家父子兄弟本同一气,无不亲爱者,皆由娶妇之后,人怀其私,遂生异念,唇胸相稽,积成间隙。此固咎始妇人,亦由丈夫者不能以义自胜利,有以启之也。若能友爱不衰,一闻言即严拒绝,后复能置喙耶。故曰:妇人长舌,男子刚肠。此吾辈之自克耳。"

《王氏族约·考第四》第 4 条:"凡宗祠配食者,其妻无善可称,则独祭其夫。"

生活要检点、朴素、守礼。《王氏族约·内治第八》:"毋好便安,毋相妒忌,毋私货财,毋间同气,毋听谗言,毋竞华丽。""古有三从,亦有七去,从善则吉,从恶则祸,循此训辞,庶为贤妇。""凡妇女谒祠,其衣服首饰俱宜朴素,不许竞耀华丽,使贫者或生愧心,遂致废礼。""凡新娶之妇,七日后入谒于祠,将嫁之女,三日前入辞于祠,俱用果酒香烛行礼。"

为防止妇女在与异性交往中产生爱情,做出有辱门风家声的事情,因此要隔绝妇女与外界的一切联系。许多家法族规都要求妇女守节,而对改嫁的寡妇给予种种罚处,如不让她们葬入宗族墓地,不让她们的牌位放入宗祠,不把她们的姓名载入家谱等。英桥王氏尊重节妇,志于谱。《王氏族约·内治第八》:"节妇之志与忠臣同,而贫苦无告者为尤难,吾族有孀居苦节者,生则厚恤,死则厚殓曰节妇某氏之墓,群奠之,志于谱。"

其四,有关宗族祭祀,凝聚族众。

宗祠中依昭穆设祖宗牌位,事死如事生。《王氏族约·丧祭第七》:"事死如事生之说奉高祖考妣南向,曾祖祢及妣各依昭穆分列左右,仍随世次稍退半席。"

轮房办祭的规矩,有田之家需轮流收租办祭或具物致助。"吾有宗祠,因有田轮房办祭,而以宗子主之,其小宗兄弟或因住居离折,四时祭飨,惟属之长房,甚或不与祭拜,凡此于情理何安。今拟有田之家,即抽田若十亩,轮流收租办祭,如未置有祭田,则家富者具物致助,或办祭送至祠所,而请嫡子行礼可焉。"

祭始迁祖万十一公。《王氏族约·丧祭第七》："西门洋墓祭拟于清明先一日举行，其祭祖轮年征收，一如宗祠例。"

半山合祭礼仪。《王氏族约·丧祭第七》："半山墓祭荐，皆合祀于乐善翁茔前，宄岁既繁，而缋无加笾，是诚哀于物薄也。兹令樵云翁七派子姓更领其事，惟祀乐善翁、樵云翁暨平字行六翁、大宗一裔，仍设二卓两旁，以为无后者祔食，祭毕则子姓各分祭于其墓，匪惟远渎礼之嫌，而人皆得以伸其敬矣。"

《王氏族约》最终呈报地方官府批准，成为乡约。"为振举族约以敦民风事"，王氏族人儒学生员王□等向温州府上呈《申举族约呈》（《王氏族约》附）：

> 某家传世颇远，繁姓实蕃，爰有故伯东厓少参留心合族，肇建宗祠，适因前守觉山洪公敷化迪民而颁行教范，乃演著条约训诫若干款，并遵立族正纠讼若而人，凡有纷争，则聚众听于祠，以凭裁处，如其顽梗则呈具于官以示戒惩。岂曰为政于家，抑亦因人成业事，奉行惟谨，积有岁年，礼让之风颇刑乡族，但人情易至于玩愒而良法每废于因循，苟非振举之有人，岂能遵行之无斁，欲申彝典，幸际明公仰藉威灵，庶乎有所兴起，祗承德意敢不奉以周旋。为此具呈，并将刊过族约奉览。伏乞详示批允，付族正司讼司纠某等遵照施行。

可知当初王澈制定族约本身是响应温州知府洪垣（号觉山）推行乡约之结果，主动在族内制定族约。其后其族人因担心"人情易至于玩愒而良法每废于因循"，故而申请温州府批准，赋予宗族司法权。温州府在审查后认为："族约条款颇详，风化攸系，匪惟缙绅家之楷范，实为有司者所乐闻，使非著实举行，未免虚循""凡系尔乡族众人等合遵条约，退无异心，倘能敦族辑众，必致讼简民淳，亦为政之一助云"。在批允之后并出告示。英桥王氏族约获得政府的批允之后，宗族获得了司法权和在地方上的管理权，具有准地方官的性质，不过族权本身必须受到政权的监控，宗族和政府互动关系加强，共同维持基层社会秩序。其管理模式在《府县告示》中有具体说明，其基本原则即是"事大者本县提问，小者批付司讼会众审明"。

> 中间果有奉行善可稽录，即登约簿呈来，以礼赏劝。或有不肖故违亦宜丁宁诫谕，务俾心服，果系累恶不悛，指实类呈以凭从重究正。司讼司纠各宜正心率物，秉公戒私，以副尔家乡先进之意，毋得因而偏党行私，有乖舆情，取咎不便，须至告示者。
> ……照依族约具载事理，着实举行。凡尔族众各宜涤心向化，共守宗约训，以远罪寡过，有不平事具白司法，会族正、司纠等听于宗祠。其

或理直受抑,宗祠不能平者,赴县陈告状尾列写族正讼纠等名,并押花
字,乃为准行,仍许族正自备小印记用于首状以防诈冒。事大者本县提
问,小者批付司讼会众审明,其由回报如有累恶恃顽不服训诫者,指实
呈来,以凭从重究治其族正讼纠等,宜念尔家立法及有司作兴之意,务
要守法奉公,平心正己,庶可压服族众,表率乡间,以副尔家诸贤达之
意,毋得徇情挟私,有孤盛举,须至示者。

《王氏族约》是理解英桥王氏的关键,王澈把乡约推行到本族,制定族
约,其内容详实,切实可行,影响后世深远。王氏族约对英桥王氏成为著名
东瓯望族,起着至关重要的作用。

在《王氏族约》的制约下,英桥王氏族众从小就受到了良好家风的影响,
其言行举止、思想观念均一以族约为准则。这种家风对培养清廉自律的人
格也起着莫大的塑造作用。英桥王氏入仕的人物大多有良好的政绩,清廉
的道德,干练的才能,与这种家风的培养是分不开的。

英桥王氏仕宦教训子弟尤勤。《王氏家录·内篇》卷一附录《旸谷公与
玉苍公训言》系王叔杲教训其子王光美:"我止生尔一人,巨万家赀,将来悉
以付汝,若不努力做个好人,他日何以承受。尔平日气性偏僻,举动乖谬,我
亦难以尽言,今上天降灾示儆,正是省悟之机。若能痛自惩改,则此灾未必
非福,连夜反复开谕,犹恐尔不能记忆,今复书此数条,尔当铭心刻骨朝夕诵
之可也。"其训言包括:一戒受用;二受规谏;三戒躁暴;四厚亲族。

王钦豫于顺治八年"秋八月,因洁治先祠,敬述先君遗训为《训儿十六
则》,揭之祠壁,期与诸儿做心不忘:'敦友爱,务宽忍。慎交游,急官税。严
顾畏,崇信义。辑邻族,厚亲旧。缄言语,躬勤俭。持公恕,惩简傲。杜偏
听,戒贪吝。谨细微,肃内外。'"①

三、张璁和普门张氏宗族之建设

(一)普门张氏宗谱

据《普门张氏家乘四派守房》之《修纂次序》,明代家谱有三次修纂。首
次,正德元年丙寅(1506),六世文忠公张璁创纂。二次,万历四年丙子
(1576),八世东白公续修。三次,崇祯二年己巳(1629),九世玉岩公手录
底本。

张璁于正德元年丙寅(1506)创纂家谱。张璁是看到家族益蕃,恐怕牒

---

① 王钦豫:《一笑录》,陈光熙:《明清之际温州史料集》,上海社会科学院出版社2005年版,第
246页。

谱无传才要求修的："至是予姓益蕃而公年且耋矣，璁惧谱牒无传，老成足征者能几，乃敢以作谱合族之意白之。""两匝月而谱集者凡八世焉。"①

张璁一生以明伦为务，是要先从族谱、宗祠做起，故而能创纂族谱。张璁对谱牒的认识为："宗法废而后谱牒出。谱牒者，君子所以正伦理，笃恩义，存先王之法意以示人知所以爱敬者也。故有事于家者必先焉。"

修纂原则和作谱之深意："于是溯源本以黜其窃冒，图宗支以明其嫡庶，分妻妾以严其嫡媵，正名讳所以别尊卑，列行第所以次少长，纪什作以示无泯祖父之善行，识祠墓以谨岁时无忝于享祀。使必各止其所，各进其道，则庶乎有序不乘，不乘则和爱敬之意，油然以生，则人皆孝悌为善，族复古道矣。是固作谱之深意也。""传家之史，贵实录也。"

张璁也乐为他族撰谱序，分别为峰山程氏、鹤阳谢氏、北门季氏、二都黄氏家谱写序。②

（二）冢墓和祠祀

张璁对先人冢墓是很重视的。《普门张氏家乘·世系》载一世张懋传："（张）懋字兴，号俱失，生卒配氏亦阙。世传其醇笃温朴，慷慨慕义，有古人风。今追号曰慎庵。""我张氏始祖系闽莆田普门徙居东嘉之永场三都，当日遂建立一宫额曰普门堂，俾不忘所自来。卜葬于五都山陲山。以墓祭废弛，其遗失守，阴为别氏所侵，璁求其故，乃复之。正德丙寅三月之望偕堂兄珊集族属环启在序颢甫永杲顿窈基埏……等三十五人设奠其所，自是墓祭较严。"按此可见张璁对始迁祖之重视。明始迁祖之所由来，墓祭之，所以敦睦家族、梳理宗脉也。

张璁发达后，政务繁忙之余仍关心家族文化建设。晚年病归在张燮的倡议下，尽以朝廷养老金建祠。张燮，字伯柔，号仁山。父强默公，讳增，母王氏。张燮对促建张氏宗祠有贡献。金昭《张仁山丈人传》③："太师谢病归，岁时出赐金上祀，追恩昭穆之所自出，下等族属亲姻之乏困者而犒赈之。丈人请曰：'祠始迁祖馂而合族焉。考德问业，悉所疾苦，冠昏丧祭，期于得礼者，可不烦告诏，睦姻任恤，期于展亲者，可不隔形骸，是非曲直，期于得情者，可不劳南面。'太师欣然是之，而朝廷惠养老臣之资，尽为张氏萃涣之举，永嘉巨姓由是以张氏宗祠为准，至今孝友礼让之风斌斌乎还小邹鲁者，伊谁

---

①　张璁《普门张氏家乘·原序》，正德丙寅（元年）秋九月之望作，《张文忠公集·文稿》卷二题作《族谱序》。

②　参见《张璁集·诗文辑佚》。

③　光绪《永嘉县志》卷三十二《艺文志·内编·传状》引《张氏谱》，第3269页。

之力。"张燮之敦促,张璁之襄助,使"永嘉巨姓由是以张氏宗祠为准"。

《普门张氏族约二十六条》①对家墓和祠祀有具体的要求:

要求排佛。第8条:"起盖庵堂寺院、装饰佛像、崇尚异端者,宜书之淫僻门。若听顺其妇女而不知禁者,罪同。"

对祠祀、墓地的要求有第9、10、11条。

第9条:"凡坟墓材木须爱惜长养之,不许擅行斩伐。若为风雨所摧折及自毙者,只宜宗祠中公用,不许私分。"

第10条:"凡仪节,礼生唱毕即鸣鼓,其就席坐立与饮酒,俱以鼓为节,不可紊乱。"

第11条:"祠中仆从执事者俱给小牌,各书其名为记。凡子孙入祭者,不许各带仆从擅进祠门混扰。"

第15条:"刘漫塘先生每月旦必治汤饼会族,曰:'今日之集,非以酒食为礼也。寻常宗族不睦,多起于情意不相通,闲言入焉。今月必会饮,有善相告、有过相规、有故相抵牾者,彼此一见,亦相忘于杯酒从容间,岂小补哉!'今人只知以酒食为施报之礼,不报则责。凡有欢会,言不及义,殊无古人睦族之意。"

张宪文《张璁年谱》附录四《古迹遗踪》载"敕建恩荣一品家庙"、"张璁祖祠"。

张璁祖祠:嘉靖初建,原在永强三都普门堂东,祀文忠之始迁祖及高、曾、祖、父。嘉靖三十七年毁于倭患。万历间,浙江巡抚胡宗宪檄永嘉知县发帑银重建于同里之沧河东岸,又称张氏一品家庙。清顺治十八年(1661)迁海时又毁。康熙三十一年(1692)复在原址重建,屡经修葺。今祠为二进,面阔五间,重檐悬山顶。两进间左右各有廊庑七间。天井中有月台、甬道。大门前原有牌坊、圣旨亭及东西仪门等今俱不存。现祠宇已修葺一新,占地4000平方米,建筑面积1665平方米,为温州市重点文物保护单位。

敕建恩荣一品家庙:在宝纶楼东,始建于明嘉靖十八年(1539),终明之世,春秋二季,必由有司致祭。其庙自嘉靖至崇祯凡七经修葺,清道光二十七年(1847)又作了一次重修。据清孙同元《永嘉闻见录》载,家庙有张璁像刻碑,"貌极瘦挺,颇有威气,须长过腹,连鬘丛生,执笏侍立",像之上端还刻有嘉靖七年正月初十御赐五古诗一首。其东西并有丰碑二座,东碑刻"赐永嘉张元辅名孚敬",西碑刻"赐永嘉张元辅字茂恭",碑石均有汉白玉,字大可盈尺,上方均刻有"宸翰"、"御笔"和"广运之宝"、"嘉靖"等玺文。20世纪50

---

① 载《项乔集·初编·瓯东私录》卷八。

年代,市政府将家庙单体建筑之碑亭及三座丰碑,迁至松台山麓之妙果寺侧,称"张璁御碑亭"。亭为木构建筑,面阔三间,四面回廊,重檐硬山顶,基本保持了原构风貌。现为温州市重点文物保护单位。

(三)普门张氏族约

《普门张氏族约》既有简约明白的训条,又多吸取已有的古人嘉言善行,以为龟鉴,并结合本族之特点而制订了切实可行的条例。

光绪《永嘉县志》卷六《张沧江纯普门张氏族约》录七则,其大略意思:一曰父母爱子不偏心;二曰寡妇守节最难,族长等亦时加奖励,或遇生日共作文轴为贺;三曰忍焉以省讼;四曰教养子弟要约束;五置产分明;六吃平稳饭;七善待奴仆;八积善不畏鬼。全文参《普门张氏族约二十六条》(载《项乔集·初编·项东私录》卷八)。按,张纯系张璁侄子,其族约是在继承张璁等家训思想的基础上提炼形成的。

四、七甲项氏

(一)项氏宗祠

文三府君六世孙项乔作《初立祠堂记》①云:"粤自文三府君璧由青田徙永嘉场之七甲,至乔凡六代一百八十余年,祠未之前闻也。"正德十四年草创。至嘉靖十七年,方贻书族众以建祠请。其年夏,丁母诰封太宜人娄氏忧,家居。冬十月,建祠,至十二月二十一日庚申,祠成。"明年己亥(嘉靖十八年,1539)五月三日庚午,迁主。岿立通衢,负河面海,过者属目。邑父母李公丕显树之风声曰'项氏祠堂'云。又,明年庚子,乔又捐田十亩以供祀事,则是祠之祭宜自乔行小宗孙为始。"中堂列始祖文三府君、汪氏安人神主。而左祔诚庵,右列真率,又左祔守庵者。"惟文三、诚庵、守庵、良三五位府君,仍立牌位而世享者。项氏虽异派,无非五府君子孙。"②

项干林《创造项氏大宗祠记》③:"尝闻吾族宗祠,始建于三世祖直庵翁。独购旧屋小三间一座为宗祠。至六世瓯东翁再建宗祠,五间前后座及两廊俱三间,合计十六间。有同年罗洪先赠来匾额曰'项氏家祠',历有一百余年。中华遭乱,群匪纷扰,人口散于四处。后兼迁徙(即迁界),宗祠被毁坏,全赖九世仙门公保留匾额。族人远走他乡,幸有十世祖孙兰公号约斋将族

---

① 《项乔集·初编·瓯东私录》卷八附训下,嘉靖庚子八月既望作。

② 《瓯东私录》卷八附训下《初立祠堂记》、《祠祭论》、《添盖祠堂记》,皆项乔费心建立宗族文化之文献。

③ 《沙城项氏宗族史料汇编》,项氏大宗图谱总理事会编印,2003年。

谱誊抄小本,收拾珍藏。永嘉场世变沧桑,住宅祠庙俱无,七甲项氏祠众仁田千亩亦无存矣。嗣后清朝大定,人口稍回。康熙初,约斋翁将宗祠于旧址重建,后大房六世恪斋翁房下裔孙议将该翁所遗基地遗赠大宗建祠。筑建七间前后座,两廊十间,后畔厨房并宰牲所,共计二十六间。未几仙门翁背匾回乡,卒后与土地爷配享。是时人口繁盛,约斋翁命子曾采公将'家'字改作'宗'字,重新匾额曰项氏宗祠。"

(二)项氏家谱

项乔修谱的动机,也是出于一种担心,"是某之一身,上承列祖之遗泽,下启奕世之瞻仰,无疆惟休,亦无疆惟恤也。使或不克树立,而或屈于势,或疚于利,则先后无所于赖,徒窃取青紫而已,惴焉日夜惟不能亢宗是惧"。(《项乔集·初编·瓯东私录》卷七《项氏族谱求序状》)

戊戌(嘉靖十七年,1538),项乔丁母忧家居,建祠堂而作训戒,且续修谱。详考世系,为叶项同宗辨,"知叶后项氏者,非吾祖惠光之派,乃惠名之派也"。由瑞安南堤项翁德之谱,"知竤以上有五世祖之可徵者","遂以三六府君为一世祖,竤为六世祖,璧为十六世祖,始迁永嘉七甲之祖,延至于乔为二十一世,虽名讳生年月日间或阙略,要之皆实录而无疑也"。此谱八卷。"僭加笔削分为八卷,先恩典次世行,次家训次杂著,次文章次附录,各为小序以引其端,而复序谱首……若夫项氏得姓之由及散处之系依南堤项谱附录于卷末,兹不复赘也。"①

(三)七甲项氏家训

嘉靖辛丑(1541)春三月望日,项乔撰《项氏家训》②。按照太祖高皇帝训辞"孝顺父母、尊敬长上、和睦乡里、教训子孙、各安生理、毋作非为",制定了《项氏家训》。项乔认为:"这训辞六句切于纲常伦理、日用常行之实,使人能遵守之,便是孔夫子见生;使人能遵守之,便是尧舜之治。谨仿王公恕详说,参之俗习,附以己意,与我族众大家遵守。"

先是分六条疏释了高皇帝训辞,言辞通俗易懂,娓娓动人。尤其注重教训子孙。其"教训子孙"云:"子孙所以接代门风者也。人家子孙从幼便当以孝悌忠信礼仪廉耻八个字名义及足容重、手容恭、目容端、口容止、声容静、头容直、气容肃、立容德、色容庄等九件规样,使知蒙以养正,毋学说谎,毋学

---

① 项乔:《永嘉七甲项氏族谱序》(明嘉靖辛丑清明明日作),载《项氏族谱》。又载《项乔集·初编·瓯东私录》卷八《附训下》。

② 载《项乔集·初编·瓯东私录》卷之八。光绪《永嘉县志》卷六《风土·格言》载《项瓯东项氏家训》录十五则。

恶口骂人,毋学谈论人过恶,毋学滥交不好朋友。到长便当教以冠婚丧祭之礼,学为成人之道,毋玩法而滥杀子女,毋贪财而不择妇婿,毋信僧道而打醮念佛,毋惑阴阳讳忌风水荫应而停顿丧灵。其资质聪俊者则教之读书,立德,立功,立言,不贵徒取科甲,其质庸凡则教之安常生理,不求分外名利,切不可纵其骄惰放肆自由自在,才骄惰放肆自由自在便沉溺于酒色财气,无所不为,产业必被其浪费,家风必被其败坏矣。谚云:有好子孙方是福,无多田地未为贫。又有:子孙强是我,要钱做甚么,子孙不如我,要钱做甚么,此子孙诚不可不教训也。我圣祖教民以此者,欲使人人后代贤达家门昌盛也。"还制定了《族规》38条,其周密细致、深入浅出可与《王氏族约》媲美。《附训上》抄录阳明先生《谕俗四条》,《续训》有六条,还抄录了《普门张氏族约二十六条》,族规族约内容堪称完备。

《族规》内容切合实际,且多结合当时风俗制定族规,族众便于理解,故乐于遵守。如第7条:"吾温风俗,百金嫁女犹谓不足,十金教子则鼻大如靴。此倒行而逆施之,安得子女长进?今后各家须多出束脩,延明师教子。……其男女许聘,资不过二十两以上。凡嫁女,尽归其聘资外,其首饰衣服等费毋得过百两。"

婚娶方面注重门第和家法,这反映了永嘉场仕宦人家注重门第的风气。第13条:"良贱为婚,律有明禁。古谓嫁女须胜吾家、娶妇须不若吾家者,盖指家资,不指门地。若无门地,岂有家法?况族人相见,不便称呼。除已前不论外,今后若与微贱人家结亲,即系微贱人家子弟,不许入祠陪祭,不许族人与其婚嫁酒席。"

不少内容体现了项乔的高洁操守。

他要求自奉清苦。《族规》第8条:"人常咬得菜根则百事可做。今人做家不立产业,做官不立名节者,只为不能咬得菜根耳。近觉得吾族用度颇奢,今后自奉务要清苦,以守吾民素风。难会族请客,不许用金银酒器。每桌馔盛,不过十盘。酒虽多,不过十二三行而止。"

他禁绝娶妾,不仅身体力行,还经常规劝朋友。第14条:"子孙虽富,四十以上无子方许娶妾,违者斥为淫汉,不许入祠陪祭。虽贵而有子,亦不许娶妾,此不独使正妻免于争宠,诸子免相争财,且可专养精力以报朝廷。"

许多家族都十分重视对族人进行家法族规的宣传,在进行教化劝谕的同时,制订相应的惩罚条例,对触犯家法族规者实行多种形式的制裁便成为家法族规的又一任务。为解决族众纷争,嘉靖二十九年十二月十六日,项乔、项文焕父子呈永嘉县知县齐(誉)为立族约以守官法事(《项乔集·初编·瓯东私录》卷八《请立族约以守官法》),正月初六日奉温州府知府丘

（玶）批准。"如有失礼忿争,相与引之宗祠,以礼劝化。有不听劝化者,听其量情杖挞,责之改过。间有狠愎自用、长恶不悛、不肯受挞,连名具呈府县,量加责罚以警。"族约经报批后,获得了类似于官法的效力,用于维护族内的社会秩序,保护族群的安全。项氏族约和英桥王氏族约一样,是宗族乡约化的产物,都获得了地方官的支持,强化了宗族的组织化和制度化。

第三节　宗族家风塑造了仕宦之品格和精神

众多的永嘉场儒家士子表现出一定的普遍的精神气质。他们既是官僚,也是学者,又是文人。他们与各地儒家士子的精神气质大部分相同,但也有一些特别的地方,或者说在某些方面更为凸显。这种精神主要来自于宗族家风的熏陶。优美深厚的家风促使永嘉场人才辈出,从而推动着永嘉场地域文化的崛起。

一、宗族家风影响士人深远,及入仕途,常能保持家风不失

以张璁为例,张升、张璁父子家族门风一脉相承。

张璁的父亲张升和季叔慕本公张积勤劳俭朴、急公好义的作风,对他影响很大。《先考守庵府君墓志》(《张文忠公集·文稿》卷五):"百凡家事,皆身任其劳,业既就殷,卒以荒顿自居。天性率真,洞见肺腑。不喜华靡,恒粗布为衣,垢敝浣补,得罗绮,箧之勿御。每食,为蔬菜不择鱼肉,及人享之,见盛馔即不豫,命撤去过半而后食。"这种俭朴直率的操守,为张璁所继承,在日后也终于养成了一种刚毅果敢、不畏权势、廉洁自律的品质。

张璁父亲的节俭对张璁一生之勤俭观念有着极其深刻的影响。及至大贵之后,犹念其父之勤俭,并以之训子侄。《张文忠公集·诗稿》卷四《送王子九伦还乡四绝》自注:"先君以一敝衣终身,或寒甚,尝以蔽孚敬焉。孚敬拜受蟒龙之赐,泣示子侄曰,此诚君恩,得非吾亲敝衣中来邪,尔辈不加节俭,虽敝衣其可得邪?"张璁既贵之后,王九伦①来看望他,"得知无厚积,不怪我官高",至亲好友亦知张璁之清廉。"布衣千补缀,节俭念吾亲。"王九伦布衣补缀,其勤俭的风范使张璁思念起父亲。

季叔慕本公张积对张璁也有很大影响。张积,字存德,号慕本。《张氏家乘四派慕房》:"器局峻整,笃恩义,重名教,足为时辈矩度者不可缕述。多才善干,尝新永嘉学宫。"张积于持家、处乡、货殖均有所长。张璁《季叔慕本

---

① 王九伦,张璁从侄孙,二人少时曾同窗。

公墓志铭》(《张文忠公文集·文稿》卷五):"阖庐千有余指,处之整暇有序,耕僮织妾,各食其力;因旧址迫窄,规河东地,跨梁结屋,土寸木尺,亲自点检,用致堂寝整饬,赀产阜厚,其克家也。"弘治间曾献金于官。重祠祭,"新祠宇,每率子姓焚香瞻拜,岁时享献,必极丰洁,其孝思也。"性勤俭,且富于文艺才华。文中说他颇有"旷情雅怀","性不嗜酒,客至必崇殽称觞,或自敲檀板,搥羯鼓,且讴且歌,尽欢而罢"。终身守礼勤俭,"疾革,前诸子孙勉以守家法,丧葬毋惑异端,毋僭侈逾礼,言讫而逝"。

其家族简朴的家风对张璁影响深远。项乔曾于年少时亲见之,后著录之。"予十七岁在张罗峰家读书。其家一处住三五百人,俱戴毡帽,止有张某一个戴苎丝帽,众皆指为浇浮。其家亦无一人有棋盘双陆者,吃酒无有行酒令者。张罗峰为阁老,曾云渠做举人时,有病要寻两个红枣合药,自普门寻至应家桥俱无有,今乃人人侈用,而一变至此,诚不可不反正还淳也。渠处丧事,亦好吊客,远来者只留饭,不设酒。"(《项乔集·初编·瓯东私录六卷本》卷六《杂著下·时事类》第七十一条)嘉靖朝风俗趋于奢侈,张璁至嘉靖朝已是50来岁的老人,其性格、作风在此之前早已定型,故能清廉自守。

张璁承其家风,一一践履,一生身体力行。光绪《永嘉县志》卷三十七《杂志·遗闻》:"罗峰翁虽入相得君,其家人常穿两截衣服,家有子侄放债踏算占田害人尝亲挞而面之,或令县官枷号以警怵势作威者,此皆保全族人之道也。"(项乔《瓯东私录》)按:此家风之传统,亦张璁承继其父祖辈而为之也。

《项乔集·初编·瓯东私录》卷六《代勘罗山应入乡贤呈》评张璁:"已故大学士张璁,赋性正直光明,作事轰轰烈烈。其居家也,未尝与人酣饮博弈,未尝接受亲宾看席,未尝作戏宴客;其居丧也,未尝设酒果饮已筵宾,且亦不作佛事;其教子弟也,以师道自尊,不亵狎;其累试不第也,惟反己自修,杜门著书而已。至其立朝也,有致身保国之忠,有进礼退义之哲,有百挫不折之刚,有一介不取之节,不事结纳以固宠,不植党与延誉。"张璁生平事业,得力于宗族家风。

二、刻苦读书求取功名

求取功名是古代士人的唯一出路。张璁、王瓒等人的崛起无不是靠着艰苦的读书修业。至于张璁七次不第仍坚持不已,最终成就相业的故事,更是温州人津津乐道的传奇。

王瓒曾在温州开元寺攻读十年,卒中高第。万历《温州府志》卷二"芙蓉书院"条载:"在开元寺。郡人侍郎王瓒读书于此。有芙蓉五月先花,遂联魁及第,故名。"成化二十二年丙午(1486),王瓒 25 岁。开元寺主持峙岩让东斋为王瓒读书之所。《芙蓉亭记》(《王瓒集》卷二《瓯滨文集录》):"初鹿城开元寺之东斋,僧定错号性庵者舍之,以主持峙岩因让余为读书之所者殆十年。"至弘治八年(1495)五月半,木芙蓉竟开花。王瓒作《芙蓉五月先花》(又名《纪事》,《王瓒集》卷三《诗文拾遗》):"开元寺里木芙蓉,五月开花映水红。欲与碧桃争发达,超然不肯待秋风。"末二句借物抒情,自抒其青云之志。次年王瓒果然高中榜眼,在温州留下了动人的传说。

张璁于弘治五年考中秀才,时年 18 岁,弘治十一年中了举人,时年 24 岁,这是张璁最为意气风发的时期。嗣后七试春闱不第。至正德十六年辛巳(1521)登科,已 47 岁,科举之路历时 29 年,可谓历尽艰辛。

张璁前期的人生,可以说是为一第而辛苦奔波,七试不第。第七次是正德十一年丙子,42 岁。这一年对张璁而言相当重要,面临着人生的重要选择:是参加谒选呢,还是继续参与应试。张璁本来已拟应吏部谒选,萧鸣凤阻之,谓其干支当正位首辅。"将谒选,御史萧鸣凤善星术,语之曰:'从此三载进士,又三载当骤贵。'"(《明史·列传第八十四·张璁本传》)萧鸣凤阻张璁就选事,才造就了嘉靖年间一代内阁首辅。

当然,谛观本年以及次年的诗作,张璁仍旧是那样的感激奋发,毫不气馁。其《出门》云:"久拟得时行所学,是谁忘主负平生。草茅得备临轩问,定诵苞桑答圣明。"(《张文忠公集·诗稿》卷二)张璁心中的火焰不曾熄灭过,不禁让人感佩其坚强的意志品格。

张璁、项乔读书甚勤,一生用心。"少年时光可惜。每月止三十日,若月小,止二十九日。日中有事错过,必须夜间补之。亲戚有酒食,切莫与相亲。罗峰亦尝谓'《四书》本经我俱读至千遍'。前辈之用功类如此。予亦每日扣定一张,共读六百遍;如抄细字,一日定写十四张。今儿辈能如吾辈否?"(《项乔集·初编·〈瓯东私录〉六卷本》卷六《杂著下·时事类》第七十条)明李诩《戒庵老人漫笔》卷四评张璁说:"……是恁样用功……是恁样忧虑。故其建立殊自伟然,不龊龊于末世局面。"张璁一生勤苦攻书,忧虑用心,苦求功名,这些都是家训中要则。

项乔《自序》:"予质鲁,颇知好学,所至胸中略有悟处,必札记之,虽夜必兴。"其笃于学行如此。

不仅勤苦读书,永嘉场人物之俭德亦堪传。项乔说:"予广东官中半年,录得官朱一斤,令匠人用樟脑一钱半,胭脂绵三张,牛皮胶二两熔化,伴作朱墨,分为十八定。忆昔斋中适有卖朱墨者,曾与一友合买一定来。而今乃富贵如此。因念王瓯滨侍郎亲与予言:贫贱时读书惟点油,又怕灯心肥大者用油太多,乃以手瘦小之。今子侄辈俱点蜡烛,又不肯用心,诚为可惜。"(《项乔集·初编·〈瓯东私录〉六卷本》卷六《杂著下·时事类》第七十条)项乔17岁时在张璁家读书,亲见张氏俭德,对他也有影响(见前)。按:永嘉场不少名宦出身寒贱,而志气不磨,卒成大业,斯所以堪法也。

三、要做好官造福一方

永嘉场官宦之德业极得力于宗族文化。古人说修身而后齐家,乃至治国平天下,古代宗族文化之优良者,实可做到这点。

在优良家风的熏陶之下,英桥王氏仕宦遵守儒家道德伦理规范,以君子自期。他们喜欢置座右铭或对联以自箴。王激,吉水治绩卓越,"罗谓:'吉水自吾师王公激作县后,其兴利除害,至今无能。'予观县堂二联云:'野花啼鸟冰霜外,白日青天笔砚前'、'节用而爱人,正己以格物',此已好。"(《项乔集·初编·瓯东私录》卷四《与罗念庵》)王叔果"所居书座右曰:'拙于用世,将以施之家。厚于望人,莫若求诸己。'又曰:'为天下惜财,不必藏之己。为天下任事,无宁迁其身'"。(《王叔果集》附录二李维桢《王宪使传》)王光蕴任宁都令时,做官自箴联:"但将国事如家事,谁道今人不古人?"①

项乔《族规》第37条抄录了不少门帖,也很有特色。"门帖虽是幼事,接目警心,为益最大。予祖良三府君慧而早卒,至今门帖所传,有曰:'圣经贤传须加勉,天理人心不可无';曰:'凡事直须求理顺,所为不可道天高';曰:'阴德但绳先世积,盛世何藉别人称';曰:'饮食不忘藜藿味,论交愿与竹松盟'。如此类联殊关名教。予所至居地辄书,曰:'圣贤之学不愧天人,豪杰之志不在饱温';曰:'德业取诸贤于我者则道心日长,福禄譬诸不如我者则欲心日消。'书屋辄云:'学期至于圣贤,道必先于孝弟。'曰:'行己尽道义之真切利亦至,读书会圣贤之趣文艺自精。'虽皆未能尽得之身心,而韦弦之助不觉与日俱化。古人铭盘刻剑之意亦如此。"

有的家谱还对仕宦者直接做出规定,如《王氏族约·汇训第五》第3条:"凡子孙居官,务要廉勤正直,尽忠体国,恪守官箴,其治行卓越惠泽及民及有功德为宗族乡邻所庇赖者,殁后于谱传之,如以贪酷被黜者于谱上削其爵。"第15条:"凡子孙居官者族中不得舆马出入,年耆老者不拘。"

在明代中晚期官场越加污浊的环境里,永嘉场却走出了一批清廉自律的官吏,这个现象值得深思。

---

① 参见王兆骥:《明代史学家王光蕴》,王璋、王一平:《古堡深处——永昌堡诗文选编》,大众文艺出版社2008年版。

鲁爱民《明月清风——龙湾先贤廉政故事》①编选了 34 则故事。如张璁"持身特廉,痛恨赃吏",铁御史王净保黎民,王光蕴宁都护粮斗奸商,王德滑县雪冤护民,沈光宗智审畲斗,王继明小县令谏大丞相(张居正)无不有史实依据,且饶有趣味。王澈、王激、项乔、王维熙、王叔果、王叔杲、王光经、张天麟宦绩,无不有口皆碑,令人景仰。而其之所以能如此,是由于宗族家风对自我节律意识的形成,儒家圣贤之道对精神品德的提高有着密不可分的关系。他们的表现,也使我们重新看待明中晚期官吏问题,并思考这样一个问题:在官场污浊风气之中,何以有不少永嘉场仕宦仍以圣贤人格、循吏清吏自期? 这对推进今日廉政建设不无启迪意义。

四、苦念家乡,依托宗祠,落叶归根

古人出门在外,家乡遥远,无不梦寐思之。永嘉场士人亦是如此。

以"东嘉双璧"王叔果、王叔杲兄弟为例。

王叔果于嘉靖二十九年庚戌(1550),35 岁中进士之后,在京师也怀念着故乡。七月望作《京邸对月》:"却忆故园当此夕,各天未卜是阴晴。"嘉靖三十年辛亥(1551),36 岁,九月十三日,父亡。甫入京,而闻讣奔归。冬,丁父忧,杜门读《礼》,哀慕逾常。在丁父忧的这段日子里,他的山居生活也在深入实践着。丙辰(三十五年,1556)41 岁,方才授予兵部职方清吏司主事。嘉靖三十七年戊午(1558),43 岁。奉差归展墓。适倭寇掠乡土,义兵失戎,同仲弟避警仙岩上方庵。谋建堡。堡甫成而寇至,守以无虞。建设永昌堡是王氏兄弟对温州地区防倭的极大贡献。到了 49 岁,王叔果退隐的念头越来越重了,终于引疾乞休,从此以后就开始了隐居家山的"考槃在涧,硕人之宽"(《诗经·卫风·考槃》)的生活。

他的入仕可以说主要是给家族一个交代,而他的归隐也是为了家族文化建设。王叔果之所以要归隐,是因为心中挂念着英桥王氏家族建设,"族大宗著,不可无主之者"。对此,大学士海虞严讷在《庆副使西华王公六十寿序》《王氏家录·外编》卷六)有批露。"西华公顾兴怀止足戒盛满,于其弟中第时,即欲引去。未遂。比转广臬,自湖南抵吴门谓之曰:'昔弟之荐于乡野,以我宦游于外,族大宗著,不可无主之者,故不出应会试,今弟已仕矣,吾且夕将草疏乞骸以总吾家政冢乡弟所治产也。'……会两广督抚吴公疏请改公学宪,西华公固引疾乞归,竟得俞旨。"王叔杲一再推迟应会试,是为了主持宗族事务,而王叔果要归隐,也是为了要进行宗族的建设。王叔果终于回

---

① 中国戏剧出版社 2008 年版。

归了故土,首先要做的是"乃却垺屏居,遍治其家祠先垅",继续推进其父王澈开拓的家族文化建设,修葺宗祠,增修家谱、族约。

嘉靖三十七年戊午(1558),王叔杲 42 岁。戊午,寇大至。仁山公、东华公遇难。力任筑堡。费凡七千余金,强半为公所输。建堡来自王叔杲的建议,而且他放弃了试南宫的机会。琅琊焦竑《参岳王公传》(《王叔杲集》附录三):"公一意色养,累谢计偕不往,居恒广参议公意,立宗祠,置义田,举族约,敦行之不少怠。"嘉靖四十年辛酉(1561),45 岁。他在久不参试的情况下,应其侄请,同赴礼部试。从此走上仕途。万历五年卸任后家居继续宗族文化建设。

五、积善累德,造福桑梓

古人相信"天道恒亲,常与善人"。天道福善祸淫,积善之家常有余庆,积不善之家常有余殃。《岐海琐谈》卷四:"周博行志石参军之墓曰:永嘉旧俗少仕族,富家大户身亲服役,不迫衣食,故多礼义忠厚之行。其间凭籍为善、有德于人者,往往后皆丰显。故都史周氏,慈厚恭谨,人属以讼,多劝谕悔罢。服公三十年,无纤毫过失。及其身,官封四世,至今仕籍蝉联不绝。"按:这个例子说明温州人认为那些富家大户,身亲服役,多礼义忠厚之行,乃是其最后丰显之谜。这种观念广为流传。

翻看永嘉场人物的史料,其积善累德、造福桑梓之事举不胜举,至今遗泽绵绵,如温州地区流行的造桥修路、施粥赈济即是古代"做德"(温州俗语,即做功德)观念的遗留。

李浦王氏之例。

王傃《家庙碑记》(《王瓒集》附《王傃遗文及诗》):"历陈祖先事迹,若贞庵公之从驾,云叟公之输粟,二难公请减乡税,环庵公名著《牧民备要篇》,暨先尚书(王瓒)勤劳王事,尽瘁皇家。"

王傃在为弟王玩子王傅(字伟臣)所写的《东岩先生圹志》中说:"高祖讳德禧,元千夫长,国初尝请减税,乡人德焉。曾祖讳文煥,郡守何公亟贤之,名著《牧民备用篇》,后赠礼部侍郎。祖讳祚,敦朴简靖,不妄言笑,屡赠通议大夫礼部左侍郎。"

元至正年间王仁宅心极其仁厚,惟赈恤贫乏是务。《李浦王氏宗谱·世美录·提举公小传》:"公讳仁,字寿夫,一字惟贤,别号云叟,讳元公之子也。……宅心仁慈,每雨雪时辄登并海楼遐观周览,见民间无炊烟上腾者,遗以薪米,曰第用之无庸偿也。远近倚之,为命乡咸德之,颂其楼曰望烟楼。至正间群盗蝟集,贫民嗷嗷待哺于官,公尚义输粟五千石,敕旨敕授福建汀州提举,以先世仕宋,辞不赴,惟家食赈恤贫乏是务。"

英桥王氏之例。

王钲对永嘉场最大的贡献是疏请"均折色以恤灶艰"。《王氏世录》卷一《世传·七世祖溪桥翁》:"乡人以濒海故隶灶籍,困于盐课,府君疏于朝,请输本色均折色以恤灶艰,覆议如所请,具大学士华亭徐公参政、晋江王公所撰传志中。"

王浄撰《七世通政公行实》[①]述其具体情况:"公讳钲,字九思,世居永嘉英桥,人称溪桥翁。……寻以激封中宪大夫通政使司右通政……于乡土利患所当兴革,强弱所当锄植者,则慨然建白,而一无所狗。诸当道咸信从。里族人以争忿赴诉,为平其枉直,胥悦服而退……所居永嘉场一至五都之民以濒海附场,尽隶灶户,比年卤地荡于风潮,盐课国供有司,复益以他役,灶氓穷迫弗堪,逃移且半。公深用悯恻,状于当道,曰:'盐课分本色折色,非祖宗初制也。本色取诸卤地,已属不敷,乃复徵其折色于何取给耶?矧民杂役故不及灶,今且兼之。请用各场水乡例,以折色敷之通县,庶足相当耳。'当道唯唯,第拘于故格不行,公乃具疏于朝,制下如所请,永嘉场之民籍以俯仰桑梓,优游伏蜡,无复苦逃徙矣。故公之生也,乡之人爱戴歌舞,殁后悲号奔恸,葬也,相率醵钱奠于家,于山麓挽柩负绋而行,长数十寻,不胜执。既葬又像绘祀于灶,期俎豆世世不替,此岂徒以私惠德公哉。"王钲对永嘉场灶户恩德很大,缘于他的疏请,才得以"折色敷之通县",灶民不再逃徙,安居乐业。故而卒后乡民哀恸不胜,像绘祀于灶,"里人祀于灶中汉东瓯王行庙"(《王氏世录》卷一《世传·七世祖溪桥翁》)。

王澈做了二件功德事:"其诸措注尤巨者,筑治永嘉场沙城以为濒海屏蔽,出粟平粜,为粥道上,日铺千人以救疑似之饥。"[②]

王叔果《先参议厓翁行状》(《王叔果集》卷十五)载:"家居耻事请谒,至乡土利病,所宜兴革者,则力言于当道,以身肩之。所居永嘉场濒海,故有沙城卫卤地,岁久风涛荡蚀过半。通政公常议堤以石,疏于朝,事下所私格不行。府君承先志锐请于巡盐御史鄢公,籲众经役而工事成,灶氓赖之不衰。"沙城之建成即通政公王钲为首唱、王澈为落实,由王澈请于巡盐御史鄢公。

嘉靖乙巳(1545)岁大饥,王澈捐廪减价平粜,施粥赈饥民。其景象颇为感人。王叔果《先参议厓翁行状》(《王叔果集》卷十五):"嘉靖乙巳,岁大饥,

---

① 载《东嘉王氏世录》。

② 参见侯一元:《东厓王先生小传》,《二谷山人近稿》五,又见《王氏家录外编》卷三,题作《参议东厓公传》。

富室闭粜,米价骤腾,道馑相望,闾井嗷嗷。府君捐廪减价平粜,随语果曰：'减价宜矣,无钱待哺者,将奈何？'乃尽发余粟,就宗祠广设糜粥。其法先期戒仆役,日晡时作粥,达旦始具。及晨,鸣鼓召饿者入,扃大门,鳞次趺坐坛庑间,妇女幼稚则别于堂中及两厅。日集者逾千人,坐定按次颁粥,调度有方,午后始竟。如是者两月,远近深谷之民,率携家来就,妇女皆持麻枲,环坐祠前,杂治老弱,嬉戏待哺。及稻熟告归,累累望吾庐拜祝而去。所赖存活者,不可胜计。"连倭寇都为之感动,不焚宗祠而去。《王氏家录·续录》卷七《家谱》"二十四年郡大饥东厓公施粥"条载："后有奸民构倭来劫,将焚宗祠,或告之曰是不焚,数十年前数万人存活之地,倭感慨而去,详西华公荆西赈饥告示并家录。"

英桥王氏家族素来注重地方文化建设。王澈、王激和王叔果、王叔杲兄弟父子因仕宦显赫,名著桑梓,尤能急公好义,赈济贫困,积极参与公益事业。王叔杲积极参与地方文化建设,葺修名山胜迹,资助地方文化建设,拿出自己的俸禄资助修葺江心屿、仙岩寺、镇宁楼、东瓯王庙等胜迹,还利用自己丰富的风水知识补温州风水之阙造镇宁楼,提振温州科第造巽山塔。李维桢《大泌山房集》八十《福建布政使司右参政王公墓志铭》："里中名胜若东山、孤屿、仙岩、东瓯王庙、镇宁楼、镇东塔,先后缮治,费不赀。"

六、士人独立有主见,勇于担当的精神气质

永嘉场地域文化和家族文化培养了士人一种独立有主见、奋发有为的心理特征和勇于担当的精神气质。

张璁虽七次未第,却一贯以山中相自居。其气魄之大,忧世之深,从政之积极,这样的精神人格求之整个温州文化史上的人物,亦不多见,洵为奇特。张璁曾有诗云："苍生有望山中相,白首愿观天下平。"(《张文忠公集·诗稿》卷一《书院成》)此句可见他心中之境界,几一言可以尽之。以"山中相"高自推许,以相业自期,此抱负之远大也;言愿观天下太平,可见非仅为一己之私。按：古代温州人物咏志之诗少见以相业自期者,僻处东南一隅而志大如此,极其少见。

而张璁果能参与"大礼议",六年即入阁,成为内阁首辅,崛起于嘉靖朝,也成为一大文化奇观和历史传奇。这种志向抱负、勇于担当的精神与其个性、气质有关,同时与儒家思想、宗族文化的影响有关。这需从多方面去考察,不必定于一尊。

张璁观念之来源,尤其得力于礼经。以"明伦"作为终生使命。明伦,即阐明、规正社会纲常伦理和世道人心,使之达到三纲五常的合理要求,这就

是张璁儒家理想和思想实践。《礼记章句序》："孚敬自少业举子时,即好读礼经。第观旧说,多所未安,思欲厘正之而有所未暇。弘治戊午以诗经中省试,乃筑罗峰书院于五都姚溪山中,集徒讲学,始取而章句之。"(《张文忠集·文稿》卷一)张璁年轻时好读礼经,并认为旧说多所未安,欲厘正之。罗峰书院授徒之后,更潜心礼学的研究,正德十三年撰《礼记章句》八卷,至嘉靖四年始定议。

在早期家族文化建设过程中,张璁即初步形成了"明伦"的思想。正德元年丙寅(1506),张璁创纂普门张氏族谱。张璁明伦,是要先从修族谱、建宗祠、肃祭祀做起,故而能创纂普门张氏族谱。"谱牒者,君子所以正伦理、笃恩义,存先王之法意,以示人知所以爱敬者也。"(《张文忠集·文稿》卷二《族谱序》)

这种明伦的思想形成后,最终挺身而出,参与"大礼"议。《明史》卷一百九十六列传第八十四《张璁传》:"世宗初践阼,议追崇所生父兴献王。廷臣持之,议三上三却。"君臣僵持已成僵局,而杨廷和之党挟其阁权而其论弥张。张璁时在礼部观政,独抗疏上,力斥其非。七月朔上《正典礼》疏,十月上《大礼或问》,如投巨石于湖中,引起阵阵波澜。《正典礼》疏上,世宗亲览曰:"此论出,吾父子获全矣。"

张璁以区区礼部观政(实习生)而能独抗疏直上,论者往往以张璁为侥幸、冒进。不知此乃张璁平素之学养所发,非故意为此。当时见与张璁同者不少,如方献夫、席书等,然皆不敢独撄阁臣之锋,惟观望耳。对此,明清学者对此都有深入的批露。《明世宗实录》卷221嘉靖十八年二月乙巳条,编纂者论曰:张璁"深于礼学,丰格隽拔,大礼之义,乃出所真见,非以阿世"。明王世贞《西园闻见录》卷二十六《宰相》:"凡言礼而贵者,其人材皆磊磊,既不言礼,亦有以自见者哉!"

张璁成为重臣之后,对温州地区乃至全省的影响是很大的。有"张阁老做官'带挈'一省人"之说。万历《温州府志》卷五《食货志·贡赋·差役》之《温州府·岁进》条注:"石首鱼以下各该五县贡。嘉靖初大学士张孚敬奏罢之。"减免贡赋、差役,带来实在的好处。张璁任职期间,浙江人(尤其是温州人)不合理的贡赋、差役争取减免,使浙江人(尤其是温州人)永世莫忘。

后来还流传着一句话"张阁老牵引人做官"。后人往往以为张阁老果然安排了不少族人、乡人做官,其实察之史料,并非如此。《东瓯遗事汇录》卷二一《杂志上》"荐举之例"条:"永嘉柄用,时申荐举之例,然有司未闻有荐一人者。惟叶幼学,温州人,张、桂议礼时为之寻检史传,书写疏草,得荐为翰林待诏,《明伦大典》中所谓儒士叶幼学者是也。"(明郑晓《吾学编余·仪制》)叶幼学曾受到张璁的荐举。实际上张璁自身很少推荐乡人。

　　在"故相张永嘉视台事，人争媚之以求进"(《泉州府志》四十二《明列传》)的情况下[①]，永嘉场士人项乔(张璁学生)、王激(外甥)、王德(外甥)等都能够不依赖张璁的权势谋取位置，保持了精神的独立性，这是难能可贵的。他们要依凭自己的能力争取功名，一贯保持清廉的为官气节。故而为政一方，颇多善政，为地方所怀念。这是因为他们的儒家思想教育和宗族家风传统都不允许他们趋炎附势、攀高结贵。尽管趋炎附势、攀高结贵者向来不少，但是宗族、家庭教育之优良者自不屑为此。

　　张璁八岁时与王钲之子王澈、王激共读私塾。张璁显贵后，王激为避嫌远离张璁的政治圈子，很有个性。王澈亦时时对张璁作有益的规劝，保护议礼贬谪之臣，还有论救张延龄即出自王澈的警悟。

　　因张璁任内阁，积怨颇多，王激为免"身为口实"，为避嫌疑，授人以话柄，主动引退。万历《温州府志》卷一一载："生平风致魁岸，而过于澡洁，视一切委琐，若有所浼，方际通显而力于求退，不欲以亲援为口实也。"《王氏世录·世传》卷一王德撰《祭酒公行实》："乃其私心以少师公方执政，使循资旦夕可致尊显，不免以亲援为身口实，故引疾求退，期不负素志，虽天啬其年，位不满德而身名两完，出处亦光明矣。"

　　罗洪先《中宪大大国了监祭酒鹤山王公墓志铭》(《王氏家录·外编》卷五)："已而内召私语洪先曰：吾舅柄用外间方且籍籍，吾可以身为口实乎。洪先力赞其决。盖先生为张文忠公孚敬之甥年且相亚，又交好也。……在国子岁余，振励有方，士多所兴起，然其私心既不欲身为人口实，常有意引退者，属二亲垂耄乞归养，盖屡疏始得请，既连遭内外艰不胜痛，竟以疾终其归之年才六十也。"对此，罗洪先评曰："先生平生磊磊若此，然仅自效于下邑，方跻显位，未获尽其所长，溘然蓬至沦没，岂不惜哉。议者以先生之才即无亲援，固当得显位。即有亲援得显位，忌者必不敢相谗，即相谗未有能中者，顾自惜其身而先几引邂，是可多见耶。"

　　《项乔集·初编·瓯东私录》卷二《书文江集后》："其才行足以稳步天衢，而其时为舅氏张罗山在内阁，且先生体貌端庄，似负气岸，又疾恶过甚，不相厚知者，类以其入铨曹、陟祭酒，似藉罗翁得之者。……桂见山(桂萼)阁老识其贤，荐而进之，而罗翁素知所畏敬，亦乐与相亲。及其入朝，于罗翁

------

　　① 项乔曾记录道学先生之丑态。《项乔集·初编·瓯东私录》卷六《寄陈闲山少卿》："有以道学名家者，每于罗老未病之先，见不肖如见罗老然，每见必细询起居，每询必赞叹勋迹，及罗老半身不遂之后，不肖与之仓卒邂逅，坐语移日，绝无半言及于罗老也。"

商榷国事,言不易发,发必中机宜,而多有调和夹正之力,人不之知,先生亦不以示人也。乔与罗翁犹子今令东乡张纯俱从先生游,独知先生有益于罗山,而功名才行,一时或反为罗山势位所敝盖,是则可慨耳。"

项乔,一都七甲人。张璁三次举荐升任,项乔屡辞之。三上罗峰公,不无规谏之言,张璁深然之。唐顺之《荆川文集·与周约庵中丞论项守》:"又自当罗翁当国,为缙绅所辐辏,而永嘉之人根株附丽,攫美官鼓声势者尤众。乔与罗翁又有葭莩之亲,乃独泊然自守,不乱于群,甘心隐约,不觊非望。然此士人居身之常,足以称乔,而乔之不苟,大率可见也。"

王瓒于张璁乃乡先进,当议礼之初,张璁将其议礼之说言之于王瓒,为精通礼学的王瓒所首肯,并宣之于众,王瓒被杨廷和调到南京去。然其子王侹绝不依托张璁以进。龙湾区民国《李浦王氏家谱》卷三《郎中中白王公传》:"公姓王氏,讳侹,字伟立,号中白,永嘉人。文定瓒公之长子……正德己卯,荫入监,久之,当谒选,值张文忠当国,引嫌不就。"虽为张璁之同乡人,然为避嫌故,不就谒选。这是永嘉场具有独立人格的人物的普遍特征。

永嘉场士人保持独立的精神人格,自尊自强,奋发有为。永嘉场士人之间的影响不是一种官场的裙带关系,主要是一种人格的模范作用和精神力量的传导。

嘉靖丙申冬十一月既望,王瓒之子王侹请王激为王瓒《芙蓉亭》写序。"独念往昔先生所以处予,予之所以信先生者有关世风,而人莫之知。""方其脱颖郡庠时,予辄从诸生后,然亦颇能自信不随时前却,先生知余非卒干没无闻者,心独许,然勿轻语人,及先生为史官,余方偕计至京师,其所以遇余者犹其在郡庠也。嗣是余沦落江湖者十余载,先生由祭酒迁少宗伯,余始以甲第为郎令吉水,先生饯余别墅,语以吏事之难而令职之不易,称余奉以周旋,勉共朝夕,幸勿得罪于百姓。""推贤当世人物则不遂余弃,盖疏而不违远而不贰,简而成章者矣。"①

王激当时与王瓒同学,然亦自恃其能。王瓒知王激非池中物,然勿轻语人,"知余非卒干没无闻者,心独许,然勿轻语人"②,没有对未第的王激予以宦途方面的照顾。但是王瓒其实是颇为推许他的,"推贤当世人物则不遂余弃",而王激其实也从王瓒那里吸收了精神力量,对他极为仰慕。

---

① 王激:《芙蓉亭后序》,光绪《永嘉县志》卷三十二《艺文志·文·内编·赠序》,第3232页。
② 王激:《芙蓉亭后序》,光绪《永嘉县志》卷三十二《艺文志·文·内编·赠序》,第3232页。

第七章　丰富的物质文化遗产和非物质文化遗产

第一节　层累的文化遗址和文物

层累的文化遗址和文物，成为永嘉场地域文化的活生生的物质表现。龙湾文化遗址和文物星罗密布，随处可见。

一、明代时期的人文古迹

明代温州永嘉人生活在一个充满了人文古迹的环境中。万历《温州府志》卷三《舆地志下·第宅》载有少保黄淮宅。万历《温州府志》卷十八《杂志·古迹》载有旧子城、江山门、永嘉书院、浮沚旧院、敬亭、温州卫旧治、三生石五粒松、五马坊、下马台、池上楼、思远楼、谢公楼、拱北楼、中和楼、沧浪阁、冷翠阁、澄心阁、台盘阁、西射堂、读书堂、梦草堂、戏彩堂、追远堂、百咏堂、清心堂、君子堂、东山堂、秋香堂、道爱堂、华堂、上涌堂、金鸡岭、大云寺、净光禅寺、飞霞观、东仓等。

嘉靖《永嘉县志》卷八所载明代古迹有梦草堂、墨池、永嘉书院、浮沚、敬亭、宝翰亭。墓有汉东瓯王、唐李王坟（在茶山，唐宗室李集避乱居此，遗迹尚存）。

这些很多都是富有意蕴的人文古迹。王瓒、张璁等生活在这样的人文环境里，受到了历代先贤文化生命的感召，为之潜移默化，形成了独特的地域文化心理特征，这些古代人文古迹不少是宋代遗迹，见到它们，每使温州人回忆起那个人才辈出的两宋时期和为之自豪的永嘉经制之学，王瓒、张璁等均受其熏习，并体现于践履之中。

尤其是书院影响尤著，比如鸡鸣书院和芙蓉斋房即培养了不少永嘉场仕宦人物。《瓯海逸闻》卷五十三《古迹》"鸡鸣书院"条引项乔《瓯东文录》卷五《凤阳尹少川朱先生圹志》:"自幼从长兄今六安学正胜,与瑞峰叶太史式、凤山陈主政定之,相与读书于永嘉邑庠鸡鸣读书。后有芙蓉斋房,则予与乡进士周感、张纯诸友所同藏修者。"与长兄项胜、叶式、陈定之、周感、张纯等读书于鸡鸣书院和芙蓉斋房,后皆成仕宦。

明代永嘉场仕宦人物后来也参与了人文古迹的创造,成为当地人文表征。王瓒、张璁等均成为温州文化的代表人物,他们也留下了不少人文遗迹。

万历《温州府志》卷三《舆地志下·第宅》:"少师张孚敬宅(在松台山下)。有敕建荣恩堂、慕恩亭、敕建宝纶楼、制敕亭、四召亭。"①

还有不少永嘉场人物之墓,可为后人凭吊。嘉靖《永嘉县志》卷八墓载有项参政、孙御史墓、王少卿德墓等。

永嘉县有不少亭榭阁楼,在诗文里出现过,不少与永嘉场人物有关,如鹤林亭:在慈山,邑人祭酒王激读书于此,嘉靖间邑令周岱建亭;竹亭:在五都姚溪,张少师建;千橘亭、来瓯亭、留胜亭、观荷亭:俱在姚溪;觞咏亭:在半山。(万历《温州府志》卷三《舆地志下·第宅·亭榭附》)

憩莲亭为郡丞广东区益所造,王叔果署亭曰"憩莲"。(《瓯海逸闻》卷五十三《古迹》"区郡丞憩莲亭"条)半山静宜阁,是万历甲申秋王光蕴"于旧庐(指半山故庐墓)之侧辟地为轩,需予坐卧,问名于山人。山人名曰'静宜阁'"。(《瓯海逸闻》卷五十三《古迹》"半山静宜阁"条)何白山雨阁尝留宿王光美之表兄吴翁晋,王光美以病足独归,枕上赋忆。(《瓯海逸闻》卷五十三《古迹》"何无咎山雨阁"条)

《瓯东文录》卷一下《长春亭记》述王叔果子孙优游大玉楼,其母氏洪甫利济乡人的事迹。"王氏永嘉冠族,少参公始治第山之左,以传其子观察、大参两公,则观察左而大参右。"言王澈之子王叔果、王叔果居华盖山下。王叔果之伯子王光蕴有四子,仲、季二子各有子可十人,"则以左屋,恣游其下,卒则为慕云楼以志戚。间又凿池畜鲫,供母氏所尝嗜焉。洞有甘泉井,隔河而艰于济渡,洪甫(名悠深,别号霞山)又造梁开道以通之,隐然苏耽一橘井也。洪甫其隐身医流,而能知大义者耶"。(《瓯海逸闻》卷五十三《古迹》"王氏大玉楼"条)

二、残存至今的古代文化遗址和文物

永嘉场地区残存的古代文化遗址和文物尚有不少,是一个巨大的古代

---

① 嘉靖《永嘉县志》卷八载四召亭:"在放生池,为张少师建。"

物质文化遗产宝库。

考古发现有龙冈半山的新石器文物等。

家庙有王瓒家庙、张璁家庙、英桥王氏宗祠等。

寺观有天柱寺、安仁寺、福圣寺、国安寺、乾元寺等。国安寺有唐乾符间造千佛塔、双岙石胜观、遗留宋十三尊摩崖佛像。

书院有王瓒少年时期读过的双岙白岩宫书院,张璁创建的姚溪罗峰书院、贞义书院,王叔果、王叔杲创办的半山缭碧园书院——至今残留部分文物,尚可考知大概。

摩崖题刻有半山摩崖题刻、瑶溪风景区摩崖石刻、双岙山石胜观摩崖造像题刻、白水郑宅横塘山米芾第一山书法摩崖题刻、坦头附近山坡"乾道二年水满至此"的摩崖石刻等。[1]

石碑保留有不少墓志和其他石刻。[2]

还有纪念明代抗倭烈士的忠烈塔,坐落在瑶溪镇黄石村山北。

第二节　独具特色、丰富多彩的非物质文化遗产

永嘉场历史文化沉淀深厚,至今尚留存着许多存活于民众生活之中的、具有历史价值的非物质文化遗产。龙湾区文化部门为普查和保护非物质文化遗产也做了大量的工作,取得了不菲的成果。方舟、廖远亮《寻找龙湾"传家之宝"——龙湾区非物质文化遗产普查侧记》:[3]

2007 年 11 月至 2008 年 7 月,龙湾区文化部门在全区范围内开展非物质文化遗产普查工作,一些濒临失传的龙湾"传家之宝"得到保护。2008 年,龙湾区"非遗"工作经省文化厅验收,被评为浙江省非物质文化遗产普查工作优秀单位。

"非遗"普查员对辖区范围内存在的世代传承、有较大影响的、有突出价值的文化形态进行了深入、细致、全面的普查摸底。在掌握大量线索的基础上,分门别类,认真筛选,普查线索 18886 条。对其中一些具有历史、文化、科学价值的和地方特色的项目进行立项调查,共计 1168 个,其中新发现项目数 751 个,分别为民间文学 296 个、民间音乐 36

① 参见张卫中:《龙湾的摩崖石碑刻》,《龙湾文史资料第二辑》。

② 参见金柏东:《温州历代碑刻集》,上海社会科学院出版社 2002 年版,吴明哲:《温州历代碑刻集二集》,上海社会科学院出版社 2006 年版。

③ 龙湾新闻网 2009 年 2 月 18 日。

个、民间舞蹈 8 个、戏曲 16 个、曲艺 40 个、民间杂技 13 个、民间美术 40 个、民间手工技艺 115 个、生产商贸习俗 78 个、消费习俗 32 个、人生礼仪 87 个、岁时节令 87 个、民间信仰 82 个、民间知识 65 个、游艺、传统体育与竞技 50 个、传统医药 63 个、其他 50 个,共调查项目 17 个大类(其中民族语言类没有)。龙湾区"非遗"普查分区卷 1 本、镇(街道)卷 10 本,如期超额完成了省、市落实我区的各项普查指标,取得了良好的成绩,获得了省"非遗"普查验收组的好评。

2008 年 12 月 11 日,龙湾撞歌、龙湾参龙、龙湾民间壁画、龙湾彩塑、龙湾古建筑木雕、寺前街学林馄饨、永强海盐晒制技艺、龙湾竹编、龙湾陈十四信俗、张璁祭祀 11 个项目被列入温州市第二批非物质文化遗产名录;龙湾吹打(永兴鼓板亭)、温州鼓词、十字绣 3 个项目作为温州市第一批非物质文化遗产名录扩展项目。

此外,许多龙湾非物质文化遗产已成为国家、省、市级文化瑰宝,如"汤和信俗"(七月十五日汤和节)已入选国家级非物质文化遗产名录;"玻璃银光刻"、"拼字龙灯舞"和"张阁老传说"等项目入选省级非物质文化遗产名录。如今,龙湾已初步形成了永嘉场盐文化(技艺)、永嘉场氏族文脉传承(联姻)、张阁老传说、汤和信俗、龙湾十景头通(乐器)、永嘉场龙灯龙船、龙湾油漆画、永强撞歌、玻璃银光刻、龙湾小吃等龙湾民间民俗文化。

龙湾区第二批非物质文化遗产保护名录,共 8 大类 34 项。

一、传统音乐共 5 项,有龙湾参龙、永强撞歌、永兴鼓板亭、龙湾道教全真音乐、龙湾莲花。

二、传统舞蹈共 2 项,舞龙(滚龙儿)、道场舞(走五方)。

三、传统曲艺共 1 项,唱龙船儿。

四、传统体育、游艺与杂技共 3 项,龙湾南拳、抬阁、王家拳。

五、传统美术共 7 项,龙湾泥塑、龙湾米塑、温州镶嵌漆画、脱胎佛像雕塑、瓯绣、龙湾糖塑、温州古建木雕。

六、传统技艺共 9 项,飞艇儿制作技艺、梅头虾籽制作技艺、竹编、永中织染、人工榨油技艺、松花蛋制作技艺、寺前街学林馄饨、白大生制作技艺、永强晒盐技艺。

七、传统医药共 1 项,腰带蛇疗法。

八、民俗共 6 项,龙湾陈十四信俗、下垟街祈雨、张(璁)阁老祠堂祭祀、永嘉场人神共处习俗、庙会、柴爿码。

兹举音乐艺术方面的非遗例子:

永兴鼓板亭

永兴鼓板亭是一种传统的喜庆娱乐方式,是过去永强一带坐堂班用来在路上迎亲、送丧乐队演奏用的形式,属于民间音乐一种。文武堂各有章法,配合默契,使乐曲节奏感强烈,优美动听,深受群众喜爱,在民间广泛流传。

据永兴街道尊芳村张庆弟介绍,乐队需要板、鼓为指挥,因鼓板不宜拿在手里使用,特制作一个小亭放鼓板,来指挥乐队的节奏,如此一直延用至今。由能工巧匠精雕细琢,用木料制作一个小"亭子",中间放置鼓板(梆子),故名"鼓板亭"。亭顶端簇放丝绸大红花,两边挂小红灯笼;亭子两侧绑上长竹竿,前后两人用绿绸带绑竹竿,挂在肩上抬着亭子进行。

在喜庆的队伍中,拌着琴萧锣鼓声,亭子一颠一颠的,煞是好看。演奏时,文堂琴萧管乐器齐奏,武堂打击乐器在旋律中间恰到好处地配上锣鼓。现今在鼓板亭制作,乐曲创作和文武堂配合等方面已有所改进和发展,喜爱鼓板亭的人越来越多。

道教走五方

道教走五方作为道场中迎请圣驾光临的道场形式,经历代道教徒和老艺人代代相传下来,深受大众的喜爱。

据灵昆镇海思村黄松畴介绍,走五方即是走"东、南、中、西、北"五个方位,又名五行阵,即"木、火、土、金、水"。走的方法从东主开始向南走,到了另一个方位时西向外旋一个圈,再向另一个方位走,一般从头到尾走三圈为止,东内为起点也为结束点。走五方的舞蹈音乐,是根据不同的走五方形式与当日法事大、小或内容不同而定,法事的时间有长有短,随之音乐也根据走五方时间长短而进行不停地反复演唱和音乐伴奏,打击乐器演奏人员也随走五方舞蹈人员一起至完毕止,有时民乐器和打击乐器的演奏人员不参与走五方舞蹈活动,而坐或站在一边为走五方人员演奏。①

第三节　非遗之故事传说

龙湾丰富多彩的民间文学也是地方文化的瑰宝。《龙湾区志·非遗》将龙湾区的民间文学分为传说类、故事类、歌谣类、长诗类、神话类、其他类进行搜集整理,其内容之丰富生动,令人赞叹不已。其中张阁老、英桥王氏的

---

① 以上参见方舟、廖远亮:《寻找龙湾"传家之宝"——龙湾区非物质文化遗产普查侧记》,龙湾新闻网 2009 年 2 月 18 日。

诸多传说故事,尤为地方百姓所津津乐道,世代相传。以张阁老的故事为主要组成部分,展开了一个丰富多彩的传说故事的王国。[①]

一、张阁老

张阁老的故事、传说可参《张阁老传说》和《龙湾故事集成》二书。[②] 兹简述有关条目:

张阁老传说:一则水獭精伴读,二则圣井求梦,三则张阁老嫁女,四则张璁见皇帝,五则智斗严嵩。(龙湾)

独段自然村由来:少年秀才阻止修筑自家门前"张阁老路"。(龙湾)

太师河:三都太师河的由来。(永中等地)

少年张璁:张璁少年时中秀才,拜青田名师陈中州深造的故事。(温州)

君臣谈诗说对:张璁和嘉靖皇帝谈诗说对,博得皇帝欢心减免温州税负。(龙湾)

坊表名"三朝宠锡":张璁祖祠"三朝宠锡"碑的由来。(龙湾)

张阁老与周国公传说二则:(1)张璁荐外甥周国公取象肾为皇后治病;(2)周国公阴封为头名状元的传说。(海滨等地)

张璁的传说:张璁坐金交椅。(温州)

张璁故事二则:(1)砍了 17 棵西湖边风水树;(2)张璁被害。(温州)

蔡夫人之死传说:张璁蔡夫人为皇后难产出谋,而怕欺君吞金自尽的传说。(温州)

张阁老做官"带挈"一省人传说三则:(1)浙江人免受剥皮之灾;(2)不会吃琼虾嘴唇红;(3)进贡瓯柑的故事。(温州)

卢氏舍身救小孩:卢氏女舍身救二落水儿童,张璁立庙表彰其功德。(沙城等地)

圣井寺求梦:张阁老圣井求梦"剜目钉在木柱上"的故事。(温州)

永兴"罗山书院":"罗山书院"办学史。(永兴等地)

张璁求学:张璁十三岁对诗胜刘考官的故事。(龙湾等地)

二、英桥王氏

英桥王氏的传说故事,主要流行于永昌堡内。王璋、王一平《古堡深

---

① 见《龙湾区志》,未刊稿,得之于龙湾区志办潘伟光先生。

② 洪瑞钦、杨秉正选编《张阁老传说》,1984 年,内部发行。潘源源编《龙湾故事集成》,人民日报出版社 2004 年版。

处——永昌堡诗文选编》①和《龙湾故事集成》②载有不少英桥王氏故事、传说,另《龙湾区志》叶康宝所撰《龙湾非遗·民间文学》也收集有部分条目。这些故事、传说大多有着史实依据,如王梦竹(王由)救助章纶,王继明、王维熯之清廉正直,王光蕴、王光经之破案才能。

始祖故事:

《龙湾区志》叶康宝所撰《龙湾非遗·民间文学》载:英桥王氏由来:王氏始祖心善积德受风水先生指点葬对地域,后来王氏发达不忘英家恩典,故称"英桥王氏"。(龙湾)

王则信《神话与现实》、王金麟《英桥王氏渊源》、王秀镛《话说始祖故居》皆载万十一公始祖故事。这是著名的英桥王氏始祖的故事,应有事实依据,且在明代万历年间即广为传播。

《岐海琐谈》卷八第二三九条载,英桥王氏,奉万十一公为始祖。其墓载里中为西门洋。万十一公与方上地师谢君相厚善,欲报之,后来指是地言其风水绝佳,后果大昌。"墓后负山,前汇巨浸,两沙互拱,中稍左有小洲为印。其墓奠兹乡迄今三百年,堪舆家物色丘陇,谓王氏之发祥由之,其信然乎?公名惠,字振卿,生于宋理宗宝祐五年丁巳(1257),卒于元顺帝六年庚辰(1340),寿八十四。墓辛坐乙向。"《岐海琐谈》卷八第二四〇条载,英桥王仕宜,尝有道人寄以馆谷,经二三载, ·日告别,选吉壤以酬厚德,指以西坟曰:"初岁未免食贫,至三世业始充裕,八世方登甲,自后相续无缺,末发一鼎甲而止。"此即王仕宜之父万十一公王惠的葬所。"自始祖至子明公伯仲,肇端甲科,委属八世,四叶绵延,绳绳未艾,道人之言信不诬矣。"原注云:"此与前则同是一事,先后传闻不一,兹并录之。"按:这两个故事情节大致相同,然一言万十一公王惠事,一言王仕宜事,且具体细节有所出入,这正是传说故事的特征。

功德事业:

《龙湾区志》叶康宝所撰《龙湾非遗·民间文学》载:二子登科:谿桥公王钲助人为乐,筑沙城功业千秋。(温州)藏云翁的传说:王毓公开拓农田,扩大农盐,增加生产研究文史功绩卓著。(永中等地)王毓英传说:王毓英兴办学堂,重视兴修水利,临终还献策治理河道等传说。(温州)

《龙湾区志》叶康宝所撰《龙湾非遗·民间文学》载:王梦竹卖杨梅:王梦竹卖梅干救章伦的故事。(永中等地)"巡检司"传说:王梦竹仗义救赎乐清

---

① 大众文艺出版社 2008 年版。

② 人民日报出版社 2004 年版。

人章纶,后章纶复位报恩,王不贪官位等传说。(天河等地)

王金麟《王梦竹卖杨梅干》述王梦竹受五人(五恩爷)指点去京城卖杨梅干。后去救助章纶。皇帝封王梦竹为将仕佐郎,并钦赐府门一幢(今永强衙前村)和"九曲黄龙伞"一把,并敕建生祠配享。按:王梦竹即王由,救助章纶之事为历史事实。此故事有多个版本,衍生出动人的传说。

仕宦事迹:

《龙湾非遗·民间文学》载:东瓯双璧王叔果王叔杲:东瓯双王为官清正,为国为民贡献卓著,才华旷世故称东瓯双璧。(温州)

圣旨门巷的来历:王继明为官清正,得到朝廷褒奖。(永中等地)世大夫祠的故事:奚谷桥公三代人荣为大夫史料故事。(温州)

王廷一传说:王廷一从事司法、清廉谨慎,明断诉讼,被时人誉为"王青天"。(温州、福建)

武状元和沙城:王琪中武状元,胡二不服,立寨攻永强,娄一娄二督工三个月,造成沙城防御工程。(沙城等地)按:此故事主体是娄一娄二造沙城,然言始因由王琪中状元引起。此王琪即王名世(1567—1646),字史可,号翼宇。王德之孙。武状元,三元及第。永嘉场仅此一武状元,故王琪即王名世。然沙城建成于嘉靖二十七年戊申(1548)至二十九年庚戌(1550),此时王名世尚未出生。这是民间故事将不同人物、事件捏合的结果。

谢新龙《硬骨御史保黎民》述王净抗衡严嵩,减免河东赋税一年。

王金麟《双璧赴京赶考》述忠烈侯王郑老爷的船送他们进京,以一只鞋为证。

王金麟《王德智伏蜻蜓精》述王德嘉靖二十年在高唐县审案事迹。

王金麟《王德滑县救民》述王德救滑县之民,滑县为王德建立三楹生祠,名曰遗爱祠,立肖像于中堂,每逢过年过节均隆重祀之。

朱茂昌《明察暗访断凶案》述王光蕴任江西宁都县令时有破案的本领,称为王青天。

朱茂昌《小县令谏大丞相》述王继明任当涂县令之时,简化迎送张居正之母灵柩的礼仪,张居正恨之,降级调往江西任经历。

阿青《南城正气 我尽我职》述王维夔任江西南城令,将益王管事抓起来。不投靠魏忠贤。

林宇《活包公断案》述雨金公王光经于天启元年四月奉旨前往山西提刑钦恤,太原郭时光沉冤得雪。

抗倭:

《龙湾非遗·民间文学》载:四甲烟墩元帅殿故事:王沛公抗倭为国捐

躯,在烟墩建庙纪念。(温州)永昌堡的故事:王沛、王德抗倭壮烈牺牲,王叔果、王叔杲为防御倭寇筑堡。(温州)谷糠智退倭寇:永昌堡内用"谷糠计"退倭寇。(永中等地)

王金麟《智退敌寇》述嘉靖辛酉年倭寇二千攻城,王叔杲以砻糠退敌。①

第四节　非遗之民歌童谣

由潘伟光整理的《王进东口头文学(部分)》可以从一个非遗传人身上看到永嘉场民间文艺的丰富性,王振东是著名的口头文学传人,这些内容皆其亲述,可见地方文化沉淀之深厚。其目录如下(原目录分为民歌类、传说故事、谜诗、笑话、民[童]谣五大类,此处仅录民歌部分):

一、民歌类

(一)龙湾撞歌

(二)相思情歌

1. 风流会

2. 五更思夫

3. 十送郎

4. 十二思郎

5. 四季思君

(三)十二月令

1. 十二唱

2. 海鲜歌

3. 十二守孝

4. 十二红

5. 十二张纸

6. 十二风俗谣

(四)唱垟歌

1. 懒汉歌

2. 潘金莲思叔

3. 十二盏灯

4. 十相愁

---

① 以上所引材料,除出自《龙湾区志》叶康宝所撰《龙湾非遗·民间文学》外,皆出自王璋、王一平《古堡深处——永昌堡诗文选编》。

（五）劝世文

1. 四大皆空

2. 十劝郎

（六）民间传说歌

1. 高机与吴三春

2. 天波府

3. 白门楼

4. 韩信占寿

5. 孟姜女送寒衣

（七）地名联唱

1. 永嘉场景

（八）大跃进歌

1. 游永强

下以王振东所述的龙湾（永强）撞歌为例，窥一斑而见全豹。永强撞歌可见过去民间对歌之风采。永嘉场"看牛坛"上唱撞歌，有别于苍南横阳灵溪段的郭家车村和双树村的"擂鼓相骂报平安"这一奇特民俗，永强撞歌是动口不动手。苍南"骂"歌是动口又动手，在对歌中双方互扔石子和泥块。永强撞歌有浓厚的生活气息和劳动气息，生活事象、劳动事象、动植物、历史典故不断地出现在歌中，还具有一定的斗争性，用粗话对骂，促使对方快速做出反应：

阿伲打洞弯又弯？阿伲打洞打过山？阿伲打洞笔直打？阿伲打洞打啦我爸家锅灶间？

蟒蛇打洞弯又弯，穿山甲打洞打过山，泥鳅打洞笔直打，老鼠打洞打到我爸家锅灶间。

阿伲做巢做最高？阿伲做巢侬横倒？阿伲做巢笔直做？阿伲做巢侬颠倒？

刀鹰做巢做最高，燕儿做巢侬横倒，鳝鱼做巢笔直做，麻蜂做巢侬颠倒。

我撞你也撞，我与你娘共张床，三爿屏风颤颤动唉，四爿阴手把你娘抬爻。

一条棒老丝擎一擎，擎你边旁毛儿对古文，别样古文都不对，三国唐朝少妆二三个。

有弓无箭赵子龙，三国孔明计生通，庞统用将连环计，吕布运赔遇貂婵。

吕布拿枪站船头，李直打渔定中秋，李太白水中摸月月无影，天马儿踏到杯河洲。

头戴白盔薛仁贵,身穿红袍李世民,面带黑脸尉敬德,军师王赐徐茂公。

你该毛儿勿调皮,我只手巴掌打你嘭嘭响,我脚头踢你黄肿病,拳头擂你没有命。

天罗瓜藤长又长,你娘嫁我永嘉场,永嘉场人会打铁,打条铁棍戮你娘。

一个铜钱一个窟,底面四方外面圆,你该毛儿还调皮,骂你七代人死完。

有歌撞你没歌回,灵擒好吃树难栽,白米饭好吃田难种,乌鳞鲳好配网难张。

永嘉场人深爱自己的家乡,那些谙熟永嘉场地名的人可以将一百〇八爿地名采用联唱(王振东即用联唱的方式)或散讲的方式给表达出来。对于普通的乡民,一般也记得其中有意思的几句。下列潘伟光所提供的《永嘉场地名及风俗散讲》(原稿整理于 2007 年 5 月 7 日),极见浓郁的地方风味:

永嘉县凡十三乡五十二都,

永嘉场有一百〇八爿地方。

一都二都三都四都和五都,

二都新城三都普门四都青山五都瑶溪,恁界仍在叫。

二甲三甲四甲五甲七甲八甲九甲,就是缺六甲。

双吞郑吞金吞上吞沙吞儿,风水最佳称皇吞。

坦头陡门头沙门头五汇头栋头沙角滩头,更有名的是教场头。

前洋后洋上朱洋孙洋岭北洋,洋字地名真多。

南荡北荡渔池荡,荡字地名也不少。

修桥补路做善事,拜圣桥万工桥渔渡桥何家桥,

还有望海十二间桥,

上横路下横路上山湾下山湾上河滨下河滨,

前爿后爿前岗后岗前岸后岸。

李浦王普门张英桥王,

永嘉场的七品芝麻官有一斗多,

茅竹岭石阶上留下了名宦贤达的千古足音。

福圣寺高宗驻跸隐藏着帝王纶声,

青蛙白脖至今叫人百思不得其解。

八百年寺前街人声沸沸,街头巷尾闲谈着张阁老的传奇。

四百年永昌堡书声琅琅,传颂着抗倭的英烈事迹。

瑶溪由溪石皆玉色而斐声遐迩,

快活岭因刘秀而让人难以忘怀。

一姓一族聚居成村落，

惟独宁村却百姓成家。

普门因张璁而发祥，

宁城却由汤和而出名。

不怕宁村城，不怕宁村兵，只怕宁村掷污锃。

永嘉场人说话挺幽默，

霉头风头两隔壁，于是梅头改海城。

永嘉场腔句句真却难为听——

姚家汇娶新妇没人着轿，

因儿嫁上江，只有念佛没葬丧，

因儿嫁上金，牛污当点心，十八岁的姑娘宁可让狗啃。

因儿嫁双呑，火篾当灯草，火笼当棉袄，蕃薯丝饭吃到老。

因儿嫁平阳，三条江四片墙，十年没听锣鼓响，只听四周树叶簌簌响。

因儿嫁水潭，日日独自睡，年终黄鱼鳗鲞呈呈盘。

有人马上反驳说，你错了，其实啊

两片鲳鱼一条鳗，两个咸卵呈呈盘。

因儿嫁蟾钟，甜瓜垒儿塞裤裆，走一脚掉一双，

你说短命相不短命相。

只有因儿嫁上黄，豆腐塌起两面黄。

因儿嫁沙村，兰胡烧起一清尊。

当然，也有吃不饱饿不死的，

因儿嫁横塘，天天菜头塘。

因儿嫁灵昆，夏天槐豆子，冬天蕃薯干。

因儿嫁下洋衔，蕃薯枣儿配落花生。

又有文唱、武唱，极见对家乡之挚爱之情。《龙湾文史资料第二辑》载有辛声、有仁整理《永嘉场景（文）》、王进东整理《永嘉场景（武）》。《永嘉场景（文）》：通过男女爱情故事，唱遍永嘉场 108 爿地方（龙湾）。《永嘉场景（武）》：通过元帅领兵破番故事，唱遍永嘉场 108 爿地名（龙湾）。另外还有《古今永强景》：古今永强海景（著名词师张鹤森创作）（永兴等地）。这些民歌均名列《龙湾区志·非遗》。

下 篇

明代永嘉场地域文化崛起原因探析

宋元以来,温州、永嘉文化已然崛起为东南之雄,永嘉场人物虽然也参与了这次文化造山运动,但是因规模效应不甚明显,还不算占尽鳌头。至明代中期以来,永嘉场仕宦人物大量出现,并出现了规模效应,可谓特立崛起,成为明代温州文化的主要代表。

明代永嘉场形成一个文化的大极核,其能量由中心向四方扩散,人才层出不穷,占尽温州地区的风光。这个大极核,由其风水形胜来看,环山抱海,其山海自成一宇宙。僻居一隅,僻则僻矣,一旦与中原文化接壤,与主流意识形态对接,步入庙堂,乃由"养在深闺人不识"的状态走向前台,靓丽登场,而其文化能量之输送亦近乎无穷。每一个宗族是其内在的小极核,每一个宗族都会出现一批勤苦读书以求进入仕途之士,由于文化的逐步积累,终形成爆发之势。众多小极核在那里做高速的震动,推动着大极核爆发出炽热光芒,由中心向四方扩散。

明代永嘉场文化为何能崛起呢？这是由多方面的因素决定的。下面从经济、教育、文化交流、思想文化诸方面论之：其一，经济上能自养足，多种产业并存；其二，温州文化和中原文化之滋养；其三，耕读文化和尊师重教的传统；其四，永嘉学统和阳明心学对明代永嘉场人士之影响。还有，永嘉场宗族文化对人才的涌现，对仕宦之品格和精神的塑造也是不可忽视的，尤其是明代四大家族文化传统优美深厚，更是对族众的文化底蕴和仕宦的精神品位的培养润泽深远，已见上篇第四章所论，兹不赘述。

第八章　经济上能自养足，多种产业并存

永强平原是鱼米之乡，很早以来，就形成了以农为主、农副结合的多元化社会经济，地区农业、渔业、手工业解决了士民的生计问题。多种产业并存，奠定了永嘉场独成一体、稳定发展的基础。

第一节　以农为主、农副结合的多元化社会经济

万历《温州府志》卷二《舆地下·风俗》："温壤多泥涂斥卤，硗薄艰艺，民以勤力胜之，故地不宜桑而织纴工，不宜粟麦而秔稻足，不产漆而器用工致。""吾温限山阻海，乐尤土瘠民贫，竭力稼穑，仅支一岁，或遇水旱即多艰食，地罕桑祐，女勤纺绩。濒海之家多藉鱼盐之利。"按：温州土地多泥涂，不利于植桑种粟麦，然温人扬长避短，以勤劳补其不足，整个温州地区形成了一种自力更生、勤劳致富的生存意识。而对濒临海滨的地方，如永嘉场等地，则多藉鱼、盐之利，于生存上反较他地多了一种产业。

农业是主业，男耕女织，以勤补拙。万历《温州府志》卷二《舆地下》载：

> 耕。春分时平田浸种下秧通田，春夏之交分早秧插田，又分晚秧插于空行之中，曰补晚。越二十日耘苗至再三耘而止。旱时用手车引水灌田，秋割毕以竹荡取河泥壅之。开早稻根漉晚苗，冬初收获毕，随即犁田晒过，间有低瘠田亩，即单插一季稻苗，其种麦者甚少。惟山乡陆地多种麦苣桑麻木棉花。

> 织。女红不事剪绣，勤于纺绩，虽六七十岁老妪亦然。旧传有夜浣纱而旦成布者，谓之鸡鸣布。若永之双线布，乐之斜文布，独为他郡最。或有出男子所织者。

永嘉场人勤于垦荒，以开拓耕地。"封域仍旧，生民浸繁，而食衣百需随之。故境内之民垦荒而圃，叠石而田，疏淤粪瘠，寸壤尺堤，冈或芜旷，而后

能自给焉。"(弘治《温州府志》卷七《版籍》)

传统社会以农业为主,永嘉场也不例外,形成了源远流长的耕读文化。有田可耕,有书可读,这就保障了士人走向仕宦之路。王瓒曾回忆他的父母如何勤于耕织自养足,其父王祚日常督僮奴耕作,其母则勤于纺织(《王瓒集》卷二《先母太淑人状》),从而延续了耕读文化传统。这是一切文化事业的基础。

永嘉场人善于利用地利,颇得地理之利以资生。万历《温州府志》卷五《食货志》文末:"论曰:瓯于浙为海国,其地斥卤,无珠玑玉珍奇金银之产。其民以煮海网罟业,其生颇称饶给,至于水陆所生以资饮食,前民用其品汇繁矣。海堧土著之民往往能握微资以自营殖,岂所谓因地之利者乎。然物产繁而用侈俗亦少靡焉。范之以礼则庶几哉。"按:此论说出了温州的两个特征:第一,善于因地之利自营殖;第二,物产繁而用侈,攀比,奢侈,至现代犹然。

嘉靖辛丑春三月望日项乔撰《项氏家训》(《项乔集·初编·瓯东私录》卷八)记载了其家族发展"殊得地利"的情况:"吾祖卜居海滨,殊得地利。人家所急者,饮食衣服柴米油盐酱醋茶而已。稼穑而食,桑麻而衣,蔬果取之圃,鸡豚取之埘,油烛取之桐柏,盐取于沙,鱼取于海,柴草取于山,酱醋茶酒造之不难,市之甚贱。故稍有根基,丁力闭门而生理具足,躬俭节用即足以自老。然士出于农而稼穑为本,知稼穑之艰难,乃逸乃善心生,故术不可不慎也。"

永嘉场自古以来即形成以农为主、农副结合的多元化社会经济。副业是农耕社会的产物,是农家在务农之外的谋生辅助行为。龙湾多山多海,平原面积狭小,客观环境决定了龙湾人必须从土地以外去开拓生存空间。于是他们在传统的生存形式"男耕女织"之外,又开创了形式多样的各种副业,有捕捞业、编织业、制作业、种植业、饲养业、商贩业、加工业、运输业等近百项作业。

永嘉场自古以来就不是纯粹的农业社会,家庭副业多、商贸经济相当活跃,历史上曾形成一村一副业的格局。一村有一姓,一村有一主业,这种建立在宗族文化基础上,利用地利进行相关经济生产的形式很值得研究。

项有仁《龙湾传统精神撷英·活跃的商贸意识》论曰:"龙湾自古以来就形成了一村一副业的格局:如水心砖瓦、横浃编篓、东林教拳、青山碗窑、衙前孵坊、虹桥泥灶、前街胶冻、七甲打撒网、沙村掘跳鱼、五甲'划油茬'等等。每一村挨家挨户在农业之外,基本上或绝大多数从事同一副业。祖祖辈辈言传身教,一代代父子'传科',形成了农、渔、盐之外的一村一副业的传统格局，也即是现代所称呼的专业村的雏形。所以说龙湾自古即为多元化经济社会，人的思想解放，商贸意识活跃。"[1]《龙湾区志·龙湾副业》载有七甲打罟网、梅头张虾蚬、王相张泥塘、沙塘张栲儿、宁村张虾沪、双昆张金钓、九村张拦钓、叶先横栏儿、海思张横洋、大池潭放龙丝、后凤掘泥蒜、前房打鸬鹚、甲里捻牛筋、北策种海带、水潭抠螺蛳等。永嘉场流行《嫁女谣》，此歌谣诙谐幽默，亦可见各地所产和饮食习惯：

因儿嫁平阳，三条江四片墙，十年听不着锣鼓响，只听着四周树叶沙沙响。

因儿嫁上江，只有念佛无葬丧。

因儿嫁灵昆，夏天槐豆子，冬天蕃薯干。

因儿嫁下洋街，番薯枣儿配落花生。

因儿嫁沙村，兰胡烧起一清樽。

因儿嫁水潭，日日独自睡，年终黄鱼鳗鲞呈呈盘。

因儿嫁上京，牛污当点心。

因儿嫁蟾钟，甜瓜垒儿塞裤裆，走一脚遁一双。

因儿嫁双岙，火篾当灯草，火笼当棉袄，番薯丝饭吃到老。

例如，水潭村为李浦王氏所居，除农耕外，还发展了渔业。王国良等撰《水潭渔业的兴衰》[2]一义说："五百年前，王瓒王氏后裔就在这濒临大海的水潭村落生息。当初，村民沿水潭河的北岸，分桥头、榕树下、三房底、四进屋、上汇头五片区群居。建于明嘉靖年间望海桥（又名十二间桥），如一道彩虹横跨在 50 米阔的水潭河上……一方净土孕育了一代又一代以捕鱼为业的水潭村民。"几百年来，死于海难的委实不知其数。当时有顺口溜云："脚踏船板半条命"、"海水白洋洋，吃余用余供爹娘"、"海水不干，海贼不断"等等，足以说明渔民生活的悲凉。

现代龙湾区最常见的副业是养猪、养鸡和捻苎、织网，挨家挨户，具有普遍性；此外靠山吃山、靠海吃海，沿山与临海又形成两类地域性副业。而另有一些与人民生活息息相关的行业则散布各处。

王叔果嘉靖《永嘉县志》卷一指出了经济生产与仕族形成的关系："自一都以至五都，负山濒海，有鱼盐之利，地虽斥卤而民勤耕作，且习于工匠，故大户虽有兴替而小民则家给人足，二三都多仕族，其风气所钟乎。""自六都以至十九都，俱由河达城，为河乡，土沃水深而民力耕，有山可樵，亦称乐土，

---

[1]　《龙湾文史资料第二辑》。
[2]　《龙湾文史资料第二辑》。

然儒绅鲜矣。"

多种产业并存,刺激了商贸经济,也形成了尊贤重教的文化传统。以七甲为例,虽明清以来只出过两名进士,但是大众文化教育却很发达。"因为耕地奇缺,人们只得从土地以外去谋生存,当年七甲五个村纯粹事农的不到半数,渔业与农兼渔的占小半,其余为盐民等等。这就打乱了'耕田而食,凿井而饮'的'农业自然经济'的自足自给秩序,形成了另一种以渔盐为主要副业的多元化经济格局,明万历《温州府志》上就有'永嘉场为吾温之奥区也……东则负海,鱼盐万井,衣冠萃焉'句。所以处于永嘉场'负海'中心位置的七甲,'商贸经济'较发达,社会交流的加剧迫使人需要文化知识,刺激人的参与社会活动的积极性。因此七甲历来具有崇尚文化、器重知识,奖掖人才的社会风尚,代代相沿不衰。""人们生产的直接目的不是自给,而是交换。因此断文识字就成为生产交换中的必要手段,而且开放型的农、渔、盐、副综合经济在频繁的社会交流中也需要文化知识的呵护。于是形成了七甲尊贤重教的历史传统。"①

第二节　物产和贡赋

一、永嘉场之物产

永嘉物产丰富,海产品特别丰富,但亦由此病于充贡。"永嘉为浙东奥区,利擅山海,而水陆所产自唐以来辄取充贡,民滋病焉。"明嘉靖朝,不少贡赋赖张璁为之奏罢。

光绪《永嘉县志》卷六《风土志·物产》载,谷属有稻、麦、豆、粟、脂麻。蔬属有笋、蕈、石发菜。(温州岁进石发菜,嘉靖初大学士张孚敬奏罢之)石花、蕃诸、瓜、苴。果属有柑、橘、朱栾、密橝、金弹、罗浮、金豆、佛手柑、梅、杨梅、梨、枇杷、橄榄、木桃、甘蔗。木属有松、五粒松、海松、樟、椅桐、万年春、桑、椤、杉、桦桃、木资、榕、铁树、栎、无槵木、放杖木、四时红叶、琪树。花属有梅、兰、山兰、挂兰、牡丹、茶花、荷、桂、紫薇、山礬、抛花、木芙蓉(八月杪即放,九月特盛。瓯江又名芙蓉江)、赤页桐、簇虫捷、杜鹃、海棠、夹竹桃、菊、荼蘼、茉莉、红蕉、丽春、罂粟。竹属有芦竹、龙牙竹、木簜竹、篠竹、钓丝竹、慈竹、方竹、紫竹、凤尾竹、飞白竹。药属有枸杞、益良草、常山、山马兰、黄精、赤石脂、黄连、干姜、天生尤、骨碎补、橘、柑皮、凤尾草、长生草。草属有

---

① 项有仁:《尊贤重教　薪尽火传——七甲民风拾粹》,《龙湾文史资料第一辑》。

风痴草、飞白吉祥、络帚草、牌儿草。畜属有牛、马、羊、猪、狗、猫、鸡、鹅、鸭。禽属有金雀、锦鸡、翡翠。兽属有虎、獭。鱼属有鲛、龙头鱼、石首、鳘鱼、鲈鱼、鳓鱼、黄鲫、虾米、鳗鱼、水母线（已上俱见万历府志，岁例充贡张文忠奏罢之）、鲥鱼、鲲鱼（俗称海蜇也）、紫鱼、子斜、香鱼、沙翅、涂蟳锁管、蚕虾。介属有文蛤、车螯、牡蛎、西施舌、龟脚、海月、蓼蠃、石决明、江蟹、蚶、吐铁、鲎。虫属有蚕、蜂。货属有布、冻绿布、丝、䌷丝、瓯䌷、溪绢、蠲纸、砚、竹丝灯、龙须席、漆器、藤盘、红花、蓝靛、蛎灰、酒、盐、茶、橘叶食壹、磁石、铁沙、梭鞋、油。诸物产皆备，且一一有其渊源。①

海产品众多，是永嘉场物产的一大特色。木公《龙湾滨海"吃"风俗趣谈》："龙湾滨海滩涂广阔，海鲜众多，每月都有好吃时令水产品。于是就有了这首顺口溜：正月青蚨二月蟹，三月阐胡虾蛄弹，四月鲚鱼蟟蚌虎，五月泥糍配散饭，六月黄鱼和朱梅，七月藏鱼和水潺，八月鲳鳗强吃鸭，九月鳗鱼和河蟹，十月鲻鱼并鲈甲，十一月蟟蚌满肚膏，十二月文蛤和江蟹。特别是灵昆河蟹集色、香味于一身。"②

二、贡赋、差役

光绪《永嘉县志》卷五《贡赋志》："汤志曰：前代赋役旧志无可征矣。明初定赋一以黄册为准，有丁有田，丁有役，田有租。租曰夏税、曰秋粮凡二等。丁曰成丁、曰未成丁凡二等。年十六曰成丁，成丁而役，六十而免役。曰里甲，曰均徭，曰杂泛凡三等。以户计曰甲役，以丁计曰徭役，上命非时曰杂役，皆有力有雇，府州县验册丁口多寡，事产厚薄，以均适其力。其制农之赋六：曰夏税麦，曰夏税钞，曰秋粮米，曰租麦，曰租豆，曰秋租钞。桑之赋一：曰桑丝。廛之赋一：曰房租。传之赋五：曰祗应，曰纸札书手，曰铺陈，曰轿伞，曰轿夫。兵之赋一：曰兵饷。户之赋二：曰荡价，曰课程。口之赋二：曰盐粮米，曰盐炒。里之赋三：曰额办银，曰坐办银，曰杂办银。力之赋二：曰银差，曰力差，其目既繁，其弊滋甚。嘉靖季年，巡按御史庞尚鹏奏：两浙自兵兴以来，公家赋役日繁，闾阎困苦已极，积弊万端，里甲为甚，有一日用银二三千两者，贪官因缘干没，吏胥乘机诛求，在在有志。臣通行会计各府州县每年合用一应起存额坐杂三办钱粮数目，仍量编备用。银两以给不虞之费，俱于丁田内一体派征，名曰均平银，损有余补不足，裁酌通融，自足供

---

① 又参见万历《温州府志》卷之五《食货志·物产》所载。《瓯海逸闻》卷五十《物产》也载有大量的物产资料。

② 《龙湾文史资料第二辑》。

周岁之用。臣巡历所至,质之父老,万口同辞,率多称便,乞下部覆议,著为成法。至万历初乃总括赋役,量地计丁,丁粮毕输于官,一岁自之役,官为金募力差,则计其二食之费,量为增减,银差则计其交纳之费,加以赠耗。凡额办派办京库岁需与存留供亿诸费,以及土贡方物并为一条,计亩征银,折办于官,谓之一条鞭。繇是横敛绝而官不烦影射,除二吏不扰民,进效输将,退安农亩,诚善术也。"

朝廷贡赋、差役曾为温州人带来沉重的负担,赖内阁张璁、巡按庞尚鹏解输民困。万历《温州府志》卷五《贡赋·差役》:"岁进因之土产,赋役因之壤地,此周官制也。温故瘠土所产不足以当上方,第令甲有献焉。如石首鱼诸品所值几何,用以输上则费有千伯于此者。张文忠公当国,奏罢之。往编户赋役,嘉靖前不胜繁困,若买办差解库子斗级,率致破产不支,巡按庞公酌除诸弊,行均平,需鞭法,民甚便焉。二公有德于民甚厚舆人,当百世颂之矣。""岁进'石首鱼'。石首鱼以下各该五县龚。嘉靖初大学士张孚敬奏罢之。"

第三节　盐业经济带动了地区经济、文化的发展

一、明前永嘉盐场

永嘉场是著名的盐场,了解其盐场、盐法等情况,有助于深入了解该地方的经济、文化特色。

永嘉盐场不仅是温州最早的盐场,也是全国古代的重要盐场之一,对温州的经济、文化发展都产生过一定的影响。永嘉场名称之由来,即因其是古盐场,故而有必要了解此盐场演变情况。①

古语说"天下之赋,盐利居半",盐税是历代政府的重要财源,是国家垄断的"专卖商品"和"特种行业"。瓯越先民早已"煮海为盐"。春秋战国时,越国就有"朱余为盐官"的记载(袁康《绝越书》)。永嘉场地处东南沿海,自古以来就是盛产海盐的地区之一。

至唐代,始设永嘉盐场。《唐书·食货志》:"就山海井灶近利之地至盐监院。""肃宗乾元元年变盐法……刘晏上盐法……置永嘉等十监。"时全国有嘉兴、海陵、盐城、新亭、临平、兰亭、永嘉、大昌、侯官、富都十监,永嘉场就名列其中,"岁得钱百余万,以当百州之赋"。据载,唐时永嘉场的首任盐官

---

① 参见万历《温州府志》卷五《贡赋·盐法》、光绪《永嘉县志》卷五《贡赋·盐法》等。

为皇室宗亲李谞。

永嘉场的制盐区包括一都至五都的广大地区。^①"唐宋元明九百年之间,永嘉场产盐区甚广,南起自长沙垟,北至今日之龙湾区,沿海三十余里。"^②

宋代,随着全国政治、经济中心的南移,永嘉盐业蓬勃发展。

《宋史》志第一百三十五《食货下四·盐中》:"其在两浙……温州天富南北监、密鹦永嘉二场,七万四千余石……天圣中,杭、秀、温、台、明各监一,温州又领场三,而一路岁课视旧减六万八千石,以给本路及江东之歙州。"据《温州市志》卷三十六《盐业》:"宋太平兴国三年(978)设密鹦(今属玉环)、永嘉两场。"至南宋,宋廷为增加盐税收入,于绍兴三十二年(1162)在当时的温州境内设立五大盐场,即乐清的长林场、瑞安的双穗场、永嘉的永嘉场、平阳的天富南场、玉环的天富北场。(据《宋史·食货志》)

宋代永嘉盐场以"甲"为划分单位。其设立初衷,是为了禁绝贩卖私盐。《宋史·食货志》:"因定伏火盘数以绝私鹦,自三灶至十灶为一甲,而鹦盐地什伍其民,以相几察。"现存天河、沙城的二甲、三甲、四甲、五甲、七甲、八甲等地名,就是当时盐场遗制。

南宋初,温州私盐贩子百十成群。朱熹奏曰:"浙东四州滨海,私盐常贱,利之所在,法不能禁。贩私百十成群,人船搬载,巡尉不能呵,州郡不敢诘,反与通同,资以取利。除明、越两州稍通客贩,粗有客利,温、台全不成此第,民间公食私,客人不符请钞,至有一场一监累月不收一袋、不放一袋。"(清黄汉《瓯乘补》卷一)

南宋乾道二年(1166)温州发生大海啸,永嘉盐场为海水淹没。海啸之后,福建移民大量迁入,永嘉盐场重建,恢复其生产。

元代实行民制官收,从大德三年(1299)开始,在永嘉场置司令(从七品)和司丞(从八品),执行监办盐课、督办缉私、征收盐税等事务。永嘉场得以继续发展。

二、明清永嘉盐场的盛衰和经济类型的多样化

明代初年,永嘉场居民被编入灶籍。顾炎武《天下郡国利病书·永嘉县志盐课》:"永嘉场在二都,东邻大海,其乡一都至五都,国初以濒海,故尽占

---

① 《李浦王氏家谱·王元略传》:"时醝盐一都至五都。"《英桥王氏世录·溪桥公墓志铭》:"凡五都,濒海而居,其土积卤,其地宜盐,故设场,名永嘉。"

② 王朴:《从煮盐到晒盐》,该文复印自龙湾史志办,原载《龙湾史志》,然不知哪期。

籍为灶。"并设立了永嘉场监课司。①

明代改行"聚团公煎"法，永嘉场"区分为二十团，总催八十人，分立八扇，每扇岁一人"。② 这套管理体制至清初仍保持完整。

万历《温州府志》卷五《食货·盐课》："旧额办盐六七四五引三三四斤，每丁分与沙坦一亩，仍官给铁锅牢盘一口及山、荡樵采，以资耕煎。"此外，官府对成品按每引（400 斤）给工本料一石（50 斤）的标准予以收购，同时免除灶户各种杂役，刺激了盐业生产。永嘉场达到鼎盛时期。"由于灶丁数量众多，开垦荡地起耕屡见不鲜。……通过开垦，永嘉场的经济类型逐渐多样化……可见盐业经济形成了带动了区域经济的发展。"③这点极为关键，可以这样说，原先永嘉盐场灶户所从事的主要是官盐生产，其后随着盐业生产规模的扩大，盐丁数量的增加，开垦荡地愈多，不少人开始从事农业耕耘和其他副业，于是永嘉场的经济类型趋于多样化。正如嘉靖《永嘉县志》所载，永嘉场"负山滨海，有渔盐之利"。

明中期嘉靖以来，由于多年的倭患骚扰，朝廷实行"禁海"，永嘉盐场开始衰落。

清初为了镇压反清势力，朝廷不仅继续海禁，而且于顺治十八年（1661）下令"迁界"，"场灶全弃界外，灶丁迁徙四散"（康熙《永嘉县志》卷四《食货·盐法》）。永嘉场从此一蹶不振，每况愈下。康熙九年（1670），边界复展，勘定老城至沙村一带垦坦 680 亩，设灶 68 所，仅产盐 163200 斤，为鼎盛时期的 6%。到了清后期，内忧外患，国库空虚，永嘉场雪上加霜，以致于停灶不煎（光绪《永嘉县志》）。光绪六年（1880），只剩便灶 3 座。永嘉盐场，这个贡献巨大的千年老场，也终于走到了历史的尽头。④

光绪《永嘉县志》所载《永嘉场图说》附言：

> 永场素饶鹾业，称为内场。自雍正七年展复以来，盐引旺销，为浙东最。乾隆间设二十六团，煎灶九十八座，嘉道以后商阻弊，团灶渐废，至同治二年试行官运，抽收盐厘，仅存六团，计便灶九座，今则更不如前，空有团民，仅存便灶三座而已。此永场鹾务变迁之情形也。

"入清之后，海涂逐渐垦成耕地，尤以茅竹岭外原有一片五千多亩面积

---

① 参见张侃：《明代龙湾地域开发、士人游风与地方景观》，王敏、曹凌云编：《文化沉思——龙湾明代文化与旅游开发》，国际文化出版公司 2008 年版。

② 顾炎武：《天下郡国利病书》，第 22 册，原引《永嘉县志·盐课》。

③ 参见张侃：《明代龙湾地域开发、士人游风与地方景观》，王敏、曹凌云编：《文化沉思——龙湾明代文化与旅游开发》。

④ 以上参见俞光：《永嘉场盐场》，《龙湾文史资料第二辑》。

的青岙地方被大小冲坍,瓯江上游淡水淡化了南岸的海水,不宜制盐。盐坦荡面积也随压缩,到了解放前夕,龙湾区盐坦成为最北的了。"①

明清时期永嘉盐场的范围,据光绪《永嘉县志》卷五《贡赋·盐法》所载场境:"《府志》:永嘉场在县二都永兴堡。东至海西至茅竹岭三十里,南至旧巡检司界,北至宁村所马道江十五里。"其官署永嘉场盐课司署在二都老城,即永兴堡。嘉靖三十七年(1558),王叔果、叔杲兄弟创筑永昌堡,为防倭患,奏迁中界山巡检司及盐客司于保内以助守御。

明、清时期管理永嘉盐场为低级官员。清代管理盐课的原先是御史、巡抚兼职。后由"大使"专管。

据光绪《永嘉县志》卷五《贡赋·盐法》对盐场大使的记载,是从康熙年间的孙执中开始的,未见以前人员的记载。永嘉场盐场大使为朝廷正八品以上官,"康熙二十二年裁,雍正六年复设。原系未入流人员,复设后系正八品以上人员",其职责有二:巡检私盐和承办醿政。②

三、永嘉场科第士人的灶籍身份

明洪武十四年(1381),明朝政府在户帖制度基础上建立了黄册制度。黄册以户为单位,详细登载乡贯、姓名、年龄、丁口、田宅、资产,并按从事职业,划定户籍,主要分为民、军、匠三大类。另有灶籍,登记制盐户。"明朝继承元朝的户籍制度,户口的管理上是不准迁徙的。在明朝,籍是世袭,役皆永充,以保证国家收入的稳定及机构的正常运作。"③一般而言,隶属于官营机构的盐民身份不易改变。《浙江通史·明代卷》述云:"明代从事制盐业的盐民,被划归灶籍,称为'灶户'。朝廷为了维护国家财政收入,实行食盐官营制度,对产盐户的控制自然就特别严格。凡入灶籍者,世袭为业,不得转脱。"④

明中叶以后,工商业发展迅速,人口流动频繁,建立在自然经济基础上的黄册制度受到了极大的冲击,统治者对工商业依赖的程度也大大增加了,于是,其对人民的控制亦在某些方面有所松解。"到了万历以后,因为流民

---

① 参见王朴:《从煮盐到晒盐》,该文复印自龙湾史志办,原载《龙湾史志》,然不知哪期。

② 近日永强发现了永嘉场大使印,使我们对永嘉大使又有具体的认识。参王邦敏、张益欣:《从永嘉场大使印解读龙湾千年古盐场》,《温州日报》2009年3月10日。

③ 陈依婷:《评钱茂伟著〈国家、科举与社会——以明代为中心的考察〉》,《明代研究》第八期,2005年12月,第173页。

④ 陈剩勇:《浙江通史·明代卷》,浙江人民出版社2005年版,第138页。

的冲击,经济的发展,货币的发达,明代的户口政策开始松动。"①明朝进士主要来自民籍、军籍、官籍、匠籍、灶籍、盐籍等。

洪武十七年,朱元璋命令各产盐地,"优免盐丁杂泛差役"(万历《明会典》卷34),遂使盐户可以利用征收盐课的机会,积累了较大的财富。

王瓒是灶籍身份,《岐海琐谈》卷十四第四九九条:"王文定瓒少贱,曾偶等辈贩盐为业。"他自身也给诸多灶籍人士撰写墓志铭和行状,还写有《贫灶叹送盐官之永嘉》一诗。其伯父王阍"宣德间,长嵯赋,不苟不私,克办厥事"(《赐散官静庵王先生行状》)。

普门张氏是灶籍身份。其父辈慕本公"长区税,摄嵯政",通过盐业致富。

英桥王氏也与灶籍身份有密切关系。万历《英桥王氏族谱·里役》:"吾王氏世籍灶,数传后分为三户。樵云翁七子宅为王福庆,楼下宅为王崇维,隔浃宅为王九固。"他们在盐业活动中积累了较多财富。为了维护灶户利益,英桥王氏在赋役负担、海塘建设以及盐户官司等方面有较大作为,如王钲提请朝廷盐课"请输本色,均折色以恤灶艰"(《王氏世录·封通政溪桥府君传》);王澈力请当道建沙城;王坚挺身诣杭州府辨张希俊之诬。

王叔果写有《悯灶三首》(《王叔果集》卷七)。其一:"灶藉盐利生,亦被盐课累。盐法不疏通,灶困何由济。"写灶户为盐课所累。其二:"穷灶事晒煎,情状多艰瘁。肩卖遇盐夫,夺去仍抵罪。"写灶户肩挑贩卖私盐,为"盐夫"夺去还要抵罪。其三:"水涸薪价高,天晴盐价杀。盐售无现银,还是填赊债。"灶户在盐价大跌的情况下售盐不得现银,只得赊债。王叔果此诗写尽了永嘉场穷灶户的辛酸,对灶户生活有深入的了解。

明代中叶后永嘉县进士中以灶籍身份中进士的士人均为永嘉场人。②明代永嘉场盐业经济的发展,带动了地域内部社会群体身份的变化。③

① 陈依婷:《评钱茂伟著〈国家、科举与社会——以明代为中心的考察〉》,《明代研究》第八期,2005年12月,第173页。

② 根据钱茂伟《国家、科举与社会:以明代为中心的考察》,北京图书馆出版社2004年版;多洛肯《明代温州进士研究》,上海古籍出版社2004年版。

③ 参见张侃:《明代龙湾地域开发、士人游风与地方景观》,王敏、曹凌云编:《文化沉思——龙湾明代文化与旅游开发》,国际文化出版公司2008年版。

第九章　温州文化和中原文化之滋养

第一节　温州郡城、永嘉县城文化之滋养

一、古代温州、永嘉人文鼎盛，奠定了永嘉场崛起的基础

永嘉场系温州之盐场，受府、县管辖，两宋时期、明代时期，温州文化均有炫目之表现，永嘉场人参与了文化创造，并受到郡城、县城文化之滋养。

迻录弘治《温州府志》卷　《风俗》：

凡通都巨邑，四方辐辏，俗沦以杂。吾瓯界于海山，聚惟土育，风淳俗良，盖自晋始而盛于宋。师友渊源，焯闻天下，而伊洛、武夷之学在焉。止斋所谓"家务为学，人务省事"，王成叟所谓"不啻家夷齐而人曾闵"，"比昔邹鲁"，陈益之所谓"自昔文风为两浙最"，皆实录也。元以腥膻污天下，而温之礼仪文物常常自如，鲜乐仕进。我太祖铲胡运以溥正化，于是名贤又彬彬出矣。

由今观之，冠婚丧祭之有礼，交际施报之有仪，族系新故之有辨，室庐华整，器用嘉致，冠裳洁饰，且知耻自爱，不嗜狠讼，验之他邦，鲜有及者。间有斗詈忿争，亦竞利尚气而然耳，固不得因一累万也。上而良有司转移之，下而吾儒生倡率之，则习尚以正，风俗恒美矣。（古《总叙》）

三代以前，东南荒凉为甚。汉东瓯王敬鬼，而瓯俗多信鬼，乐巫祠，是其为俗尚未变也。三国、南朝，郡人始有以行谊称者（瞿素、张进之）。自晋元（帝）南渡，东南文物渐盛。而鹿城既建，俗尚一新。王右军守郡，以礼仁导之，而人益知向方矣。

永嘉之后，帝室东迁，衣冠避难，多所萃止，艺文儒术，斯之为盛。今虽间阎贱品，处力役之际，吟咏不辍，盖亦因颜、谢、徐、庾之风（扇）

焉。(杜佑《通典》)

宋谢灵运在郡,《招学士讲书》诗云:"曾是展予心,招学讲群经。"《自横阳还》诗云:"幸苞建德乡,民怀虞芮意。"当是时,考之东南邻郡,盖未有若是者。

章俊卿云:"隋唐阐海隅之化,而江浙尽为衣冠。大中、天佑之际,郡人已有登科跻显仕者。如颜鲁公之后,亦慕风土之美,举家徙居之。盖至是又非曩时比矣。"

汉魏以还,天下有变,常首难于西北。四方习俗所利,举萃于东南。农桑工贾,曲尽其便,人物之繁,与京华无异,而土壤亦从而沃矣。加之乱离少犷,上下浸安,井里环聚,以粪其田,鸡豚畜之,牛羊牧之,荆棘芟而草莱辟,种植时而灌溉利,虽欲不为沃壤,得乎哉!徐以章宫讲之言验之,盖于吾瓯尤切矣。

山堂云:"有宋之兴,东南民物康宁丰泰,遂为九围重地,夺往古西北之美而尽有之。是以邹鲁多儒,古所同也,至于宋朝,则移在闽浙之间,而洙泗寂然矣。关辅饶谷,古所同也,至于宋朝,则移在江浙之间,而雍土荒凉矣。"然则谓温为小邹鲁,是言昔之邹鲁也。邹鲁之书达之天下,而"道学"二字则郡人王景山始发之,后四十余年而后二程出焉。周、刘诸公传其学以淑诸乡。文运之闳,礼俗之懿,科目之众,制作之工,具可考见。南渡以还,益衍而炽,有得于乡哲渊源者,有得于武夷讲授者,义理之奥,经制之业,甲于天下。故曰:"南渡诸志以乾、淳为盛,乾、淳诸老以永嘉为盛。"其信然哉。

龙图学士楼钥曰:"伊洛之学,东南之士自杨时、游酢外,惟永嘉许、周数公亲得其传以归。中兴以来,言性理之学者宗永嘉。"又曰:"温居瀛堧,儒学之渊。"

宋兴,崇尚文教。是邦僻在海隅,号小邹鲁,风流余响,迄今犹存。(《张孟仪记》)

永嘉自儒志公后,有元丰九先生、淳熙六先生,俱以性命道德传程、朱之学。(《赵凤仪记》)

永嘉道德之乡,贤哲相踵,前辈虽往,风流犹存。(张九成语)

素号多士,学有渊源,近世名流胜士,继踵而出。(旧志)

二、温州郡城、永嘉县城文化与永嘉场文化之互动

温州郡城、永嘉县城文化对永嘉场文化形成了强大的辐射力。

韩养民、韩小晶《中国风俗文化导论》:"地域文化之间的互相影响、互相

渗透,是通过各种途径来实现的。或以贸易、通婚、遣使访问、求学、传教等形式引进外来风俗文化,或输出本民族的风俗文化。"① 永嘉场属于永嘉县,一方面与永嘉县的风气互通,另一方面也保留了自己的地方特色。

古代永嘉场依山临海,地处偏隅,通往郡城需翻越茅竹岭,东海茫无边际,非古代船只所能渡越。作为永嘉盐场,其地方经济与温州其他地方也有所不同,从而造成微观文化也有所不同。其语言和民俗风情,既有温州共通性,又保持了其独特性。在历史发展中逐渐形成了地域文化特色,培育了一批历史文化名人。

永嘉场接温州郡城,虽有茅竹岭之隔,然毕竟距城不远,士民入城亦不难。如王钲到郡城贩盐,《岐海琐谈》卷十五第五三九条:"溪桥王钲,少日贫贱,鬻盐糊口。曾与厮辈负盐渡茅竹岭,见有日者推命,同群厮叩之……晚岁乘舟入城,贩盐厮者群附其舟,至无容足,移坐于盐笢之上。每每如此,绝无所厌。人因称为'盐笢王'云。"这条记载信息很丰富。首先,入城有二条路。一条是翻越茅竹岭。王瓒《便止亭记》(《王瓒集》卷二《瓯滨文集录》):"余家瓯海之上,入郡城必由是途。"一条是乘舟入城。其次,有的永嘉场人靠到郡城鬻盐糊口。

温州郡城、永嘉县城之文化与永嘉场地域文化保持互动。王瓒等至县学、府学学习,寓居开元寺,与县城之士人交往,关注最新文化动态,其"五月芙蓉花开"一事成为温州郡城的著名科第轶事。张璁入阁后,人称张阁老,影响温州地区极大,晚年定居松台山下府第,留下不少文物和传说故事。王叔杲等皆定居郡城,参与温州文化建设,其所建玉介园为浙南名园之一。如果在明清的温州郡城里闲逛,到处可见永嘉场仕宦的坊表。明代永嘉场人物崛起之后对温州郡城文化形成强大的影响力。

温州郡城人物黄淮曾对英桥王氏的发展产生了影响。

黄淮(1367—1449),字宗豫,别号介庵。永嘉人,生于温州郡城,是明代永乐、洪熙年间的阁臣,代表着温州人物在明代早期的崛起。洪武进士,授中书舍人。成祖即位,与解缙等入阁,预机密重务。成祖北巡,留京辅太子监国。因太子遣使迎驾迟,系诏狱十年。仁宗即位,获释,再入阁,历通政使、户部尚书兼武英殿大学士,加官至少保。宣德二年(1427)以疾致仕。著有《省愆集》、《归田稿》等。② 黄淮在温州地区影响是很大的。这样一位重

① 韩养民、韩小晶:《中国风俗文化导论》,陕西人民出版社 2002 年版,第 97 页。
② 中国历史大辞典明史编纂委员会编:《中国历史大辞典(明史卷)》,上海辞书出版社 1995 年版。

量级的人物,曾游永嘉场宿三桧堂并为赋诗。这件文化事件对英桥王氏家族影响极其深远。

樵云翁王毓为给父亲乐善翁王秉珪庆寿,作三桧堂,后来黄淮往游沙城,暮宿三桧堂,别时作诗贺之。王壬、王玉所修《王氏家录续录·王氏胶庠录》:"洪熙元年樵云公作三桧堂,黄淮、章纶为作序。"《王氏世录·世传·樵云府君传》:"(王毓)尝作三桧堂为(乐善)翁寿,少保黄文简公书卷纪其事。"《王氏家录外编》卷一录邑人黄淮少保大学士作《宿三桧堂赋赠》,邑人谢暹教谕作《题三桧堂》。黄淮诗云:"三桧罗堂阶,苍然太古色。樛枝走潜蛟,密叶沁香液。眷此岁寒姿,幸与君子即。庭槐接清阴,兰玉荫嘉植。百世绍芳华,滋培在树德。"①虞原琚《环庵先生遗稿》卷六《题阙》下注:"正统丁巳孟冬,奉陪少保介庵公游太华山阴之沙城,暮宿秉珪王氏三桧堂。将别,介庵公赋古诗一首以致祝规之意。"黄淮于1437年孟冬偕同瑞安双桥虞原璩游览沙城,暮宿王尹成家并赋三桧堂。

城市文化具有辐射性,温州郡城风俗文化引领着永嘉场风俗文化。"城市是物质生产的重要场所,且具有先进性。……城市又易于接受异域文化,能够较快地摄取时代所需的行为准则、生活方式等来取代自身风俗文化传统中有碍于社会发展的陋风弊习、观念形态而形成新的社会风尚,且向外辐射将促进小城市或农村风俗文化的变异和发展。因而在整个风俗文化的链条中,城市风俗文化是最具有生命力的超前发展文化,具有导向性。"②嘉靖年间普遍性的奢靡风气的形成,则是因为全国的风尚,而永嘉场也随之受到波及。王瓒、项乔等人对正德、嘉靖年间风俗渐趋奢靡颇多感慨之词,这是都市风气披靡永嘉场之表现。

生性俭朴、经历过弘治、正德年间社会简朴风气的张璁对温州郡城里的奢靡风气颇多批评。《寄王鸿胪正之》(《张文忠公集·诗稿》卷二):"紫袖满城中,风俗寖薄恶。……笔谏久不闻,士气散光岳。"批评了城里风俗日恶的状况。《柬李营缮五十二韵》(《张文忠公集·诗稿》卷一)写出了当时温州城里的风尚:"蜂房开户牗,垄断皆商贾。杂剧遍叫嚣,舆台恣旁午。谷组丽女工,高髻长尺五。襦袴宁自无,大袖随风舞。机巧坏天真,浮靡作心蛊。"《王维之松崖草堂》(《张文忠公集·诗稿》卷二):"城中罕真山,人心俱乐假,纷纷航石海山下。君有草堂依在积谷山,盘桓清泉白石间,心与青松日日相对闲。可笑时人亭上邀游比康乐,鱼肉宁宠轩墀鹤,岂知斯民饥饿填沟壑。积

---

① 该诗收入黄永陵:《黄淮文集·补遗》,中国社会科学出版社2006年版,第440页。

② 韩养民、韩小晶:《中国风俗文化导论》,第104页。

谷之山空有名,为君题诗重感情。"

三、温州海洋文化对永嘉场之影响

温州靠近东海,具备海洋文化的特征。永嘉场滨海,自然也具备海洋文化的因子,理解温州地区的海洋文化对于理解永嘉场文化中的那种既保守因循,又积极探索、富有冒险精神的特质有更深入的理解。

宋代时期,温州造船业居全国之首,每年达 600 余艘,朝廷在熙宁年间在温州设立了"水军",还设立了"市舶司",专管海外贸易。宋明以来温州的海上贸易频且富有效益。北宋年间周伫从海上至高丽经商,并留在了高丽。元朝初期(1295),周达观随朝廷使团赴真腊(今柬埔寨)。他回国后于 1297 年撰写的《真腊风土记》,是了解吴哥文化的第一手材料。瞿炜《闲话温州》[①]论温州文化云:"一方面他们接受着中原文明的熏陶,一方面又保持着自身独立的文化体系,而最终成为华夏文化的一支融入整个民族的血脉中。我所以说温州人更像古罗马人或古希腊人,是因为这种文化形成的历史渊源和地理环境有着更相似的地方,……也许,更确切地说,自古从事着贸易和海上旅行的温州,在地理上好像更近似古希腊的城邦或文艺复兴时代的意大利城邦公国,他们的个体私有经济和强烈的家族意识,导致了家庭作坊的发达和手工业的兴盛,以及因为谋求财富而四海漂泊的勇敢精神,与中原以农业为本的文化是有着很大的心理距离的,而带有海洋文化的特征。……"温州的海洋文化深深地影响了永嘉场人,使他们也具备勇敢和冒险的精神。因此,永嘉场文化是大陆文化与海洋文化的杂合体。项有仁《龙湾传统精神撷英》云:"龙湾濒海,大海赋予了龙湾人勇气、灵性和开拓进取的品格特征。"[②]

第二节 中原文化、时代文化思潮之滋养

永嘉盐场,自唐代设永嘉盐场以来,朝廷来往官员不少,带来了中原先进的文化。永嘉欲到京城,需由永嘉至括苍,又转京杭大运河。这条交通大动脉,开发出了永嘉郡的地气。到了两宋、明代温州形成了两次文化高峰,明代永嘉场人文蔚起,大放异彩。

大罗山北麓李王尖为唐宗室李集之隐居地,至今尚流传其传说。李王

---

① 《温州记忆》,成都时代出版社 2005 年版。

② 《龙湾文史资料第二辑》。

尖位于瓯海区和龙湾区之间。据茶山《李氏宗谱》载:"唐河间王讳孝恭王妃申屠氏卒永嘉德政乡。西有平坦三顷,寝宫遗地尚存,至今名其墓曰李王坟,其峰曰李王尖。"①茶山《李氏宗谱》还载有李王尖李集宅。"李集宅在茶山,唐宗室隐居于此。案旧志仕迹传:李唐卿,唐河间王孝恭裔,自虔徙永嘉茶山。《苍墩李氏宗谱》注云:李唐卿先出于唐河间李恭王八世孙集。考《唐书》宗室表:河间元王孝恭裔有先远者,初名可集,别有可信、可诚、可立,则可为辈行字,亦得省称,集自王至集正八世,疑即其人。"

旧有世家大族移居永嘉场后,其中原文化传统保留完好,如李浦王氏是典型。李浦王氏系三槐王氏正脉,对中原已形成的家族文化尤用心保存。王瓒《亡兄养素先生墓志铭》(《王瓒集》卷二)讲述了家族渊源:"王氏裔出三槐,徽、钦之世,转徙永嘉,家素藏宋宸翰。元季,家多故,谱逸,惟存前后数十叶而已。自曾祖已上居九甲,为闻家。至吾祖始徙李浦。"定居永嘉场后,重视修谱,维系宗族传统。万历九年赠进士出身江西布政使司左布政使二谷山人侯一元《永嘉李浦王氏宗谱序》:"王氏足则后先有徽纂修者,其有仁孝之心乎。……传世十有七,谱列统绪,统六卷绪十卷,本支脉络条贯昭如指掌。……今王氏谱成,条目罗列,伦次整严,煨煨炳炳,燦若星辰。""宗谱记载起自二十一世祖吉公,断于六十七世祖倕、健二公,总计 46 世,108 人,其中公侯将相达 2/3。可见王氏家族曾经显赫的辉煌。"②

秀才与地方官吏、外地客的交往,是一种文化的交流。地方官吏多是其他地方的人,或曾为京官者,亦能带来中原文化或其他地方文化气息。秀才为了应考,游学全国各地,多去京都大邑寻访师友,以提高自己学问。

以张璁为例,弘治七年(1494),张璁游乡校,考取秀才,学官惊其论,曰:"此子异日不特以文鸣世,立朝气节殆不可量也。"③学官的赞赏提高了张璁对自我的期许。

弘治十二年,张璁试进士科不第。其平日交往有知府,如其《秦瑞安宅瑞莲歌次韵》(《张文忠集·诗稿》卷一),是与瑞安知府秦镒唱和;有同乡官吏,如其《柬李营缮五十二韵》(《张文忠集·诗稿》卷一),是写给李阶的。

又因多次应举,多游外地。弘治十二年赴南京,就学国子监。弘治十五年(1502)漫游南京等名都大邑,增长了见识,深得中原文化之滋养。

张璁曾想参与谒选,但是瑞安知府秦镒却劝他继续参与科举考试,"所

---

① 参见《大罗山志》编委会编:《大罗山志·茶山卷》,香港出版社 2003 年版,第 119 页。
② 方舟:《王瓒家庙》,《龙湾文史资料》第二辑。
③ 《太师张文忠公神道碑》,《张璁集·附录·史传碑铭》。

爱犹惭独君子,作诗还复劝踌躇"(《秦瑞安宅瑞莲歌次韵》,《张文忠集·诗稿》卷一)。这次劝告对张璁起了一定作用,使他下决心再考一次。

王瓒、张璁等进入仕途之后,带来了丰富的京城文化,永嘉场文化几与中原文化共振,永嘉场与京城联成一体,而地方仕宦更是人才辈出。

永嘉场仕宦很重视对子弟的教育,尽量跟上当时的文化主流。王瓒少年时随堂兄王豫去汝、伊,接触了中原文化。堂仲兄王豫是李浦王氏较早出仕的人,对王瓒影响至巨。他的由邑庠发身的事迹,也成为子弟们的楷模。嘉靖《永嘉县志》卷六载:"岁贡王豫,汝州同知,来自府学。"《李浦王氏宗谱·列传·世美录·立斋公小传》:"又尝以书速弟侄瓒辈赴汝讲明经学,自相师友,复延师诲之,不靡俸费,厥后瓒之发迹,启迪有自。"《明王豫墓志铭》载王豫官河南汝州同知,"取弟瓒、从子儒就汝州,遍求易学有渊源者为之师"。①

王叔果、王叔杲也是跟着在京城任官的父亲王澈,奠定了人际交往的基础,与阳明心学弟子过往密切,接受了最新思潮。张璁、项乔等人无不是游历四方、交游甚广的人,与时代文化思潮共振,尤其是阳明心学对明代永嘉场士人影响很大。关于心学对永嘉场士人的影响将集中在第十一章阐述,兹不赘述。

---

① 孙建胜编:《永嘉场墓志集录》,黄山书社 2011 年版。

第十章　耕读文化和尊师重教的传统

古代社会重农和重教，耕读文化源远流长。古代士子大多耕读结合、半耕半读、晴耕雨读、忙耕闲读，耕是生存的根本，读，对大多数士子来说，既是精神的自我提升，也是入仕的学问基础。因为古代社会对士人来说，仕途是唯一的出路，在耕以安身的基础上，必谋求读以入仕。龙湾也盛行耕读文化，形成了尊师重教的文化传统。

第一节　耕读文化传统

在中原文化的影响下，温州开始形成浓厚的耕读之风。耕读文化绵延不绝，尊师重教成为普遍风气，这是温州文化崛起之因。对此，林亦修所论颇平实精切：

> 唐末五代的高素质移民给宋代温州人提供了文化资本，温州开阔的新垦地给他们提供了经济资本，文化资本和经济资本使耕读生活成为地方风气，为温州科举和文化在两宋时期的崛起准备了条件。一个区域社会士绅群体的大小决定了其耕读的风气是否浓厚。耕读文化是以儒家思想为核心、农业生产为基础、出仕为目的的士绅文化。在巫风盛行的温州，儒风的民间化和大众化是需要社会契机和族群基础的，宋代的社会转型和温州的地理区位及其族群活动为儒风的披染提供了这样的契机和基础。……温州人抱着"耕为本务，读可荣身"的态度进行家族式的出仕努力。……他们从义塾、书院以至太学教育，形成一条系统的求学、出仕道路，整个家族往往为子弟教育投入巨大的资本和心血。……耕读文化是中原文化对温州深刻影响的结果。虽然南人与北人之争持续存在，地域差异无法弥合，而中原文化在温州的落地生根在宋代已经成为事实。正是中原文化的落地生根才有温州区域文化的崛

起。从移民的角度看，中原文化在温州体现为河洛文化，来自河南黄河与洛河交汇处的直接移民和间接移民，分别从河南和福建进入温州，形成温州人的核心力量。这个移民群体如果说开始于越王世家，形成于魏晋王谢士族，还只是漂移于区域文化之上的早期族群和前移民，而唐末五代以至于两宋的河洛文化已经扎根于温州的山野村落，构成区域文化的肌体。同时这个移民群体也就结束于宋元时期。从文化特质看，河洛文化是在统治阶级引领下的极具儒家色彩的正统文化，祭祖报本、耕读传家、坚韧自强、爱乡念旧融入了温州区域文化的血脉，使温州区域文化出现全新的变革。①

两宋时期是温州文化的强力崛起时期。孙诒让《温州经籍志》著录的两宋时期温州学者共有 241 人，著作 611 部，其中八九成是在南宋时期的。

至明代，经过上百年休养生息，浙江经济文化再度成为重镇，耕读之风再盛，温州人物再度崛起，而以永嘉场人物为著。英桥王氏的发达，是从四世祖樵云翁王毓开始的。王世贞撰《四世祖樵云翁传》："而樵云翁善耕，以羡规为子母之息，宛转佐岁恒不乏。"（英桥王氏世录卷一《世传》）王毓因善耕营殖，保障了家族生活。同时王毓又好读书，善诗，"而公又好诗，著《槐阴集》，多与社中人唱和，社中人亦遂呼之曰樵云公云"，从而奠定了英桥王氏家族的数百年家业基础。王瓒、张璁等也无一不是耕读文化的产物。②

在明清易代之际，耕读文化观念在遗民观念的冲击下，有所调整。王钦豫在《一笑录》中提出了营生以耕作为最美的观点："余意后生家必不可心无所寄，若不读书，即当营生。商贾为利诚厚，然非机智者不易能；若力农不必机智，此一胜也。商贾登涉险远，不免意外之虞，力农自水旱之外即无他虞，此又胜也。惟是佣作是资者，固难挈利于胼胝，然朝夕勤督，自不遑逸，精神因有所用，且以知稼穑之艰难焉。故读书之外，此最美业。"③王钦豫，字与谦，号海野。明季文学，所著有《一笑录》。处在明清易代之际，以遗民以终老，"感愤时事，益自勉励，尝书四字铭于座右……崇祯庚午以郡庠得廪饩，将贡成均而遭国变，退隐不出，榜其斋曰'四止'"④，读既不得出仕，则耕又何妨为最美。

永嘉场有个孔家村，系孔子后代，耕读文化氛围浓厚。《温州日报》报

①　《温州族群与区域文化研究》，上海三联书店 2009 年版，第 256 页。

②　可参见章方松撰：《龙湾耕读文化》，中国文联出版社 2004 年版。

③　陈光煦编：《明清之际温州史料集》，上海社会科学院出版社 2005 年版，第 240 页。

④　孙延钊：《明季温州抗清事纂·遗民汇传》，载《孙延钊集》，上海社会科学院出版社 2006 年版。

道："公元 1437 年孔子的第五十九代孙孔彦爽又从瑞安迁往龙湾区沙城镇四甲,至今子孙繁衍到第 79 代'垂'字辈,共有 500 户,3000 余人。沙城镇四甲包括现在的烟台村、永恩村、永阜村,四甲已成为孔子后裔村。……四甲的孔子后裔也遵从孔家人世代'治学重教'的家训,他们与市儒学研究会联合,添置上百本《论语》读本,定期举办《论语》阅读班,普及《论语》等儒学经典。"①

第二节　重学、重教育

一、永嘉教育简史

西汉末年,北方地区战乱,不少士族和大批农民、手工业者避乱到江南,开始了中原文化和吴越文化的融合,温州文教的发展出现契机。西晋太康年间(280－289)创建平阳县学官,东晋太宁年间(323－326)创设永嘉郡学,均属于温州境内最早的地方官学。

五代时,由于长期战乱,官学逐渐凋零,私学应运而生,并代替官学地位。唐代以后,各县相继建立县学。北宋时,温州学者以研讨学术为宗旨,聚徒讲学,一时书院纷立,八方士子来归。浙南元丰太学九先生(周行己、许景衡、刘安节、刘安上、戴述、沈躬行、蒋元中、赵霄、张辉)传播洛学与关学,在当时均极具影响。永嘉学术从此兴起。

宋室南渡后,建炎三年(1129),将杭州行在所升为临安府,并在绍兴八年(1138)定都于临安府,中原的望族和百姓开始大规模迁徙到东南沿海一带,浙江成为当时全国的政治、经济和文化中心,教育进入了兴盛时期。永嘉县人郑伯熊、薛季宜、陈傅良、叶适等形成永嘉学派,与四明学派、金华学派、永康学派在学术思想上互相交往,推进地方教育,使得"人文之盛一时冠于全国",永嘉学派的事功学说与程朱理学、陆九渊心学,鼎足而立。终南宋朝,温州人才迭出,中进士者达千余人,甲于东南。及明清,温州各县续建书院、学塾、义学、卫学,使得教育更加兴盛。书院林立,讲学成风,对温州近代教育的形成和发展颇有影响。

晚清以来,在经学大师孙诒让的倡导力行下,温州近代教育有更大的发展,其规模与办学形式均居浙省前列。清光绪二十七年(1901),清廷通令全

---

① 《龙湾有个孔子后裔村　子孙定期诵论语》,邱少侠编:《改革开放之龙湾记忆》,新星出版社 2008 年版。

国改书院为学堂。光绪二十九年十一月（1904 年 1 月）颁布癸卯学制，地方举办各类学堂开始有章可循。光绪三十一年八月（1905 年 9 月），清廷下诏废科举，兴学堂，一时新学勃兴。清末兴新学，使得全市各县均设立小学堂，办学目标、课程设置、教学内容、学校管理等方面逐步摆脱旧学的窠臼，使教育贴近实用，为温州教育的近代化、现代化打下重要基础。[①]

二、官学

因现龙湾区地域的历史沿革均属永嘉县历史沿革之所隶，属永嘉县，隶温州府。府学、县学均设郡城内。

府学、县学以儒家经书为教学的主要内容，所以又称儒学。府学、县学在管理上非常严格，遵守朝廷颁行的学规，因此，也称官学。

光绪《永嘉县志》卷七《学宫》："瓯之有学宫旧矣。"东晋太宁初年（323－325），建立永嘉郡学，即后来的温州府学，东晋太宁初建立永嘉郡学于华盖山麓。宋天禧三年（1019）知州叶温迁郡学于九星宫故地（今市区温州文化宫），是为浙江省最早建立府学之一。

永嘉县学建于北宋元祐三年（1088）。万历《温州府志》卷三《建置志》："永嘉县学在东南华盖山之麓。……宋元祐三年邑令吴君平始建县学于今址。（皇明洪武）二十八年邑令李廷珪创先贤祠。……成化十八年令文林辟东北山下地重建明伦堂及馔堂筑杏台凿泮池。……令汪循成之，改建堂斋，始为名宦乡贤祠。"清康熙至光绪二百余年间，继续修建学舍，为浙东一大县学。[②]

温州府、永嘉县儒学即受到地方官吏和士绅的精心维护，永嘉儒学、文庙绵延不衰。王叔果《永嘉县志》卷二：

> 皇明洪武元年知府汤逊知县韩钧修辟。二十八年知县李廷珪创先贤祠，西南辟戍营地通兴文街。宣德间圣庙两庑毁于飓风，邑人戴文堡斐黄福昌尚义建。（事具郡守何文渊记。）正统二年知县周纪嗣加修葺。邑人大学士黄淮有记。成化十八年，知县文林辟东北山下地，重建明伦堂及馔堂筑杏坛凿泮池。弘治十年知县林廷璱复道院侵疆仍购民地益之。重建文庙两庑，增构号房并官廨仓库坊门，未讫工，迁秩去。知县汪循成之。改建堂斋，始为名宦乡贤祠。大学士李东阳有记。嘉靖九年，奉制易大成殿曰先师庙，建启圣祠及敬一亭。十五年知县李丕显重

---

① 以上参见《龙湾区志》卷 39 教育。
② 以上参见《龙湾区志》卷 39 教育。

修郡人知府,朱谏有记。四十年庙门及启圣祠圮坏。四十五年巡按御史庞尚鹏檄知府李廷观知县程文著重建。今制:中为先师庙,从以两庑,前为仪门,为泮池,左右为名宦乡贤祠,外为棂星门,庙后为启圣祠奎光阁。庙之左为明伦堂,东西为博文约礼二斋,各翼以号房十间。又为膳堂,堂之西为敬一亭,堂后为教谕宅,宅后山麓有仰止亭,两斋后各为训导宅,堂中道凿池,前为仪门,门左有仓廒,外为学门,西有宾贤坊,东有儒林擢秀二坊。

二都英桥(今永中新城)王叔果、王叔杲、王光蕴、王光美兄弟父子尊师重教、乐善好施,不惜重金建府学尊经阁、修瑞安县学等,毫不吝啬,且更无倦色。

对温州府学的修助:万历七年(1579),郡人参政王叔杲重建堂舍;万历三十一年,郡人王光美(王叔杲子)建尊经阁。

对永嘉县学的修助:万历《温州府志》卷三《建置志》:"万历六年邑人王叔果捐赀通修,佥事常山詹莱有记。圣庙两庑及名宦乡贤二祠岁久圮损,万历三十二年叔果子光蕴光荐加葺并修学堂及尊经阁。邑令姚永济有记。"(参光绪《永嘉县志》卷七《学校志·学宫》)

温州府学、永嘉县学是培育永嘉场仕宦的重要场所。光绪《永嘉县志》卷七《学校志·学宫》:"自宋迄明,名臣理学气节文章彪炳史册,非圣教涵儒何以致此。"

三、书院

北宋皇祐(1049—1054)年间王开祖讲学郡城东山,温州始有书院。南宋时,永嘉学派的学者通过书院或学塾以传授其学说,创办书院和学塾达12所,一时温州文风蔚然,人才辈出。

永嘉有不少书院,他们是士人学习儒家文化的教育场所,也是地方士绅特别关注并参与建设之所。兹结合万历《温州府志》卷三《建置志》和光绪《永嘉县志》卷七《学校志·书院》简述书院情况。

1. 鹿城书院:在东南隅。奉宋周程张朱及二程门人十一人,朱子门人十人,张子门人一人,神位姓名详祠祀,郡守邓淮建,尚书吴宽有记。久圮。万历十六年郡守卫承芳重建,仍添设号房与诸生肄业,二十四年郡守刘芳誉鼎新之,俱有记。

2. 东山书院:在华盖山上。宋王儒志先生讲学之所。嘉靖十二年毁于飓风,三十一年知府龚秉德重建,邑人孙昭作《重建东山书院记》。清朝移建于城东南积谷山麓。

3. 鸡鸣书院：在县学文庙西，邑令林廷瓛建，万历十四年令蒋行义重建。二十四年令林应翔重改曰文昌会馆。

4. 芙蓉书院：在习礼坊，开元寺中，郡人侍郎王瓒读书于此，有芙蓉五月先花，遂联魁及第，故名。大学士李东阳诗："芙蓉自是秋江花，含风浥露蒸红霞。谁教五月吐奇秀，不道人间有岁华。永嘉郡中花满院，开元寺里寻常见。盛事犹传乙卯年，清标已作冰霜面。鹿鸣有宴奇嘉宾，雁塔题名及早春。共言此瑞不虚应，果有神杰占花神。玉堂天路时来往，碧桃红杏争谁长。出水应怜太白诗，凌空忽迓仙人掌。两京官舍无花开，十年心想真悠哉。凭将锦绣江山色，传与丹青画手来。"

5. 敕建贞义书院：在五都姚溪。郡人少师大学士张璁（御赐名孚敬）未第时就溪浒读书。正德年间张璁在瑶溪筑罗峰书院，聚徒讲学。及入相，嘉靖七年具奏，奉圣旨："卿所奏足见笃学以勉后来之意，书院名与做：贞义，堂名更做抱忠。仍着彼处有司就书院中盖敬一亭一座，以置朕之五箴。抱忠堂门等处或有损坏亦与修葺完日具奏。"（《张文忠公集·奏疏》卷四《辞免修建书院》)奉敕建院名贞义书院。规模宏大，建筑精美、清废。贞义书院有抱忠堂、贞义院、三省斋、御书楼及敬一、荣恩、观荷等七座亭及三叠岩等名胜。

6. 松台书塾：在荣恩堂右，郡人张少师建。

7. 中山书院：在府治东北隅，乾隆二十四年建。

8. 浮沚书院：在城内松台山下小雁池东，宋周行己故宅，初名浮沚，后改为书院，今圮。

9. 永嘉书院：在城西南渊源坊。宋淳佑壬子王提刑致远"每月朔请乡先生主讲席，元至元三十一年总管夏若水重建讲室四，久废"。

10. 龙渠书院：在县学文庙西，嘉靖二十年邑人王澈等建，中祀知县林廷瓛，久废。

11. 瓯江书院：在拱辰门外江浒。

12. 罗山书院：在永场二都，光绪年新设。

其中罗山书院是清代永嘉场人建立的，清光绪七年永嘉场廪贡生张仲虎等认为永嘉府（温州市区）有东山、鹿城、中山等书院，然永场距之五十里，少有往之深造者，毕业者更微。故倡议在"永兴堡"西南隅"永场社仓"前之余址上建罗山书院（光绪《永嘉县志》卷七《学校志·书院》)。可见至清末，永嘉场人因路途之遥，入郡城书院仍非易事。知事程云骥为书写"罗山书院"校匾，并撰"高士恒栖沧海曲，好山多在永嘉场"的楹联。书院聘任社会大儒执教。清光绪十七年（1891）曾聘瑞安名儒陈黻宸（介石）先生主持讲学，因教导有方，其门下县试上榜、留洋者众。故罗山书院学风鼎盛，百里知之。

另还有：

仙岩二书院：张璁在仙岩慧光塔前创办罗山书院，钦赐"大开贤门"四字表彰之。嘉靖年间，张璁外甥王叔果、叔杲建华阳精舍于仙岩寺左，今毁圮。

龙渠书院：嘉靖二十年（1541）王澈等在永嘉县学文庙建龙渠书院。

鹤山书院：正德间王激讲学于城东慈山之鹤山书院。《王氏世录》卷一王叔果《世传·祭酒鹤山翁传》："郡守陆公鳌高公文行，乃卜地于城隅之慈山，构鹤山书院居之。"

半山书院：万历年间王叔果、王叔杲兄弟俩开辟半山书院。半山书院既是王叔果辞官归隐林居、潜修考古与邀请名流觞咏之所在，又是王叔杲曾读书生活了 15 年的地方。当时这里有缭碧园、华阳洞、半山草堂、修竹厨、觞咏亭、莲池等多处园林建筑，还刻有诗碑。

四、私塾

私塾（或称学塾）是古代的基础教育设施。依其设置情况大概分为三种，一是一族一村或富家延师教其子弟的称为族塾、村塾和家塾，二是政府官员或富有人家举办，吸收当地贫民子弟入学，免缴学费的称义塾或义学。三是名儒大师在家乡聚徒讲学称为塾或学馆。

旧社会举办族学、村塾、义塾、私塾，其办学经费主要来自学田的租谷、庙产的房租或向富绅募捐。明嘉靖二十一年（1542），英桥王澈官居福建布政司参议，他目光远大，独捐义田 30 亩开辟族学。民国十六年（1927），英桥王景甫[①]倡议，地方赞同又将"均庄"众田 120 亩每年所收的租谷拨充为新城小学常年基金。清末，普门张眉山创办就正学堂就是利用张氏族产"永强沿海领域"和"响动岩山园"的祖产收入作为办学经费的。它们一直延续到新中国成立后土改时才停止。[②]

义学或称义塾，其性质和社学相似，唯社学全系官办，义学除官办外，也有不少私人捐资倡办，供贫寒子弟入学。

明嘉靖二十一年，王澈官居福建布政司参议，在建造了王氏宗祠后，独捐义田 30 亩开辟族学，延请族内博学资深的廪生、贡生为师教导合族子弟，也给周围他族学童进行启蒙教育。

至清光绪三十年（1904），廪生王子尊、王绍志（字景甫）等人改造为崇实

---

① 日本早稻田大学师范部博物科毕业，回国后曾任浙江省第十师范学校校长。

② 参见《龙湾区志》卷 39 教育。

学堂（现永中街道永昌一小前身）。

永嘉场宗族普遍重视子弟教育，多设立家塾或学馆，延请名师，培育人才。

英桥王氏三世祖乐善翁王珍，"辟家塾，郡族子弟肄业习"（《英桥王氏世录》卷一《乐善府君传》）。

四世樵云翁王毓（1360—1426），号樵云，乐善好施，建立槐阴堂为培养子弟，创立家塾，延师训之，其址设在今御史巷口。①

王毓生性至孝，父葬半山后，筑庐于墓旁，庐曰"樵云庵"，又称"樵云草堂"，招子弟上山亲自教读，培养人才前后 19 年，是谓英桥王氏"第一摇篮"。从王毓这里开始是一个重要的转变。自他之后，子孙繁衍，才俊辈出。

明弘治年间二都坦头妙金坦（今永中）设有"白岩宫学馆"，聘请楠溪花坦儒朱道魁（号墨癯）为师，王瓒、王澈、王激、乐清朱谏等四人先后都曾在此入学，以后皆中科甲，成为名宦。

永昌堡东楼书塾设在城北"通政王溪桥"王钲官邸，其塾师均聘自客地名儒，据查，王德、王净等均是从学于此。

后有蓝田人李阶（1456—1533）年轻时，曾设学馆于乡里邵怀贤家，1489年，张璁在此学习过，"孚敬少从员外君学举子业"（《张璁集·文稿》卷五《李月川先公墓记》）。张璁官拜首辅后，特意在瑶溪山上建李主事祠以纪念恩师教诲之情。

嘉靖二十一年（1542），王澈创建王氏宗祠，前后两进，左右二庑，并捐义田 30 亩，备灾救荒，开辟族学，延请族内博学资深的廪生、贡生为塾师教导阖族子弟，成为培育王氏人才的苗圃。

万历四年（1576），王叔果建世大夫祠（俗称上川祠），前后两进，前进两厅辟"东塾"、"西塾"，招收族人子弟入学，至宣统三年辍办，出口处砌有他本人亲笔题写的四个大字，可惜"文革"期间遭毁灭。在永中街道双岙平坑的山里，也开辟有王氏族馆，今后墙形迹尚在，但年代失考。

王光经（1570—1627），今永中新城人，曾于万历二十六年上京会试不第，归与族人王名世讲艺于宗祠族学，大立文会，互为督课。

王显耀（1860—1943），生于永昌堡文士巷，光绪年间开馆设堂授徒。以"经德"二字为堂名，在家招收学生，栽培桃李，丰硕济济。

张星成（1865—1943），世居永强三都，出身诗香门第，家学渊源，曾于辛

---

① 按：二都英桥王氏之所以人才辈出，成为东瓯望族，即是因其家族文化素重教育，早设、广设、长设各类家塾、学馆、书院，收到了长远之效。

亥革命后,在家设塾(后改为补习班)进行复式教学。

光绪二十五年(1899),永强片七甲怀汪巷大夫第内创办了敷华私塾,塾师项敷华。敷华去世后,其妻项黄氏承夫志继办女子私塾,开龙湾区女子上学读书之先河。1913年,海滨蟾钟村李启庚在李云池家设办私塾。1931年,该村李日生又增设一所私塾。

此外从清代至民国初年,二都英桥还举办过众多个人私塾馆:如上仓王心一家塾,教师王日如;洞桥底醉经轩家塾,出资人王寿槐,塾师王醒石;上仓王景甫家塾,教师陈瀟延、张镇山;凼头青石门台王冠士家塾,学生都是工农子弟;圣旨巷王瑞莲(又名王子尊)私塾(后王子尊被族人推举为崇实学堂堂长);圣旨巷王瑞昌私塾,擅长经史教学,后被温州世家吴璧华慕名聘教;贤房王鸿中私塾,其本人精中医;花园王文宾私塾;圣旨门底王巨私塾;英桥下王鸿卿私塾,后去西台呑塾馆教学。[①]

永嘉场民间历来有崇尚文化、器重知识、奖掖人才的风习。项有仁《龙湾传统精神撷英》载:旧社会上学难,各地均有夜校。据沙城镇七二村调查,当前60岁以上的老人计128人,其中早年上村夜校的52人,占40%,也可称得"学风鼎盛"。社会上对文化人上都称"先生",资深者称"阿相",从不直呼其名。各地族中都设有"养贤田",奖掖考取功名的人。

有些地方形成了尊师重教的风气,有一套尊贤奖学的乡规民约。项有仁《七甲民风拾粹》(《龙湾文史》第一辑)一文载三项措施。其一,相公田。土改前七甲项氏全族各房共有公田120亩,平时出租,收入归众用。若有子弟考取功名,则视功名高低分等给予抽种一年,以资奖掖。清代是考上举人者抽种全族众田一年;生员者抽种本房众田一年。民国后大学毕业等同举人,高中毕业等同生员。其二,相公柴。七甲有村南的乱葬岗"大坛垟"和村西的河中岛"龙珠汇",均为众有荒地,每年秋季割柴一次。清时凡考取生员(民国后考上高中)以上者,每户送给上好"八月柴"一担。其三,相公鱼。20世纪30年代起,本地浅海上有户槽四圈,每年端午节前黄鱼上市时,集体先给本地的资深知识分子每人奉送大黄鱼一对。

---

① 《龙湾区志》卷39教育,又参见何黄彬:《崇实溯源——永昌小学百年史回顾》,《龙湾文史资料第二辑》。

第十一章　永嘉学统和阳明心学对明代永嘉场人士之影响

　　万历《温州府志》卷二《舆地志下·风俗》:"汉东瓯王敬鬼,速化焉。多尚巫祠。武帝时粤人自相攻击,诏徙江淮间,其地遂虚。后虽置县,尚荒寂也。晋立郡城,生齿日烦,自颜延之王右军导以文教,谢康乐继之,人乃知向方。自是而家务为学,比宋遂称小邹鲁云。""此邦素号多士,学有渊源,名流胜士,相继而出。"汉武帝时期温州因官方的迁徙而荒芜。自东晋郭璞建城开始,王、谢、颜三氏以文教导之,温州文化开始生成。至宋代乃有"小邹鲁"之称。

　　两宋时期,温州科第蝉联、学术昌明,是温州历史上的黄金时代。《宋史》温州籍人士有传的约有三十多人,《宋史·儒林传》中温州籍有六人,实则闻名者远不止此数。孙诒让《温州经籍志》著录的两宋时期温州学者共有二百四十一人,著作六百一十六部,其中十有八九是在南宋时期。① 南宋是温州文化史上的黄金时代,"温州多士为东南最"(南宋真德秀语)。南宋时期,永嘉之学挺出,与朱熹、陆九渊之学鼎足而三。永嘉之学,又名永嘉经制之学,又名永嘉事功之学,即今日所讲的永嘉学派,或永嘉事功学派,影响温州乃至全国深远。在温州地区形成了永嘉经制之学的传统,影响了明代温州文化,推动着温州文化的第二次崛起,堪称白银时代。

　　在明代,以永嘉场人物为代表的温州文化人物不同程度上受到了永嘉之学的影响,王瓒、张璁、王叔果、项乔等莫不如此。正因为有这个学术背景,使他们接受理学、心学等思想资源的时候,会自然而然地运用本土思想资源来抉择、筛选、整合之,从而使他们的思想在不少方面呈现新貌。王瓒、张璁都是深受永嘉之学的熏习,这也是他们在"大礼"议时形成大体一致看

---

　　① 参见周梦江:《叶适与永嘉学派》,浙江古籍出版社1992年版,第24—25页。

法的根本原因所在。

正德至万历年间,王阳明心学流播极广,为诸多士人信奉。永嘉场人物如张璁、项乔、王激、王叔果、王叔杲等均与此学说在不同程度、不同层面上发生了关涉,或与王阳明有一面之缘,或为阳明学传人,或与阳明高弟过从甚密,或心然其说而以己意解之,或与阳明高弟信函往复辨析精微。

永嘉学统和阳明心学对永嘉场人物影响的思想和行为,产生了重大影响。本章将对这个现象作初步阐述。

第一节 永嘉经制之学的传统促进地方才俊辈出

一、永嘉经制之学传统的形成

张立文《叶适与永嘉学派·序》①简述了永嘉学派形成的历史原因:"永嘉学派的形成,决不是偶然的几个学者的倡导,它与温州地区的客观社会条件分不开:南宋时温州的社会经济得到了飞速发展,城乡商品经济特别活跃,商业繁荣,闻名全国,为永嘉功利学派的形成奠定了社会基础。由于经济的发达,于是文化教育事业发展,文风大盛,中进士者即达1416人。北宋至南宋间,温州学者许景衡、周行己等人既在太学学习王安石新学,又亲见程颐,得其传以归,且兼传关学,是北宋新学、洛学、关学的回归。南宋时,叶适和永嘉学者既与朱熹有密切的关系,又与两浙东路的金华学派、四明学派有频繁的交往。因此,永嘉学派在其形成过程中,能取各派所长,综合创造,独具特色,而成为与朱熹、陆九渊鼎足而三的学派。"

清全祖望云"永嘉之学统远矣","庆历之际,学统四起。……永嘉之儒志、经行二子,……筚路蓝缕,用启山林"②,指的是北宋中期,永嘉王开祖、丁昌期,还有瑞安林石在讲学授徒,总称为温州皇祐三先生。

永嘉学术的开创者是王开祖(字景山,后人称为儒志先生)。儒志先生天才独发,阐发道学之秘,于当时国内为先鸣。宋代温州士夫于学术颇有先见之明,儒志先生开乎先路,而从游程朱者甚众,可谓好学。弘治《温州府志》卷十《人物》序云:

> 历唐逮宋,人物浸盛。王儒志倡道学于伊洛未出之先,林塘岙讲
> 《春秋》于王氏新学之际,真豪杰之士也。且洛学之兴,远方名郡未有知

---

① 周梦江:《叶适与永嘉学派》。
② 《宋元学案》卷六《士刘诸儒学案》。

风向者;而先正直游从多至于十余人焉。然则吾瓯性命道德之学渊源
邃矣。厥后,朱子讲道武夷,游从又十余人,而其未尝游从者亦以道学
鸣于时。

至北宋元丰九先生,南宋淳熙六君子作先导,新学、洛学、关学、濂
学等,天下之学问尽汇于东南,于是乃有永嘉学派生成。

许景衡、周行己数公得伊洛性理之学而归。"伊洛之学,东南之士自杨
时、游酢外,惟许、周数公亲得其传以归。中兴以来,言性理之学者宗焉。
(学士楼钥志)""永嘉自王儒志公后有元丰九先生,淳熙六君子,俱以性命道
德传程朱之学。(赵风仪记)"①按,元丰九先生,指的是与周行己同游的温
州学子共有九人,据《水心文集》卷二十九《题二刘文集后》:"按《周博士集》
(即《浮沚集》),永嘉同游太学者:蒋元中、沈彬老(躬行)、刘元承(安节)、刘
元礼(安上)、许少伊(景衡)、戴明仲(述)、赵彦昭(霄)、张子充(煇)。"

温州士子参学程门、朱门、南轩门的名单见光绪《永嘉县志》卷三十七
《杂志二·遗闻》记载:"温士在程门十一人,周行己、许景衡、刘安节、刘安
上、戴述、鲍若雨、沈躬行、谢佃、潘旻、陈经正、经邦、经德、经郛实十三人。
在朱门十二人,周端朝(注:南宋周端朝,字子靖,嘉定四年(1211)进士,桂阳
军教授太学录、经筵侍讲、权刑部侍郎)、叶味道、陈埴、戴蒙、林武、钱木之、
徐寓、徐容、沈僩、蒋叔蒙、包定及侄显道、敏道、详道,《平阳志》又有林湜、蔡
愚实十六人。南轩门一人,周去非也。"

又有所谓宝祐六君子。光绪《永嘉县志》卷三十七《杂志二·遗闻》:"宝
祐(1253—1258)六君子……惟(陈)宜中、刘黻、林则祖实系温人,黄镛诸人
皆台产也。"(《息园闲识》,见《府志》)

在这些记载中,我们可以看到两宋时期温州人才之盛,理学之发达,参
政之积极。

在天下诸学汇注的基础上,形成了永嘉之学。光绪《永嘉县志》卷三十
七《杂志二·遗闻》记载:"温亦自有学,始于王景山、林石,最盛者曰薛季宣、
郑伯熊、陈傅良,至叶适益显,《宋史·儒林传》一卷中,薛陈叶及蔡幼学戴溪
有五人焉,自宋及元诸儒皆有著述盛矣哉。"(《息园闲识》,见《府志》)

而其正式形成在南宋乾道、淳熙年间。徐规《叶适与永嘉学派·序》②
说:"永嘉学派正式形成于南宋乾道、淳熙年间,这个学派反对风靡当代的空
谈心性之程朱理学,注重考究经世致用之学,'教人就事上理会,教着实'。

---

① 万历《温州府志》卷二《舆地志下·风俗》。

② 周梦江:《叶适与永嘉学派》。

认为只有较多地接触实际,了解实际,提高思想水平和办事本领,才能达到挽救国家危机、巩固南宋统治的目标。这个学派的主张对于明清时期浙东学术影响极大,至今仍有值得我们学习借鉴的地方。"

永嘉经制之学,是两宋时期温州学者经过对历代学术、天下诸学扬弃之后形成的一门学问。光绪《永嘉县志》卷十三《人物志·儒林》序云:

今儒术大概有三,而皆以经为本。许郑之训诂六经也,韩欧之词章六经之文也,程朱之性理六经之道也。

永嘉之学,首倡于王景山,与濂洛同时而道亦相似,嗣是周恭叔、刘元承兄弟亲受业于伊川,叶文修、陈潜室诸儒皆请业于朱子,性理之学,灿然大明,虽张忠甫之于仪礼,戴忠达之于六书,于许郑为近,叶水心之文章于韩欧为近,然皆宗伊洛也。自郑景望讲求经制治法,而薛士龙诸儒亲承绪论益扩而大,由是永嘉经制之学名于海内。其大要参考诸史而折衷于经训,盖合训诂性理、典制词章而一以贯之。永康事功方此蔑如矣。数百年来正学荒芜,士生其间者或但知揣摩举业讲求声病,于圣贤为己之学、儒者经世之方,盖有终身未闻者,然而豪杰之士,无待而兴者,抑岂遂无其人哉。

按:此番梳理甚为谛当。王景山开濂洛之学绪,周行己以下一干人皆以伊洛为宗。此时永嘉之学尚未形成其独特风格。"自郑景望讲求经制治法而薛士龙诸儒亲承绪论益扩而大,由是永嘉经制之学名于海内。"

郑伯熊、薛季宣这里开始以经制明治法,然后永嘉经制之学名闻海内。永嘉之学,也完成了由性理之学向事功之学的转化。[①]"其大要参考诸史而折衷于经训,盖合训诂性理、典制词章而一以贯之。"贯通经史、以经训为依据,以事功为旨归,是义理、考据、词章一以贯之之学。

叶适对永嘉经制之学传统的形成有深入的理解:

昔周恭叔首闻程、吕氏微言,黜旧疏,挈其俦伦,退而自求,视千载之已绝,俨然如醉忽醒,梦方觉也。颇益衰歇,而郑景望出,明见天理,神畅气怡,笃信固守,言与行应,而后知今人之心可即于古人之心矣。故永嘉之学,必兢省以御物欲者,周作于前而郑承于后也。薛士龙愤发昭旷,独究体统,兴王远大之制,叔末寡陋之术,不随毁誉,必摭故实,如有用我,疗复之方安在!至陈君举,尤号精密,民病某政,国厌某法,铢称镒数,各到根穴,而后知古人之治可措于今人之治矣。故永嘉之学,

---

① 参周梦江:《永嘉之学如何从性理转向事功》,《孔子研究》2006 年 2 期,第 84—93 页。

必弥纶以通世变者，薛经其始而陈纬其终也。①

周行己、郑景望自程、吕之学出，犹是程、吕故貌，标"兢省以御物欲"，这个特征后为永嘉之学吸纳。至薛季宣、陈傅良出，永嘉之学才最后形成，薛季宣怀恢复之志，于是独究体统，考察经史，必撅故实，言有依据；陈傅良学问精密，穷究古之经史，以古征今，所针对的是当今之治理，一切学问的最终目的是求治当今之世。"故永嘉之学，必弥纶以通世变者，薛经其始而陈纬其终也。"一切经制的学习，最终都是指向当代的事功，故永嘉经制之学，即事功之学。

按照周梦江的研究，初期永嘉学派分为三派，以后又同归于永嘉事功学派。一派即以周行己、郑伯熊为首的，以传播洛学和关学为主，"必兢省以御物欲者"。一派是薛季宣、陈傅良的事功学派。"永嘉事功学派与洛学发生原则性的分歧，成为道学的异端，可说自薛季宣开始"②，"必弥纶以通世变"。另一派是徐谊为代表的，叶适说这派是"以悟为宗"，然亦强调以用为体，有其注重事功的一面。后来，三派融合而形成了以陈傅良、蔡幼学、叶适等为代表的永嘉事功学派。③

从这些代表性的事功学派身上，我们可以感受到深厚的文化沉淀。

永嘉经制之学是开发儒学体系里本有的"圣贤致用之道"，对各种经制"博考而精讨"，求用于当世。《东瓯遗事汇录》卷八《文化·交通·经制之学》载：

> 秦、汉以来，儒者之学或泥于训诂，或沦于辞章，或淫于清虚，或滞于功利，其于圣贤致用之道，能通焉者鲜矣。至于宋而有永嘉经制之学焉。盖自郑景望氏、薛士龙以及陈君举氏、叶正则氏先后迭起，其于井牧、卒乘、郊丘、庙社、章服、职官、刑法之类，靡不博考而精讨，本末源流，粲然明白，条分缕析，可举而行。（明王祎《王文忠公集》卷七《王氏迁论序》）

经制和义理是密不可分的，弘治《温州府志》卷十《人物·序》："昔儒论圣贤义理之学必以永嘉经制之学嗣言之，呜呼，经制岂外于义理者哉！义理必措之用而后实也。虽然，人物皆原于问学而众善兼焉。"

两宋诸儒尤精《周礼》、《春秋》等，为"制度新学"，更激发了用世之心。其性命之学多"微妙奇伟"之处。叶适云："时诸儒方为制度新学，抄记《周

---

① 叶适：《水心集》十《温州新修学记》，转引自《瓯海轶闻》卷一《永嘉学术·学术总略》。
② 参见周梦江：《叶适与永嘉学派》，第29页。
③ 参见周梦江：《叶适与永嘉学派》，第25—34页。

官》《左氏》,汉唐官民兵财所以沿革不同者,筹算手画,旁采众史,转相考摩。其说膏液润美,以为何但捷取科目,实能附之世用,古人之治可复致也。至其他察性命以絜矩,奋豪杰以特兴,亦多微妙奇伟,非颖秀士亲承其旨趣,固莫能通。"①据张如元校笺,南宋温州学者研究《周礼》《春秋》及其著作存佚的很多,详《温州经籍志·经部》。

叶适是永嘉之学的集大成者。从现代学术的眼光来看叶适之学,叶适之学"于经济则批判'贵义贱利'、'重本轻末'思想,主张发展商品经济,以富人为社会中坚,承认雇佣的合理性;于政治则提出应'备成而后动,守定而后战'的北伐主张,以及改革冗官和冗兵的意见;于哲学则指出自孔子之外,古今百家,随其浅深,咸有遗论,又斥汉人言《洪范》五行灾异之非,皆能确有所见;于史学则主张直书史实,古为今用及'五经皆史'说"。②

二、永嘉经制之学对明代士人的影响

王光蕴万历《温州府志》卷一一《人物志·理学》云:"论曰:自孔孟没而功利词章之习兴,天下靡靡余千载矣。至宋周元公始发明正学,是时吾瓯则有王儒志先生,其学以诚性为宗,与元公不谋而合,嗣后则有周恭叔刘元承之徒,皆得伊洛正传而瓯遂称小邹鲁,岂偶然哉。明兴,名贤辈出,追企古人,考论师友渊源,盖有自云。然三代盛时,士以躬修为学,而后世徒侈于词说,其说愈详而行愈不逮,世始哗而伪之。而黯然自修之士乃更以为讳。夫学何讳之有,以身为质,毋以声利灭其真,天下将瞿然化之矣。"王光蕴之史论指出"明兴,名贤辈出,追企古人,考论师友渊源,盖有自云",即源自两宋永嘉之学。宋、明永嘉学统的考索使我们明白一个道理,明代永嘉场地域文化的崛起是永嘉之学的再盛,这对深入温州永嘉学派的研究很有启发意义。

(一)对王瓒的影响

王瓒是一名学官,身为国子祭酒,负有向广大士子传播官方意识形态即程朱理学的重任,为此,他自身践履程朱理学,获得深刻体验,成为忠诚的信奉者和传播者。其传播方式除了训导讲解外,主要是在国子监东西壁上书写铭文,在国学六馆书写箴言,以便学子朝夕揣摩。这方面应该说做得很成功。但是王瓒来自温州,因此深受永嘉学派思想传统之影响,这也导致他对程朱理学的理解带着其鲜明的个人色彩,对道和器、理和物关系的理解与

---

① 《水心集》十四《陈彦群墓志铭》,转引自《瓯海轶闻》卷之一《永嘉学术·学术总略》"永嘉经制新学"条。

② 张立文:《叶适与永嘉学派·序》。

朱熹有异,在方法论上也突出程朱理学的践履方面。因此,王瓒一贯提倡
"实学",是有明一代实学传统的代表人物之一。

明代中期由于程朱理学的僵化,形成了空疏学风。杨绪敏认为,明代中
叶空疏学风之所以形成,在很大程度上是由于明代统治者奉行的文化政策
和科举制度造成的。① 程朱理学所造成的思想僵化的局面亟待改变。"到
了明代中期,政治腐败,经济动荡,矛盾百出,道德沦丧,使明王朝濒临统治
的危机。于是出现了反省过去,重整学术思想的要求。薛瑄、罗钦顺等继承
程朱之学而力目以改造,提倡"学贵践履"的"实学",王守仁亦多次提倡"实
学",并提倡"知行合一"之说。②

应该说,有明一代,一直有一些注重实际反对空谈的学者在提倡实学,
渐渐形成了读书博闻、考证求实的学术风气。到了提倡知行合一、注重践履
的阳明之学沦为高谈性命的末流、形成空疏的学风时,又有大批学者起而反
对之,其实学传统绵绵不绝如此。

王瓒在这个思想的转型过程中,以其对程朱理学的理解基础上,融入永
嘉学派的思想精华,形成了自己的"实学"思想。王瓒是一名学官,这就决定
了他是从程朱思想的内部进行修正,提倡"学贵践履"的实学,以保持程朱理
学的原有生机。

王瓒在"大礼议"中,支持张璁,与杨廷和对立。这其实是两种思想的交
锋。王瓒的思想虽然不属于陆王学派,但是在"学贵践履"、"礼本人情"等观
念方面,与王守仁的弟子和追随者是有一致性的,因此会站在杨廷和的对
立面。

王瓒提倡的实学有什么特色呢?

王瓒曾自述其思想曰"人当以程朱为体,以韩范为世应"(《王瓒集》卷一
上《瓯滨摘稿》刘麟《瓯滨摘稿序》),以程朱正统思想为体,以韩琦、范仲淹之
学为世应,体用一源,学贵践履,经世致用。

首先,以程朱为体。王瓒是尊崇程朱理学的。《鹿城书院集序》(《王瓒
集》卷二《瓯滨文集录》)批评了当时不良学风,"顾所谓学者,役精殚思,锻练
风物而自为雄长,稽式揣似,铺饰枝蔓,而驰循时好,言与心携,心与道贰,河
洛武夷之实学荒落湮郁,畴克醒寤而还诸旧轨",表达了对程朱理学的祈尚。
王瓒认为道原于吾心,藉明师风劝而后自振拔。高度赞扬了二程、张、朱四

---

① 杨绪敏:《明代求实思潮的兴起与考据学的成就及影响》,《江苏社会科学》2004 年第 4 期,
第 232—246 页。

② 周梦江:《略论王瓒的思想和贡献》,《杭州师范学院学报》1995 年第 1 期,第 8—13 页。

夫子的师范功绩。

《西壁铭》(《王瓒集》卷二《瓯滨文集录》)主要表达的是对朱子之学的敬仰,要求学子勤习朱熹之学。"迄主考亭上溯洙泗(孔子)","凡厥所言,罔非吾事"。这是因为王瓒是学官,自然是传播官方推崇的程朱理学。

其次,以韩范为世应。王瓒不仅提倡程朱思想原有的"实学"方面,也吸纳永嘉事功学派思想,发挥程朱理学的积极因素。

任国子监时作《厢房感兴示两厅六堂诸君》,表达对人才的渴慕,说自己以范仲淹为师,殚精竭虑,为国求才,其二云:"吾慕范文正,训督有恒则。早夜课经籍,寝食立时刻。况今奉朝命,谁能弗戮力。煌煌圣祖矩,婉婉我曹责。但虑行或漏,无庸别区画。报国在明道,作人贵蓄德。可殚耕稼劳,允矣期善穑。"先生之宗法范仲淹,可谓颇用力。

对温州的道学和经制之学传统,王瓒充满了自豪。《东瓯胜览亭二首》(《王瓒集》卷一上《瓯滨摘稿·七言律诗》)简述了温州的道学渊源。"道先伊闽非陋俗"句自注云:"道学二字,永嘉王景山始发之后四十余年伊洛道学始出。""学雄经制是吾师"句自注云:"南渡后永嘉又以经制之学名天下。"其《其礼曹公廨杂书》(《王瓒集》卷一上《瓯滨摘稿·五言古诗》)之六云:"大雅久寂寥,礼乐日凋敝。如何桥门教,遂入参与地。因怀东嘉彦,学业事经制。"自注云"永嘉为经制之学云"。

王瓒之所以不会成为迂腐僵化的理学家,是因为他深受永嘉学派思想的影响。

王瓒虽然尊崇程朱理学,但是是崇尚程朱理学的"学贵践履"的实学思想,其思想资源的重要来源就是永嘉经制之学。

他尤为敬仰陈傅良,陈傅良的思想也被融合在他的思想之中。《游仙岩寺》(《王瓒集》卷一下《瓯滨摘稿·补遗》):"我慕止斋非一日,摄衣更到读书台。"《止斋陈先生文集序》[①]以陈傅良为立德立功立言克具的"儒者之盛","远而有以恢宏鲁邹所传之绪,近而有以昭阐濂洛未启之机"。陈傅良著述渊深,"读《书》有谱,六经有论,建隆有编,《毛诗》有解诂,《春秋》有后传,《左氏》有章指,《周礼》有进说,制诰有集,皇宋有大事记,进读有《艺祖实录》,周、汉以来兵制,著书明道,简册充栋,是能立言者矣。"王瓒自言私淑陈傅良:"瓒幸生公之乡,屡尝诵读遗文而私淑之……自有文字以来,学士大夫竦企倾动,固其时乎! 非有本者,其孰能之。"王瓒在任国史官时曾从秘阁录出《陈傅良集》五十二卷,侍御史张伯纯"且欲汇拾散逸,以为外集",梓之以为

---

① 《王瓒集》卷三《诗文拾遗》,弘治弘治十八年乙丑夏四月既望作。

传,对保存和推广陈傅良思想做出了贡献。

陈傅良尤注重立足于当代视野对历代制度沿革进行研究,"公淹贯六经,包括百氏,洞彻天人之奥,而于历代经制大法,与夫当世制度沿革失得之故,稽验钩索,委曲该洽,此岂泛然雕饰,以骛于虚言者耶"? 孙诒让评陈傅良:"永嘉诸儒本以经制为宗。止斋为薛文宪(薛季宣谥号)弟子,于井地、军赋尤为专门之学。宜其精究治本,非空谈经世者比也。"(《温州经籍志》卷三)陈傅良是位注重"实学"的学者。他说:"所贵于儒者,谓其能通世务,以其所学见之事功。"(《止斋集》卷十四)

陈傅良的经制思想和史学研究方法对王瓒有着直接的影响,这从弘治《温州府志》中可以体会得到,正如胡珠生所评:"全志体大思精,详略得当,言必有据,古今并重,总体上非常成功,堪称杰作。"

陈傅良继承薛季宣的"道在器内"的思想,他教导学生曹叔远"形而上者谓之道,形而下者谓之器。器便有道,不是两样,须是识礼乐法度皆是道理"①。而王瓒在《致知箴》中也认为"理寓于物"。王瓒《温州府志·序》即发挥了陈傅良的"道"与"器"的主张。王瓒说:"形而上者谓之道,形而下谓之器。器体夫道,道行于其中而纲维之。是形而下者可化,形而上者实在焉。……志所记者,若郡邑、城池、形胜、风俗、山川、土产、赋役、学校、公署、官职、科第、人物,为类不一,皆器也。由器搂道,存乎其人,是故有郡邑,则有治之之道。有城池,则有守之道。……器不能无道而自淑,道不能无器而自行也。"②与陈傅良一样,王瓒也认为经制不外于义理。弘治《温州府志》卷十《人物》序:"昔儒论圣贤义理之学必以永嘉经制之学嗣言之,呜呼,经制岂外于义理者哉! 义理必措之用而后实也。虽然,人物皆原于问学而众善兼焉。"

王瓒对王儒志、陈傅良之学倍加推崇,其《国子监东壁铭》(《王瓒集》卷二《瓯滨文集录》)云:"邹鲁之后,伊闽独盛",将永嘉之学的部分精粹也体现在诸箴中,故其学说,合永嘉事功学派与程朱理学于一体。

王瓒在任两任国子监期间,系统地整理了他的思想,制成铭文或箴言,铭于国子监东西壁,箴于国学六馆,成为广大士子之龟镜,当然,主要表达的是官方正统意识形态,即理学思想,但不得不说由于王瓒对践履的强调,使之与迂腐僵化的官方意识形态有了距离,可规范学子行于正途。明万历《温

---

① 转引于《朱子语类》卷一二〇曹叔远对朱熹所述之言。

② 参见周梦江:《略论王瓒的思想和贡献·王瓒的"实学"思想》,《杭州师范学院学报》1995年第1期,第8—13页。

州府志》卷十一《人物》："瑾诛,进南祭酒,讲明正学,著四书五经诚敬等箴,四方诵法焉。"

王瓒之所以不会成为迂腐僵化的理学家的另一个原因,是因为他精通易理。李浦王氏家族还形成了"业易"的家学传统。此传统之形成与汝州同知王璇有着莫大的关系,因为他是由易学而显的,其后王瓒亦由易学乡试中举。次年殿试中榜眼,为翰林编修充讲官,发表了第一部易学著作《千里马》,足见王瓒对易学研读之勤,造诣之深是当时理学中之卓卓者。前面的道器之论,其实也是易学的根本主张,为陈傅良和王瓒所信奉,只是更突出了"礼乐法度皆是道理"和"经制不外于义理",成为永嘉之学重经制、事功的思想依据。王瓒仕宦之后仍熟玩易经。其《春来风雨多》(《王瓒集》卷一上《瓯滨摘稿·五言绝句》)云:"闭门玩羲易。"

(二)对张璁的影响

1. 注重《周礼》研究

永嘉学派有重视《周礼》思想的传统。永嘉学派的开山始祖王开祖就非常重视《周礼》的思想。大概是受到王安石的影响,他推崇《周礼》而对《春秋》有所批评。他说:"吾读《周礼》始终,其间名有经、礼有方者,周公之志为不少矣。"而认为《春秋》之义,有饰诈逃恶者"。[①] 这种思想对永嘉学者产生巨大的影响。

北宋亡国后,南宋士大夫推原亡国之因,以为王安石熙宁变法所致,于是王安石信奉的《周礼》一书也被指斥为伪书、祸乱之原。"可是,永嘉学者在王氏的影响下,仍有很多人研究《周礼》。据孙诒让《温州经籍志》著录,南宋永嘉学者研究《周礼》而有正式著作的,计有王十朋、薛季宣、王与之等二十一人,专著二十三部,可见永嘉学者对《周礼》的注重。"[②]

《瓯海轶闻》卷之一《永嘉学术·学术总略》"永嘉经制新学"条张如元校笺:宋理宗时乐清王与之撰《周礼订义》八十卷,书前"编类姓氏世次"所列宋代学者 45 家,其中永嘉薛季宣、陈傅良、郑伯熊、伯谦、叶适、曹叔远诸名公而外,尚有杨恪、陈汲、陈汪、李嘉会等人,占其四分之一。它如王十朋《周礼详说》、戴仔《周礼传》、王奕《周礼答问》、胡一桂《古周礼补正》等,尚不在其内。是宋代温州《周礼》学之盛可以概见。

陈傅良特别注重周礼研究。在《夏休井田谱序》[③]一文中提出:"谓《周

---

① 王开祖:《儒志编》,《四库全书》本。
② 周梦江:《叶适与永嘉学派》,第44页。
③ 周梦江点校:《陈傅良先生文集》卷四十,浙江大学出版社1999年版。

礼》为非圣人之书者,则以说之者之过,尝试之者不得其传也。""说之者之过"指的是郑玄"于其说不合,即出己见附会穿凿","尝试之者不得其传"指的是王安石变法"本之为青苗,助役、保甲之法","以是二者,至废《周礼》,此与因噎废食者何异","去圣人远,《周礼》一经,尚多三代经理遗迹。世无覃思之学,顾以说者缪,尝试者复大缪,乃欲一切驳尽为慊"。陈傅良认为《周礼》是圣人之书,但要经过考辨,考得周制,即可治理天下。"苟得如《井田谱》与近时所传林勋《本政书》者数十家,各致其说,取其通如此者,去其泥不通如彼者,则周制可得而考矣。周制可得而考,则天下亦几于理矣。"

陈傅良在《进周礼说序》①一文中认为《周礼》与《诗》、《书》之义合,"缘《诗》、《书》之义以求文武周公成康之志,考其行事尚多见于《周礼》一书",由《诗》、《书》求文武周公成康之志,由《周礼》求文武周公成康之志之行事。是从《诗》、《书》推论周礼之意,而后学失其真。并指出经过熙宁变法之后,《周礼》为老师宿儒所归咎。陈傅良发心要驳正其非。经过考辨之后,《周礼》作为圣人之书的价值即可凸显。

永嘉学者对《周礼》的注重,直接影响到明代的一批温州学人,张璁即受到影响。张璁在家乡时即注重对礼制的研究,写有《周礼注疏》十二卷。

不仅是《周礼》,张璁对五经四书都研读千遍以上,撰述丰赡。张璁早期撰有《仪礼注疏》五卷、《周官注疏》十二卷、《大礼要略》二卷、《礼记章句》八卷,可见他对三礼的重视。另著有《葩经(即诗经)全旨赋》、《壁经讲章》。②从这些书名来看,张璁对五经有深入的研究,皆是其罗山讲学时期的撰述。

张璁居瑶溪时专攻礼学,辨明礼制,就是永嘉经制之学的具体实践。此后他不仅倚之参与大礼议,还参与了世宗皇帝的更定祀典。

大礼议之后,世宗要进行祭礼改制,需借助《周礼》为思想资源,借以达到借洪武初制改正洪武定制的目的。此时,张璁所学的知识与世宗皇帝的意图恰好有了一个紧密结合的机会。于是世宗将《周礼》立学,重刻《大明集礼》,借助国家权威使颇具争议的《周礼》思想成为国家的意识形态。

---

① 万历《温州府志》卷一五《艺文二·序》。

② 张璁的这些著述参清梁章钜《浪迹续谈》卷五"罗山全集"条。梁章钜《浪迹杂谈》卷五"罗山全集"条:"余家中有前代《灵峰山巢书目》,中载《罗山全集》一百二十卷,明永嘉张孚敬撰,其子目列《礼记章句》八卷,《周礼注疏》十二卷,《仪礼注疏》五卷,《壁经讲章》五卷,《杜律训解》六卷,《宝纶楼和御制诗》四卷,《罗峰文存》八卷,《罗峰诗存》八卷,《奏疏》八卷,《谕对录》三十五卷,《贞义书院杂著》数十卷,可谓富矣。乃余至温州访之,无一存者,惟略闻其家中,尚存有《敕谕录》三卷,《钦明大狱录》、《灵雪编》各二卷,《大礼要略》二卷,《贞义书院诗稿》、《文稿》、《葩经全旨》、赋各数卷,及托人确访之,又不可得。忆数年前在吴门时,陈芝楣中丞新镌《张太岳集》,以一部赠余,读之不忍释手,江陵之精神干济,毕见于集中,则又不能不为永嘉抱此憾事矣。"

赵克生对这个问题的论述很深刻,其论云:"'大礼议'之后,世宗遂以制作礼乐自任。……而这些祭礼改革是以《周礼》为蓝本,以复太祖初制相标榜。"①

"嘉靖九年以后的祭礼改制实际是以《周礼》为其思想资源。为此,世宗预先宣传《周礼》的礼学思想,给即将开始的祭礼改革做舆论准备。其中值得注意的是,世宗将《周礼》立学、重刻《大明集礼》。""先看《周礼》立学。明朝以《四书》、《五经》立学、策士,'礼经'乃用'礼记古注',《周礼》在当时并未具有绝对的权威性。要使《周礼》为礼制革新服务,必须先树立《周礼》的绝对权威性。利用国家的力量把《周礼》正统化,成为国家的意识形态。'(嘉靖九年前)礼部行移天下,令立小学,习读《周礼》,又令科场必以《周礼》策士。'又表彰学习《周礼》有成者,如嘉靖八年,同安县儒士李如玉,纂集《周礼会注》十五卷,令其子诣阙奏进,诏给冠带,有司礼奖。"②

"《大明集礼》(又称《明集礼》)为徐一夔、梁寅等奉敕撰修。……成书于洪武三年的《大明集礼》乃太祖之初制,初制上法三代,承继《周礼》为多。如以都宫之制建太庙,为洪武初制。"③张璁与世宗共谋,也是持以祖制行新制,借洪武初制来压制臣下反对的声浪,时臣下无不援引洪武定制反对世宗的祭礼改制。

"嘉靖朝重刻《大明集礼》,以《周礼》立学,是有深意的。世宗企图以此建立一种新的礼学思想,赋予其思想以普遍性,通过经典、学校进行灌输,使之能成为证明世宗祭礼改制合理性的一种有说服力的解释系统,从而成为嘉靖礼制革新的理论基础。"④

2. 重视事功、史学研究和地志辑修

永嘉学术的开创者王开祖不谈义理,以后南宋永嘉学者本此学风,进而反对空谈义理。陈傅良的学生曹叔远当面与朱熹谈道:"陈先生说,只就事上理会,较着实。若只管去理会道理,少间恐流于空虚。"(《朱子语录》卷一百二十)黄宗羲肯定了永嘉学派不空谈义理,他说:"永嘉之学,教人就事上理会,步步着实,言之必使可行,足以开物成务,盖亦鉴一种闭眉合眼朦胧精神自附道学者,于古今事物之变,不知为何等也。"(《宋元学案·艮斋学案》的案语)

---

① 赵克生:《明朝嘉靖时期国家祭礼改制》,社会科学文献出版社 2006 年版,第 39 页。

② 赵克生:《明朝嘉靖时期国家祭礼改制》,第 40 页。

③ 赵克生:《明朝嘉靖时期国家祭礼改制》,第 40—41 页。

④ 赵克生:《明朝嘉靖时期国家祭礼改制》,第 42 页。

南宋永嘉学者重视实践,重视事功。清代学者全祖望、黄百家等人在《宋元学案》卷五十二《艮斋学案》评论薛季宣的学术思想说:"其学主礼乐制度,以求见之事功。""凡夫礼乐兵农,莫不该通委曲,真可施之实用。"陈傅良指出:"所贵于儒者,谓其能通世务,以其所学见之事功。"(《止斋集》卷十四《外制·大理寺主簿王宁新知信阳军》)陈傅良一生著书立说,培育人才,为地方官,多有善政。

张璁也反对空谈义理,重视实践、重视事功,参加大礼议是这种观念的具体实践,从政之后、入阁之后的政治改革均是这种观念的具体实践。

议礼新贵普遍地反对空谈,霍韬《上杨邃庵书》①:

> 宋朝士夫,动拥虚名,动名浮议,其未见用,人多以大用期之,及其见用,亦只如此而已矣。尝谓宋儒学问,动师三代。张江陵亦不喜宋人议论。大抵立功立事,非宋人所长,故有志事功者弃去不愿也,而致君图治之效,不及汉唐。汉唐宰辅虽不知学,犹能相其君以安中夏,而制四夷。宋人则高拱浮谈,屈事戎狄,竭民产以纳岁币。苟延旦夕之安,履霜不戒,卒覆中夏而后已。若此者可诿之天数,可徒责徽钦,而嘉祐康定以迄元祐之诸君子,可独逃责乎。命世豪杰为能见兆未形,而先机预策,以制数百年,未易测识之虞也。况于事势显白,有必至之危。然犹瞑乎莫觉者,谓国有人也可乎?宋朝士夫浮议,甚于战国之横议。而流祸之烈,甚于晋之清谈。顾未有命世大儒起而扫之。今之士夫,动多掇拾其唾去之说,以噍嚼之。此士习所以益卑,政治所以益弛,祖宗之旧章所以日益废格,民日益困,财日益匮,大势日有不测之虞。而当事君子,莫或之省忧也。老先生际遇圣明,言无不听,谟无不达,时几若此,谅不轻易失之。世传三杨入阁,极一时勋名之盛,不知三杨坏我太祖之法已多矣。此论虽苛,亦有确见,上下晏安,苟且度日,卒贻正统之乱。昔李林甫死,然后禄山反,明皇卒鞭林甫尸,谓其酿乱也。三杨肉未寒,即有土木之扼,律以林甫之刑,尚可辩说乎。今欲图治,非痛洗三杨以后之弊而上复祖宗之旧不可也。老臣出处,社稷是荷。区区洁身,一隅之小节,则卑官下士之事,而非所慕以为荣也。

霍韬一贯支持张璁的政治革新,此文即代表张璁的观点。该文指出宋儒之陋,在于以议论为高,而事功为不足。其宰辅之不如汉唐远矣。而今日士夫"动多掇拾其唾去之说,以噍嚼之",故政事日弛。推溯此局面之造成,

---

① 《霍文敏公文集》四《疏·书·杂著》,明陈子龙等:《明经世文编》卷188,中华书局1962年版。

不得不推溯到三杨入阁之后,因三杨入阁之后,"上下晏安,苟且度日,卒贻正统之乱"。因此,霍韬认为,"今欲图治非痛洗三杨以后之弊而上复祖宗之旧不可也。"

陈傅良继承薛季宣的"道在器内"的论点,教导学生说:"器便是道,不是两样,须是识礼乐法度皆是道理。"①他和薛季宣一样,主张为学必须务实,不喜欢空谈义理。他的高弟曹叔远就曾当面对朱熹说:"自年二十,从陈先生。其教人读书,但令事事理会。如读《周礼》,便理会三百六十官如何安顿;读《书》,便理会二帝三王所以区处天下之事;读《春秋》,便理会所以待伯者予夺之义。"并说:"若只管去理会道理,少间恐流于空虚。"②楼钥《宝谟阁待制赠通议大夫陈公神道碑》③:"中兴以来,言理性之学者宗永嘉。惟薛氏(季宣)后出,加以考订千载,自井田、王制、司马法、八阵图之属,该通委曲,真可施之实用。……公(指陈傅良)游从最久,造诣最深,以之研精经史;贯穿百氏,以斯文为己任,综理当世之务,考核旧闻,于治道可以兴滞补敝,复古至道,条画本末粲如也。"

在这种"识礼乐法度皆是道理"的观念指导下,陈傅良极其注重史学研究,其史学造诣极深,著述宏富。④ 陈傅良深究史籍,目的是为了"古为今用"。正如叶适赞美他:"能新美旧学而和齐用之。"并推许他:"古人经制,三代治法,……一事一物,必稽于极而后止。……凡成周之所以为盛,皆可以行于今世。"(《水心文集》卷十六《陈公墓志铭》)

永嘉学者大多注重经制、史学的研究,而研究经制、史学的目的是以古阅今,经世济民。陈傅良还注意地方志的编撰。宋代的《长乐志》(即《淳熙三山志》)是我国著名的方志,至今仍为学术界所珍视。世人仅知此书为梁克家所编修,实际上曾得到陈傅良的大力帮助。宋陈振孙说:"时永嘉陈傅良君举通判州事,大略皆出其手。"(《直斋书录解题》卷八《地理志》)陈振孙认为《长乐财赋志》十六卷,也是陈傅良撰写的。⑤

张璁极其重视经制、史学研究,侧重于礼制、服制方面。张璁著有《金滕

① 转引自《朱子语类》卷一二〇曹叔远对朱熹所述之言。
② 转引自《朱子语类》卷一二〇曹叔远对朱熹所述之言。
③ 楼钥:《攻媿集》卷九五,《四库全书》本。
④ 其历史著作有《建隆编》、《春秋后传》、《左氏章指》等书。还有《历代兵制》,是通史性质的我国历代兵制史。
⑤ 参见周梦江:《叶适与永嘉学派》,浙江古籍出版社1992年版,第93—96页。

辩疑》一卷,是对《尚书·周书·金縢》篇的辩疑,然已佚。[1] 对服制方面研究很精通,嘉靖年间予以注说的有:《乘舆冕服图说》一卷(嘉靖间考古衣冠之制)、《玄端冠服图说》一卷(燕居冠服之制)、《保和冠服图说》一卷(宗室冠服之制)、《武弁服制图说》一卷(亲征冠服之制)。[2] 光绪《永嘉县志》卷二十六《艺文志·史部》载有《忠静冠服图说》(据《千顷堂书目》)、《郊祀考议》一卷(据《百川书目》,嘉靖九年撰)、《正先师孔子祀典集议》一卷(《雍正通志》引《澹生堂书目》)。

《明史》卷九十七志第七十三《艺文志》还载有《圜丘方泽总图》二卷、《圜丘方泽祭器乐器图》二卷、《朝日夕月坛总图》二卷、《朝日夕月坛祭器乐器图》二卷、《神祇社稷雩坛总图》三卷、《太庙总图》一卷、《太庙供器祭器图》一卷、《大享殿图》一卷、《大享殿供器祭器图》一卷、《天寿山诸陵总图》一卷、《泰神殿图》一卷、《帝王庙总图》二卷、《皇史宬景神等殿图》二卷、《圆明阁阳雷轩殿宇图》一卷、《沙河行宫图》一卷,原文注云:"已上俱嘉靖间制式。"疑其中不少张璁曾参与,张璁对典章制度、礼制服制方面的知识是很渊博、精到的,故在嘉靖皇帝重定祀典时不时以其史识折衷之、调度之。

张璁也修有嘉靖《温州府志》。胡珠生在弘治《温州府志》前言中说:"嘉靖十六年,致仕首辅张璁独力编纂《温州府志》,现存天一阁本共二册八卷,对"城池、风俗、山川、人物与大宫室、丘墓、书目、诗文"这类间有可观者采录之。而有关"明伦"及自身经历资料占全书相当大篇幅,相对削弱了史志各要素的分量,以致受到孙诒让等学者的严正批评:"其书承王《志》之后,而卷数乃不及王《志》之半,盖吾乡地志之简陋,自此始矣。""但该志也增加一些可贵资料,例如卷三《贡赋》就比弘治《府志》详细得多,不仅有官田、官地,还有官山、官塘、官池的当代统计数字,未可厚非。"[3]胡珠生所评颇为公允。张璁所修的地志在中国所有的地志中堪称另类,别具特色。由于他一贯以"明伦"为己任,所以将其观念也渗透到地志中去。嘉靖《温州府志·序》(《张文忠集·文稿》卷一)开头就说"父子君臣人之大伦也,舍此言治皆苟而已",可见他对参与的大礼议念念不忘,将明伦提到政治教化的最高度。张璁的一生,乃是为"明伦"奋斗的一生,明伦就是他的最高的天律。张璁认为旧志不足,虽"间有可观,采录之,孰有大于明伦者哉,千百年之下孰有过于

---

① 据《经义考》九十七,《千顷堂书目》二未载卷数。《经义考》九十七注曰:"未见。"参《温州经籍志》卷一《经部·书类》。

② 以上载《明史·艺文志》。

③ 参见胡珠生:《明代三部〈温州府志〉探略》,载王敏、曹凌云编:《文化沉思——龙湾明代文化与旅游开发》,国际文化出版公司 2008 年版。

此者哉"。他修这个温州府志的时候,仍旧是用"明伦"的观念来统领的,因此他修的志显得与他人修的志大不一样。在温州府志中大量采录他自己议典礼时的文献,以备考录,因为他认为这些最重要。因此,这部嘉靖《温州府志》已经成为其政治理念的注脚。修地方志而大量采录议礼诸文,似不妥。不过话又说回来,正德嘉靖之际,的确没有比大礼议更重要的政治事件,世宗继统之后,影响明季政治极其深远,张璁此志,从某个角度来说,也是实录,具有不可抹杀的方志价值。"明伦"的最终目的是经世济民,"能通世务,以其所学见之事功"。(《止斋集》卷十四《外制·大理寺主簿王宁新知信阳军》)这本质上是永嘉之学在地志中的贯彻,只是打上了更多的张璁的个人色彩。

3. 辟佛

王开祖大力辟佛,攻击老庄,这对叶适等人也有影响。叶适认识到道学的心性之说,其理论很多来自佛学思想。朱熹吸收佛学思想来丰富自己的心性之说。叶适认为二程、朱熹援佛入儒的做法,是混乱了儒学的本旨。王瓒、张璁等永嘉场人物也有强烈的反佛思想。

张璁曾极力矫正"俗信浮屠"之俗。嘉靖《温州府志》卷一《风俗》"治丧不用浮屠不饮酒"条自注云:"自元以来俗信浮屠诳诱张少师力变之,又家戒曰:凡有丧邻里乡党相恤礼也,近世礼教不明,初丧设席延宾,及葬直船欢饮,仆从下人亦责供给,遂使孝子忘哀弃礼,极力营办,间有执礼反加诋毁,此等细人本不足较,但有干风化,罪不可逭,兹吾家连遭二丧,变故匪常,在弟子当知执礼省躬以消罪戾,不许信从,恶俗有失家规。吊宾止宜如礼侍茶,间有路遥者,蔬饭可也,违者罪有所归,此非吾家俭吝,实变俗之大节也。"张璁不仅要求"治丧不用浮屠",还要"不饮酒",设席延宾,不可失"俭吝"之家风。

他自身就身体力行。《张文忠公集·文稿》卷五《王处士墓志铭》:"正德乙亥九月九日,先生卒。予得讣,匍匐而往。既至,而先生已沐浴加深衣履袭矣。予乃躬敛绞,使具大小之殓,不作佛事,不酒食以餍吊者。"

李阶的先世葬姚岙空山,其墓地草庐为游僧所夺,香火院一变为龙潭寺。李阶父李钧卒后,只得祔葬旁麓。对此,张璁说:"韩子曰:'人其人,庐其居,火其书。'今异端反为害如此,此余窃深为世道叹也!"在张璁的谋划下,李阶"相龙潭旧址而重构之,迁徙之,而僧徒散焉"。张璁后来回忆此事并论云:"凡乡之善人,靡不喜李氏之治异端,迄今而其害散已也;靡不喜李氏积善之家,迄今而有余庆也。兹恭遇圣天子在上,敕天下有司,道化僧徒归正,较多寡之数,以上下其绩,百凡莫不祗承德意,以共成于变之化正,所谓"人其人,庐其居,火其书',韩子能言之,今余何幸身亲见之也。"(《张文忠公集·文稿》卷五《李月川先公墓记》)对于僧道文化,张璁很清楚地表明了其儒家正统立场。

第二节　阳明心学对永嘉场人物的影响

陈来在《良知学的展开——王龙溪与中晚明的阳明学》[①]一书序里引钱穆《宋明理学概述》观点说:"南宋在朱熹之后,或述朱,或诤朱,总之不离朱熹为中心。而明代自王阳明之后,或述王,或诤王,要之不离王阳明为中心。历史事实的确如此。明代中期以后,虽然有朱学及其对王学的反动,但潮流所向,毕竟以王学为这一时期的主导思想。"阳明卒后,"王学"或"阳明学"流行天下,其派别众多,其重要代表人物有钱德洪(绪山)、邹守益(东廓)代表的王学稳健派,可称"主修派"。王畿(龙溪)代表的无善无恶派,可称"主无派"。聂豹(双江)、罗洪先(念庵)的主静归寂派,可称"主静派"。王艮(心斋)、罗汝芳(近溪)的泰州学派,可称"自然派"。[②] 四派经过历史的洗刷,而以泰州、龙溪两派为主流。黄宗羲言:"阳明先生之学,有泰州、龙溪而风行天下,亦因泰州、龙溪而渐失其传。"[③]

明代永嘉场人物仕宦者众,与国内名流多所交往,不少人也紧随时代思潮,与王阳明及其高弟来往,或者成为阳明学的信徒,或者积极吸纳阳明心学的合理成分,在辨析精微、折衷诸学的过程中逐步形成了自家的思想。

一、心学对张璁的影响

张璁前期人生中一件重要的事情是与王阳明的会晤。大概在正德十年或正德十一年丙子(1516)春,张璁过南京,谒鸿胪寺卿王守仁,相见甚欢,得其书于画面之《敬一诗》,作《咏万诗》以酬之。《咏万诗》:"品物形容别,君门万里多。藏三生几许,挂一漏如何? 对策言难尽,封侯户岂过。独欣歌圣寿,列国似星罗。"款署:"阳明先生有咏一之作,书于画面,余得之珍重,复咏

---

① 彭国翔:《良知学的展开——王龙溪与中晚明的阳明学》,生活·读书·新知三联书店 2005年版。

② 陈来:《良知学的展开——王龙溪与中晚明的阳明学·序》,生活·读书·新知三联书店 2005 年版。

③ 黄宗羲:《明儒学案》泰州学案案语。

万以和之。罗峰。"①其时王守仁的阳明之学,"学者翕然从之",门生遍及海内,而尤以浙东为盛。这次会晤,对张璁影响不小。

张璁等议礼新贵的思想深受王学思想的影响,不少学者都指出这点。欧阳琛在考辨大礼新贵与心学关系后认为:"赞礼诸臣思想渊源,多为姚江王门高弟,则此一新旧士大夫集团之政争,实与当时王学及正统朱学之对立有关。"②

张宪文对此问题有所考察,其《张璁年谱·导言——论张璁》③论云:

> 议大礼,表面上是辩统与嗣,是争帝系,但从深层次的学术思想来看,实质上却是封建社会儒家居统治地位的程、朱理学和新兴的王阳明心学的一场斗争。杨廷和守的是宋儒程颐的《濮议》,他认为《濮议》是"最得义理之正,可为万世法"的,也就是说他所遵循的是绝对理派的程、朱道学。而张璁的议论,是尊王守仁"心即理也"的论点,指出:"《记》曰礼非从天降也,非从地出也,人情而已矣"(《张文忠公集·奏疏》卷一《正典礼第一》);"礼,时为大,顺次之,不时不顺,则非人情矣,非人情,则非礼矣"(同上)。而先后赞同张璁之说的方献夫、霍韬、席书、桂萼、黄宗明、黄绾等也无不以"礼本人情"立论,强调礼要切合实际,要缘人情,如不切实际,不顺人情,就是非礼,也无所谓礼。其中,席书是王守仁的好友,当王守仁谪贬贵州龙场驿丞时,席书正任职贵州提学副使,即请守仁在其地授徒讲学。方献夫、黄宗明、黄绾都是王守仁的学生(张璁外甥王激亦守仁门人),霍韬则是方献夫的同乡。值得指出的是,在议礼过程中,席书、霍韬等都曾致书向王守仁请教,守仁因受朝廷排斥,虽未上疏参议公言于朝,但当人们向他请教此事时,也都参与讨论,申明自己的观点。如其答霍韬书云:"往岁曾辱大礼议见示,时方在哀疚(指因父丧在家守制),心喜其说而不敢奉复,既而元山(席书)亦有示,使者必求复书,草草作答,意以所论良是,其后议论既兴,身居有言不信之地,不敢公言于朝,然士大夫之问及者,亦时时为之辨析……"(《王文成公全书》卷二十一外集三《与霍兀崖(韬)书》。笔者注:该文原注写于"丁亥",即嘉靖六年。)这表明王守仁是赞同张、桂、席、霍等考兴献王的主张的,实际上也是参与了这一议论的。所以,大礼之

---

① 据张宪文《张璁年谱》第57—58页按语。该诗系书于泥金扇面者,唐长孺先生在20世纪50年代得之于北京琉璃厂肆。

② 欧阳琛:《王守仁与大礼议》,《新中华》第12卷第7期。

③ 《张璁年谱·导言》,第26页。

争,就学术而言,可以说是陆王心学对程朱理学发起的一场论战。

关于王阳明为何不对大礼直接发议论,陆桴亭世仪曰:"席书黄绾之徒先后以大礼问于阳明,阳明皆不答,呜呼,先生之亮识高节为不可及也。大礼之议惟璁萼论得其正,使出自先生当时后世又不知生多少议论矣,此先生之亮识高节,所以为不可及也。"①

王阳明的弟子陆澄,字原静,又字清伯,湖之归安人。正德丁丑进士。授刑部主事,从最初的反对考兴献王到附和张璁、桂萼之论。沈德符《万历野获编》卷二十"陆澄六辨"条载:

> 刑部主事陆澄,王文成高足弟子。世宗初……澄又疏诋考兴献之非,投劾归,赴补得礼部。时张、桂新用事,复疏颂璁、萼正论,云以其事质之师王守仁,谓:"父子天伦不可夺,礼臣之言未必是,张、桂之言未必非。"恨初议之不经,而怔悔无及。疏下吏部,尚书桂萼谓澄事君不欺,宜听自新。上优诏褒答。未几,《明伦大典》成,中载澄初疏甚详。上大怒,责其悖逆奸巧,谪广东高州府通判,旋升广东佥事,尚以颂礼得超擢云。文成之附大礼不可知。然其高弟如方献夫、席书、霍韬、黄绾辈,皆大礼贵人。文成无一言非之。意澄言亦不妄。

按:陆澄前后态度之反复,与其个人之认识抑或人格有关系,然云曾以张璁、桂萼之论质之王阳明,王阳明持肯定态度,则基本可以了解王阳明的立场。因为大礼贵人方献夫、席书、霍韬、黄绾辈,皆王阳明高弟,倘王阳明反对张璁、桂萼之论,岂能纵容弟子从事之。

陆澄其人,乃有功于心学传播的王阳明弟子。黄宗羲对陆澄前后态度的变化,有其独到的解释,他认为:"先生初锢于世论,已而理明障落,其视前议犹粪土也。……先生已经论列,知非改过,使人皆仰,岂不知嫌疑之当避哉?亦自信其心而已。学谟准之以鄙情,不知天下有不顾毁誉者,咥然笑其旁也。"陆澄何其见事之晚,待质之王阳明而后"始有定论"。则王阳明对张璁议大礼之首肯可知,而陆澄能幡然改悔,一洗前说,非仅阿附,应出于本心所见。然而,未曾直接得王阳明之接引的张璁,却能以"礼本人情"而定议礼之是非,可谓智勇。"永嘉或问:天下外物也,父子天伦也,瞽瞍杀人,舜窃负而逃,知有父而不知有天下也。圣人复起,不易斯言。阳明所谓心即理也,正在此等处见之。"(《明儒学案》卷十四《主事陆原静先生澄》)同样,王阳明也认为礼本人情,不可拘泥于古。"天下古今之人,其情一而已矣。先王制礼,皆因人情而为之节文,是以行之万世而皆准。其或反之吾心而有所未安

---

① （明）钱德洪编、（清）杨希闵节抄:《王文成公年谱》嘉靖三年条,十五家年谱丛书第 15 册。

者,非其传记之讹缺,则必古今风气习俗之异宜者矣。此虽先王未之有,亦可以义起,三王之所以不相袭礼也。若徒拘泥于古,不得于心而冥行焉,是乃非礼之礼,行不着而习不察者矣。"(刘宗周《阳明传信录》,《明儒学案》卷十《姚江学案》)

当然,张璁思想毕竟与良知学有异,其学术的基本背景是永嘉之学,久受宋明永嘉之学的熏习,认同陈傅良:"所贵于儒者,谓其能通世务,以其所学见之事功"(《止斋集》卷十四《外制·大理寺主簿王宁新知信阳军》)之说,故既入阁之后,即从事维新之治,将其经制之学践行于实际。《东瓯遗事汇录》卷一六《文学上》引清赵之谦《章安杂说》评曰:"明季士趋理学,永嘉为相,良知之道方行于天下。在朝者多以安静为圣,而彼独喜动作,宜得众恶。幸世宗之一心委任,否则危矣!"良知之学之所以于嘉靖年间盛行,与议礼新贵多系阳明弟子或其思想认同者大有干系。

阳明心学奉致良知、知行合一之旨。王阳明说:"若鄙人所谓致知格物者,致吾心之良知于事事物物也。吾心之良知,即所谓天理也。致吾心良知之天理于事事物物,则事事物物皆得其理矣。"①欲使事事物物皆得其理,自以良知天理的标准求德业之增进,持此德业以见之于事功,对不合理性的现状,势必要进行变更、革新,使之合于良知天理。而张璁所学,路子则与阳明之学有异,欲以经制之学见之于事功,其不满现状,追求维新变革则与桂萼等同。② 正因为如此,才得以形成一个议礼新贵革新集团,达成嘉靖维新之治。

张璁、桂萼、方献夫、席书、霍韬等人本身不是阿附以取富贵的议礼新人,他们同样怀着一心只为君父忧、以天下为己任的理想,由争大礼而获得新君的赏识,成为世宗倚重的大臣。楚人杨鹤序《张文忠集》云:"肃皇帝由藩服入继大统,此君之变局也;公以一书生,抵掌而取相印若寄,又相之变局也。君相之局变,则朝局自不觉与之俱变,议论必更新,制度必度始,非特礼官又不能违,即君且不能违也;非特君不能违,即天且不能违也。时也,亦势也。……当鼎革震动之初,老臣宿儒龈龈焉,执已陈之死局,或可或否,以摇上心,赖公援引书史,反复迭难,廷议屈,相权重,而少主之威亦伸。"(《张文忠公集·序三》)新君新臣的新局面一形成,一场嘉靖维新之治也随之紧锣密鼓地展开。嘉靖皇帝前期有比较强烈的革新弊政的愿望,这是张璁等能开展维新之治的基础。

---

① 《传习录》卷中《答顾东桥书》,上海古籍出版社 1992 年版。

② 而其后张璁和桂萼等人的思想分歧,也应从学术根本出发而求之。

张璁等议礼新贵得嘉靖皇帝之器重,故能行其志。"公天性孝友,气度朗豁,博极群书,英伟迥特,非时俗肤浅所能揆测。及当事苞政,执法以往,刚倔不回。受知明主,谢苞苴,孤立行一意。元侯中贵戢戢敛束,要亦有以服其心矣。"①

二、浙中王门传人王激

王激(1476—1537),字子扬,号鹤山。曾任国子祭酒兼经筵讲官。万历《温州府志》卷一一载:"王激,字子扬,澈次弟,天资英迈,丰仪秀伟,书过目成诵。正德丁卯,以春秋举省试第二人。嘉靖癸未(二年,1522),以诗经成进士出令吉水,专务德化,不为文法所束。擢吏部文选主事,戊子主广东乡试,寻迁考功郎中,黜陟惟公,振拔幽滞,直已无他狥,满考转通政司右通政,国子祭酒兼经筵讲官。众方需柄用,乃以二亲并耄,累疏乞休,连遭内外艰卒。生平风致魁岸,而过于澡洁,视一切委琐,若有所浼,方际通显而力于求退,不欲以亲援为口实也。诗文操笔立就,雅为士林推重。所著有《文江集》、《鹤山》②诗文若干卷。子叔懋为鸿胪寺署丞。"

王激任大司成,培育多士,在当时具有崇高的声誉。《王氏世录》卷一王叔果《世传·祭酒鹤山翁传》:"满考晋南京通政司通政,转司腾黄,以材望改国子祭酒兼经筵讲官,在国学端范崇教,振作有方,四方名士多出其门。……生平忠孝大节文行徽称为海内所宗仰,顾天啬其年,位未副德,然身名两完,出处亦光伟矣。"

王激师承姚江之学。与王守仁高弟徐曰仁、朱守中等素相友善,切磨学问。《王氏世录》卷一王叔果《世传·祭酒鹤山翁传》:"屡上春官不第,游两都名动公卿间,许公台仲、金公汝田、应公邦升诸君子相与道义交,因徐公曰仁、朱公守中问学于阳明先生。"《瓯东私录》卷二《书文江集后》:"然先生素有希圣之志,又得与阳明高弟徐公曰仁、朱公守忠、蔡公希颜、高公汝白、应公邦升,及与王定斋、许杞山诸公素相友善切磨,宜其弸诸中而彪诸外,自有不可掩之实也。"

王激与阳明弟子交,因徐爱、朱节问学于王阳明,乃浙中王门的传人之一。所与交往者亦多王氏门人或心许阳明之学者,如蔡希颜,山阴人,与王琥、许璋同游阳明门下,阳明许之"深潜"。

徐爱(1487—1517),明浙江余姚人,字曰仁,号横山。王守仁妹夫。正

---

① 《万姓统谱》四十,《四库全书》本。
② 按:即《鹤山集》。

德三年进士。授祁州知州,官至南京工部郎中。为守仁疏通辨析良知之说,畅其指要。有《传习录》、《横山遗传》。[①]

王激客金陵时与徐爱交游,作五言古诗《客金陵为徐曰仁赋双溪偕老图》(《玉介园附集》卷四十二《鹤山集》)。正德十二年丁丑(1517),徐曰仁卒,先生甚哀之,七言古诗《哭徐曰仁》:"水部大夫方少年,清标玉立秋风前。贱子钱塘同发解,下马一揖心相怜。从兹江湖十余载,会晤踪迹相夤缘。跨驴寻山送白日,银灯坐夜同青镫。别来抱病卧茅屋,白鹤报讣瓯江边。抟云鸦折怨碧落,连城玉碎空蓝田。棠棣无花夜萧瑟,椿萱兰蕙寒不妍。前年哭子病子夏,而今短命伤颜渊。迢迢姚江几百里,天涯病日迷寒……"次年重阳有诗伤其逝,《九日哭曰仁》:"去年重阳望新月,听雨联床声未歇,今年月出不见人,路隔幽明肠断绝,共姜帐寒伯道冤,两髯高堂正垂雪。千里徒惭一友生,泪湿青襟半成雪。"

徐爱为王守仁妹夫,亦为其最早及门弟子。徐始闻守仁之学,觉与传统说法有出入,既经深入,并亲身实践之后,"始信为孔门嫡传,舍是则旁蹊小径、断港绝河"。其学之要在于"收放心",强调涵养、省察、克治,以培养心之体。他认为"心德"是人之根源,不可少援;文章名业,乃人之枝叶,而不可"汲汲"追求。学者辨此,即是辨义理之分。既知所抉择,则当立志坚定以追求之。因知是心之本体,故"人性本善",而所有邪恶,是由于"客感"的缘故,感之在于一念,去之亦在于一念。心之本体既然由于"客感"而放失,出现邪恶,"故学莫要于收放心"。所谓"收放心",即是涵养、省察、克治。

徐爱特别强调须除好名之心和去私。"文字"和"功名"是"通世之痼疾",为心之累,"必绝之无之而后可以进于道"。徐爱曾与钱德洪等辑录王守仁的语录《传习录》,为王门得意弟子,王守仁曾赞其为"吾之颜渊",黄宗羲谓"阳明之学,先生为得其真"。徐虽于三十一岁早卒,但也有一定影响。

朱节,字守中。山阴人。《明史》卷二百八十三《朱节传》:"朱节,字守中。正德八年进士(按:正德八年无科举殿试,应为九年)。为御史,巡按山东。大盗起颜神镇,蔓州县十数。驱驰戎马间,以劳卒。赠光禄少卿。"《明儒学案》卷十一《浙中王门学案一·御史朱白浦先生节》:"朱节字守中,号白浦,亦白洋人。举进士,官御史,以天下为己任。文成谓之曰:'德业外无事功,不由天德而求骋事功,则希高务外,非业也。'巡按山东,流贼之乱,勤事而卒,赠光禄少卿。先生尝言:'平生于'爱众、亲仁'二语得力,然亲仁必从爱众得来。'"

---

① 参见《中国历代人名大辞典》,上海古籍出版社 1999 年版,第 1935 页。

徐爱、朱节之学深得王阳明心学之要,王激由此二高弟问学于王阳明,于王学必有所契。今其所存《鹤山集》中,无多论王学之文,无从详尽考察其传承,仅得一鳞半爪。如王激《省斋序》:"余尝论:曾子省身之学,其言至简而其功之切要,多发于《大学》正心修身之事,盖一心之用少不加省,则愤惕、恐惧、好乐、忧患之或偏,遂至于亲爱、贱恶、畏敬、哀矜、傲惰之不得其正。"强调省察己心乃用功之切要,承自徐爱"收放心"、王阳明"省察克治之功,则无时而可间"(王守仁《传习录》卷上)之说。

《项乔集·初编·瓯东私录》卷之八《杂著外编》第一〇七条:"罗念庵谓吉水自吾师王公激作县后,其兴利除害,至今无能及。县堂上有二联云:'野花啼鸟冰霜外,白日青天笔砚前'、'节用而爱人,正己以格物',今尚在,即此已是好。"此二联为王激所撰,"节用而爱人,正己以格物"一联,深契王阳明"夫正心诚意、致知格物,皆所以修身,而格物者,其所以用力日可见之地"(《传习录》卷中王阳明《答罗整庵少宰书》)、"德业外无事功"(《明儒学案》卷十一《浙中王门学案一·御史朱白浦先生节》)之说。

王激自视甚高,亦好仙释之学。《王氏家录·外编》卷五罗洪先《中宪大夫国子监祭酒鹤山王公墓志铭》:"先生长身玉立,风致魁岸,负气不肯下人。不独自视甚高,望之者如尘外孤鹤,不易笼绁。久而窥其胸次,率自贬让。自其少时,抱异质书过日辄成诵,兼通诸经,弱冠以春秋魁两浙而举进十则以毛诗。居常有意辟谷,酷嗜仙释氏语,稍长才名迸出倾压行辈。"

王激和许相卿同有丹砂之好。"余性嗜丹砂,嘉靖癸未举进士每戏与相知言,欲求为勾漏令,已而出知吉水邑","九杞山人余平生友也,且同余丹砂之癖,多藏少与,愆逾干糇,余情固留于物矣。"(《玉介园附集》卷三十王激《(弃)丹砂记》)作者虽然最终对自己的行为进行了反思,但对丹砂的嗜好可体会得到。好养鹤,以鹤山自名,题其集曰《王鹤山集》。王激的诗文大多是"体物陈方,纡旨通意,非刻肾雕肠与骚墨争长雄者比也"(南京兵部尚书明州张时彻《鹤山文集序》),南京兵部尚书明州张时彻《鹤山文集序》[①]:"观公诗文以万物为刍狗,以生死为幻化,以富贵为牢笼,以山林为乐园。彼岸先登,缁尘不染。"

由于王激思想方面崇尚老庄、佛禅,有可能使其接纳阳明心学时偏重于虚静之旨,疑影响罗洪先思想的形成。

王激令吉水时,识拔罗洪先于诸生。《王氏世录》卷一王叔果《世传·祭酒鹤山翁传》:"嘉靖癸未以诗经登姚涞榜进士,令吉水,治先教化,每听状多

---

① 《玉介园附集》卷之二十六。

引吉水诲谕,俾自改释,不尽绝以法,民乐其简静,久之发境内凶人王旋辈置之宪典,而众又奢畏法。暇课诸生,雠校经义,念庵罗先生时为诸生,公试其文,赏识之,馆址邑署,与子叔懋同学。"以简静无为而治理繁邑,吉水治绩卓然。且"三岁之间,率多鸣琴谈道以度白日,故无漫兴巧思,所至逸发,不觉其文志成集者如此。间读一二诗词,清飘雅逸,以绝无纤毫烟火尘埃之气,想之若有仙风道骨者"。① 这种人格形象对及冠之年的罗洪先是具有示范意义的。王激早岁得王学心要,而罗洪先又一贯仰慕阳明之学。②

王激说经义自出枢轴。罗洪先《中宪大夫国子监祭酒鹤山王公墓志铭》(《王氏家录·外编》卷五):"其说经义不甚规矩,求合时调,即在公庭亦不喜为时调束缚。"罗洪先也具备这种独任己见的创新精神。据吴震《聂豹罗洪先评传》③第三章,罗洪先其后形成"生平践履"、"主静无欲"、"世间哪有现成良知"、"收摄保聚"各观点。其学说思路有异于阳明学,自成一体,其独任己见的精神可谓不让于其师。王激对罗洪先思想的影响尚有待深入考察。④

三、项乔与罗洪先的思想交流

项乔(1493—1552),明代学者,实践家。字迁之,号瓯东。万历《温州府志》卷一一《人物志·理学》:"项乔字迁之,永嘉人也,己丑(八年,1529)进士,由郎署出守抚、庐、河间三郡,历湖广、福建、广东藩臬。"项乔是永嘉场七甲(今龙湾区沙城镇七甲)人。嘉靖八年进士,历官南京工部主事、福宁州(今福建省霞浦县)同知,抚州(今江西临川县)、庐州(今安徽合肥市)、河间(今河北河间县)知府,湖广按察副使,广东左参政等职。性纯笃学务身心,遇事确然,以理自断,一无所狥。张少师当国,尝欲引致华要,乔谢焉。历官二十余年,洁己爱民,兴利除害,所至善政章著,多遗爱,卒于官,居乡以表正为己任,尤乐以善道开诱人。少壮至老未尝一日废书,研究理奥,不主一家,意见所独得辄札记以自镜,为文关世教,不事险棘靡艳,所著有瓯东文录私

---

① 项乔:《书文江集后》,《项乔集·初编·瓯东私录》卷之二。
② 罗念庵 14 岁时闻阳明在赣州讲学,心即向慕,欲往从游,父母以其年幼,不允。及《传习录》出,读之至忘寝食。然念庵终身未见阳明。阳明卒后三十余年钱绪山纂《阳明年谱》,将之列入门人行列。参蔡仁厚:《王学流衍》,人民出版社 2006 年版,第 50—51 页。
③ 南京大学出版社 2001 年版。
④ 方长山《王激述论》一文可参,载王敏、曹凌云编:《文化沉思——龙湾明代文化与旅游开发》,国际文化出版公司 2008 年版。

录政录数十卷。"①

项乔一生不但政绩卓越,还与嘉靖年间的著名心学家王畿、罗洪先、邹守益等交往甚密,对理学精微多所辨析。他既虚心请益,又善于独立思考,不盲从他人,留下了与许多士人来往的信函和思考辨析的文字,是研究明代中期理学、心学和温州明代永嘉之学演变的重要文献。

(一)项乔的思想特色

明中晚期思想家们经常聚会,书信来往,还组织会讲,这是学术昌明的表现。项乔与罗洪先、唐顺之、王龙溪之论学广泛而深入。《与罗念庵》(《项乔集·初编·瓯东私录》卷六):"将种种札记,拟与王龙溪、唐顺之再商量之",可见师友之间切磋之风极盛。书信来往频繁,常在书信中探讨他人之思想,如在《与同年罗念庵修撰》(《项乔集·初编·瓯东私录》卷六)讨论了邹东廓思想。

项乔在《谢王湛塘侍御》一信中(《项乔集·初编·瓯东私录》卷五)罗列了自身交往的海内心学名家,"自阳明先生发明千古作圣之诀,海内豪杰之士翕然宗之。某所知者,若安福邹东廓、吉水罗达夫、武进唐应德、永康程舜敷、福山郭君弼、遂宁杨宁卿、泰州林东城、全椒戚南山、泰和欧阳南野、朝阳薛中离、永丰聂双江、靳州冯午山、通山朱两崖、临川章介庵、山阴王汝中、茅治卿,虽才质不同,所造亦异,要皆所谓豪杰之士也"。这个谱系很好,将当时的重要理学家几乎都搜罗了。

项乔的论学之著,主要有《内篇杂著》(《项乔集·初编·瓯东私录》卷四《内篇杂著》):"原本共三百七十三条,难以总成一卷,不得已分二百四十条为内篇,分一百三十三条为外篇。详见《记原》。"还有《项乔集·初编·瓯东私录》卷三、卷八《杂著外编》、《项乔集·续编·瓯东私录六卷本》以及与当时诸名家论学之函。

我们评价项乔的思想特色有三:一是学宗姚江,继承永嘉;二是崛起孤立,不轻立门户;三是实行为主,理义为辅。

其一,学宗姚江,继承永嘉。

项乔的思想有两个来源:一是永嘉学派,二是阳明心学。②

永嘉之学以薛季宣、陈傅良、叶适为宗。至元明清衰竭,几无传人。然地方文化之影响绵绵不绝。项乔身处朱子理学已然僵化、阳明心学振起的

---

① 又参见光绪《永嘉县志》卷十四《人物志二名臣》。其中还有一句述项乔一生勤学,"虽夜必兴,其勤如此"。

② 参见方长山:《永嘉绝学此中兴——明代理学名宦项乔》,《温州日报》2006 年 12 月 29 日。

明代中期,积极地辨析各家学问,最后形成了学宗姚江,继承永嘉之学精粹的思想。博学审问,切问近思,扬弃诸家学说,形成自己的思想特色,留下了非常珍贵的《瓯东私录》等学术文献。罗洪先列项乔于永嘉理学名人之列。《项乔集》附录三《瓯东先生墓表》:"永嘉自有宋以来,专门理学者数十人,如林塘奥之介、二刘之厚、陈说书之直、周文忠之毅、林景文之质、许横塘之政事,皆足表著。使先生厕于其间,即善裁鉴者,宜莫之辩也。"项乔认同永嘉之学的"义利"说:"利者,义之和也。义之所安,即利之所在。人知以利为利,不知以义为利,未有义利其身者也。""利者,义之和也"出自《易传·乾文言》。"义之所安,即利之所在"出自《朱子语类》卷第十六《大学三·传·七章释正心修身》。利与义是一致的,强调"以义为利",须在义的范畴内求"利",此利方可长久。这与朱熹的"正义不谋利,明道不计功"是不同的。

孙诒让评:"瓯东学宗姚江,而不流于狂禅,故其讲学颇多精语,诗文则大都简质,不甚修饰篇幅。"(《温州经籍志》卷二十七《集部·别集类》)

《项乔集·续编·瓯东私录六卷本》卷一《论古今诸儒理学》,可见项乔对各家思想之探讨,并且探讨了方希直之后阳明之学独见重于世的缘故。"若四教不违,三立不朽,能为朱子正讹救弊者,阳明以前,莫如正学方先生希直。自先生以后,学术益大坏矣。阳明始扩朱子所未发而极言之以明格物、尊德性、求放心之旨。其次若杨公守陈更定九籍,虽不尽同朱子,而所学固朱子之学也。若李公梦阳、王公廷相、程公敏政、方公献夫亦多有合道,出人议论。然李好谈文,王好谈仙,篁敏试士有辞,西樵居乡无度。此阳明之学所以独见重于今也。"

其所交往者,多浙中王门或江右王门子弟,而以戚贤①和欧阳南野②的影响最大。《与戚南山掌科》(《项乔集·初编·瓯东私录》卷五):"某平生鲜交游,未能周知天下士,执事之外,则得欧阳南野教益居多,而罗达夫、王汝中、程舜敷辈次之,间有不事讲解,亦能夹持,则唐应德、刘实夫、章汝明、郭君弼、杨实卿、蔡亨之以下数人,皆旦夕不可少者。"

项乔的书房里贴着大量的心学修养的语录,写着"道不可须臾离"及"不愧屋漏"二段,"学问之道求放心"一段,"君子坦荡荡"一段,及阳明《传习录》所载:"自家痛痒,自家须会知得,自家须不能不搔摩得,他人总难与力,更无别法"一段。及"变化气质,惟当事变能不忿怒忧惶,乃见用力"一段,及"古

---

① 戚贤,字秀夫,全椒人,南山掌科,历官吏科给事中,师事王守仁。
② 欧阳德,字崇一,号南野,泰和人,嘉靖进士,历刑部员外郎,累迁礼部尚书,谥文庄,有《欧阳南野集》。

之君子,盖有举世非之而不顾,惟求其是"一段。"此数段皆本职平生不能少尽者,以此警惕心目,常觉真志欠立,念头欠正,若得朝夕服役衙门下,庶几有自得处耳,而不可得也。"(《项乔集·续编·瓯东私录六卷本》卷五《奉冯午山提学侍御》)应该说,阳明之学对项乔的影响是极其深刻的。

其二,崛起孤立,不轻立门户。

罗洪先评项乔:"明兴,薛、吴之后,绝学复倡,至白沙、阳明两夫子出而道一光。学者苟无先入,皆有窥觊。先生崛起孤立,不肯轻徇以为党援,即其著书满家,亦不肯轻出以立门户。"(《项乔集》附录三《瓯东先生墓表》)孙诒让先生评价项乔:"盖学有心得,非依草附木随声附和者也。"①

李义壮《瓯东文录序》(《项乔集·附录一》)指出项乔泛滥百家,潜心德性之修养,其学以存诚为本。"早年泛滥于百家,已尽弃去,潜心于德性而刊落其枝叶,醇如也。""今海内斯学之宗盟若吉州之邹东廓、罗念庵,毗陵之唐荆川及吾广之黄泰泉、王青萝数君子尤豪杰然者,先生所至,往往切问而近思,即闻一善言见一善行,罔不虚受而实践,若不知其为在人在我者。"项乔虚心请益、唯学问是求的精神是可钦佩的。

项乔肯定了孟子周敦儒至程明道的传承脉络,指出"伊川以下,其议论更欠纯正",肯定了罗洪先的摘录明道语录(《项乔集·初编·瓯东私录》卷六《与罗念庵》),但又肯定明道,批评伊川。卷八《杂著外编》八六条:"凡议论行事,在明道方不差,在伊川不能无蔽,如不云歌则不哭,分明东坡为是,却故相违异,以致分党相攻不已……伊川不能罪己过矣,而又罪人耶?"

对朱熹,他并没有盲目崇拜。"三五、黄卓峰直云:'士人有以朱子多所著述当入四配之列者。渠谓如此,颜子不当在两庑之下耶?'此语殊可听。"项乔反对以著述多少分高下。"二三、道心惟一。一为体,泛应曲当为用……此阳明意思,极是。"(《项乔集·初编·瓯东私录》卷八《杂著外编》)

指出程朱之"失却处"。《项乔集·续编·瓯东私录六卷本》卷一《总论为学要旨》:"四、观《太极图》、《东西铭》、《定性书》、《好学论》,周、张、二程之学皆在性情上著力,而不在文辞。要皆是一篇有头脑议论。朱子著述极多,而格物、求放心、尊德性头脑去处却觉差异。盖分尊德性、道问学为两事,不知道问学正所以尊德性也。""以求放心而后可从事学问,不知仁为人心,学问之道已尽于求放心也。以格物为尽天下之物,万物皆备于我,吾意中,而大学之道已备也。此处差异,误人不少。故其先年鹅湖之会,虽不怿于象山支离之说,及其晚年已自抱不得瞑目之恨矣。此阳明所以有'致良知'之说

---

① 孙诒让:《温州经籍志》上册卷十五,上海社会科学院出版社 2005 年版,第 605—606 页。

也。"按：此处皆是悟入极深处，深合乎阳明学之精神。

其评朱子云："惟其注疏太广而照顾或疏，答述太多而传闻或误，以致说不归一，而注或偏蔽，或反失之于紧要处亦有之矣……善学者引伸触类，补其阙略，正朱子肝鬲之所甘也，又岂可以是而短之哉？"（《项乔集·初编·瓯东私录》卷四《内篇杂著》第一二一条）

依据阳明之学批评朱子之学，并修正阳明之学。

项乔认为阳明之学本于朱熹之学。"要之，阳明为朱子忠臣，能扩其所未发则固有之；然阳明之所以得启一己之蒙而能发者，未必非朱子折衷传注之力也。"（《项乔集·初编·瓯东私录》卷四《内篇杂著》第一二一条）

但是项乔并不苟同阳明之学，对阳明之学的理解颇多个人化色彩。

首先，项乔对王阳明的"致良知"，提出其个人看法："一一九、阳明子议论或颠倒豪杰，使人自悟处有之，善学者不当执一看也。……谓之救弊则可，就指为千圣秘密之藏，为万世不易之论则不可；指以语中人以上者则可，指以语中人以语下人者则不可。良知本配良能而言，致知当对力行而言。既曰致良知，独不当又曰致良能乎？虽'致'字之中亦有力行工夫在，而使初学者闻之，终似少他一脚，且似不涉见闻，使人无处着力，何能使之濯旧见以来新意也？"（《项乔集·初编·瓯东私录》卷四《内篇杂著》）

其次，对于格物的"物"，项乔大体认同阳明格物即格心之说。反对朱子格物之说，《项乔集·续编·瓯东私录六卷本》卷一《总论为学要旨》："六、格物就是正物。性者，物之灵而能生之理。"他强调朱熹格物之说不可行。《项乔集·初编·瓯东私录》卷四《内篇杂著》第一九条由读《中庸》而阐发其对心学的理解。"一九、虽然，学问之道，无他，求其放心而已矣。既能养其性德以收其放心，则圣贤学问之事已都尽了，如何才去'致知格物'？万物皆备于我矣，但物有本末，事有终始，知所先后，便为近道，又欲即凡天下之物而尽格之，不知天下之物无穷，虽白首岂能尽格得？待格天下之物方为致知，而后正心诚意以学力行，吾恐终身不能至知至之地，终身无有能力行之时，如何可以率人而谓道学之传如此耶？"

第三，对知行合一的理解有异于阳明。

项乔所持的是程朱"知先行后"的传统观点。反对行先知后之说。《项乔集·初编·瓯东私录》卷五《与同年王龙溪主事》："惟行而后知，恐未可为定训。孟子譬孔子大成，而指始条理为智，终条理为圣，则先知后知，已有明训矣；但一开口便说先知，似有遗却头脑之病，古行然后知，所以救其弊耶。"

"知行合一云者，非谓知便是行，行便是知。知还是行，知还在先，行还在后。观孔子答哀公生知、学知、困知与安行、利行、勉行先后并列；孟子以智为始条理、圣为终条理,可以见其序不可乱,其功不可缺也。""知之正所以行之,非两不相干物事。所谓知行合一者,或当如此看。"知虽在先,行虽在后,而两者不可分离、一脉相承,"先知之正所以行之,是知之所及,而行即随之,不行便不谓之知,原是相离不远的,故曰合一"。①

因知行不离,所以要能知能行,这就是项乔理解的知行合一之旨。"一、孝弟忠信便是道学,食息起居都是工夫。工夫只在念头,真正德业须是真念做成。""二、凡能知能行方是学。"(《项乔集·初编·瓯东私录》卷四《内篇杂著》)《项乔集·初编·瓯东私录》卷八《杂著外编》载柯双华同年论学,"五〇、双华曰:知行合一者,众人心之本体;知行不合一者,人之病痛。知行要合一者,学者之工夫"。项乔评"此说得完全"。

最后,在德性修养方面,项乔颇多亲身践履获得的经验之谈。

项乔牢牢地抓住"尊德性""致知"这个核心。《项乔集·初编·瓯东私录》卷四《内篇杂著》一九条:"不知圣贤所以道问学者只是为尊德性,尊德性之外别无所谓学问之道也。""能如此,由问学以尊德性,则德修道凝。"致良知要克去私意,"故必克去私意,以复其广大之体,始谓之致。"那么怎么道问学呢? 吾心之良知得于受形降衷之初,要经常"温故",乃能尽知之德性。吾心之良能自厚而不薄,是礼之本,必敦笃于其所已能而有学礼之本,必于敦厚之后而加崇礼之功。此皆所谓道问学也。

多次强调求放心。《项乔集·续编·瓯东私录六卷本》卷一《总论为学要旨》:"一、学问之道只在求放心,……不专读书,其所戒惧处只在喜怒哀乐中节。"《与同年王龙溪主事》(《项乔集·初编·瓯东私录》卷五):"尝即阳明之所以异于朱子处而讲求之,胸中之疑十去五六。因知学问头脑,在求放心而已。以此说《学》、《庸》首章,真可谓得其肯綮。"按:此合乎阳明学用"戒惧"来保任守住良知之意。可见项乔格物的目的是为了反身而诚,加强道德反思。

戒惧慎独,即工夫即本体。解读《中庸》之时,项乔指出:"所谓中者,中道而立。故始于为己谨独之心,而著于不睹不闻之地。""欲学孔子者,亦惟博学、审问、深思、明辨、笃行,以戒谨恐惧而谨其独,以充吾为己之心,以造至笃恭不显之妙。"(《项乔集·初编·瓯东私录》卷四《内篇杂著》四条)《项乔集·初编·瓯东私录》卷四《内篇杂著》:"一三、张甬川(张邦奇)谓:'正心是主静之学。'不知渠主静工夫在何处用也? 岂正所戒惧于己之所不睹不闻者耶?"项乔对这种表达很不满意。主静工夫在哪里用呢? 难道不正是戒惧

---

① 《项乔集·初编·瓯东私录》卷三《论类·举业详说》,第128—129页。

于己所不睹不闻者耶？就这层意思来说,是体会了王阳明之学,就是良知本体即寂即通、即体即用。

作工夫需有恒心。《项乔集·续编·瓯东私录六卷本》卷一《总论为学要旨》:"三、工夫只在念头真正,德业须是真念做成。"知善知恶的念头就是现成的良知,故要守住念头真正。如此扩充下去,才是致良知。一时念头真正容易,长久难,故曰:"有恒者之难持也。"项乔还特别的提倡要有恒心。《项乔集·初编·瓯东私录》卷八《杂著外编》:"四九、士无恒产,亦当有恒心。""二零、古语云:'不能动人只是诚未至,于事厌倦皆是无诚处。'验之始见。""四三、"圣人云:不刚不柔,敷政优优。"

以孝悌信为人格修养的入手处。在《家居送文焕、文蔚科举》文中也指出"五一、善德是虚位,经书是注脚,其实只是明人伦。人伦之实,只是孝悌信。"(《项乔集·初编·瓯东私录》卷八《杂著外编》)《项乔集·续编·瓯东私录六卷本》卷一《总论为学要旨》:"二、孝悌忠信便是道学。"

总之,项乔虽尊奉阳明之学,但并不以为阳明之学可定于一尊。《与欧阳南野论学》(《项乔集·初编·瓯东私录》卷三):"乔虽不及阳明之门,于阳明之言极知尊信。然于'致良知'三字,窃以为矫弊之言;于'知行合一'四字,终亦不敢信其为千古不易之论。"其评阳明则云:"其在圣门,或亦曾点之流也。"(《项乔集·初编·瓯东私录》卷五《与戚南山掌科》)

项乔博取各种思想资源,但求义理之真筌。罗洪先《瓯东私录序》(《项乔集》附录一)评:"既未尝主一家之言而拒众善,亦未尝成一家之言以剿众说。达意以为辞,无所饰也;据理以为见,无所择也。""或言《录》中语激切近于愤世,析理间出同异,统纪未一。"

乃至有取于老子。《与叶雪坡侍书》(《项乔集·初编·瓯东私录》卷五):"《老子》一书,虽与孔子之道固异,然能退让以取利,远害以存身,视后世拼命向前,不夺不餍者,风何远也。其微辞奥旨,在不肖或不能句读,近有强作之者,徒赘疣耳。"

其三,实行为主,理义为辅。

经过阅读和分析可以看出,项乔之学是注重践履和实践的,"实行为主,而辅以理义。"罗洪先《瓯东先生墓表》(《项乔集》附录三):"瓯东项先生之学,以实行为主,而辅以理义。其始于传注文义,专而有声;已而博极经史,融液理奥,不主一家。……其意以为必当于心,而后可措之行以成吾身"。侯一麟《瓯东先生遗事》(《项乔集》附录三)也指出:"先生醇性天植,其学务实用,凡规为建白,笃于为民。"观此,项乔是一个虔诚的实践家,注重身心的体验,凡是体验不到的,都不会贸然信奉之,与王龙溪、欧阳德、邹守益、罗洪先等论学不断，只为了辩明理学，求心之所安。

他一生勤学不辍，而勤学本身已成为其践履之组成部分。《项乔集·初编·瓯东私录》卷四《杂著内篇》："乔质鲁，颇知好学，胸中略有悟处必札记之，虽夜必兴。虽不敢谓不可易，而不肯自遗，故语无伦次，亦无文。愿有道而正焉。""然自儒生至显贵，自平居至行役，未尝一日去书，亦未尝一日不札记。其意以为既措之行，则亦可以笔之书，以质于人。"（《项乔集》附录三罗洪先《瓯东先生墓表》）

正因为以实行为主，不尚虚谈，所以项乔为宦期间务实、亲民，敢于革除弊政，"在自己的职权范围内实行了一系列史所未有的破除陋习、改革创新。如废除了'宴赏钱'、见面礼，取缔了贺年礼。建立了沟通民意的'群众上访日'，接受下级监督的'直言无隐者重奖'，培养优秀人才的'灯火费'等等制度"①，其宦绩可圈可点，乃至值得现代人借鉴。

（二）项、罗思想交锋

项乔和罗洪先（念庵），一个是"永嘉场土产"，一个是江右的才俊，二者相逢，展开了一段难忘的友情之旅，也促进了心学承传的衍变。

1. 项、罗交游

罗洪先是嘉靖八年的状元，项乔是其同年。项乔对罗洪先有恩。二人不但是知己，也是诤友。

项乔和罗洪先俱是鹤山先生王激高弟，项乔未第前与张璁犹子张纯，俱从先生游。罗洪先于嘉靖元年补邑庠弟子员。嘉靖二年，王激令吉水时，识拔罗洪先于诸生。馆址邑署，与子叔懋同学。经王激指导，于嘉靖四年中乡举，时年22岁。嘉靖八年中第，举进士第一。②

《项乔集》中有多篇项、罗来往之文。项乔著有《书文江集后》（《项乔集·初编·瓯东私录》卷二）、《与罗念庵论学》（《项乔集·初编·瓯东私录》卷三）、《与罗念庵》（《项乔集·初编·瓯东私录》卷六）。罗洪先著有《罗念庵二篇》（《项乔集·〈瓯东私录〉六卷本·续编·附录》）等，后为其私录和墓表撰文。

项乔对罗洪先有恩。嘉靖九年庚寅（1530），项乔38岁，分司仪真厂，救助罗洪先。罗洪先《瓯东私录序》（《项乔集·附录一》，嘉靖壬子正二月撰）："同登第，数相见于相国张公之门，间论学，嘿嘿注视无酬语，已而授南部以

---

① 胡学崇：《历史文化名人项乔·序》，沙城镇人民政府2003年编。其具体所论待考。

② 参见《项乔集·初编·瓯东私录》卷二《书文江集后》；《温州经籍志》卷二十七，第1169页；又参见吴震：《聂豹罗洪先评传》附录三《罗洪先略年谱》，南京大学出版社2001年版。

去。……比在告,道出仪真,疫疠大荐,亲交无或过者。君在分司为之馆谷,日坐榻上问安否。盖自是始知君。""自己酉至辛亥凡两见,倾倒不能舍。"项乔的自述:"予初主仪真厂事,罗适携家过真,而病者相继,予遣人助之薪水。及念庵亦病,薪水之夫以为疫也,欲遁去,予每日必入其卧内以安诸下之心,而病渐愈。于时自以为情分当然耳,然念庵一见便道及,惠诗四章,首先及焉。"(《项乔集·初编·瓯东私录》卷一《岭南纪事》)

嘉靖十一年壬辰(1532),项乔自南膳部调武选(参《项乔集·初编·瓯东私录》卷二《南游诗卷跋》),时王龙溪与钱绪山赴京参加会试。罗洪先29岁,补原职(翰林院修撰),学者云集。项乔在京城与王龙溪、钱绪山、罗洪先、唐顺之、林春等交往密切。《项乔集·初编》卷五《与同年王龙溪主事》:"弟囊在京师,时承接引,似以为有受教之地,只因未知痛痒切身,不觉蹉过岁月。"王龙溪当时是思想界的巨擘。京师由方献夫和欧阳德等主持的会讲,由于王龙溪"得师门晚年宗说",颇受归重。当时项乔亦应常与会,"时承接引"。次年,在武选,升本部职方司署员外郎主事。罗洪先于真州告别。[1]

嘉靖二十八年己酉(1549),项乔57岁,升河南按察副使,整饬大名等府兵备。过吉水,与罗洪先会,"知念庵方与邹东廓、王龙溪、陈明水、洪觉山会讲于此地,而还家未久也"。项乔以水浅不得往。[2]

嘉靖三十年辛亥(1551),项乔在东粤(岭南)再次编录其文章,"续梓于东粤紫薇垣,凡十册,总名曰《瓯东私录》,则从化教谕傅阳明、新宁教谕林章与香山教谕张天叙各校之,而张天叙规正处亦多。三洲李都宪、翰林修撰同年罗念庵俱已为之序矣"。[3]

嘉靖三十一年壬子(1552)正二月,罗洪先为私录作序:"已而遗以《私录》十册,俾订可否。则见君之生平无问职之劳佚、境之顺逆,咸资经义以自辅。而于心思所得,出处所经,与夫见闻所及,日有札记,以庶几古人精思而力践者。"(《项乔集》附录一《瓯东私录序》)

是年,项乔卒于广东韶关任所。

2. 罗洪先的思想特色

罗洪先在理学方面,属江右王门学派,曾师事王门学者黄宏纲、何廷仁,研究王守仁"致知"之旨。罗洪先的思想演变是围绕王守仁"致良知"说展开

---

① 《项乔集·初编·瓯东私录》卷五《与同年罗念庵修撰》:"奉别不觉七八年矣……我兄有真州送行诗",可见于真州告别。

② 参见《游龙虎山记》、《立后记》,载《项乔集·初编·瓯东私录》卷一。

③ 《项乔集·初编·瓯东私录·私录小序》,嘉靖三十一年壬子正月三日作。

的,其理论与王守仁一样都离开人的社会性而谈抽象的人性论,但就他的整个思想倾向而言,则具有由虚而实的特点。

据吴震《聂豹罗洪先评传》①,罗洪先其后形成"生平践履"、"主静无欲"、"世间哪有现成良知"、"收摄保聚"各点。其学说思路有异于阳明学,自成一体。

罗念庵并非王阳明的直接传人,钱绪山纂《阳明年谱》成,请他校订,勉强应允称门人。在聂豹和王龙溪的辩难中②,他赞赏聂豹之说,发表"世间哪有现成的良知"论调,与阳明学嫡脉王龙溪歧异很大。罗念庵将良知分为已发和未发,"想以未发寂体之良知,主宰已发之良知;而所谓'致知',即是'致虚守寂',以致那寂体良知为主宰。"③《王龙溪语录》卷二《松原晤语》认为:"世人的现成良知与圣人无有不同……必以现在良知与尧舜不同,必待修证而后可得,则未免矫枉过正。"④王龙溪《致知议略》云:"良知即是未发之中,即是已发之和。此是千圣斩关第一义……若于良知之前别求未发,是二乘沉寂之学,良知之外别求已发,是世儒依识之学。"良知之感应即是已发之和,不能于良知之外求已发之和。

其下手工夫,则提出主静无欲、收摄保聚之说,与聂豹的"归寂、致虚、主静"的主张相同。这是当时三教合一思潮的结果。⑤

3. 项乔与罗洪先的探讨

项乔对自己的文集很在意,晚年结集请罗洪先斧正,而罗洪先对项乔极表敬意,云:"佳录十册,篇篇皆世教,如此方不是虚拈笔墨。""文中拳拳以私录是非为请,且责弟不能直言规正,此岂寻常之见耶?为兄叹息累日不置也。"(《项乔集·续编·瓯东私录六卷本》附录《论学书·罗念庵二篇》)

二人为至交,推心置腹地交流。罗洪先《瓯东先生墓表》(《项乔集·附录三》):"洪先往以一二细行相视莫逆,迩来议论稍异,往复辨析,弗明弗止。"项乔向罗洪先说出自己修养的不足,"吾于制行察理犹可勉为,至于心境贴服不乱,澄澈不杂,固若有甚难也"。(《项乔集》附录三《瓯东先生墓表》)项乔做学问、修德业,绝不做那种假道学,一意存诚,心境未澄亦如实说与友人。罗洪先则提出"致虚守寂"、"收摄保聚",其致知的思路是致那未发

---

①　南京大学出版社 2001 年版。

②　二者辩难参《王龙溪语录》卷六《致知议辩》。

③　蔡仁厚:《王学流衍》,人民出版社 2006 年版,第 57 页。

④　蔡仁厚:《王学流衍》,人民出版社 2006 年版,第 53 页。

⑤　罗洪先的观点主要依据牟宗三、蔡仁厚所论。参蔡仁厚:《王学流衍》,人民出版社 2006 年版,第 45—63 页。

的寂体良知,主宰已发之良知。其思路与崇尚阳明学知行合一及受永嘉事功之学熏陶的项乔有异,所以两者往复辨析。卒后罗洪先在墓表中还发出感叹。

二人所论范围甚广,项乔的《风水辨》就引起了这些学者广泛注意。对于项乔的《风水辨》,唐荆川、蔡可泉、欧阳南野等都是推崇的。"唐荆川尝与予及蔡可泉诸知道者论及,便谓此是一篇可传好文字无疑矣。""又尝与念庵痛论一番。"(《项乔集·初编·瓯东私录》卷三《再论风水语录事证》)罗念庵补充其家谱所传杨诚斋论风水事和朽骨之灵应事,还列举诸多事例反复论辩,并达成共识。

项乔无疑是反对罗洪先将未发之和、已发之中截作两断,以及致虚主静、收摄保聚之说的。《项乔集·初编·瓯东私录》卷四《杂著内篇》:"一二、《大学》'欲正其心者',正心之体,不使有所忿喜忧惧也。其正之之功,只在先诚其意。盖心体即未发之中,才思便是已发,一有便是不正,无可着力处,故就已发用工。"慎独也不是主静之学,"慎独,斯有主则虚,而心体自正矣,不是又是一项主静之学,于未发时用功也。若不能于心之发处用工,使梏之反复,则其夜气不足以存,虽睡梦中亦昏昏扰扰过夜,其能虚心而立天下之大本哉"?

项乔《与罗念庵论学》(《项乔集·初编·瓯东私录》卷三)是二人论学的重要文献,其中可窥项、罗二人思想之歧异。

在文中,项乔一贯坚持其辨析、讨论的风格,"有朋远来,丽泽之益须如此,乃不负良会也"。

项乔批评了王龙溪认为"戒惧是本体,不睹不闻是工夫"为阳明先生之言。认为此绝非阳明之言。因为戒慎恐惧是定心的工夫,如何谓之本体?

针对罗洪先和王龙溪思想歧异,讨论良知本体,罗洪先说良知是虚而能实,就是未发之中。王龙溪说良知是原无知而无不知,项乔认为龙溪之意,"亦未必不是此意"。虽然罗洪先所讲的良知跟王龙溪所讲的良知是不一样的,但是项乔从"体用一源"上予以折衷之。阐述其对良知的理解"盖良知虽能类万物之情,有似于实,而初无一物在内,实主于虚,惟以良知为尽妙义,不假见闻知识助发"。

总体上肯定了罗洪先良知需致之的观点。罗洪先认为阳明良知之教本之孟子,以孟子入井怵惕、孩提爱敬、平旦好恶三言为证以辨析之。"是三者以其皆有未发者存,故谓之良知。……阳明得其意者也,故亦不独以良知为训,而以致知为功。"只有那种未发者存的,才谓之良知。这是罗洪先的思想依据。尽管他也认为良知须致之,但是否定了现成良知能为吾心之主宰。

"谓良知为端绪之发见可也,未可即谓时时能为吾心之主宰也。知此良知,思以致之可也,不容以言语解悟遂谓之有得也。"对于这番话,项乔基本上是表示赞同的,认为是"深得阳明本旨",并引王阳明之言以实之。但是从项乔所引的阳明之语,我们会发现其实项乔所理解的良知倾向于王阳明自身思路,而与罗洪先的思路有异。

按:罗洪先以良知为未发之中,为虚体,故仅说,怵惕、爱敬、好恶三者皆有未发者存,而不承认知善知恶的见成良知,故而否定良知可时时为吾心之主宰,以为必须做了一番致虚主静的工夫。知此良知,需思以致之,其实是致虚主静以致之,才能有得。其实罗洪先所讲的那套是与阳明良知教大相径庭的。王阳明说:"主意头脑专以致良知为事,则凡多闻多见,莫非致良知之功。""良知不滞于见闻,而亦不离于见闻。"这是阳明论述尊德性和道问学的关系,良知为吾心之本有,故致之,此所谓立主意头脑也,立了此主意头脑,则见闻之际即致良知也。项乔还引用王龙溪"信得良知过时,意即是良知之盛行,见即是良知之照察"之语,认为"此却似仿阳明辞语而未别其意也",又区分了"见闻"和"意见"之不同:"盖见闻在人,有善有恶,良知必能择而从之;意见在我,既以先入为主,良知鲜有不为之蔽锢者,而何以信得及也? 若曰信得良知过时,则自然无意、无必、无固、无我、无卜度之见矣。"

项乔之所以反对王龙溪意、见之说,是因为本之丁阳明"四句教"即"四有句",而反对王龙溪的"四无句"。阳明四有句是"无善无恶心之体,有善有恶意之动,知善知恶是良知,为善去恶是格物"。龙溪所言,本之于他对阳明"四句教"体悟所得的"四无句":"心体既是无善无恶,意亦是无善无恶,知亦是无善无恶,物亦是无善无恶。若说意有善恶,毕竟心未是无善无恶。"(《王阳明年谱》五十岁后),其"四无句"的关键是第二句,蔡仁厚论:"龙溪以为意之动既有善恶,则必牵累到心体亦有善恶。所以说:若意有善恶,毕竟心体有善恶在。反之心体既无善无恶,则意亦无善无恶。"[1]按:王龙溪"若说意有善恶,毕竟心体有善恶在"此说其实欠妥当。良知心体本身超越意之上知善知恶,不会随意之善恶而陷溺,因而得以保住心体之纯善。"能充尽吾心良知之天理,则心体之至善,自可不因意分善恶而落于善恶对待之境,而心体之内在的先天的准则性遂得以保住。"[2]因此,项乔对王龙溪的质疑是有道理的,是基于阳明四句教而做出的矫正。也正因为其恪守阳明四句教,所以对罗洪先的虚体良知说以阳明思想矫正之。此不得不知也。

---

① 蔡仁厚:《王学流衍》,第19页。
② 蔡仁厚:《王学流衍》,第19页。

批评了罗洪先对《中庸》言性所指在于不睹不闻的说法。"中庸言率性之道不可须臾离,君子必戒惧于不睹不闻者,非以不睹不闻为性也。言修道工夫惟在于人所不睹不闻之时加之意而已。"如果以不睹不闻指性而言,不几于认光景、认暗地为天理吗? 这其实罗洪先将良知为虚体所导致的必然结果,罗洪先认为真良知需致虚守静以致之,故而以不睹不闻为性之体。这是罗洪先"以心著性"的观念的必然看法。以心著性,故要致虚主静,求复良知本体。

其次批评了罗洪先对《大学》"知止而后有定"的理解。《大学》此节大意应以朱注为是,而"知止"的理解又当依阳明为是。可见项乔折衷朱熹和阳明之学的态度。知其所止者唯在于心而不在于事物,而后有定、静、安、虑、得。正如王阳明《传习录·〈大学〉问》所言,"志有定向而无支离决裂、错杂纷纭之患。然后能静、能安则感至善,吾心之良知自有以详审精察之而能虑矣。"项乔"尝合朱子、阳明之意而推之,吾心本然天理之极,而无一毫人欲之私,至善也;尽夫天理之极,而无一毫人欲之私,止至善也",知止就是要尽吾心天理之极,然后专心向知谓之定,定而不为邪妄所动谓之静,心无所摇夺捏抗谓之安。因此,"知止便是格物以致其知处,如颜子由博约而卓尔,孟子由知言养气而跃如,此皆是知止处",那么,像罗洪先所讲的"知止为知,常止是得"这样说无疑太简略了,不如说"而后有定、有得"。

对罗洪先的良知虚体之论颇多不解。罗洪先说"破除欲根",这种接近佛家的话,毕竟不如王龙溪的话透彻,"能于世情淡得下就好"。又说"除却人情事物之感应则无知"之说,也是不通。阳明说的学问唯在人情事变上做工夫,就是致其良知于人情事变。今安立虚体,如何于事物未感之前、既感之后,起作用? 如果皆无知,那么良知虚体又是如何起用的? 对这点,项乔依据阳明学原理敏锐地把握住罗洪先思想与阳明学的歧异,抓住了其要害,这种辩论对于促进双方深入思辨是很有帮助的。

当时罗洪先参与了聂豹与王龙溪的辩难。故而项乔要求他"惟待我如龙溪,以所以示龙溪者示我可也",可见两者思想颇多分歧,项乔颇多疑惑,对罗洪先的很多说法不以为然。

四、其他人物

(一)王健

王健,字伟纯,永嘉人,文定公璒次子。王健宗奉的是姚江之学,并有自己的心得体会。孙昭说:"曾与予辩论良知,往复至再,时时特出新见,其于阳明先生之学,多所发明。"①

从《复斗城子(孙昭)论良知》一文来看,王健对良知之学的理解简洁明快,已有了自己的体会。

王健认为:"君子之学只是勿自欺,毋自欺只是致良知。故致良知者,千古圣贤相传之秘,而阳明公特揭以示人者也。《大学》之言毋自欺曰:'如恶恶臭如好好色',盖以人生大界限,惟有是二者,舍是,以别无着力处矣。"王健先直指良知学的认识方法,就是"毋自欺",合乎王阳明所讲"方知天下之物本无可格者;其格物之功,只在身心上做;决然以圣人为人人可到,便自有担当了"(《传习录》卷中"此后门人黄以方录")。故而"毋自欺"这句来自《大学》的话头,正是王健对王阳明四句教"无善无恶是心之体,有善有恶是意之动,知善知恶是良知,为善去恶是格物"的深刻领会而产生的修心论、工夫论。王健说"本自知善,本自知恶。知其恶而不能致其知以好之,知其恶而不能致其知以恶之,是自欺其本心之明,而卒流于小人之归者也。使知其善恶而能致其知以好恶,则吾心本体常自慊足,意诚心正而身修,而家国天下之能事毕矣",不仅知善知恶而且为善去恶,是致良知也。

对知行的关系,他也强调行的重要性。"是故闻一善言,见一善行,舜之知善与人一也。若决江河,沛然莫御,是舜能致其知以好善,而吾人未之能也。有不善,未尝不知颜子之知恶与人同也。知之未尝复行,是颜子能致其知以恶恶,而吾人未之能也。故有志于舜颜者,学致吾心之良知焉尔矣。"而王健自身也是好修以为常。"其为人廉洁好修,期为无诟訾,人士无贤愚、雅俗,汲汲与交欢。一时被容接者,咸称鹤泉子当今金玉追琢君子也。"(侯一元《鹤泉集序二》)

(二)王叔果

王叔果(1516—1588),字育德,号西华。万历《温州府志》卷一一《人物志·理学》:"王叔果,字育德,永嘉人。参议澈长子。嘉靖庚戌进士,任兵部职方员外郎武选郎中,乙未为会试同考官。寻视师蓟镇诸所,更定著为令分宜相以世好托致绝不私谒,出为湖广参议,擢广东按察司副使,遂引疾归。时年未五十。屏居乡庐,削迹城府,中丞刘公畿、侍御马公朝阳、范公鸣谦交荐之,谢不复出。性孝友谦恭,诚恪天至,生平不妄一语,自奉如寒素,于纷华声利嗜好一无所染,林居二十余年,潜修考古,无一日去书。……所著有《永嘉县志》、《半山藏稿》二十卷。"

---

① 孙昭:《鹤泉集序一》,《王瓒集》卷四附王健《鹤泉集》,作于嘉靖丙辰冬十一月。

　　王叔果的思想,受到浙中王门和江右王门思想的影响。嘉靖二十六年丁未(1547),王叔果 32 岁,与 31 岁的弟弟王叔杲同游南雍。李维桢《王宪使传》(《王叔果集》附录二):"已入南雍,程文恭为祭酒,欧阳文庄为太常,公游其门,称高第弟子。"《半山藏稿》卷十四书牍《奉罗念庵先生》:"昔在南雍尝禀教于南野、松溪二先生。"按:王叔果为永康程文德、泰和欧阳德之弟子,可见先生之学受到浙中王门和江右王门领军人物的影响,乃阳明学之嫡传也。

　　王叔果思想虽然深受阳明心学影响,但并不定于一尊,他梳理出一份心学思想家谱系,认为三家皆有思想渊源,且殊途同归。王叔果认为,明代理学三先生:薛敬轩、陈白沙、王阳明的思想与周敦颐(元公)、程颢(淳公)的思想一脉相承。"明兴名儒辈出,而敬轩、白沙、阳明三先生则提挈纲领。薛言主敬,陈言致虚,王言良知,揆之元公无欲、淳公定性之旨殊而同归,盖入圣之要机也。"(《半山藏稿》卷九《赠司理潘公应召序》)

　　王叔果在理学方面有很强的创造性和综合能力,阐明了王学与朱学一致之旨。

李维桢撰《王宪使传》(《王叔果集》附录二):

　　早岁读书半山,稍辟亭台,游咏蔬食,布衣终身,无媵侍,不习握算,不问家人生产而惟嗜书至老讽咏如诸生。与子弟相论难,有会心者笔记之,辑紫阳晚年与象山论合者为录,明其非禅,又言王文成指心之良知为圣,欲学者惺惺不昧,其致一也。泰和胡直、大明申旟、麻成耿定向、归善李鹏举咸题其言,其学先识本体而主勿自欺,以惇伦躬行为实际。

王光蕴撰《先宪使公行状》(《王叔果集》附录二):

　　考古征今,而尤邃于经术。师心会理,质疑操说,往往破去传旨,而发乎意见。故公之学,虽不以自名,而力践精思,率归于实际。山居尝辑象山语略,明其非禅,而以晦翁晚年之论不相二者合为一录,谓:"阳明先生指心之良知是为圣,而欲学者惺惺不昧,以通乎昼夜,而知是直下承当之语。而考亭、象山往往拥尊性善,及求放心之说,盖性无不善,故知无不良。而能不放其心,乃能惺惺不昧,以通乎昼夜。其门户作用稍有不同,而其单提直入,未尝异也。"

　　顷官部署,从泰和庐山胡公(名直)、大名潞石申公(名遂)、麻城楚侗耿公(名定向)、归善海云李公(名鹏举)为会,则以平日所心究者相与研析甚晰。尝诲蕴曰:"学要先识本体而以不欺为主,以伦理为先,以躬行为实,若高谈以资口耳,不愿尔辈务此名也。"

王叔果保持了终生阅读、思考的良好习惯,光绪《永嘉县志》卷十三《人物·儒林》载:"潜修考古,无一日去书,尤精六经性理之学",深入理学、心学之阃域,掘发朱、王之学的相合处。王叔果经过对陆王心学与朱子晚年之论的深入研究,首先确认陆象山学说非禅学,将王阳明的良知说与朱熹之求放心、陆九渊之尊德性比较,认为其理相合,又高度肯定阳明学说的直截深入。阳明以致良知为核心观念,要求回复、扩充心之良知,格物以致其知,对此良知本体保持"惺惺不昧"的明察觉知,这与陆九渊以孟子性善说为立论之根据,明此性善之本体故知无不良是一致的,与朱熹提撕"求其放心"①之说是一致的,求放心就是把丢失的善心再找回来,也就是复归于善。修身的目的是引导人们进行自我修养,保存、找回和扩充固有的"善端",最终形成善的品质。陆王心学与朱熹之说其本体论、认识论均有出入,然而在重在躬行的王叔果看来,其分歧不足以淹没二者一致性,尤其是陆王心学与晚年朱子之说的契合处。

王叔果不满于当时心学末流"崇虚超迈,鲜可检实,彼所执论,不过饰浮谈,以耸观听耳"的现象(《半山藏稿》卷十二《杂著上·论学示家塾》),特标"以伦理为先,以躬行为实",以恢复阳明心学的本来面目。王叔果先批评理学末流"崇虚超迈,鲜可检实,彼所执论,不过饰浮谈,以耸观听耳"的现象。以尧舜圣贤之道的回顾,强调了传统伦理道德是修养的核心。"夫学者所以学,为圣与贤也。"这是其"以伦理为先"的思想,认为当世对王阳明良知之学的认识有所偏颇,"类揣景象而忽躬行",而良知之说可以从孟子这里找到理论的依据,孩提即有良知之端绪,发而为孝悌,则能"行中伦,事中虑",达到人伦道德要求。"视日用应酬为学之实地,纲常伦理为学之实事,进退辞受为学之实功。"这是其"以躬行为实"的思想。王叔果处在嘉万时期,能及早发现阳明心学末流的弊端,并予以指正,提出"伦理"、"躬行"才是为学之本体,可谓深入阳明心学之阃域。

在《尊德性道问学》一文中折衷朱、王,对王阳明的知行合一说做出了新的阐释,道问学与尊德性是统一的。他认为:"学所以尊德性也,非问学之外别有尊德性之功。"他认可吴氏《凝道记》的说法:"德性一而学问之目八,先得我心矣。"又曰:"尊德性一乎敬而道问学兼乎知与行。尽之极之温之知之问学以进吾所知也,致之道之敦之崇之问学以修吾所行也,是问学所以尊德性也无疑矣。"又高度赞扬王阳明的"博文以约礼"之说:"阳明讲学何啻万言,惟博约增一'以'字最有得于孔门之真传,尤有救于朱门之末学也。"

---

① 《孟子·告子上》:"学问之道无他,求其放心而已矣。"

（三）王叔杲

王叔杲（1517—1600），字阳德，号旸谷。王澈次子，叔果弟。万历《温州府志》卷——《人物志·名宦》："王叔杲字阳德，澈仲子，蚤举于乡，以侍父养辍上春官者再。嘉靖戊午（三十七年，1558）倭扰海上，又辍计偕，缘族居为堡，捐赀数千金佐之。壬戌（四十一年，1562）成进士，初令靖江，调繁常熟，所至尸祝焉。入为兵部郎，冢宰杨襄毅公引为重，出守大名，时大名诸属邑文学鲜振，为建书院，延师儒课之，其地才贤遂绳绳奋起。寻擢宪副备兵三吴，诸所经画，水利海防率足垂永赖，晋参政，仍留治兵。以失当路欢，听调，归越，岁改福建参政，有司劝驾，竟不往。徜徉泉石，所居依华麓为园，去郭十里许，筑旸湖别墅，皆穷山水之胜，而啸歌其中。生平负材博大，而畅于世法，足以刬繁肩钜而义急乡井，立捐千百金无吝，如重建府庠，修诸胜概，皆境土所关轹。蚤岁家食，甫耆谢不出，林居二十余载，卒年八十四，所著有《玉介园存稿》。"王叔杲颇具士望，顾起纶《国雅品·士品目》[①]列"自弘治迄今凡六十八人"，其中永嘉三人："洪山人从周"、"王大名阳德"、"康山人裕卿"。素负文名，与当时文坛巨子王世贞、焦竑、茅坤、李维桢等交契。

王叔杲受过聂豹思想的影响。嘉靖九年庚寅（1530），14 岁。东厓公官兵部郎，携公暨长公如京师就学。聂豹爱之，"为讲《大学》古本及良知之说，公辄会其旨。"（《王叔杲集》附录三王光美《先参政公行状》）王叔杲通过聂豹，接触了聂豹所理解的阳明学。可能也接纳了"虚静为本"的聂豹思想。王叔杲接受了王阳明的《大学》古本之说，以格物即格心的思想来指导自己的精神修养和生活实践。

至嘉靖二十六年丁未（1547），31 岁，又接受了程文德和欧阳德思想的影响。"丁未，从长公游南雍。会永康程文恭公（名文德）为祭酒、泰和欧阳文庄公（名德）为太常卿，器公伯仲，延与论学，意甚许可。公时偕诸名士游金陵胜迹，多有著作，名动一时。"（《王叔杲集》附录三王光美《先参政公行状》）程文德、欧阳德是浙中王门和江右王门领军人物，其思想可谓得王阳明之学的正传。王叔果、王叔杲时为青年才俊，其思想蒙其许可，可见其对阳明学心法之参悟，亦颇接近于此二人。

王叔杲与阳明心学有很深的渊源，主要接受了其知行合一、格物即格心诸思想，以力行为急务。同时，也注意保持超脱的心态，故每为官一方，在完成治理之暇，则酷好山水悠游、莳花种菊、营造园圃、斋舍，晚年林居之时，优

---

① 《历代诗话续编》本。

游山水,徜徉两园,以游玩、歌咏、宴集为主要生活内容。可谓"达则兼济穷则独善"的模范,他也喜欢道家、丹道思想,但主要是作为一种养生观念作为引导的。

无论是出仕,还是在乡,他都是努力做有益于社会的事情,并且要努力将之做好。这使他的仕宦业绩颇可称道,而对桑梓的贡献更是突出。《王叔杲集·玉介园存稿》卷八《赠辛顺庵年兄令长治序》:"然吾之学于仕也,非以为荣也,以行吾志而施泽于民也,所谓簿书猥琐而役役者,正以成吾志而又奚羡彼佚且荣哉。"这些是他的用世之心的直接表露。他并非是那种迂腐的、空谈的士大夫。王叔杲将永嘉事功学派的观念与王阳明知行合一的观念完美地结合起来,虽然集中论学之文不多,但却是活学活用阳明之学和永嘉之学的典范,绝非晚明那些心学末流所能跻。

王叔杲还具备相当的军事才华。早年永昌堡抗倭斗争积累的实践经验,使他在三吴抗倭中指挥调度、行兵布阵,取得了"甲戌(万历二年,1574)之役,一战而倭悉授首矣"①的辉煌胜利。

---

① 《王叔杲集》附录二《玉介园存稿附录》卷二王世贞《旸谷王公祖生祠记》

参考文献

一、原始文献

(明)姜准撰,蔡克骄点校:《岐海琐谈》,上海社会科学院出版社 2002 年版。

(明)张璁撰,张宪文校注:《张璁集》,上海社会科学院出版社 2003 年版。

(明)王叔杲撰,张宪文校注:《王叔杲集》,上海社会科学院出版社 2005 年版。

(清)孙诒让撰,潘猛补校补:《温州经籍志》,上海社会科学院出版社 2005 年版。

(清)孙衣言编,张如元校笺:《瓯海轶闻》,上海社会科学院出版社 2005 年版。

(明)项乔撰、方长山、魏得良点校:《项乔集》,上海社会科学院出版社 2006 年版。

(明)王瓒、蔡芳编撰,胡珠生校注:《弘治温州府志》,上海社会科学院出版社 2006 年版。

陈光熙编:《明清之际温州史料集》,上海社会科学院出版社 2005 年版。

周立人、徐和雍编:《孙延钊集》,上海社会科学院出版社 2006 年版。

金柏东:《温州历代碑刻集》,上海社会科学院出版社 2002 年版。

吴明哲:《温州历代碑刻集二集》,上海社会科学院出版社 2006 年版。

陈瑞赞编:《东瓯遗事汇录》,上海社会科学院出版社 2006 年版。

(明)何白撰,沈洪保点校:《何白集》,上海社会科学院出版社 2006 年版。

(明)王叔果撰,蔡克骄点校:《王叔果集》,黄山书社 2009 年版。

孙建胜编:《永嘉场墓志集录》,黄山书社 2011 年版。

潘源源等编:《王瓒集》,人民日报出版社 2003 年版。

潘源源等编:《龙湾历代名人录》,人民日报出版社 2004 年版。

潘源源等编:《龙湾历代诗文选》,人民日报出版社 2004 年版。

潘源源等编:《龙湾故事集成》,人民日报出版社 2004 年版。

(明)王叔果、王应辰编撰,潘猛补校注:《嘉靖永嘉县志》,中国文史出版社 2010 年版。

(明)王毓等著,陈伟玲校注:《明代英桥王氏诗录》,中国文史出版社 2010 年版。

(明)张璁编撰:《嘉靖温州府志》,上海古籍书店 1964 年版。

(明)王叔果、王应辰编撰:《嘉靖永嘉县志》,中国书店 1992 年版。

(明)刘芳誉、林继衡等修,王光蕴等纂:《万历温州府志》十八卷,中国书店 1992 年版。

(清)崔锡、齐召南、汪沆编:《乾隆永嘉县志》,乾隆三十年刻本。

(清)张宝琳、王棻等纂:《光绪永嘉县志》,成文出版社 1983 年版。

(清)黄汉《瓯乘补》,上海书店出版社 1993 年版。

《大罗山志》编委会编:《大罗山志》,香港出版社 2003 年版。

(清)张廷玉编:《明史》,中华书局 1974 年版。

(清)郝懿行:《山海经笺疏》,巴蜀书社 1985 年版。

王增彩梓辑:《李浦王氏宗谱》,1998 年重修。

《普门张氏家乘四派守房》,1979 年重修。

张宪文、张卫中撰:《张璁年谱》,上海古籍出版社 1999 年版。

冯坚撰:《张璁年谱——及其同时代的人和事》,天马图书有限公司 1999 年版。

洪瑞钦、杨秉正选编:《张阁老传说》,内部资料,1984 年。

(明)王叔果编:《万历英桥王氏族谱》,明万历刻本。

(明)王叔果辑:《东嘉王氏世录》、《东嘉王氏世传》二册,1928 年王理孚抄本。

(明)王光蕴辑:《东嘉王氏家录》,王赓尧抄本。

(清)王玉、王壬辑:《东嘉王氏家录续刻》,清道光八年刻本。

(明)王光蕴等撰:《玉介园附集》,玉海楼本。

(明)王澈:《王氏族约》一卷,敬乡楼抄本,永嘉区乡著会抄本。

(清)王咏编:《永嘉王氏家言》,永嘉县志纂修处手抄本。

王璋、王一平编:《古堡深处——永昌堡诗文选编》,大众文艺出版社

2008 年版。

项氏大宗图谱总理事会编印:《沙城项氏宗族史料汇编》,2003 年版。

温州市龙湾区诗词学会编:《龙湾历代诗词选》,中国文史出版社 2005 年版。

王璞编:《罗东诗篇》,瓯海永昌镇人民政府 1996 年版。

叶大兵辑注:《温州竹枝词》,文化艺术出版社 2008 年版。

(清)戴文俊:《瓯江竹枝词》,雷梦水等编《中华竹枝词》第三册,北京古籍出版社 1997 年版。

《绘图三教源流搜神大全》,上海古籍出版社 1990 年版。

陈增杰校注:《林景熙集校注》,浙江古籍出版社 1995 年版。

(明)王守仁:《传习录》,上海古籍出版社 1992 年版。

(明)王世贞:《弇州山人四部稿》,伟文图书出版社 1976 年版。

(明)唐顺之:《荆川先生文集》,《四部丛刊》本。

(明)罗洪先撰,徐儒宗编校整理:《罗洪先集》,凤凰出版社 2007 年版。

(明)王畿撰,吴震编校整理:《王畿集》,凤凰出版社 2007 年版。

(明)凌迪知:《万姓统谱》,《四库全书》本。

(明)陈子龙等编:《明经世文编》,中华书局 1962 年版。

(明)黄宗羲原著,全祖望补修:《宋元学案》,中华书局 1996 年版。

(明)黄宗羲著,沈芝盈点校:《明儒学案》,中华书局 1986 年版。

《明代笔记小说大观》,上海古籍出版社 2005 年版。

(清)梁章钜:《浪迹续谈》,上海古籍出版社 1996 年版。

二、专著

金辉、杨莉:《可怕的温州人》,光明日报出版社 2008 年版。

邱小侠编:《改革开放之龙湾记忆》,新星出版社 2008 年。

张岱年:《中国文化要览》,北京师范大学出版社 2004 年版。

王敏、曹凌云:《文化沉思——龙湾明代文化与旅游开发》,国际文化出版公司 2008 年版。

朱文松主编:《龙湾老建筑》,人民日报出版社 2006 年版。

诸松华主编:《巍巍大家》,华文出版社 2008 年版。

章方松:《龙湾耕读文化》,中国文联出版社 2004 年版。

沈克成:《温州历史年表》,北京电子出版物出版中心 2005 年版。

林亦修:《温州族群与区域文化研究》,上海三联书店 2009 年版。

黄秀清主编:《龙湾武术》,中国文联出版社 2011 年版。

韩养民、韩小晶:《中国风俗文化导论》,陕西人民出版社 2002 年版。

[英]马凌诺夫斯基:《文化论》,华夏出版社 2002 年版。

林亦修:《温州族群与区域文化研究》,上海三联书店 2009 年版。

沈克成:《温州话词语考释》,宁波出版社 2009 年版。

田澍:《嘉靖革新研究》,中国社会科学出版社 2002 年版。

王景琳、徐匋主编:《中国民间信仰风俗辞典》,中国文联出版公司 1992 年版。

程裕祯:《中国文化要略》,外语教学与研究出版社 2003 年版。

史凤仪:《中国古代婚姻与家庭》,湖北人民出版社 1987 年版。

王锷:《学海浪痕》,中华诗词出版社 2008 年版。

叶大兵:《俗海探微》,黄山出版社 1998 年版。

叶大兵:《温州民俗》,海洋出版社 1992 年版。

刘泽温:《大罗山佛国》,宗教文化出版社 2008 年出版。

朱继亮:《青春的感动》,人民日报出版社 2005 年版。

李四龙:《中国佛教与民间社会》,大象出版社 2009 年版。

钱茂伟:《国家、科举与社会:以明代为中心的考察》,北京图书馆出版社 2004 年版。

多洛肯:《明代温州进士研究》,上海古籍出版社 2004 年版。

张㧑之、沈起炜、刘德重编:《中国历代人名大辞典》,上海古籍出版社 1999 年版。

吴震:《聂豹罗洪先评传》,南京大学出版社 2001 年版。

陈剩勇:《浙江通史·明代卷》,浙江人民出版社 2005 年版。

瞿炜:《温州记忆》,成都时代出版社 2005 年版。

赵克生:《明朝嘉靖时期国家祭礼改制》,社会科学文献出版社 2006 年版。

常建华:《明代宗族研究》,上海人民出版社 2005 年版。

彭国翔:《良知学的展开——王龙溪与中晚明的阳明学》,生活·读书·新知三联书店 2005 年版。

戚永根编:《温州风景名胜》,中国文联出版社 2004 年版。

蔡仁厚:《王学流衍》,人民出版社 2006 年版。

周梦江:《叶适与永嘉学派》,浙江古籍出版社 1992 年版。

吴强华:《家谱》,重庆出版社 2006 年版。

林国平、彭文宇:《福建民间信仰》,福建人民出版社 1993 年版。

鲁爱民:《明月清风——龙湾先贤廉政故事》,中国戏剧出版社 2008

年版。

温州市龙湾区政协文教卫体委员会编:《龙湾文史资料第一辑》,内部资料,2002 年版。

龙湾区政协《龙湾文史资料第二辑》编委会编:《龙湾文史资料第二辑》,内部资料,2004 年版。

《龙湾区志》,未刊稿,得之于龙湾区志办潘伟光先生。

项有仁:《龙湾民俗(概述)》,未刊稿。

《历史文化名人项乔》,沙城镇人民政府 2003 年编。

三、报刊论文

方长山:《永嘉绝学此中兴——明代理学名宦项乔》,《温州日报》2006年 12 月 29 日。

沈洪保:《韦古生御寇永昌堡》,《温州日报》2010 年 12 月 4 日。

项有仁:《您从哪里来——我的龙湾》,《今日龙湾》2009 年 1 月 7 日。

孙建胜:《呑字地名考证》,《今日龙湾》2008 年 10 月 15 日。

方舟:《龙冈山——龙湾"远古文明"的源头》,《今日龙湾》2009 年 2 月 4 日。

丁欣华:《龙湾历史学会成立》,《今日龙湾》2009 年 7 月 15 日。

章方松:《龙湾聚落空间的生态文化演变·上》,《今日龙湾》2009 年 6 月 24 日。

章方松:《龙湾聚落空间的生态文化演变·下》,《今日龙湾》2009 年 7 月 1 日。

高利华:《异量之美:地域文化研究的永久话题》,《社会科学战线》2007 年第 3 期。

梁启超:《清代学者整理旧学之总成绩——方志学》,《东方杂志》1924 年第 21 卷第 18 期。

曹凌云:《搭建文化回归的桥》,《温州日报》2009 年 7 月 18 日。

胡阿祥:《中国历史研究的地域视野》,《学海》2009 年第 1 期。

吴松弟:《温州沿海平原的成陆过程和主要海塘、塘河的形成》,《中国历史地理论丛》2007 年第 2 期。

曹凌云:《搭建文化回归的桥》,《温州日报》2009 年 7 月 18 日。

曹凌云、方长山:《山海之滨　人文荟萃——龙湾明代文化与研究综述》,《温州日报》2010 年 12 月 20 日。

彭尚清、董碧辉:《小村人三千姓氏有百种　龙湾中华姓氏第一村见闻》,《钱江晚报》2005 年 10 月 19 日。

　　陈国良:《河泥荡的逸闻趣事》,《今日龙湾》2008 年 4 月 16 日。

　　朱宁宇:《永嘉场迁界的一段尘封历史》,《今日龙湾》2010 年 9 月 15 日。

　　朱继亮:《三处摩崖石刻　温州永强地域文化的一枝奇葩》,《温州都市报》2007 年 08 月 22 日。

　　吴松弟:《800 年前,浙江沿海也"海啸"》,《华东新闻》2005 年 1 月 26 日。

　　罗士杰、赵肖为:《地方神明如何平定叛乱:杨府君与温州地方政治(1830—1860)》,《温州大学学报(社会科学版)》2010 年第 2 期。

　　蒋俊:《地方神明建构脉络之解读——以陈靖姑信仰为中心》,《宗教学研究》2008 年第 1 期。

　　叶明生:《福建道教女神陈靖姑信仰文化研究》,《福建道教》2001 年第 2 期。

　　刘同彪、蔡克骄:《从〈岐海琐谈〉看温州民间信仰》,《温州大学学报》2006 年第 2 期。

　　林孝暸:《温州地区祠神的类型与特征》,《温州大学学报(社会科学版)》2009 年第 4 期。

　　周梦江:《永嘉之学如何从性理转向事功》,《孔子研究》2006 年第 2 期。

　　周梦江:《略论王瓒的思想和贡献·王瓒的"实学"思想》,《杭州师范学院学报》1995 年第 1 期。

　　杨绪敏:《明代求实思潮的兴起与考据学的成就及影响》,《江苏社会科学》2004 年第 4 期。

　　欧阳琛:《王守仁与大礼议》,《新中华》第 12 卷第 7 期。

后　记

　　2003年从浙江大学博士毕业后,我在原先牛李党争与中晚唐文学研究的基础上,继续搞晚唐政治与文学研究。在中国社会科学出版社连续出版了《牛李党争与中晚唐文学》(2009年)、《晚唐政治与文学》(2011年)之后,本想暂得歇息静养,阅读先秦儒道墨法名家经典以奠定学术基础。谁知高校的考核制度,又催促我去开发新的学术园地。那几年的《温州日报》上,一些关于永嘉场进士(如王瓒、张璁、项乔、英桥王氏)的文章引起了我的高度关注。永嘉场是我的家乡,但是我对它的认识素来颇为浅薄,仅知晓张阁老、永昌堡等有限的知识,还夹杂着不少阶级斗争时代的蔑视的观念,如以宗族文化为封建糟粕、民间信仰为封建迷信,以张璁传说为地方上的自我美化,以为永嘉场是一片"文化沙漠"。现在发现竟然有如此之多的英杰,如此丰富的文集、地志、宗谱,无疑具有个案研究、学术拓展的可能性。

　　于是我申请了2007年度"浙江文化研究工程"课题,获得浙江省哲学社科规划重点项目的立项,课题名称:明代"永嘉场"名宦家族和文士群体(编号07WHZT031Z)。托父亲去收集部分资料,父亲托人去英桥王氏宗祠里拍摄了《王氏家录》,又获得了龙湾区史志办潘伟光兄的支持,得到不少资料。资料的获得为进一步研究提供了可能。于2010年成功结项,同时将课题名称改为"'永嘉场'地域文化研究——以明代永嘉场为考察中心",列入"钱江学术文丛",于2012年3月在浙江大学出版社出版。当时宋旭华任责编,出版后还在《温州日报》上由方韶毅编发了相关书讯,与老友孙良好的《文学的温州》书讯并列,记忆深刻。2022年又参与浙江省文化研究工程重大项目:"瓯江山水诗路",承担子课题"瓯江诗路上的明代永嘉场"重点项目,拟继续深入研究明代永嘉场文化。

　　我研究永嘉场,还有建立精神家园的意图,即通过永嘉场的研究,把握永嘉场的精神底蕴,获得源源不断的精神动力,成为自己精神母体的组成部分;通过游神骋想,畅游胜境,构建文化心灵空间,以为藏息游休的精神圣地。直到今日,仍旧觉得自己的研究停留在表面,尚未完成对永嘉场文献的深入阅读,未能建立一个生生不息的精神场域,但是我已从"烟火万家,英才无数"的明代永嘉场文化中吸纳不少精神滋养,获得前进的动力。

2012 年 3 月 13 日我为本书初版写过一个诗歌版的后记,全诗用的是平水韵七阳平声韵,或两言一押,或三言一押,或四言一押,率意为之,重在抒情。现命名为《永嘉场咏》,予以分章,并略加疏释。

一

永嘉盐场,千年老场。
自唐迄今,俊彦名扬。
环山抱海,风水祯祥。
瑶溪天柱,一见难忘。
留连凝仁,伊谁之乡。

二

陈娘慈视,肃穆端庄;
杨府恩公,江海巡防,
拯救饥溺,保胎护航。
泉山如笋,百万庙观,
高僧羽客,溪谷徜徉,
云蒸黄石,霞蔚李王。

三

草莱初辟,唐宋之光。
皇亲专任,史部留芳。
明尤多士,济济皇皇。
李浦王瓒,名族之裔。
花发芙蓉,学子向方。
两任国子,四典礼部。
瓯滨长者,云水苍苍。
普门张公,科场栖迟,
一朝登第,虎视鹰扬。
大礼对议,许为不易。
耿耿不寐,殷忧彷徨。
苞苴路绝,权贵敛戢,
三召四黜,元辅之良。

维新之治,毁誉盈囊,
命世奇杰,何惧狂狙。
英桥王氏,双璧联芳。
文学世家,修志为常。
永昌名堡,长城之防。
叔侄抗倭,血洒疆场。
理学名臣,七甲项乔,
学宗姚江,继承永嘉,
崛起孤立,与世酬商。

四

皇岙半山,青冢在旁。
秋风猎猎,凭吊感伤。
烟火万户,英豪成行。
青山之外,沧溟汪洋。
名族之后,再生名族,
永场之遗,犹有永强。
草此书稿,以志此地,
文涩才拙,似火肝肠。
虽曰无学,亦愿阐扬。
不当之处,郢正是望。

首章言永嘉历史悠久、风水佳胜、景色迷人。

二章言民间信仰和佛道二教,在永嘉场境内有广泛的受众,历史悠久,尤其崇奉陈十四娘娘和杨府爷,有不少太阴宫和杨府殿。至于大罗山上,则有不少佛寺道观,历来有不少修真之士、高僧羽客。黄石山属大罗山脉,孤峰独秀,呈三叉戟状,矗立瓯江入海处。李王尖山顶平坦,可容纳上百人,原为五代唐室后裔李集携眷避祸归隐之地,云蒸霞蔚之时,其秀美庄严可想而知。

三章言永嘉场历史悠久,尤其在明代,人才辈出,深度介入明代历史。重点写四大家族的代表人物:李浦王瓒、普门张璁、英桥王氏、七甲项乔。写张璁由科场栖迟到成就一段"维新之治",用语最多,这是由其历史地位和影响决定的。

四章凭吊曾产生"英豪无数"的永嘉场。永嘉场在清初迁界、展界之后,地方经济和文化都受到极大的摧残,后来虽然有修复,却无复旧日风光。到了清末民国的实学新风中,虽然也贡献了部分人才,却比不上瑞安孙氏家族之盛大、人才之胜出。值得注意的是明清时期的温州文脉,明代在永嘉场,清末在瑞安。文脉由永嘉场转到毗邻的瑞安县,也有相应的家族渊源和文脉传递关系,只是一般人不予关注罢了。于是笔者呼吁"名族之后,再生名族",希望永嘉场文化能复兴,再出现一批著名家族和文化人物。但见"皇岙半山,青冢在旁",于秋风猎猎之时凭吊之,能不感伤?

2021年,我产生了修订再版的念头,并付诸实践,但因各种原因,来不及细细删润,不免有憾。不过,手头另有几十万字的永嘉场文化研究撰述任务,如得出版,也可弥补此憾。旧版还是略加删润,以维系旧貌为主。

明代永嘉场文化是值得深入研究的,需在三个层面上推进。第一个层面,明代永嘉场文化研究的复原和具体化,结合地志、笔记、文集、家谱等资料,从政治管理、经济生活、民俗文化、信仰世界等各个方面复原明代永嘉场历史演变和文化风貌,这方面目前做的还远远不够。第二个层面,从温州学的角度切入永嘉场文化研究。由于明代永嘉场文化的独特性,在整理大多数文献资料,加强细化研究之后,若能充分论述其异量之美,形成"永场学",成为温州学的重要分支,也不是不可能。第三个层面,即庙堂政治的高度,紧紧围绕大礼议和张璁这个论题展开研究。对张璁的研究:其从永嘉场到京城,从地方性人物到国家级人物,从历史过客成长为历史研究绕不开的峰峦,对张璁和明代政治、政治文化的关系研究……这种种研究,都离不开"张璁为永嘉场人"这个基点,而当前的研究,往往缺少这个维度。

随着城市东扩和旧房拆迁,政治地理乃至文化地理意义上的永嘉场早已名实双亡,但是翻开明代的典籍,仍有一个赫然明白、个性鲜明的"永嘉场境",令人神往。"烟火万户,英豪成行。青山之外,沧溟汪洋。名族之后,再生名族,永场之遗,犹有永强。"这是笔者对永嘉场遗存之地的祝愿。近年龙湾区加强文旅建设,复原了明代永嘉场文化的部分内容,尤其是物质性遗存方面的修复和重建,使更多直观可感的建筑呈现在人们面前。这或许是弘扬明代永嘉场文化的最好方式,也是凭吊的最佳方式。有了物质性遗存,具有深厚文化内涵的明代永嘉场文化才更容易唤醒和获得苏生。

辛丑年初夏
幽忧子
书于如来如去斋